Soou o Alarme

Coleção Debates
Dirigida por J. Guinsburg
(*in memoriam*)

ILUSTRAÇÕES DE CAPA E MIOLO:
Roland Cros <http://www.fzm.fr/gravomane/>

Equipe de Realização – Coordenação textual: Luiz Henrique Soares
e Elen Durando; Edição de texto: Marcio Honorio de Godoy;
Produção: Ricardo W. Neves e Sergio Kon.

soleni biscouto fressato e jorge nóvoa
(organização)

SOOU O ALARME

A CRISE DO CAPITALISMO PARA ALÉM DA PANDEMIA

cip-Brasil. Catalogação na Publicação
Sindicato Nacional dos Editores de Livros, rj

S686
    Soou o alarme : a crise do capitalismo para além da pandemia / organização Soleni Biscouto Fressato, Jorge Nóvoa. - 1. ed. - São Paulo : Perspectiva, 2020.
    480 p. ; 21 cm. (Debates)

    Inclui bibliografia
    isbn 978-65-5505-040-0

    1. Crise econômica. 2. Capitalismo – Aspectos sociais. 3. covid-19 (Doenças) – Aspectos sociais. 4. Epidemias – Aspectos sociais. i. Fressato, Soleni Biscouto. ii. Nóvoa, Jorge. iii. Série.

20-67026	cdd: 303.485
	cdu: 316.4:(616.89:578.834)

Leandra Felix da Cruz Candido - Bibliotecária - crb-7/6135
09/10/2020   16/10/2020

1ª edição

Direitos reservados à

EDITORA PERSPECTIVA LTDA.

Av. Brigadeiro Luís Antônio, 3025
01401-000 São Paulo sp Brasil
Telefax: (11) 3885-8388
www.editoraperspectiva.com.br

2020

SUMÁRIO

À Guisa de Prefácio
   Gita K. Guinsburg 11

Carta ao Leitor
   Soleni Biscouto Fressato e Jorge Nóvoa 17

Um Mundo Sem Horizontes:
As Sociedades Já se Esgotavam Sem a Covid-19
   Marc Ferro 25

A Humanidade à Beira do Abismo:
A Exaustão Ecológica Planetária Mais Além
do Capitalismo
   Jorge Nóvoa 45

Esboço Histórico das Pandemias:
Da Peste Antonina à Covid-19
   Ricardo Garrido 93

Parte I
ACELERAÇÃO DA HISTÓRIA:
AGRAVAMENTO DA CRISE PELA PANDEMIA

> A Grande Crise do Confinamento:
> O Momento Alcançado Pelo Capitalismo Mundial
> *François Chesnais* 119
>
> A Pandemia Agrava a Crise do Mundo
> e da América Latina
> *Claudio Katz* 145
>
> A Explosiva Combinação Entre a Grande Recessão
> e a Pandemia:
> O Que Já Era Difícil Tornou-se Impossível?
> *Paulo Balanco e*
> *Humberto Miranda do Nascimento* 165
>
> A Economia Brasileira e a Crise da Covid-19
> *Rosa Maria Marques* 187

Parte II
VIVENDO NA PANDEMIA:
ESTADO, AUTORITARISMO, DEMOCRACIA
E DIREITO

> A Soberania do Estado à Luz da Pandemia
> *Pierre Dardot* 205
>
> Política de Estado na Época da Pandemia:
> O "Estado de Emergência" Contra os Cidadãos
> *Patrick Vassort* 223
>
> Espanha Entre o Autoritarismo e a Democracia:
> Antes, Durante e Depois da Covid-19
> *Domingo Marrero Urbin* 241

"Não Me Pergunte Como Passa o Tempo":
Sobreviver no México Durante a Pandemia
   Carlos Alberto Ríos Gordillo 259

A Organização do Governo Bolsonaro
e a Coordenação da Crise Sob a Pandemia
   Valdemar F. de Araújo Filho e
   Mateus de Azevedo Araujo 277

A Notícia Como Arma Política:
O Protagonismo do Jornal Nacional Durante
a Pandemia
   Soleni Biscouto Fressato 305

O Direito Laboral em Tempos de Pandemia
   Antônio de Sá Silva; Murilo Carvalho Sampaio
   Oliveira e Pedro Lino de Carvalho Júnior 333

Uma "Geni" na Crise:
Atuação do SUS na Pandemia da Covid-19
   Bruno Cruz Souto 353

Parte III

UTOPIA X DISTOPIA:
UM FUTURO EM CONTRADIÇÃO

Após a Covid-19:
Da Crise Sanitária à Crise Global do Capitalismo
   Denis Collin 373

Ocaso do Capitalismo:
Fim da Civilização Humana?
   Eleutério F.S. Prado 391

Metabolismo Social e Pandemias:
Alternativas ao "Vírus" do Crescimento
Autofágico
   Daniel Lemos Jeziorny 407

Pandemia e Estado de Emergência Permanente
Danilo Chaves Nakamura 429

Fios de Solidariedade Entre o Povo Comum:
Emergência de Ações a Partir da Pandemia
(A Experiência de Salvador-BA)
Liliane Sant'Ana Oliveira 447

Habitar ou Dominar: As Lições de uma Tragédia
Christian Laval 461

SOBRE OS AUTORES 475

À GUISA DE PREFÁCIO

Gita K. Guinsburg

Eu estou aqui, no meu canto, sendo carregada para Andrômeda, maravilhada por essa galáxia em espiral e por um universo que pouco conheço, regrado desde tempos imemoriais, porém dominado pela impermanência e perturbado pelo acaso.

Eu estou aqui, no meu canto, consciente e com a consciência de estar envolta em um mundo de mentiras e verdades, fortemente adensado por informações e imagens que chegam a mim, aqui e agora, graças ao desenvolvimento tecnológico dos últimos cem anos.

Eu estou aqui, no meu canto, me perguntando se minto quando expresso no que acredito como sendo veraz. Será a minha consciência um marcador da verdade? Será o espaço da verdade o espaço do incontestável? Poderiam as proposições desse espaço transformarem-se em produtos de fé?

Desde há muito, as matemáticas nos surpreenderam pelo seu arcabouço estável e rígido independentemente da diversidade das línguas e das organizações simbólicas dos povos oriundos da Torre de Babel, que não por isso foi destruída. Mas, no correr do tempo, séculos antes da lógica de Port-Royal, a razão estruturou as formas do falar e do escrever discursos didáticos, retóricos, dialéticos e até socráticos baseados em proposições ditas verdadeiras.

Mas o movimento contínuo da razão, deflagrado pelas experiências da vida na Terra e pela convivência social no mais amplo sentido, lapidaram o cristal da verdade, e novas e inusitadas faces apareceram, novos sistemas filosóficos, novas geometrias, novas lógicas, da indecidibilidade de Gödel – um impasse na dedução a partir de orações verdadeiras – até as máquinas de pensar que calculam, definem e opinam com multidões de dados. Essa impermanência, esse movimento da consciência em busca de explicações, destruiu as origens míticas do homem, descobriu as leis que regem os movimentos do cosmos, infinitamente grande e infinitamente pequeno, e continua no seu caminho a perscrutar o nosso cérebro e o nosso eu psicológico, as leis que regem a vida e a morte dos seres vivos, desenvolvendo a ciência. Aproximando-se de "Deus" com o DNA, construiu substitutos do trabalho manual para dar conta das necessidades das populações em prol do ócio, fabricou máquinas, criou aparelhos de todo tipo, de comunicação, de diagnóstico, de chips que recebem ordens mentais, desenvolveu medicamentos e sementes de alta produtividade, dominou o espaço sideral, tudo isso e muito mais. A esses exemplos de busca contínua do conhecimento dá-se o nome de progresso.

Eu estou aqui, no meu canto, aprisionada pela razão que a consciência me impôs, devido a um vírus cor de rosa, proveniente, ao que parece, de um pobre morcego chinês, limitado em sua condição animal, que foi determinada pela seleção natural na qual nem sempre venceram os mais aptos. E, em poucos dias, a superfície de nosso planeta, habitat dos homens, estava fraturada, uma pandemia se instalara em meio a uma crise econômica, pondo a nu um desemprego que se juntou a outro já computado em milhões, a fome, a precarização de populações impossibilitadas de seguir as indicações sanitárias, cujos serviços estavam em algumas regiões em falta ou próximos de um colapso. Feito um bólido que se chocou contra o planeta, a pandemia contabilizou milhares de mortos, falta de medicamentos e de leitos especializados, uma corrida desenfreada dos cientistas em busca de medicamentos e vacinas, além de um vasto noticiário, muitas vezes eivado de falsas verdades, frutos da ignorância, propaladas por pessoas e dirigentes que subestimam a ciência, embora se aproveitem de seus êxitos, colocando nas redes sociais inverdades e conselhos inócuos, sem qualquer responsabilidade ética e pública, confundindo uma população com baixa escolaridade em busca de soluções mágicas.

E, como se isso não bastasse, as fraturas destilaram, além do racismo estrutural, as questões de gênero, a ação de polícias assassinas, a expansão do agronegócio, do extrativismo e do desmatamento irresponsáveis que potencializam as catástrofes climáticas, mas também o aumento da pobreza nas grandes metrópoles, que se juntaram à pandemia. Mas, podemos alegar, sempre houve pestes, sempre houve problemas não menores e largas camadas da população alijadas das preocupações dos dirigentes das nações. Eles não os desconheciam, obliteravam, sim, como convém a políticos, cujos projetos pessoais ou de grupos não possuíam a determinação nem a razão consciente em desenvolver sociedades mais equânimes.

E eu estou aqui, no meu canto, com o meu celular, podendo me comunicar com alguém numa nave, no polo ou numa região da Ásia ou da África. Todos nós podendo viajar de trem-bala movido a eletricidade ou andar de carro, com combustíveis fósseis. Vestindo jeans ou usando tênis, comendo um hambúrguer. Ainda que considerando todas as diferenças individuais de língua e de cultura, estamos nos equalizando. Somos de algum modo produto da propaganda e da globalização. E para onde caminhamos?

Desde o pó de estrela, desde que nos diferenciamos dos animais pela razão e pela ação eficiente, pela arte, literatura, poesia, pela qualidade da pergunta que investiga a natureza, jamais calou uma busca pela redenção dos excluídos nas sociedades. Houve sempre uma busca por um paraíso na Terra nas utopias sonhadas pelos seus autores. Utopias que buscavam por igualdade e sociedades mais justas. As lutas religiosas, as guerras e a ânsia de poder dos senhores tribais, feudais e das nações, a colonização religiosa, a colonização em busca do ouro e do nióbio, as *plantations*, a acumulação das riquezas em mãos de alguns poucos, a escravatura, a exploração desmedida dos homens não ficaram imunes aos protestos e lutas de povos e populações, das quais a história dá o seu testemunho, não em uma trama linear, porém cheia de nós.

E nesse momento de pandemia em que o que é veraz deve prevalecer, em que mitos defendidos por mentalidades autoritárias, populistas e nacionalistas podem levar ao nazismo e ao fascismo com suas tênues diferenças, os valores iluministas da Revolução Francesa devem ser cada vez mais reavaliados e revalidados para que se construam sociedades mais justas, respeitado o estado democrático de direito consagrado nos estatutos mais avançados, para que os sistemas econômicos tragam mais igualdade de oportunidades, moradia, saúde, educação e emprego para todos e não corroam a natureza do homem e do planeta, pois, com todos os adjetivos e substantivos que se pode associar à concentração do capital, às crises financeiras e aos modelos políticos, a impotência do sistema capitalista é evidente.

E eu estou aqui, no meu canto, lendo neste livro os escritos de estudiosos da história e da organização social e econômica das sociedades modernas, com a consciência de que tenho razão em tentar refletir criticamente, de que precisamos agir, cada qual a seu modo, e não esmorecer, porque essa luta de algum modo sempre ocorreu, na impermanência e no acaso, mesmo tendo a certeza de que dentro de bilhões de anos o nosso astro será uma gigante vermelha, depois uma anã branca e a Lua, tão linda no céu, terá espiralado na direção do Sol.

CARTA AO LEITOR

Salvador, outubro de 2020.

Cara leitora, caro leitor,

Quando estiver lendo este livro, ou pelo menos estas linhas, esperamos que você e as pessoas a quem amam estejam bem. Mas, se por acaso, você viveu o lado mais cruel da pandemia, esperamos que esteja conseguindo superar o trauma com serenidade.

A ideia deste livro surgiu quando a pandemia ainda era uma epidemia, que se alastrava em várias províncias da China e chegava à Europa. Por onde passava, levava medo, insegurança e incerteza, obrigando as pessoas a viverem um outro tempo e novas formas de relações sociais, a se reinventarem e a reavaliarem suas existências. Nós, brasileiros, iniciamos o ano de 2020 com a triste certeza de que o vírus chegaria ao país, de que o Brasil se tornaria, mais cedo ou mais tarde, no novo epicentro da doença, o que de fato aconteceu em maio. Sabíamos que, num país marcado pelas desigualdades sociais, os mais atingidos e os que mais sofreriam seriam os mais pobres: ao subemprego, ao trabalho informal, à fome, à falta de água e saneamento básico, se somariam os problemas advindos da pandemia. A única forma de conter um desastre maior seria apostar na possibilidade do "achatamento" da curva de transmissão. E, assim, fomos estimulados, como em outros países, a entrar em quarentena...

Com a reclusão das pessoas, as cidades ficaram mais silenciosas e desertas, fazendo com que animais selvagens se sentissem mais livres e menos ameaçados, e voltassem a frequentar espaços que já foram deles, antes da urbanização e industrialização desenfreadas. Assim foi com os cisnes nos canais de Veneza, com um coiote que passeou pelas ruas de São Francisco, com cabras que visitaram Llandudno e com uma tartaruga marinha que desovou na bela praia urbana do Porto da Barra, na orla de Salvador. Em várias capitais brasileiras, as revoadas e cantos de pássaros e as visitas dos saguis tornaram-se mais comuns.

Não foram apenas os animais que revelaram o aspecto positivo da pandemia. Vimos brotar a solidariedade e generosidade espontâneas e desinteressadas que emanaram da própria população, sobretudo da mais carente e vulnerável, num esforço coletivo de ajuda mútua. Vimos pesquisadores das mais diversas regiões do mundo se aliarem e trocarem informações e experiências, na tentativa de melhor compreender a dinâmica do vírus e criar fórmulas para impedir o seu avanço. Acompanhamos a facilidade com que prefeitos e governadores, mesmo de partidos políticos rivais, se organizaram rapidamente e "fizeram sair da cartola" verba para a construção de hospitais de campanha, para a compra de respiradores, para o pagamento de cestas básicas. Como, rapidamente, criaram esquemas para abrigar as pessoas em situação de rua e para isolar os contaminados. Vimos a forma inesperada como empresas privadas doaram milhões de reais para compra de artigos de primeira necessidade a fim de abastecer os mais carentes e mais atingidos pela pandemia. Ninguém precisaria dessas medidas, que aparecem apenas em situações de catástrofe. O mundo é rico demais, o Brasil é um dos países mais ricos do planeta. Para o cientista social, situações como essas que vivemos são reveladoras de que a ausência de distribuição de renda não é um problema econômico, não diz respeito à falta de recursos financeiros, mas trata-se de um problema político: há falta de "interesse" em diminuir as desigualdades sociais e, ao mesmo tempo, cada vez mais evidencia-se uma ganância pelo maior acumulo de dinheiro, que cada vez menos consegue virar capital produtivo. Mas a ganância é também por poder. Quem busca o poder usa o dinheiro para corromper ou, por exemplo, para concorrer às eleições. Se muitas ações puderam unir políticos, empresários e a população e foram possíveis no combate à Covid-19, por que não seriam possíveis para combater a miséria e a pobreza? Ou para combater o analfabetismo e a carência de atendimento médico? Ou para resolver todos esses problemas e, ainda, acabar com uma triste realidade, que impõe a mais de 40% da população viver no Brasil sem saneamento básico. Como é possível à população de um dos países mais ricos do mundo ser colocada numa situação como essa? As favelas não causam vergonha às elites políticas, nem aos empresários. Existem mesmo os que se aproveitam da situação para especular e enriquecer. Isso mostra que a corrupção também se tornou pandêmica. Todas essas possibilidades estão abertas para a humanidade inteira.

Entretanto, infelizmente, com a pandemia entre nós, ficou ainda mais evidente o quanto muitos dos que controlam a economia e o poder no planeta são vividos e externam a pulsão de morte. Na sociedade real na qual vivemos hoje, sob a crise capitalista aprofundada pelo novo coronavírus, vemos descaso, negligência, irresponsabilidade e comportamentos inconsequentes, não apenas de cidadãos "comuns" ou de analfabetos. Parte da classe média estudada não respeita medidas como o simples distanciamento social. Superlotam as praias, parques, restaurantes, bares e shoppings. Com fins políticos, governantes insistem em minimizar a letalidade do vírus, enquanto outros exageram nas medidas de controle social. Alguns fizeram comparações que, embora baseadas em dados corretos, produziram conclusões absurdas. É verdade que em 2004, segundo relatórios da Unaids, 1.700.000 pessoas morreram em decorrência do HIV; em 2010, esse número baixou para 1.200.000 e, em 2018, para cerca de 770 mil. Em 2017, a OMS divulgou que o número de mortes por doenças respiratórias relacionadas ao vírus influenza poderia chegar a 650 mil por ano. Esses dados podem amenizar e tornar menos assustador o número de mortes relacionadas ao novo coronavírus. Hoje, 15 de outubro, onze meses após o registro do primeiro caso na China, cerca de 1,1 milhão de mortes já foram contabilizadas no mundo inteiro e, no Brasil, mais de 150 mil. Contudo, é inegável que as imagens de caminhões do exército saindo da cidade de Bergamo, transportando mortos para serem cremados em outras cidades (18 de março), do enterro coletivo em vala comum de dezenas de corpos em Nova York (10 de abril), ou ainda, mais próximo de nós, de pessoas sendo atendidas em ambulâncias pela falta de estrutura em hospitais em várias cidades brasileiras, não são apenas impactantes; revelam ainda uma realidade que não enfrentamos nem com a H1N1 e nem com a Aids. Por isso, o novo coronavírus torna-se mais assustador e gera tanto medo. Medo não exatamente da inevitabilidade da morte ou de se morrer vítima da Covid-19, mas de se morrer sem assistência médica nem familiar, agonizando em algum corredor de hospital, fato que se repetiu em várias regiões do mundo.

Viu-se, também, como a corrupção sobrevive na e da tragédia, com o superfaturamento na compra de materiais hospitalares e de respiradores, e com o desvio de verba na construção de hospitais de campanha. A indústria farmacêutica continua especulando em torno da eficácia de medicamentos e na busca, desenfreada, para criar a fórmula do remédio milagroso e com ele monopolizar o mercado com seu medicamento próprio, com sua vacina única. Virologistas, infectologistas e especialistas em zoonoses são categóricos em afirmar que a pandemia do novo coronavírus não é a primeira, nem será a última. Enquanto mantivermos uma atitude narcisista e individualista, egoísta e oportunista, destrutiva das riquezas naturais, as pandemias (assim como as enchentes, os furacões, as variações climáticas, os incêndios florestais e tantos outros sintomas do desgaste da natureza) continuarão. O novo coronavírus é a prova concreta, mesmo que invisível a olho nu, do quanto nos afastamos da natureza e da nossa própria natureza humana. É a prova de que o caminho neoliberal, de exploração ao extremo dos recursos naturais e do trabalho humano, está nos levando a um desfiladeiro.

Depois que todos os males devastaram o mundo, na caixa de Pandora restou a esperança de que dias melhores viriam. Não esperamos de forma passiva. Desejamos profundamente, e por isso organizamos este livro. A pandemia despertou o sentimento de um pertencimento e de uma urgência universal. Que seja também um ponto de inflexão e de partida para a construção de uma relação mais saudável com a natureza, de uma sociedade mais justa e igualitária e de um momento histórico em que os homens possam viver toda a sua potencialidade de serem verdadeiramente humanos. Todas as expressões de solidariedade e de pulsão de vida nos trouxeram alento e forças, nos fizeram acreditar que as pessoas são capazes de construir outra racionalidade societal comum, mais humana e coletiva. É imperiosa outra forma de vida social, na qual os cidadãos possam se relacionar com o respeito de uma vida em comum, a fim de conseguir e preservar seus objetivos comuns. Objetivos comuns que deveriam ser compartilhados pelos cidadãos de todas as sociedades e que deveriam ser o próprio e único objetivo da sociedade, ou seja, o bem humano comum de seus membros. Nessa outra forma de vida social, o Estado não seria o superestado que conhecemos hoje. Ele buscaria, pela vontade democrática e cidadã, dissolver-se nas instituições diversas dos cidadãos diversos, assumindo outra natureza, outra dimensão, até passar a existir numa forma mínima, como uma parte do corpo social especializado na administração dos homens pelos homens. Sua racionalidade não deveria ser outra senão a do bem viver comum e viabilizando de modo permanente bens de uso comuns. Se na reprodução da existência social geral os valores de troca se subordinarem aos valores de uso, o cultivo da existência se fará sem ganância. Não haveria necessidade da forma alucinada, como ocorre atualmente, de empreender a exploração da natureza, uma vez que ela é a única casa da civilização humana. De modo racional se conseguiria dela o que a existência humana precisa para viver. A ausência de ganância conseguiria respeitar a riqueza de outros povos, de outras raças, e permitiria desmontar a bomba relógio que está levando a humanidade inteira a uma última possível e definitiva guerra mundial. A ausência de ganância e de sede de poder salvaria a vida no planeta.

Foi o sentimento e a consciência dessa urgência que nos levou a produzir este livro. Precisamos da paz, tanto quanto da natureza. Somente a história da formação do capitalismo neste país e no mundo permitirá uma aproximação progressiva para a apreensão das causas da crise que nos coloca, a todos, diante do abismo. Foi nesse ambiente de inquietações, que convidamos alguns colegas a nos seguirem na jornada de pensar a realidade imposta, reveladora da já desgastada racionalidade neoliberal e da fragilidade da vida humana no planeta. Alguns deles nos acompanham há anos e tivemos a oportunidade de nos encontrar em outros momentos, enfrentando o desafio de pensar sobre a crise generalizada da modernidade. Assim tem sido com François Chesnais, de quem pudemos seguir cursos de economia nos anos 1980, na Universidade Paris Nanterre. Marc Ferro foi cúmplice de nosso projeto Oficina Cinema-História e se tornou *compagnon de route* desde 1996, nos auxiliando a refletir sobre os meandros e descaminhos da história contemporânea. Desde 1995, muitos outros colegas pesquisadores se reuniram em torno da revista *O Olho da História* (www.oolhodahistoria.ufba.br), da qual somos editores. As reflexões em torno de cinema-história também nos aproximaram de grupos de pesquisa das Universidades de Barcelona e de Santiago de Compostela e da Universidade Carlos III de Madri. Em 2003, novamente Marc Ferro nos conectou com seus ex-alunos, dentre os quais Kristian Feigelson, do Departamento de Cinema e Audiovisual (CAV) e do Instituto de Pesquisa sobre o Cinema e Audiovisual (IRCAV) da Universidade Sorbonne Nouvelle, onde fizemos conferências e participamos de pesquisas voltadas à história e às sociedades contemporâneas representadas no cinema e nas mídias, inclusive na Cátedra Roger Odin. Em 2009, passamos a trabalhar com teoria da história e das relações sociais em nossos cursos da pós-graduação em Ciências Sociais, da Universidade Federal da Bahia. Em 2012, fruto desse trabalho, fundamos o grupo de pesquisa Crise da Modernidade, com o intuito de melhor compreendermos as objetividades e as subjetividades dos processos sociais. Desde 2013, com os pesquisadores do Grupo de Estudos Sobre o Neoliberalismo e Alternativas (Gena), da Universidade Paris Nanterre, afinamos uma rica interlocução de pesquisa, assim como com os pesquisadores da revista *Illusio*, da Universidade de Caen, na Normandia. Eis que o número de interlocutores com os quais intercambiamos conhecimento é grande. Infelizmente outros colegas não puderam nos acompanhar, como Ruy Fausto (falecido no dia 1º de maio de 2020, vítima de um infarto), a quem rendemos nossas sinceras homenagens. São muitas as revistas, os boletins, os *sites*, os *blogs*, as redes sociais que nos permitem uma leitura atualizada da crise. São muitas as personalidades que nos ajudam a refletir sobre ela. É delas também este livro.

O trabalho comum de muitos anos não quer dizer que partilhamos sempre das mesmas ideias. Aqui, naturalmente, cada colaborador expôs seus pensamentos. Em vários casos, nossos posicionamentos se contradizem. Mas esse é o sentido da verdadeira democracia, também na ciência. Não acreditamos em grupos de pesquisa que vivem apenas das repetições de suas próprias ideias ou as de um líder. O verdadeiro conhecimento se faz na contradição e no debate. Um pressuposto de ortodoxia como paradigma na sua elaboração é, em si, um verdadeiro contrassenso, uma impossibilidade, uma inexequibilidade. Como nosso objetivo não é a reprodução de nenhuma doutrina, recebemos de bom grado todo esforço sincero na arte de chegar perto dos fenômenos e explicá-los. O resultado está em suas mãos: um esforço coletivo e diversificado para explicar o presente e visualizar alternativas para o pós-pandemia. Será que conseguiremos viver suas metamorfoses e seus novos ciclos?

Boa leitura e reflexão.
Cordialmente,

Soleni Biscouto Fressato
Jorge Nóvoa

UM MUNDO SEM HORIZONTES: AS SOCIEDADES JÁ SE ESGOTAVAM SEM A COVID-19[1]

Marc Ferro

É preciso constatar que hoje a humanidade vive com medo do contágio da Covid-19. A velocidade com a qual o novo coronavírus se espalhou pelo mundo e o número de mortes que produziu, em curto espaço de tempo, impactou profundamente as populações de todos os quadrantes do

---

1. Marc Ferro pesquisou a história da medicina para realizar o filme *Une Histoire de la médecine*, com Jean-Paul Aron (52 min., 1980). Neste artigo, ele produz uma atualização de sua reflexão, incluindo o problema da Covid-19 e da crise sistêmica mundial, a partir de suas obras: *La Société malade du progrès* (Paris: Plon, 1998), *Le Ressentiment dans l'histoire: Comprendre notre temps* (Paris: Odile Jacob, 2008), *Le Retournement de l'histoire* (Paris: Robert Lafont, 2010) e *L'Aveuglement: Une Autre histoire de notre monde* (Pais: Tallandier, 2015). Tradução de Jorge Nóvoa e revisão de Soleni Biscouto Fressato.

planeta. Quem seria capaz de prever tal mudança em nosso comportamento? Como se poderia imaginar que, no início do século XXI, mais da metade da população do planeta pudesse se aplicar "voluntariamente" num "confinamento social"? Diante da pandemia do novo coronavírus, ficou claro que, inevitavelmente, a crise do sistema mundial, que a humanidade constituiu ao longo de, pelo menos, os últimos cinco séculos, se aprofundou enormemente. Em 2020, as sociedades de todos os países e de todos os continentes estão sofrendo as consequências de um agente minúsculo e invisível ao olho nu. Em todo o mundo, o número de desempregados aumentou acentuadamente, assim como as falências de pequenas e médias empresas. Pior ainda, dada a mutação do vírus, novos ciclos podem ser esperados. Enquanto isso, os mais de cem laboratórios de indústrias farmacêuticas de todo o mundo vivem uma guerra particular de concorrência e disputas, envolvendo a população do planeta, que é tratada apenas como constituidora de um mercado mundial para seus medicamentos. Diante de tudo isso e da crise do próprio sistema, algumas perguntas se impõem: qual o futuro que se acha reservado para a humanidade? Sem que se vivesse nenhuma normalidade antes, seria possível voltar à "velha normalidade" de nossas vidas? Qual é a responsabilidade dos seres humanos nesse quadrante da vida no planeta?

O novo coronavírus surgiu em uma situação difícil para toda a humanidade. A história nunca deixa de nos surpreender. Está cheia dessas situações que não foram previstas, provavelmente porque os diversos grupos sociais se deixam cegar por aspectos diversos que mais lhes interessam ou que confirmam seus desejos. Mas, como se dar conta dessas situações imprevistas, se o tempo todo o processo histórico não para de criar surpresas? Diante da Revolução Tunisiana de 2010, uma personalidade do porte de Alain Juppé se confessou completamente perplexo. De forma ainda mais inusitada, Barack Obama admitiu, diante do surgimento de um Estado islâmico, que, de modo algum, ele pôde prever os conturbados acontecimentos no Egito, nem foi alertado por seus agentes de Estado que, aparentemente, não souberam de nada por antecipação. Poder-se-ia elencar uma quantidade enorme de fatos como, por exemplo, a queda do Muro de Berlim em 1989, ou o processo de transição da sociedade da URSS para o capitalismo, ou ainda a ascensão da China ao estatuto de superpotência econômica em 2000, quando era o Japão que parecia destinado a essa condição.

Identificar os "truques da história", suas ciladas e surpresas, é também olhar para o "significado" que a história pode adquirir. Essa visão sobre a história, sobre "suas astúcias", se refere a uma explicação que se gostaria de encontrar para o que aconteceu ou para seus desenvolvimentos. Mas o "significado da história" é também o significado que se pode dar ao que aconteceu. E aí as questões se multiplicam: os eventos inesperados são determinados ou puramente contingentes? Em que sentido eles podem ser compreendidos e quais as lições que, ao serem desvelados, fornecem para decisões futuras?

Ressurge imediatamente à mente a reflexão de Hegel, quando se refere a Napoleão e à sua modernização da organização política da Europa. Ele se surpreendeu ao vê-la mergulhar em um nacionalismo identitário violento. Hoje, mesmo alguém experiente no estudo da longa duração na história, será surpreendido, ao ver que o populismo continua a avançar, a partir do efeito cruzado da derrota do comunismo e, também, do modelo político ocidental, das consequências perversas da mundialização e das exigências da construção europeia. A reaparição de tal fenômeno foi especialmente estimulada por Donald Trump. E então, é possível encontrar muito sentido em tudo isso? Será que a história faz sentido? Quem poderia ter imaginado o "renascimento" do populismo, duas décadas antes?

Desde o século XIX, os estudiosos acreditavam haver encontrado um significado para a história. Muitos gostavam de Jean-Jacques Rousseau, para quem o programa do

Iluminismo não poderia dizer respeito a todas as sociedades, tão diferentes eram umas das outras. Dizia ele que sabia "o que é um francês, um inglês, mas não o que seria um homem universal". A revolução industrial promoveu uma nova reflexão sobre o legado do Século das Luzes. Saint-Simon mostra que os ociosos governam a sociedade, quando os produtores é quem deveriam ocupar esse papel. Por sua vez, o socialismo precoce encarnou uma revolta moral contra os horrores da sociedade industrial descritos por Charles Dickens, Émile Zola e outros. Depois de Marx – que se queria um cientista e elaborava sua teoria das contradições da economia –, o socialismo marxista tornou-se uma ciência de desenvolvimento social, que esperava que o proletariado se tornasse bastante numeroso e consciente o suficiente para derrubar o regime capitalista. Esse pensamento armou intelectualmente os partidos políticos da classe trabalhadora. No início do século XX, o avanço do capitalismo ajudou a massa trabalhadora a afirmar uma internacional socialista em todo o mundo. O Partido Social Democrata Alemão, mais do que outros, achou irreversível o movimento da história. Mas as rivalidades imperialistas e uma exaltada eclosão patriótica fizeram explodir a Primeira Grande Guerra. O processo progressista anterior foi brutalmente interrompido. O movimento revolucionário perdeu alguns de seus elementos e argumentos constituintes: o socialismo "científico" havia afirmado a força determinante dos interesses econômicos. Contudo, em 1914, foi a paixão patriótica que manifestou seu poder. Surpreendentemente, três anos mais tarde, irrompeu a Revolução Russa de 1917, dando origem à URSS e a uma ditadura partidária que durou 74 anos.

A queda do regime soviético, em 1991, marcou o "fim da história". Através do assessor de Departamento de Estado, Francis Fukuyama, os estadunidenses proclamaram o prognóstico: a democracia liberal e uma economia de mercado devem se impor em todo o mundo. Esse julgamento, na época ecoado por alguns jornalistas da imprensa internacional, foi tão peremptório quanto uma resolução de Stálin e do Komintern de 1933, declarando que o nacional-socialismo era uma anomalia efêmera, enquanto o regime soviético era supostamente eterno. No entanto, e paradoxalmente, ao menos a história ensina que a invulnerabilidade dos regimes violentos não é mais real do que a eterna harmonia da economia de mercado. Foram necessários apenas doze anos (1989-2001) para que os gritos de alegria da queda do Muro de Berlim fossem cobertos pelos gritos de angústia do ataque ao World Trade Center. O Oriente tornou-se um alvo e, finalmente, a consciência de que a China se tornara a segunda potência econômica os derrubou. O mundo inteiro está de fato mudando. Ele herdou contradições e conflitos que este "fim da história" não tinha resolvido.

Após a Crise, a Crise Continua

A mundialização é contínua, de crise em crise. Após a crise e a recessão de 2008, vimos a falta de determinação dos vários governos europeus, particularmente do governo francês. Eles criticaram seus predecessores, mas não conseguiram propor medidas alternativas às soluções propostas pela Reunião do G20, em Londres. É difícil explicar essa atitude, se considerarmos o fato de que nos EUA, o Estado interveio com grande determinação para salvar os bancos. Os líderes estavam à beira de abandonar o credo liberal, enquanto seus aliados europeus, particularmente a Alemanha e a França, estavam aplicando-o. O governo estadunidense quase nacionalizou alguns bancos e empresas, tais como a General Motors, com 60% de seu capital. Contrariamente, se a esquerda francesa, quando estava no poder com Mitterrand, realizou muitas privatizações, quando a crise aguda diante da recessão se afirmou, ela não foi capaz de reaplicar suas teorias anteriores.

A esquerda e a direita, é claro, esperavam uma retomada inevitável do crescimento, por acreditar na permanência dos ciclos econômicos. Mas ambas se esquecem de observar que agem em um mundo de contornos mutantes. A crise do *subprime*[2], que desencadeou a crise financeira que permanece, surpreendeu a todos, quando na verdade é uma continuação de uma série de crises, como a bolha da internet, a bolha asiática e outras.

A China sonha em superar os EUA e encontrar o seu lugar como a principal potência mundial. Polarizado pelo duplo desafio do Islã radical e da China, o mundo ocidental ficou cego para as outras vontades de poder, como as dos turcos, que querem ressuscitar o Império Turaniano. Elas são muitas e querem reverter o curso da mundialização, o sentido que o Ocidente havia pensado que ela poderia dar à história. A União Europeia parece agora estar avançando por retrocessos. Por um lado, a soberania supranacional está sendo construída. Seus defensores condenam como retrógrado o apego de cada nação à sua soberania. Mas outros ameaçam deixá-la, medindo os males dessa supranacionalidade. Pretextando a soberania, há regiões na Europa que pretendem se separar de sua metrópole, porque se consideram exploradas e dominadas: Escócia, Catalunha, Lombardia. Os membros da União Europeia estão constantemente questionando suas soberanias. O belo projeto europeu certamente foi construído sobre a base da superação dos egoísmos nacionais, mas também como uma barreira antissoviética. Mas o apego à identidade continua sendo uma força, que nada parece poder quebrar. Os países da Europa Oriental não foram sovietizados durante 45 anos por centenas de tratados e regulamentos? Um húngaro ainda é um húngaro, e ainda

---

2. Subprime é um neologismo estadunidense que designa as hipotecas de risco elevado que estiveram no coração da crise imobiliária de 2007-2008. As componentes SUB e PRIME significam "abaixo do nível de solvabilidade" normalmente requerido pelo sistema bancário quando concedem empréstimos. Ver L. Gill. *La Crise financière et monétaire mondiale*, p. 168.

tão diferente, como sempre foi, de um polonês. Um polonês de um tcheco, russo ou romeno. Existe uma União Europeia, mas não há europeus que queiram morrer por ela. Um representante da Holanda, membro do comitê executivo da UE, chegou a dizer: "Não deixaremos ninguém tirar nossa Europa de nós." No entanto, além dele e dos quinze mil funcionários de Bruxelas e mais os lobistas, não existe um patriotismo comum na Europa.

O destino da Grécia, em 2015, traduziu as restrições que a União Europeia pode impor a seus membros. Em função do nível alcançado por sua dívida, foi dado a Atenas e a esse pequeno país um ultimato para que aceitassem o controle político e financeiro imposto pela "troika", quer dizer, pelo Fundo Monetário Internacional (FMI), pelo Banco Central Europeu (BCE) e pela Comissão Europeia. Uma questão se impõe: não haveria a troika se apoderado da soberania europeia? Isso ficou bem claro a partir da crise da Grécia. A troika fala em dar ordem para todos e em nome de todos. A seu turno, cada Estado-nacional que renuncia à sua soberania para assegurar o bem comum, passa a viver a experiência das regiões que foram colonizadas, supostamente como diziam os colonizadores, para o "bem delas" mesmas. A diferença vem do fato de que hoje são os próprios Estados nacionais que agem na direção desse "autocolonialismo". O ressentimento que esses fatos produzem nos povos submetidos a esse tipo de humilhação exige que se pense nas revoltas que podem fermentar. É preciso lembrar que o processo de ascensão dos EUA foi acompanhado da mundialização de ressentimentos contra seu Estado. Hoje, como ontem, a saúde das nações, mas ainda, a saúde dos cidadãos, se tornou uma questão em torno da qual são criados conflitos e contradições. Tal situação coloca em disputa advogados, médicos, companhias de seguros, grupos industriais e o Estado também, sem esquecer os órgãos de comunicação, que se alimentam desses processos, que têm como fundamento a constante piora dos gastos com saúde e previdência nos orçamentos nacionais.

O estado das finanças na Grécia era catastrófico. Entretanto, sem esquecer a natureza perversa como sua dívida foi produzida, foi ainda a Grécia que suportou o afluxo dos migrantes que chegavam às suas costas, generosamente, como o fez também a Itália. A Alemanha também, mas para salvar a sua imagem. A União Europeia tem apenas ouvidos financeiros. O voto dos ingleses a favor da saída (Brexit) deu subitamente a impressão de que estavam ameaçados. A Holanda seguiria o mesmo passo. Até a França, no caso de Marine Le Pen ganhar as eleições presidenciais. Por tudo isso, não há muitas perspectivas otimistas. Se a era dos planos sociais sucedeu ao Plano Marshall, a União Europeia está passando por uma reviravolta catastrófica. Essa reviravolta está ligada à saturação do mercado, ao excesso de tecnologias ultrapassadas, à concorrência de novos produtores, cuja competitividade é maior do que a da Europa.

As ameaças vêm de todos os lados do sistema mundial. Do país mais rico do mundo, os EUA, onde 1.860 pessoas possuem mais de 500 milhões de dólares, em comparação com a China, onde 480 pessoas possuem o mesmo montante. Da França, onde existem 570 favelas. Tudo isso é, de fato, uma fonte de ressentimentos. Vêm também das desigualdades sociais que continuam a se aprofundar, dentro de cada país e entre países diferentes. Hoje, a mídia está em todos os lugares para tornar essa raiva contagiosa. Há também a explosão populacional do Sul/Norte e Leste/Oeste, que tem acompanhado a descolonização e a globalização. A União Europeia corre o risco de se fragmentar, seja por causa da guerra econômica travada por Donald Trump contra ela, seja por causa das reações de vários de seus membros à migração do Sul. O futuro também é opaco, porque a governança global parece estar nas mãos das autoridades transnacionais.

Outra perturbação que mina a confiança dos cidadãos vem através da corrupção. Nossas sociedades parecem gangrenadas! O que ainda era um evento no século XX, tornou-se a crônica da vida cotidiana. Não há um dia, entre Roma, Paris, Brasília, Rio de Janeiro ou Tóquio, em que não seja revelado um caso grave de corrupção. Nos anos 1980, a apologia do mercado foi reforçada pelos sucessos econômicos do Japão e dos Tigres asiáticos, enquanto a economia soviética entrou em colapso. A desregulamentação e privatização desmantelaram o arsenal jurídico, econômico e financeiro do Estado. Com a aceleração da internacionalização do comércio, a corrupção se desenvolveu ao mesmo tempo que os paraísos fiscais: Suíça, Hong Kong, Jersey, Ilhas Cayman. Eles tornaram-se gradualmente invisíveis. Na França, o escândalo do Panamá, em 1892, e depois o caso Stavisky, se tornaram referências. Suas consequências políticas foram graves. A corrupção reapareceu com os Trinta Gloriosos. Porém, pela primeira vez, em 1993, um primeiro-ministro, Pierre Bérégovoy, denunciou a multiplicação de casos e tomou medidas para pôr fim à corrupção. O aumento do número de escândalos financeiros não gerou muita exaltação social, como se os cidadãos estivessem politicamente "desvitalizados". Apesar disso, o escândalo do sangue contaminado, por exemplo, inflamou a opinião pública. Aos olhos de todos, era a instituição que parecia gangrenada, mais que os políticos. Nem Henri Emmanuelli, para os socialistas, nem Nicolas Sarkozy, para a direita republicana, foram vistos como corruptos. Na época de François Hollande, a evasão fiscal, a multiplicação de nichos e a evasão ilegal do capital começaram a aparecer em plena luz. O ministro Jérôme Cahuzac foi o encarregado de perseguir a corrupção desse "bonito" mundo. Mas a Mediapart, um órgão de imprensa investigativo, descobriu que o ministro da integridade tinha uma conta não declarada no exterior.

A Sociedade do Crescimento Contra a Natureza

Poucos médicos conhecem a personalidade multifacetada de Rudolf Virchow (1821-1902), médico e político alemão, considerado o pai da patologia celular moderna e da medicina social (sanitária), além de antropólogo e filósofo. Filho de açougueiro, graduou-se, em 1843, em medicina, na cidade de Berlim, pela Academia Militar da Prússia. Virchow teve destacada atuação como republicano na Organização Democrática da Associação dos Trabalhadores, em 1848. Tornou-se membro, a partir de 1859, da Câmara Municipal de Berlim, de cuja atuação resultaram as reformas sanitárias. Ele conseguiu mostrar que toda célula provém de outra, pondo fim às concepções vitalistas, que faziam da vida um fenômeno transcendente aos elementos do organismo. Suas descobertas desaguam em outras pesquisas, como na combinação da genética e da bioquímica, na biologia molecular. A evolução delas tornou possível compreender a natureza e a estrutura do material genético, sua capacidade de autorreplicação, colocando o problema da existência e investigando a natureza de um código genético. Até então, a medicina não conseguia produzir outro corpo, mas com o progresso da genética, ela conseguirá. Nas linhagens dessas conquistas das ciências auxiliares da medicina, a prevenção das doenças deu um salto enorme. Ao desenvolvimento de métodos de construção de diagnósticos antes do aparecimento de sintomas, se juntará aquele da utilização das vacinas.

Os homens do século XX acreditavam no progresso irreversível de suas condições de vida, na saúde para todos, na erradicação de epidemias e doenças. Mas, até o final do século, muitas dessas certezas já haviam desaparecido. O progresso da ciência causou tanto a doença das "vacas loucas" quanto os fracassos de Chernobyl. Desgraçadamente, há um negacionismo que persiste diante do aquecimento global. Esse fenômeno é, em grande parte, devido às emissões de gases de efeito estufa. Sua progressão deve ser interrompida para que a temperatura global da Terra não suba mais do que 1,5 graus. Em teoria, essa restrição significa deixar 80% dos recursos de carvão, metade dos recursos de gás e cerca de um terço dos recursos de petróleo no subsolo, não construir mais usinas elétricas alimentadas a carvão e encerrar as unidades em serviço. A promoção da energia solar e eólica e a interrupção do desmatamento das florestas que ainda restam no planeta, especialmente a da Amazônia, tornariam possível reduzir ainda mais a quantidade de gases de efeito estufa. Mas a França, por exemplo, está muito atrasada na produção de energias renováveis. Não mais que outros países.

Essas preocupações com o meio ambiente, no entanto, não devem nos fazer esquecer do sofrimento humano. Em pleno século XXI, dois bilhões de pessoas ainda sofrem de desnutrição. No século XX, acreditou-se, durante muito tempo, que as condições de vida continuariam a melhorar. Após a Segunda Guerra Mundial, as Nações Unidas criaram a Organização Mundial da Saúde (OMS) para pôr fim não só às doenças, mas também visando trabalhar para o completo bem-estar dos seres humanos. A doença desapareceria graças à ciência. Mas, fora do mundo ocidental, as tragédias de populações inteiras provam ser ilusórias as perspectivas de melhorar o destino dos mais necessitados, a curto ou médio prazo. Não há um ano em que não ocorra algum drama: a secagem do mar de Aral, a Aids, a doença das vacas loucas, Chernobyl, o reaparecimento da tuberculose, os danos causados pelo El Niño, tsunamis na Ásia e terremotos inesperados, o agravamento dos desastres climáticos no sul dos EUA, no Caribe e na América Latina, as queimadas na Amazônia etc. Além disso tudo e da crise do sistema capitalista mundial, hoje o mundo inteiro se vê confrontado com a ação inesperada do novo coronavírus. Esses desastres estão ligados tanto à ação das sociedades humanas e ao progresso técnico como às reações da natureza a certas inovações. A desordem e o medo que causam, interagem com os causados por outros aspectos da crise. Já em 1918, um cartaz dizia: "Duas pragas, o bochecho e a tuberculose." Hoje, estaria escrito assim: "Jihadismo, desemprego, Covid-19 e aquecimento global" e tudo mais.

Embora a medicina tenha conquistado muitas vitórias, as epidemias parecem estar se vingando. Quem acreditaria que a tuberculose voltaria com força? A degradação das condições de vida enfraquece o organismo, atingindo os sem-teto e os habitantes dos bairros pobres. É possível ver a multiplicação desses casos em Marselha, em Paris e em Nova York, por exemplo. Entre 1985 e 1990, dois países em desenvolvimento (o Vietnã e a África Subsaariana) foram responsáveis por 7.280.000 novos casos de tuberculose, com taxas anuais de mortalidade próximas a 30%. O reaparecimento ou surgimento de doenças contagiosas – tuberculose, Aids e agora a Covid-19, em particular – têm causado tragédias. Os EUA e o Brasil se mostraram campeões no número de infectados e mortos. Antes disso, os cientistas já haviam observado que a resistência das bactérias aos antibióticos estava aumentando constantemente, como resultado do uso contínuo no organismo. Mas as bactérias se regeneram e se adaptam ao ambiente, em face do perigo. Enquanto, em 1952, 100% dos casos clínicos de estafilococos podiam ser curados pela penicilina, essa porcentagem caiu para 10% em 1982. As bactérias têm várias estratégias de defesa. Podemos falar de uma "epidemia da resistência microbiana". Esse não é o mesmo fenômeno do novo coronavírus, que sofre mutações a fim de sobreviver? Vários cientistas parecem confirmar essa hipótese.

A Aids se espalhou pelo planeta graças à aceleração do intercâmbio comercial dos anos 1980, que desempenhou um papel decisivo. Junte-se a isso o que o doutor Mirko Grmek chamou de patocenose[3], que é a frequência

---

3. O termo se refere ao estado de equilíbrio das doenças em um determinado momento da história e em uma determinada sociedade. A presença e a importância de uma doença em uma determinada população e em um determinado momento, depende da presença e da importância de outras doenças. As doenças são interdependentes. ▶

e a coabitação de várias doenças na mesma população e a relação entre elas. A patocenose se metamorfoseia após grandes transformações nas relações entre as sociedades. No caso da Aids, foi pela medicina haver produzido uma queda espetacular da maioria das doenças infecciosas, que seu surgimento encontrou um ambiente propício. Há informações que atestam o conhecimento do vírus da Aids em décadas bem anteriores à sua proliferação, nos anos 1980.

O surgimento de uma epidemia está ligado a vários fatores. Durante os anos 1980, ficou provado que certos vírus se reativaram em relação aos fenômenos cósmicos e climáticos. Este foi o caso da cólera, que reapareceu nos anos 1990. Ela nos ajudou a entender por que uma epidemia aparece em um momento, não em outro, mas sem que se possa evitar seu surgimento. A cólera é uma forma de infecção transmitida pela água, que se torna, assim, uma das principais "causas" de doenças no mundo. Portos e litorais estão predispostos a hospedar as epidemias, pois estão infectados pelos excrementos das tripulações, esgotos, latrinas da cidade. Se a água da cidade não for suficientemente tratada, seu ambiente é propício para a regeneração de vírus. Em 1991, uma epidemia devastadora se espalhou do Peru para o Chile e para a Amazônia, e depois, seguindo os rios, para a Colômbia e Venezuela. Em Bangladesh, como nas costas do Peru, a cólera aparece, frequentemente, em correlação com o surto de certas algas, estimulado pelo fortalecimento do fenômeno do El Niño. Na África Ocidental, o retorno da febre amarela, que se pensava ter sido erradicada, é explicado pela passagem do vírus de um tipo de mosquito para outro, tendo o primeiro sido expulso com sucesso. As pesquisas mais recentes sobre

▷ Com esse conceito, Grmek quis facilitar a abordagem da história das enfermidades e melhorar a compreensão das doenças emergentes. Ele desenvolveu esse conceito em sua *Histoire du Sida*, na qual argumenta que a descoberta da penicilina e da antibioticoterapia eliminou gradualmente as moléstias bacterianas, permitindo o surgimento de enfermidades virais, que haviam permanecido latentes até então. Ver M.D. Grmek, *Histoire du Sida*.

o novo coronavírus, e que têm sido divulgadas, atestam a presença do vírus em águas de esgotos na Itália e no Brasil, antes mesmo do advento da pandemia. E, não é por acaso sua denominação de novo coronavírus, o que indica que ele sofreu modificações e continua sofrendo.

A Parcela de Responsabilidade dos Homens nas Sociedades

A natureza estabelece limites para nossa convivência com ela e, portanto, para o avanço do conhecimento. Mas esse não é o único aspecto dessa situação que merece ser mencionado: os homens de cada sociedade têm sua parte nessas derrotas ou contratempos. A industrialização dos meios médicos tem uma grande responsabilidade. O caso do sangue contaminado com HIV, na década de 1980, é ilustrativo. Na França, as vítimas eram de seis a dezesseis vezes mais numerosas do que na Alemanha ou Grã-Bretanha. Em vez de manter uma relação binária entre doador e receptor de sangue, foi realizado um processo de agrupamento (*poolage*), por razões industriais e de economia óbvias: o mesmo galão continha plasma de vários milhares de doadores. Assim, se um único doador de sangue estiver contaminado, todo o recipiente está contaminado também. Foi o que aconteceu na época. Esse foi um caso de iatrogenia[4] clínica, ou seja, uma doença causada pelo progresso da atividade médica. Sem se dar conta, a humanidade se acha diante da contradição de querer usufruir o progresso da ciência, da medicina, de seus produtos, de suas mercadorias, de seus serviços, e se

---

4. A iatrogenia se refere a um estado de doença, efeitos adversos ou complicações causadas por ou resultantes do tratamento médico. Contudo, o termo deriva do grego *iatros* (médico, curandeiro) e *genia* (origem, causa), pelo que pode aplicar-se tanto a efeitos bons ou maus. Em farmacologia, o termo "iatrogenia" se refere a doenças ou alterações patológicas criadas por efeitos colaterais dos medicamentos. De um ponto de vista sociológico, a iatrogenia pode ser clínica, social ou cultural.

vê confrontada aos efeitos colaterais negativos de um tal desenvolvimento.

O mesmo fenômeno pode ser observado como resultado da ação de homens e empresas que buscam o crescimento econômico. O projeto de construção das grandes barragens, defendido sob a justificativa da necessidade de levar o progresso a determinadas regiões, certamente permitiu uma ampliação das áreas irrigadas, e também levou à extensão dos moluscos. Entretanto, as áreas irrigadas trazem o parasita bilharzíase para o gênero humano e para os animais, cujas larvas penetram no corpo através da pele. Na Bolívia, surgiu uma nova epidemia, o tifo negro (febre hemorrágica), trazida pela construção de uma barragem na região de São Joaquim. Os rios foram limpos para desenvolver as culturas de cereais, e os ratos, que engordavam e se multiplicavam, secretaram o vírus da febre hemorrágica através de sua urina. Bastava respirá-la através da poeira para se contaminar. Foi assim que 40% da população foi infectada e morreu cuspindo sangue. Dentre os que morreram, encontravam-se pesquisadores estadunidenses que chegavam do Panamá antes que o vírus pudesse ser identificado.

Como se pode observar, não foi por acaso que a questão ecológica adquiriu uma importância decisiva na atualidade. A modernização agrícola também está enfraquecendo muitas regiões rurais do planeta. Esse é o caso da África. Na verdade, após a independência, muitas populações mudaram para a monocultura, esperando alcançar o mercado mundial. Na Nigéria, por exemplo, se desenvolveu a plantação do cacau, que mudou para melhor a relação trabalho/rendimento. Mas as aldeias, assim convertidas, tornaram-se tristes, sujas, apáticas. As crianças ficaram inchadas. O dinheiro embolsado pelos plantadores era despendido rapidamente, e como as plantações de alimentos haviam sido abandonadas, as populações desses lugares passaram a se alimentar apenas com mandioca ou inhame. A mesma situação é encontrada em Uganda e na Tanzânia, e em muitas regiões do planeta.

O desenvolvimento da agricultura de larga escala trouxe consigo a riqueza de alguns, mas também a queda do nível da saúde de populações inteiras, de todos os continentes. Diversos agrotóxicos passaram a ser a causa de desastres causados à saúde em muitas regiões de vários países. Em represália a isso, ao mesmo tempo ocorreram reações contra seu uso. Na Califórnia, quando o povo de Santa Clara soube que as laranjeiras eram pulverizadas à noite, para escapar da vigilância, iniciou-se uma batalha que levou vários anos para ser bem-sucedida. Mas foi a proteção do algodão, em que várias espécies de insetos proliferavam até 1926, que causou as consequências mais trágicas. No Egito, assim como na Índia, os efeitos do Phosvel, pesticida comumente utilizado, foram mortais. Esse fosfato orgânico foi proibido nos EUA, mas foi exportado como parte da "ajuda estadunidense" à Nigéria e Sudão. As análises feitas nesse pesticida são assustadoras no que diz respeito às consequências de sua utilização.

Na Ásia soviética, rios foram desviados para desenvolver a produção de algodão. O resultado foi a secagem do mar de Aral, que na época tornou-se um mar salgado com água poluída: oito em cada dez mulheres grávidas passaram a sofrer de anemia, em 1991. Nas margens do lago Baikal, uma fábrica de celulose, e depois de petróleo, havia despejado seus resíduos nas águas, onde as doenças pulmonares se multiplicaram. Em ambos os casos, os ecologistas de Novosibirsk não conseguiram fazer nada para contrariar a megalomania dos planejadores da antiga União Soviética.

A Modernização da Medicina, o Crescimento Agroindustrial e Seus Efeitos Destrutivos

Na raiz dos efeitos contraditórios e destrutivos de certos avanços científicos está o modelo industrial, que se impôs à ciência, como revelado pelos escândalos ligados aos transplantes de órgãos ou ao comércio de sangue. O acesso à saúde tornou-se uma mercadoria cara, visando o lucro. A ciência se apropriou não apenas da "natureza naturante", mas também da natureza humana. Nos EUA, em 2013, uma decisão da Suprema Corte legitimou essa inversão de valores, permitindo que um biólogo patenteasse um microrganismo modificado por técnicas de engenharia genética. Até então, somente objetos inanimados fabricados eram patenteáveis, não o que era natural. Agora, a distinção não é mais entre coisas vivas e inanimadas, mas entre produtos da natureza, sejam vivos ou não, e invenções humanas. Como já haviam assinalado Bernard Edelman e Marie-Angèle Hermitte, "ao impor um modelo industrial à natureza, por contágio, por assim dizer, o homem se tornou apropriável"[5]. Algo produzido pela natureza pode ser patenteado por um "cientista". Mesmo a vida pode ser reconstituída e seus "inventores" podem ser remunerados, através da venda de seus produtos no mercado.

Enquanto na Grã-Bretanha, depois na França, o Estado impôs sua lei à ordem médica e, para substituí-la, criou o *welfare state* (o Estado de bem-estar), o estado providência – havendo essa substituição até mesmo na URSS, onde se decidia quem era saudável e quem era normal –, nos EUA, a medicina hospitalar tornou-se uma potência autônoma, e aquele considerado o melhor médico era o que ganhava mais dinheiro. A medicina tornou-se uma potência privada e também industrial, centralizada nos hospitais. Esse processo perpetuou a "soberania" do terapeuta, sujeitando-o às leis do mercado. Lucro e rentabilidade tornaram-se os padrões das operações hospitalares, além de outros serviços. Tal fato (como bem provou, dentre outros, o comércio do sangue contaminado) se exacerbou na produção das indústrias químico-farmacêuticas.

5. Ver *L'Homme, la nature et le droit*.

Em 1993, o presidente Bill Clinton quis elevar os cuidados com a saúde ao nível de um direito civil. Terminou se confrontando com uma coalizão de interesses que cortou pela raiz o projeto destinado a fornecer cobertura médica para os 37 milhões de estadunidenses que não a tinham. Na tradição estadunidense, seus adversários argumentaram – como Donald Trump agora argumenta – que era necessário dar liberdade de escolha a cada cidadão. O anúncio do plano Clinton desencadeou uma reorganização fabulosa dos grupos médicos. Em tempo algum se havia visto transferir tão rapidamente o domínio de um setor tão grande de médicos e de pequenos hospitais para um pequeno número de empresas gigantes, cujo poder financeiro é a única coisa que, supostamente, as qualifica para controlar o setor. Foi desse modo que o Hospital St. John's, em Springfield, Missouri, concedeu a seus médicos alguns meses para "venderem" a transferência de seus pacientes ao hospital (que acabaram por se tornar "clientes"), para assim poderem ser contratados como assalariados, em uma nova rede de atendimento médico coordenado. Cada médico que quisesse rescindir seu contrato com o hospital foi obrigado a pagar US$ 1.000 por dia para poder praticar medicina num raio de 100 km. Na virada do século XXI, os hospitais se reagruparam, selando o desaparecimento de muitos profissionais.

O mundo está em crise, mas em todos os lugares do planeta vigora o mesmo denominador comum: o lucro. Basicamente, as empresas estão cortando suas despesas, inclusive as de cumprimento das normas de segurança. Os assalariados e trabalhadores de toda a espécie têm medo de exigir tais normas e direitos, por medo de serem demitidos. As empresas *holdings* transferem a responsabilidade e a culpa de tais mudanças aos acionistas. Tem sido assim que o mercado vem, progressivamente, impondo sua lei à prática médica e à produção de medicamentos. Seu papel também explica, pelo menos em parte, o abandono de certas vacinas por laboratórios de indústrias farmacêuticas. Vacinas cujos efeitos colaterais têm sido temidos e, por isso, estão sendo substituídas por antibióticos. Os efeitos perversos, de um tal desenvolvimento, alcançaram os países emergentes e aqueles considerados subdesenvolvidos. Ao lembrar que o sucesso da vacinação inaugurou a era da medicina triunfante, fica difícil entender uma tal reviravolta, se não se pensa no lucro das indústrias de medicamentos. Em outra esfera, como a das Nações Unidas, seus dirigentes atacaram a poliomielite, o sarampo, o tétano, mas deixaram sem cuidado a malária.

Em todos os quadrantes, tanto nesse setor como em outros, a ética social está morrendo. Já em agosto de 1992, a capa do número 257 da *Revista da Associação Americana Para o Avanço da Ciência* reproduziu duas obras artísticas: um quadro de Pieter Bruegel, *O Triunfo da Morte* (1562), sobre os horrores da peste bubônica durante a Idade Média, e outro de Brent Watkinson, sobre alguns aspectos da "nova" pandemia, a de cólera. Na obra de Watkinson vê-se, em uma metrópole moderna, os esqueletos e os mortos nas janelas dos edifícios, olhando as ambulâncias passando por baixo deles, em uma espécie de rodovia suspensa, indo em direção a um forno crematório. Qualquer semelhança com os tempos atuais da Covid-19 não é mera coincidência. O que se viu em Bergamo e em Nova York são exemplos disso. Se a pintura de Watkinson revela que a catástrofe não está apenas no Terceiro Mundo, em relação à Covid-19 pode-se quase generalizar essa constatação, afirmando-se que foram poucos os países que não viveram cenários bem feios. No coração da civilização ocidental, Watkinson pintou sob o sentimento da ameaça da pandemia, tanto quanto a da bomba. Esse medo permanece hoje de forma ampliada.

Eis o momento da história ao qual a humanidade inteira é obrigada a se confrontar. Qual é a parte do progresso que fortalece a saúde das nações, ou seja, a dos indivíduos que as compõem? As dívidas públicas do

Estado conspiram contra a qualidade de vida das sociedades. A forma atual de funcionamento das democracias derivadas das ideias do século XVIII precisa ser reconsiderada em função do descompasso entre as formas da soberania estatal, o direito dos povos de disporem de si e o processo da "autocolonização", como estado supremo da integração, nos quadros da União Europeia. Esse descompasso se projeta contra a economia, a vida social, cultural e científica, que poderia beneficiar os povos europeus, mas está produzindo seu contrário. Onde ficou todo o arsenal de "progresso" científico e civilizatório que se desenvolveu ao longo dos dois últimos séculos? Os movimentos sociais buscam identificar os termos de um novo contrato político e social, que envolve arbitragens originais.

E uma última questão se impõe: como o novo coronavírus, que se acha entre as menores criaturas da Terra, pôde contaminar o mundo inteiro em apenas alguns meses? Não tendo produzido, ainda, todos os vestígios suficientes para se deixar conhecer, o novo coronavírus fica, assim, invisível e intangível. Não se sabe se ele desaparecerá. O céu e a Terra estão na origem da vida, dos animais e dos homens, a menos que estes últimos sejam os agentes criadores de criaturas ilegítimas do "progresso". Se assim for, eis que se estará diante da necessidade de mais uma enquete.

Referências

EDELMAN, Bernard; HERMITTE, Marie-Angèle. *L'Homme, la nature et le droit*. Paris: Christian Bourgeois, 1988.

GILL, Louis. *La Crise financière et monétaire mondiale: Endettement, spéculation, austérité*. Québec: Méditeur, 2012.

GRMEK, Mirko Drazen. *Histoire du Sida*. Paris: Payot, 1995.

A HUMANIDADE À BEIRA DO ABISMO:
A EXAUSTÃO ECOLÓGICA PLANETÁRIA MAIS ALÉM DO CAPITALISMO

Jorge Nóvoa

> *Para Sol, companheira
> de todas as aventuras*

O presente ensaio assume, inevitavelmente, múltiplas funções. Primeiro, ele deve apresentar a visão de seu autor, tanto quanto possível, sobre a natureza da crise pela qual passa a humanidade e que se arrasta desde bem antes da pandemia do novo coronavírus. Esta, sem dúvida alguma, aprofunda-a. Mas aqui se busca entrever algumas das questões e problemáticas pelas quais se passará, também, a viver no período posterior às consequências imediatas da pandemia. Na verdade, todas elas preexistiam à Covid-19 e continuarão a existir se pudermos admitir, de fato, uma pós-pandemia. Em alguma medida, este ensaio também se propõe a dar-se como um diálogo mais ou menos direto com os pesquisadores que aceitaram participar deste livro e com tantos outros de espaços e tempos diferenciados. Assim sendo, de forma incontornável, como um texto de abertura, ele procurará ser o mais abrangente possível e incapaz de verticalizar, em relação à problemática particular de todos os artigos do livro.

A ideia de que se vive uma crise vem de longa data. Muitos de nós nos criamos ouvindo dizer que o mundo estava em crise. Tal ideia remonta, pelo menos, ao início dos anos 1970 e, de fato, como o texto procurará demonstrar, é exatamente nesses anos que uma ruptura, uma mudança de qualidade, ocorrerá em relação ao período posterior à Segunda Guerra Mundial, que viu um crescimento enorme da economia mundial impulsionada, em especial, pela dinâmica estadunidense, que confirma o desejo de seus dirigentes em dominar o mundo. Do mesmo jeito, foi a partir da referida economia que o sistema capitalista mundial começou a mostrar – e a viver de forma mais nítida –, um ciclo de longa duração do desenvolvimento do fenômeno da financeirização *pari passu* com a crise, quer dizer, com a realização média decrescente do valor de troca e do lucro embutido na produção de mercadorias. Estamos diante, pois, de um fenômeno multideterminado. Em nossa hipótese, a queda tendencial da taxa média de lucro explica a financeirização, assim como o contrário: isoladas, explicam a crise parcialmente; juntas, são mais abrangentes, embora dimensões subjetivas sejam também fundamentais. O real manifesta-se, dessa forma, como síntese destas assim como de outras determinações.

Como a exposição que se fará aqui será indutiva e dedutiva, este não será exclusivamente um texto de crítica da economia política. Não observará apenas o primado da lógica dedutiva a partir de um fenômeno e de sua problemática. Seu esforço não produz apenas um discurso que primaria por uma verticalidade, na qual a narrativa histórica perde a cronologia. Aqui, tanto quanto for possível, se procurará associar logos, enquanto razão do entendimento dos processos empíricos, ao deus Cronos, senhor de toda a história. A ideia do "fim da história" reaparece criticamente, e a *logia* orientada por *cronos* procura recortar, nos processos em curso, problemáticas que fundamentem a busca de saídas para que a vida vença a pulsão de morte dominante nessa quadratura. Cronos pode marcar o começo, o meio e o fim da lógica de um fenômeno, sendo o único capaz de rivalizar com a eternidade. Os fenômenos têm uma historicidade, mas não são eternos. Como acredita Ilya Prigogine, mesmo os universos estão entre o tempo e a eternidade. Se todos os processos sociais têm uma cronologia, suas ciências, não obstante, funcionam como se seus objetos fossem acrônicos. Escolhem algumas determinações e fatias deles. Portanto, quando se trata de um fenômeno empírico como a crise, em algum momento é preciso recuperar a historicidade de tal processo. Caso contrário ele perderá o sentido de finitude e poderá alimentar a ilusão de que é eterno, como a "eternidade" dos universos.

Ora, a questão a ser colocada aqui é exatamente a seguinte: qual a natureza da crise que a humanidade vive e como e por que ela dura tanto? Com o tempo, ela foi incorporando tantas dimensões. A pandemia do novo coronavírus acelerou seu curso e não sabemos se haverá um período em que ele estará sob controle. Ela não é, pois, apenas uma crise da reprodução do capital. Ela é também uma crise das formas sociais que dão estrutura às formas de produção e reprodução da vida social no planeta. Ela inclui a relação entre as sociedades nas suas relações com a natureza. Eis que uma especificidade do trabalho – sob o domínio do capital fictício – exige que sua temporalidade não seja medida apenas pelas relações sociais entre os humanos e entre estes e a natureza, como se a especificidade do trabalho sob o domínio do capital fictício fosse a mesma do trabalho universal, da essência da natureza humana, como se acredita ainda em grandes fileiras.

Existem, pois, muitos "fins da história", mas a esperança é que a humanidade possa sair, enfim, de sua pré-história. A crítica dos processos em curso reaparece novamente envolvida pela consciência (não generalizada) de uma crise com vários limites expostos, como os do próprio Estado. Sua problemática será das mais difíceis a ser superada. O neoliberalismo havia decretado seu encurtamento, pensadores políticos (liberais de esquerda, social-democratas e comunistas) haviam entendido seu fim com a superação do capitalismo. Tornaram-se grandes adoradores históricos do Estado. No momento em que os neoliberais de quadrantes diversos se inspiram em Donald Trump, querendo o Estado e governos fortes, boa parte dos movimentos políticos contestatórios concebem a necessidade de modificar as relações societais, considerando tal mudança inevitável. Seria ele necessário, um *deux ex machina*, ou um aparelho contingente?

Enfim, para onde caminha a humanidade? Existe realmente futuro para ela? Ou definitivamente ela se depara com "o fim da história"? Aqui, entre pessimistas, realistas e otimistas, buscar-se-á as contradições que movem a história. Diante das limitações de tempo e espaço em função da problemática que norteia o livro no seu conjunto, se privilegiará os EUA como laboratório para o exame das hipóteses aqui levantadas, por causa da centralidade que eles ocupam no cenário mundial e na crise.

A Pandemia Acentuou um Sentimento de Urgência Planetária

Walter Benjamin, em suas *Teses Sobre o Conceito de História*, constatou um processo que irá desembocar no gigantesco incêndio que foi a ascensão do nazismo ao poder na Alemanha, a partir de meados dos anos 1930, culminando na eclosão da Segunda Guerra Mundial e na barbárie que inúmeros povos viveram dali em diante. Esse texto, e a própria tragédia pessoal que ele viveu, tornou-se uma metáfora para inúmeros pensadores no mundo, mas deveria ser visto como caro a Benjamin. Ele prognostica a necessária ruptura com uma visão teleológica e positivista da história, que fundamentou a visão dos que buscaram explicar a inevitabilidade da vitória da democracia, para uns, e do socialismo, para outros, na primeira metade do século XX, e para todos que viveram a evolução das marchas e contra marchas da história desse século carnal[1]. Seu alerta não poderia ter alcançado os setores sociais e políticos que teriam sido os únicos capazes de bloquear o "alastramento das chamas". O volume de estudos que se inspira em suas "teses" cresce consideravelmente, mas parece não encontrar a acolhida necessária dos mesmos "atores sociais" que, em seu tempo, passaram ao largo das suas e de outras profecias. Solitário e desconhecido, será a imagem de melancólico que prevalecerá, como a de outros de seu tempo, como foi o caso de Siegfried Kracauer. É curioso que, conquanto tenham tido relações afetivas e intelectuais intensas com os principais pensadores da denominada Escola de Frankfurt, e, consequentemente, tenham sido etiquetados com o mesmo estigma de pessimistas, ambos foram, na verdade, pensadores da contradição na história. Talvez seja essa a resposta que Jeanne Marie Gagnebin buscava quando diz ser uma concepção de "história aberta" a de Benjamin, "sem querer atenuar a radicalidade das exigências e da esperança" que tal concepção impõe[2]. Talvez ainda se pudesse juntar à sua crítica de um "progresso inevitável" aquela antiteleológica do "paraíso na Terra" como inevitável. Assim, reencontramos a "história aberta", mas suas contradições também. Se os frankfurtianos foram pensadores da dialética negativa, Benjamin e Kracauer o foram da contradição. A melancolia deles acreditava, por isso, na necessidade da

---

1. Ver W. Benjamin, Teses Sobre o Conceito de História, *Obras Escolhidas*, v. 1, *Magia e Técnica, Arte e Política*.
2. *História e Narração em Walter Benjamin*, p. 6.

"narração salvadora e transformadora" que "deveria ser o paradigma de uma nova historiografia". Suas críticas são dialéticas, mas não desistem do futuro, como o otimista Herbert Marcuse, que não se contenta com "uma crítica da lógica conformista, aquela que Castoriadis denominará de 'funcionalista-identitária', uma crítica teórica que não reconhece as contradições"[3], pois baseia-se na lógica formal.

Nesse sentido, pensadores como Ernest Bloch e Erich Fromm não tiveram medo de afrontar a realidade do tempo que lhes havia sido "concedido" viver, e cultivaram seu labor como uma forma de esperança na prática. A utopia para eles não era o inalcançável, mas o que era necessário ser alcançado. É preciso relembrar que a melancolia deles não era fruto do que viam apenas na Alemanha, na Espanha, na Itália, mas também tinha raízes no que ocorria na URSS que, nem de longe, convenceu esses pensadores de ser a realização do paraíso na Terra. Eis que, se a história que presenciaram não se repete hoje na sua expressão empírica, factual e mais aparente, sua problemática guarda várias dimensões daquele passado com algumas outras que tornam nosso tempo, hoje, ainda mais dramático. Uma delas encerra a contradição maior e dominante desse "agora", que é aquela da exploração avassaladora da Mãe Natureza pelo capital em sua busca incessante por lucro e os limites dela.

A Luta Prioritária É Contra a "Quarta Ferida Narcísica"

Qualquer saída emancipatória necessitará romper com o paradigma que prega ser o desenvolvimento o imperativo categorial, segundo o qual é necessário crescer a qualquer custo. Está mais do que na hora de se planejar uma espécie de "decrescimento". O trabalho como valor de troca precisa ser submetido à lógica da reprodução de valores

---

3. D. Collin, *Comprendre Marcuse*, p. 26.

de uso. Todo um padrão de reprodução da vida precisa ser mudado urgentemente. A humanidade está vivendo as consequências de mais uma ferida narcísica: o planeta não é o centro do universo; a humanidade deriva do processo de seleção natural no planeta Terra; o homem não vive guiado pelo seu consciente e sim (e pode-se estender isso para as sociedades) pelo seu inconsciente; e agora, *a humanidade se depara com o fato de que ela só pode viver com qualidade ao conviver com a natureza, e não ao dominá-la.* A humanidade precisa reconhecer isso com urgência: *à crise do sistema capitalista, se junta uma crise sanitária global, que se acha no interior de uma gigantesca crise ecológica planetária.*

No dia 15 de março de 2019, ocorreu a primeira Greve Escolar Global Pelo Clima, com mais de duas mil manifestações em todo o mundo, em 125 países, e com 1 milhão e 600 mil jovens participando dela no mesmo dia. Trata-se de uma vitória enorme para um movimento iniciado oito meses antes, em Estocolmo, por uma única menina de quinze anos. Greta Thunberg captou os sentimentos de urgência e angústia que atormentam, profundamente, crianças e jovens como ela que almejam outro futuro. Mas qual futuro? Ela mesma diz que "nossa casa", o planeta Terra, "está pegando fogo". Não é por outro motivo que Naomi Klein considera Greta "uma das pessoas mais reveladoras desta ou de qualquer outra época", e foi certamente essa constatação que fez a jornalista feminista – que há muito colocou a questão de salvar a vida no planeta como a boa luta e a mais urgente a ser travada – escolher *On Fire: The Burning Case For a Green New Deal* (A Terra em Chamas: Argumentos Para uma Nova Ordem Verde) como título do seu livro mais recente até o momento. Tanto para Klein quanto para Greta, as chamas do planeta exigem um novo acordo verde o mais rápido possível. Klein crê que a humanidade precisa mais do que coragem para sonhar com outro futuro e "afastar o sentimento de apocalipse inevitável que permeia nossa cultura". Para ela, agora é mais necessário do que nunca à humanidade lançar-se a "um objetivo comum, [a] um vislumbre" que desvele outro mundo essencial à nossa existência e à existência do planeta. Mas de forma não apenas alegórica, afirma que existe a "necessidade de encarar [...] o quanto já perdemos e o quanto mais estamos à beira de perder"[4].

O prognóstico de Klein é cheio de vontade, mas não é propriamente otimista. Como ser otimista nas circunstâncias em que a humanidade inteira se encontra? Estamos à beira do abismo. Há algum tempo, é comum ouvirmos em diversos meios progressistas que a possibilidade de se superar a crise capitalista e salvar a civilização humana é uma aposta perdida. Boa parte das cabeças pensantes acredita que a crise vai se arrastar e empurrar a civilização abismo abaixo, levando com ela não o planeta, mas a vida e o patrimônio que a humanidade criou. Não há como negar que dados e informações diversas, conformando uma tal razão, são abundantes. Porém, outros tantos teimam em querer afirmar a humanidade.

Na esteira das contradições da história, pode ser útil relembrar, por exemplo, que a tragédia de Chernobyl acelerou a crise do regime totalitário dos *apparatchiks* da URSS. É o que Marc Ferro, em seu livro *Les Ruses de l'histoire*, denomina de "imprevistos" ou "surpresas" da história, ou mesmo o que se pode aqui denominar de paradoxos ou "ciladas" da história. Será que o novo coronavírus poderia produzir, de modo colateral, algo semelhante e impulsionar a China ou os EUA a mudanças estruturais e fundamentais positivas? Ou será que a concorrência entre os dois titãs levará a humanidade a viver uma Terceira Guerra Mundial? Essas são questões também de Naomi Klein, para quem nenhuma transformação importante ocorreu na história fora de conjunturas de crise profunda. Para essa ecologista está claro que, apesar de até mesmo o Vaticano

---

4. N. Klein, Uma Semana Contra o Capitalismo de Desastre, *Nodal*. Disponível em: <https://www.nodal.am/>.

estar tentando uma "conversão ecológica" jamais vista, a humanidade só estará à altura da encruzilha da mudança climática se se dispuser a transformar os sistemas que produziram essa crise. E nesses termos, mesmos os grandes capitalistas têm interesse em "salvar o planeta", uma vez que salvar o planeta significa poder dar continuidade aos ciclos de reprodução do capital, pelo menos na visão ideologizada que é a deles. Se admitem mudanças climáticas inerentes à própria história natural do planeta e às suas fases geológicas, não o fazem em relação ao aquecimento global, oriundo dos processos industriais e do modo de vida que o capitalismo faz funcionar e que promoveu particularmente no último século e meio. Isso não impede que sejam obrigados a reconhecer que mudanças climáticas e aquecimento global estão ocorrendo, já que diversos acontecimentos evidenciam esse fato, como a subida do nível dos mares, por exemplo. Não passa um mês sem que tragédias sejam registradas nos mais diversos quadrantes do globo. No Brasil não é diferente e, quase simultaneamente, se observam secas e reservatórios de água baixando, inundações em cidades diversas, furacões, invasões de gafanhotos, mas também queimadas de florestas como a Amazônica, a do Pantanal, deixando o que resta da Mata Atlântica abaixo dos 8% da mata original. Segundo a MapBiomas (Mapeamento Anual da Cobertura e Uso do Solo no Brasil), nos últimos trinta anos viu-se um desmatamento da Amazônia equivalente ao tamanho do Chile.

Como se isso não bastasse, todos os oceanos se degradam. O volume de plásticos que circula atualmente, produzindo gigantescas ilhas que ocupam espaços do tamanho de países como a França, a Espanha e a Alemanha juntos, é enorme. Organizações como o Greenpeace denunciam que o plástico flutuante presente em todos os oceanos é só 15% do total, enquanto 85% permanece debaixo da água, em até onze mil metros. Segundo estimativas da Universidade da Califórnia, há 8,3 bilhões de toneladas de polímero no planeta, sendo que mais de 70%

são agora resíduos que abarrotam os lixões e os mares[5]. Estima-se que em 2050 o planeta terá que suportar 3,4 trilhões de toneladas de resíduos, capazes de emitir 2,6 trilhões de toneladas de CO_2. Hoje, os países com alta renda geram 34% dos resíduos, e os países com baixa renda, com 9% da população mundial, produzem 5% de resíduos[6].

Por mais difícil que pareça para alguns, a visão do mundo pós-pandêmico de Slavoj Zizek sugere a possibilidade de uma mudança fundamental das sociedades em nível mundial. Diz ele que

talvez outro vírus muito mais benéfico também se espalhe e, se tivermos sorte, irá nos infectar: o vírus do pensar em uma sociedade alternativa, uma sociedade para além dos Estados-nação, uma sociedade que se atualize nas formas de solidariedade e cooperação global[7].

A ameaça global, segundo pensa, "dá origem à solidariedade global, nossas pequenas diferenças se tornam insignificantes, todos trabalhamos juntos para encontrar uma solução – e aqui estamos hoje, na vida real"[8]. Haveria assim o surgimento do fenômeno da "solidariedade" de todos para com todos em uma escala planetária, de modo a fazer emergir uma perspectiva de emancipação humana.

Não obstante, essa atmosfera contrasta com a realidade da tragédia pintada por outros analistas, artistas, políticos, empresários etc. Não são poucos os que acreditam que seus pessimismos são a expressão da realidade em curso. É verdade também que, no Brasil, as pessoas comuns dos bairros pobres ou favelas se organizaram em redes de verdadeira solidariedade. O que está acontecendo

---

5. Descubra as Ilhas de Plástico Que Poluem Nossos Oceanos, *Iberdrola*. Disponível em: <https://www.iberdrola.com/>.
6. O Negócio do Lixo: Uma Faca de Dois Gumes no Terceiro Mundo, *Iberdrola*. Disponível em: <https://www.iberdrola.çom/>.
7. Zizek Vê o Poder Subversivo do Coronavírus, *Outras Palavras*, Disponível em: <https://outraspalavras.net/>.
8. Ibidem.

em Paraisópolis ou em outras grandes favelas está ocorrendo em praticamente todas elas no Brasil. O novo coronavírus obrigou a construção de uma real solidariedade nessas populações. Isso parece nos dizer que existe uma pulsão de vida que contraria a ordem dominante e que, com otimismo ou sem otimismo, faz com que lutemos desesperadamente a fim de continuarmos vivendo. Se sempre foi assim, por que agora haveria de ser diferente? Quem não tem escolha, remediado está. A luta é pela continuidade da vida, e esse simples fato, diante de prognósticos de seleção social darwinista, já constitui uma vitória enorme. Conseguir sobreviver nas condições reais que o capitalismo neoliberal apresenta é uma vitória da humanidade, porque todas as vidas importam.

"O Declínio do Império Americano" ou um Outro "Fim da História"

O anúncio de que no último trimestre a contabilização do desempenho do PIB estadunidense somou, para um ano, um déficit de −32.9% fez que com que o presidente dos EUA propusesse o adiamento das próximas eleições presidenciais de novembro. Isso porque tudo parecia a seu favor para uma reeleição. Mas, sob o efeito maior da Covid-19 na sociedade mais rica e mais forte do planeta, que se misturou a uma crise mundial que vinha se arrastando desde 2008, o sonho de uma reeleição pode ter desabado. A fome cresce no país mais rico do planeta. As estatísticas oficiais assinalam que a

insegurança alimentar [...] atingiu seu nível mais alto desde que o US Census Bureau começou a rastrear os dados em maio deste ano, com quase trinta milhões de pessoas relatando que não tinham o suficiente para comer em algum momento nos sete dias até 21 de julho[9].

9. A. Araújo; J. Martins, EUA Urgente: A Fome se Alastra na Maior Potência do Planeta, *Crítica da Economia*. Disponível em: <https://criticadaeconomia.com/>.

Esse é um dado novo que apareceu juntamente com as dificuldades impostas pela economia impactada pela pandemia, mas que já existia, como outros que são erroneamente atribuídos apenas aos denominados países do Terceiro Mundo. Em torno de apenas 10% da população se apropria de 80% da riqueza do país. O patrimônio médio de uma família branca é dez vezes maior que aquele de uma família afro-americana. São quarenta milhões de trabalhadores pobres e mais de 45 milhões de empregos liquidados. As cifras relativas à qualidade do consumo de água são simplesmente assustadoras. Existem dois milhões de lares sem acesso a água corrente e trinta milhões que utilizam água insalubre. A rede de água utilizada na maioria das cidades estadunidenses data do final dos anos 1940. Com o uso, o chumbo se desgarra e contamina a água, que aumentou entre 80% e 154%, como no Texas, entre 2010 e 2018. Os moradores da capital texana pagam algo em torno de 1.400 dólares anuais pela água consumida[10].

Enquanto isso tudo acontece, como em outras partes do mundo e no Brasil, nos EUA

a Goldman Sachs registra mais de 2,4 bilhões de dólares em lucros no segundo trimestre, e a Americans for Tax Fairness contabilizou um crescimento de 584 bilhões de dólares às riquezas pessoais dos bilionários estadunidenses, desde março, [...] montante ainda maior do que os déficits orçamentários de 23 dos estados da nação[11].

Ou seja, aqueles que em meio à crise geral continuavam lucrando, continuam também em meio à pandemia.

Mas outros que lucravam menos ou que percebiam onde isso os poderia levar assinalam a necessidade de compensar essas situações todas. Na verdade, já há alguns

---

10. S. Bourébi, En pleine pandémie, des millions d'Américains privés d'eau potable, *Basta!*. Disponível em: <https://www.bastamag.net/>.
11. Democracy Now!, Noam Chomsky: Trump Está Usando a Pandemia Para Enriquecer Bilionários Enquanto Milhões Perdem Empregos e Encaram Despejos, *Carta Maior*. Disponível em: <https://www.cartamaior.com.br/>.

anos, empresários, investidores e professores liberais, ou mesmo neoliberais dos EUA e do mundo, já não creem mais no "fim da história" triunfante preconizado por Yoshihiro Francis Fukuyama, doutor em ciência política pela Universidade de Harvard e professor de economia política internacional da Universidade Johns Hopkins e da Universidade de Stanford. Fukuyama, ex-secretário de Estado estadunidense, fez enorme sucesso editorial internacional com o seu *O Fim da História e o Último Homem*, quando da queda do Muro de Berlim e da URSS. Para ele, se no passado os problemas da humanidade se achavam nos Estados fortes de nações fortes (Alemanha nazista, por exemplo), a partir dos anos 1990, os problemas estariam nos países fracos que tinham Estados falidos. Pensava-se que, na nova era, a do "fim da história", haveria conflitos, sem que nada pudesse se comparar às tragédias do século XX. Personagem conservador e ideólogo do governo Reagan, Fukuyama foi considerado mentor intelectual de Margaret Thatcher, ou seja, um ideólogo do liberalismo aplicado, que vai desaguar rapidamente no neoliberalismo. Para ele, após os gigantescos conflitos do século XX, a vitória inquestionável do liberalismo econômico e político sobre todas as outras doutrinas expressava "não apenas o fim da Guerra Fria", mas o "fim da história" como ponto final da evolução ideológica da humanidade. Nele ocorreria a universalização da democracia representativa liberal ocidental, como forma mais adequada de governo, coerente com a economia de mercado livre, supostamente "desregulada".

Nenhum outro ideólogo ou personalidade pública dos EUA e do mundo parece tão adequado para as reflexões entabuladas aqui, porque foi ele o grande tenor anunciando a derrota do modelo da URSS e, ao mesmo tempo, a nova era que se abria radiante para a ascensão do capitalismo, ainda mais globalizado, pela doutrina neoliberal. Existia assim, em Fukuyama, a ilusão ideológica – fruto de sua função social de classe e do ambiente doutrinário no qual se formou – de que a relação entre o liberalismo econômico e o liberalismo político era uma relação de necessidade que tendia naturalmente ao triunfo em todas as longitudes e latitudes. De fato, Fukuyama não fez mais do que dar forma ao pensamento geral das elites de seu país. Sem desconsiderar as críticas de que Fukuyama não era tão hegeliano quanto almejava, nem os méritos de sua obra, assinalados por Perry Anderson, que diz ser necessário proceder a "uma análise em separado do ensaio e do livro" – por conta da extraordinária repercussão que o ensaio provocou, em nível mundial, e por conta da precisão que o livro alcançou[12] –, é importante observar que, de forma inteligente e sem demonstrar nenhum ranço político, Fukuyama reconhece que foi a eficácia de um Estado centralizado que permitiu à URSS alcançar o ocidente em alguns aspectos do desenvolvimento econômico e tecnológico, como no caso aeroespacial, mas que, em outros, como no caso da produção de televisores, ela tenha encontrado dificuldade. Ele atribui isso à ausência de liberdade em geral e à ausência do *laisser faire* econômico, capaz de estimular a concorrência, a produtividade e o aperfeiçoamento. Admitiu que há países, como a China, que conseguiram incrementar "os primeiros estágios da industrialização", se desenvolveram economicamente, se urbanizaram, têm uma população relativamente bem-educada, mas "não são capitalistas, nem democráticos". Ao reconhecer as importantes transformações que a URSS e a China realizaram, em tão pouco tempo, ironiza que existam, ainda, pessoas que acreditam que nesses países "o planejamento centralizado sob a tirania de um Estado policial" foi, "de fato, um meio mais eficiente para a rápida industrialização" do que teria sido a "atuação de povos livres nos mercados livres"[13].

---

12. P. Anderson, *O Fim da História*, p. 81.
13. F. Fukuyama, *O Fim da História e o Último Homem*, p. 124.

A crítica de Fukuyama irá se estender para além dos anos 1990. Ele argumenta que

o capitalismo demonstrou ser muito mais eficiente do que os sistemas de economia centralizada, no desenvolvimento e na aplicação da tecnologia e na adaptação às condições aceleradamente mutáveis de uma divisão global do trabalho, *sob as condições de uma economia industrial amadurecida.*

Mostra o contrassenso do "comitê de preços" da URSS, que tinha que rever duzentos mil preços por ano ou, ainda, três ou quatro preços por dia, por funcionário, adotando apenas 42% do total de decisões que necessitariam, uma pequeníssima "fração do número de decisões sobre os preços, que deveriam ser tomadas se a economia soviética pudesse oferecer a mesma diversidade e serviços oferecidos por uma economia capitalista ocidental"[14]. Diante desse absurdo, sentencia que, "embora as economias de planejamento central pudessem acompanhar suas congêneres capitalistas na era do carvão, do aço e da indústria pesada, eram bem menos capazes de satisfazer as exigências da era da informação". Para ele, foi exatamente aí que o modelo burocrático totalitário "encontrou seu Waterloo"[15]. Sem dúvida, a explicação para a degradação da URSS e dos países do Leste europeu tem muito a ver com o mercado e a tecnologia. Mas a explicação é bem mais complexa e diz respeito às suas histórias e à forma política que adotaram, além do próprio modelo de Estado.

O Fim da Grande América e o Autoritarismo de Trump

America First foi o *slogan* com o qual Donald Trump começou sua escalada à Presidência da República: América primeiro ou América em primeiro lugar. Esse lema traduz a vontade e a aspiração de um sentimento que

14. Ibidem, p. 128.
15. Ibidem, p. 127.

a ideologia do capitalismo estadunidense infundiu em seu povo. Uma boa parte dos estadunidenses parece realmente ter esse complexo: acreditar ser a fina-flor da riqueza e cultura universal, impressão que pode não ser verdadeira. E depois de passado o estado de graça, que a crença produziu em massa, o que resta é a frustração, o ódio, o ressentimento, fenômeno subjetivo oriundo de diversas motivações que se objetivam por práticas diversas nos quatro cantos do planeta. Como enfatiza Marc Ferro, "individual ou coletivo, afetando bem tanto a grupos como a nações ou comunidades inteiras, ele é menos detectável que a luta de classes ou o racismo [...], porque permanece latente", mas "pode interferir tanto na luta de classes, no racismo, como no nacionalismo"[16]. Nos EUA, isso ficou claro durante e, sobretudo, após a Guerra do Vietnã. E ficou cada vez mais evidente depois da crise do *subprime* de 2007-2008. Nela, realizou-se um ponto dialético de mudança qualitativa, generalizando o sentimento de que os caminhos que vêm traçando os EUA não levarão seu povo a nenhum porto seguro. Seria um acaso a imensa popularidade adquirida por Bernie Sanders, particularmente entre os jovens estadunidenses, assim como os boicotes à sua candidatura por frações do próprio Partido Democrata? Agora, nas manifestações em repúdio ao assassinato de George Floyd, contra o racismo estrutural da sociedade de classes naquele país, o "ponto de não retorno" parece ainda mais evidente. Tantos ressentimentos foram potencializados pela dificuldade de habitar, pelo desemprego em massa, pelos baixos salários, pela ausência de uma política pública de saúde – sendo que Trump destruiu o que havia restado das devassas anteriores –, que não há mais condições de embalar o antigo "sonho americano" da América grande e livre.

É nesse ambiente que Trump tenta criar uma massa homogênea e cimentada, por meio do mote *America First*,

---

16. *Le Ressentiment dans l'histoire*, p. 9.

para buscar o maior consenso possível, útil não apenas para uma reeleição. A escalada de agressões e as disputas comerciais com a China entram nessa lógica também. Ele precisa fazer crer ao povo que existe um perigo externo e que ele e seu governo são os únicos fortes para barrar esse perigo. Eis o motivo de representar, também, a vontade de uma política externa com nacionalismo econômico e a rejeição de políticas de boa vizinhança internacionais com países que se alinhem com a China.

Não raro ainda ouvimos, hoje, loas à ideia de que os EUA são o melhor país do mundo para se viver, o país das oportunidades, das imensas autoestradas e onde os policiais fazem respeitar a lei! Sob outros olhares, ele se tornou o melhor país do mundo para se descrever como a economia mais forte do planeta está em decadência, e como se estruturam as contradições sociais e políticas a que os EUA chegaram. "O declínio do Império Americano"[17] não é assim tão somente a visão do grande cineasta canadense, Denys Arcand, colocada na tela. É uma representação de um processo que realmente existe.

A evolução geral do país que reinventou o *welfare state* (Estado de bem-estar), que deu substância social aos denominados Trinta Anos Gloriosos, através do *American way of life*, pelos quais o país se agigantou no pós-guerra junto de sua indústria geral, fez com que, em meados dos anos 1960, seus dirigentes percebessem que esse processo tinha limites, mesmo com a mundialização da produção e dos mercados internacionais. A partir de certo momento, a lucratividade de boa parte dos setores industriais começa a estabilizar ou a decrescer. A escalada das guerras na Ásia obriga o Estado a dispender recursos enormes. Em 1967, os EUA gastaram oito bilhões só na guerra aérea contra o Vietnã do Norte. O Departamento de Defesa consumia, em 1968, 10% do PIB, e o déficit do balanço de pagamentos já se achava em 9,8

---

17. Ver o filme *O Declínio do Império Americano*.

bilhões de dólares, sendo que o déficit fiscal alcançou, naquele mesmo ano, 25 bilhões de dólares. O PIB dos EUA, que havia duplicado durante a Segunda Guerra Mundial, assumindo 34% da produção mundial, caiu abaixo dos 30% em 1971[18]. Os administradores estadunidenses se achavam prisioneiros das próprias grades que fundaram no pós-guerra. O dólar tinha o privilégio de ser a baliza reguladora de todas as moedas, mas se achava obrigado a se regular pelo ouro do cofre estatal. Quando esse ouro escasseava, a moeda estadunidense se desvalorizava para quem a tinha no exterior ou nos EUA. Marc Ferro chama a atenção para a quantidade de "mecanismos artificiais" que os "administradores" inventaram nos EUA com a finalidade de continuar a fazer funcionar o sistema econômico, após o período da explosão no consumo de mercadorias nos anos 1950 e 1960. Ele lembra que essa explosão era estimulada por todo um aparelho civil e militar e que, "em 1969, o Pentágono tinha 1 milhão e 200 mil empregados civis lhe servindo, com a finalidade de colocar a opinião pública em condições de aprovar as iniciativas militares: filmes, conferências, enquetes de opinião". Nesse processo, foram desviados da "pesquisa e da produção, 25% da força de trabalho". Este é, pois, também, um mecanismo "artificial" de se criar uma classe média de funcionários e burocratas, que servirá de amortecedor para as contradições sociais e de fiel das balanças nas eleições regulares do país. Com a mesma extensão, "nas fábricas assiste-se a uma excrescência de aparelho de controle [...] que Marx denominava 'falsos custos do capitalismo'"[19].

Todas as despesas oriundas das receitas públicas, muito particularmente aquelas com a indústria químico-farmacêutica e de armamentos, produziram crescentemente o fenômeno do déficit nas contas públicas[20]

18. L.A.M. Bandeira, *Formação do Império Americano*, p. 298.
19. M. Ferro, *L'Aveuglement*, p. 77.
20. Ver L. Gill, *Rembourser la dette publique*. Ver também, do mesmo autor, *La Crise financière et monétaire mondiale*.

que, aliás, irá se universalizar. Não tiveram outro recurso, senão emitir dólares para conter seus déficits. Receosos de um colapso, países como a França passaram a trocar suas reservas em dólares por ouro. Os EUA passaram a vender ouro e suas reservas, em 1970, caíram de 8.500 para 1.000 toneladas. Eles não conseguiam mais lastrear o dólar, inundados por essa moeda. Os outros países, que tinham reservas em dólar, passaram a pressionar. Em 15 de agosto de 1971, o sistema Bretton Woods e seu padrão ouro foi extinto, dando espaço a um sistema de flutuação livre baseado no dólar, nas moedas europeias, no iene e na libra esterlina, controladas pelos bancos centrais de seus respectivos países[21].

Nixon toma, assim, a medida que sela de vez a entrada do planeta na fase dominada pelo capital fictício. Isso permitiu ao Estado estadunidense liberdade para emitir papel-moeda tanto quanto quisesse, para inclusive fazer girar a economia do país de modo favorável à suas classes dominantes. Como a moeda mais forte do planeta do período posterior à Segunda Guerra Mundial era o dólar, o país tinha a vantagem de poder vendê-la em larga escala. Essa política permitiu ao Estado, por exemplo, salvar mais adiante indústrias e bancos à beira da falência. Mas transformou a política fiscal estadunidense numa bomba prestes a explodir a qualquer momento. Já no governo de George W. Bush, o planejamento realizado para garantir um superávit de 5,6 trilhões de dólares para os dez anos a vir, viraram um pesadelo que não parou de crescer. O superávit esperado criou um déficit de 2,3 trilhões para a referida década.

Esses processos já estavam em curso e apresentando os efeitos recessivos da política econômica do governo, gestada a partir de Nixon. Como seria possível imaginar um futuro eterno de hegemonia para a maior economia do planeta? A explosão do financismo sela a dominação do capital fictício sobre as outras frações do capital. A explosão

---

21. Ver H. Zinn, *Une Histoire populaire des États-Unis*.

do financismo sela o limite alcançado pelo capital financeiro, na sua lógica última concentrada no capital fictício. Daí em diante, para o imenso repositório de capital-dinheiro, o mais cômodo é conseguir mais dinheiro sem passar pela produção. Melhor seria se isso fosse eterno[22]. Vale lembrar que, nos seus primórdios, o capitalismo começou pelo dinheiro que buscava mais dinheiro. Para realizar isso, ele precisava ter acumulado, previamente, valores sob a forma de dinheiro, capaz de transformar-se em capital-dinheiro. O que podemos denominar o último capital (o capital fictício) precisa de um volume de capital acumulado muito além das necessidades e das possibilidades de reinvestimentos na produção. Mas, como no início do sistema capitalista, será preciso que o Estado[23] encontre formas para ajudar ao excesso de capital-dinheiro, para que continue a se reproduzir. O ciclo de longuíssima duração da reprodução ampliada do capital encontra seu limite em fins do século XX. O déficit público irá tornar-se um mecanismo artificial e improdutivo para que o último elo do ciclo pudesse se realizar. A ambiguidade doutrinária do neoliberalismo sobre o Estado fica nua e a dívida pública passa a ser uma alavanca para a acumulação do capital financeiro.

Esse fenômeno será uma das maiores características econômicas do final do século XX e início do atual: o déficit público dos Estados não parou de crescer, em particular aquele dos EUA. Isso fez com que, em avaliação de 2004, o economista Laurence Kotlikoff (diretor do Departamento de Economia da Universidade de Boston e ex-assessor do FMI, do Banco Mundial e do governo estaunidense) tenha chegado à conclusão de que os EUA haviam "hipotecado seu futuro". Kotlikoff, que não é

---

22. *Aeternitas*, na mitologia romana, era a personificação da eternidade. Simbolizada por uma fênix ou uma serpente que comia o próprio rabo, dobrava-se num círculo como um Ouroboros. O nome vem do grego antigo: οὐρά (oura) significa "cauda" e βόρος (boros) significa "devora". Assim, a palavra designa "aquele que devora a própria cauda".
23. A. Bihr, *Le Premier âge du capitalisme*, p. 21-113.

nenhum ativista social, prognosticava que os estadunidenses enfrentariam taxas de juros altos, desemprego, inflação e recessão, "para não dizer depressão". Denunciava que as maquiagens realizadas pelos contábeis do governo, produzindo as estatísticas oficiais, representavam uma dívida pública que, na realidade, era onze vezes maior. Em 2019, alarmado com a visão que ele mesmo denomina de apocalítica, afirmou que os EUA tinham duzentos trilhões de dólares em passivos não financiados, que, somados ao déficit público oficial, de 22 trilhões de dólares, fazia o total de 222 trilhões de dólares. O montante total dessa dívida correspondia, então, a 300% do maior PIB do planeta[24]. Seria possível considerar tal fenômeno como a continuidade mesma da lei de reprodução ampliada dos capitais? A questão que não encontra resposta é como, mantendo o padrão atual de reprodução social baseada na mercadoria – portanto, no valor de troca e no lucro –, encontrar a solução para esse círculo vicioso?

A explosão da paridade ouro, que havia funcionado bem até então, deu-se pela primeira vez em 1914, com as despesas dos Estados para com a guerra. Essas são, portanto, mais que despesas improdutivas, são destrutivas. Com o Bretton-Woods, os EUA tentaram voltar àquele padrão. Mas a época já era outra. A desmedida acumulação de capital no planeta, posterior à Segunda Guerra, levou inevitavelmente os grandes capitalistas a pensarem o dinheiro (o capital-dinheiro) como uma mercadoria "industrial" e a finança como uma "indústria". Nesses termos, descobriram uma continuidade com os ciclos produtivos, ainda que apenas ideologicamente. Os liberais em economia pareciam haver encontrado a "galinha dos ovos de ouro". E encontraram, mas até que a grande "descoberta" passasse a mostrar suas contradições. Qualificar a finança de indústria, como lembra Chesnais, é ver o

---

24. M. Snyder, Tamanho Real da Dívida dos Estados Unidos É de US$ 222 Trilhões, Diz Economista, *Coin Times*. Disponível em: <https://cointimes.com.br/>.

dinheiro e os valores nas atividades transnacionais, sem se preocupar em vê-lo como capital, visando o crescimento interno de cada país. O que se quer, desse modo, é retirar uma parte da renda mundial para "si". A "esfera financeira, em soma, é um campo de valorização do capital que deve render lucros, como em todos os outros setores. [...] mas esses lucros são estritamente financeiros e referem-se à economia de especulação". Esses lucros em massa, como capital-dinheiro, "deixam de ser somente um elo no processo de valorização do capital na produção industrial, para se constituir em uma força independente e núcleo de acumulação de lucros financeiros"[25]. Mas o lucro do detentor do grande capital industrial-financeiro não quer passar mais pelos investimentos produtivos e sim, simplesmente, reter na forma líquida mais valores da produção geral e mundial. Esse fenômeno produzirá uma mundialização financeira de realização de lucros em um grau jamais visto, embora originários da produção industrial ou agroindustrial, mas que já se imbricou nos oligopólios financeiros e de especulação. Esse processo de transição para um capital fictício, e que engendra a viabilização na Europa do eurodólar, é, todavia, a manifestação de uma contradição intrínseca à natureza do capital que se universaliza.

Agigantamento da Financeirização: Um Crescimento Cada Vez Mais Artificial

Na conjuntura aberta pelo novo coronavírus, em abril de 2020, aquilo que antes da Covid-19 parecia uma saída para a desmesurada acumulação de capital, na mão de uma minoria de grandes capitalistas – mesmo considerando as denúncias endereçadas aos bilionários que nos EUA lucraram também na crise sanitária – se torna no seu contrário, para todo o sistema mundial e para o estadunidense em

---

25. F. Chesnais, *La Mondialisation du capital*, p. 210-211.

primeiro lugar. Buscando atualizar esses dados, um grande investidor de Wall Street, olhando para o passado, acredita ter descoberto alguns padrões que se repetem, em relação aos processos de decadência dos impérios na história mundial. Segundo Ray Dalio, o que se está vivendo "não é uma crise, mas um colapso". Dentre os padrões de repetição, que encontra ao observar a história contemporânea dos EUA, alguns traços de outros impérios passados se impõem: 1. altos níveis de endividamento e taxas de juros extremamente baixas, o que limita os poderes dos bancos centrais de estimular a economia; 2. má distribuição de riqueza e polarização política, o que leva ao aumento de conflitos sociais; 3. uma potência mundial em ascensão (China) desafiando a potência mundial existente (os EUA), que causa conflitos externos. E completa dizendo que o "período análogo mais recente a esse foi entre 1930 e 1945". Para Dalio, aqueles anos produziram a Grande Depressão e sacrificaram "uma geração inteira"[26]. Contudo, alguns autores já consideram a situação que estamos vivendo bem pior que aquela da Grande Depressão, embora todas as consequências ainda não tenham aparecido. Para Chesnais, naquele momento o capitalismo estava se internacionalizando. Não se achava globalizado. Foi preciso mais de um ano para que as consequências da crise de 1929 chegassem à Europa. Já em se tratando dos tempos atuais, como lembra Chesnais, "em 2020, foram necessárias apenas algumas semanas para o desligamento da produção na China se transformar em uma recessão global"[27]. Eis um dado claro que mostra que o novo coronavírus acelera a crise.

O que Dalio também deve ter observado é que aqueles são os anos que confirmam (até agora, pelo menos)

---

26. E. Orazem, "Não É uma Recessão, É um Colapso", Diz Ray Dalio, *Neofeed*. Disponível em: <https://neofeed.com.br/>.
27. Ler o texto intitulado "A Grande Crise do Confinamento: O Momento Alcançado Pelo Capitalismo Mundial", que se acha neste livro.

os EUA como a primeira potência do planeta. Ele, que é reverenciado por figuras como Bill Gates, deve ter analisado como a economia de guerra e a própria Segunda Guerra Mundial foram necessárias para alavancar a economia estadunidense. É possível perceber que a restauração da economia mundial pela "economia de guerra" após a Grande Depressão, na dimensão que tais fenômenos assumiram, não faz parte daquilo que alguns teóricos denominam de "lógica inerente aos ciclos reprodutivos do capital e à sua lei de reprodução ampliada", uma vez que se está aí de frente com um gigantesco processo de destruição em massa de valores de uso, de troca e de capitais, além de uma, não menos enorme, ruína da principal força produtiva – e de produção de valor –, que são os trabalhadores assalariados diretamente produtivos. O ciclo normal e lógico da reprodução ampliada e da acumulação do capital não buscou aniquilar "voluntariamente" todo o patrimônio que o capitalismo internacional produziu até então. Normalmente, sob pressão da concorrência, as economias das empresas investem em tecnologia para incrementar suas produtividades. Foi exatamente o que se fez no pós-guerra e que mostrou seus limites com a queda progressiva da lucratividade. Por conseguinte, na conjuntura 1929-1945, a extraordinária destruição de valores foi um mecanismo anômalo, "artificial" e exterior à própria criação de valores mercantis. A guerra visou, assim, destruir para reconstruir. Foi a forma que o grande capital encontrou para salvar o capitalismo. As economias se achavam com uma formidável superprodução, tornando-se uma das causas da Grande Depressão e da própria destruição. Uma autodestruição, pois.

O capitalismo, na sua história, já havia experimentado antes algo semelhante na Primeira Grande Guerra de 1914-1918[28], e uma das consequências visíveis aos observadores avisados é aquela da imensa destruição

---

28. Ver M. Ferro, *La Grande Guerre (1914-1918)*.

concreta, empírica em todo o cenário diretamente envolvido. A destruição que a Primeira Guerra Mundial promoveu estará, inclusive, na origem da primeira grande tentativa de superação do capitalismo, que foi a Revolução de 1917. As consequências da Primeira Guerra estarão também na origem da Segunda Guerra Mundial, que produzirá ainda uma maior destruição de bens e valores e de forças produtivas. Mas as perdas em relação à reprodução ampliada do capital, nas regiões do planeta que não foram diretamente envolvidas no cenário de guerra, são também enormes. A destruição de toneladas de café no Brasil foi um exemplo. O recurso à economia de guerra e à guerra é, pois, um grave sintoma disfuncional, resultado do bloqueio estabelecido pelas próprias relações de produção capitalistas à produção de mais mercadorias e à reprodução ampliada do próprio capital. Que esse bloqueio produza decrescimento do lucro médio do sistema produtivo é também contraditório, uma vez que a incorporação de tecnologia diretamente ao sistema produtivo deveria significar, pela sua lógica normal de funcionamento, o desenvolvimento de forças produtivas. As guerras mundiais demonstraram claramente que as forças produtivas estavam bloqueadas. As reflexões que tentam sustentar a ideia de que as guerras desenvolvem as mais variadas tecnologias e, por conseguinte, são necessárias, constituem outra forma de defesa da barbárie.

O recurso à financeirização que as camadas dirigentes e dos proprietários do grande capital estadunidense (mas também europeus e japoneses) passam a lançar mão, a partir de meados dos anos 1960, sem dúvida decorre do agigantamento da acumulação de capital realizada pela produção industrial dos Trinta Anos Gloriosos. Será também a expressão de contradições ainda mais insuperáveis que aquelas dos anos 1929-1945. Ela será imediatamente e diretamente "menos destrutiva", por consequência de todos os mecanismos artificiais utilizados pelos aparelhos de Estados e pelos gerentes do capital, em primeiro lugar, para não deixar que a Guerra Fria explodisse em um confronto direto entre os EUA e a URSS. Mas a ambiguidade de tal fenômeno faz com que o investimento na produção de armamentos, a pretexto de promover a defesa e a paz, mantenha esse setor, mais o dos bancos e aquele da produção químico-farmacêutica, como dos poucos a conseguirem conservar uma lucratividade em alta. Não é, portanto, apenas a financeirização da economia que consegue realizar "artificialmente" a continuidade do sistema e os ciclos de reprodução de capital.

A força que passa a adquirir as doutrinas liberais com o final dos Trinta Anos Gloriosos tem, assim, com o programa de privatizações, o objetivo de ocupar todos os espaços para o capital. O Estado, que sempre foi um Estado-capital, não terá nenhum problema em impulsionar uma tal política supostamente contra si mesmo, uma vez que essa necessidade é sua também. O alento que dá sobrevida ao capitalismo, por mais de quatro décadas, tem um grau superdimensionado de artificialismo, que não pode ser "natural" aos ciclos de reprodução do capital. As evidências empíricas mostram que hoje a participação dos contratos financeiros "é quatorze vezes o PIB anual global"[29]. Paralelo a esse agigantamento do fenômeno da financeirização, ocorre aquele da desindustrialização, que é também global e vem se afirmando desde os anos 1980. Países como Brasil, Argentina e México viveram, e vivem ainda, um processo de desindustrialização e de financeirização semelhante àquele dos EUA e da Europa. Eles não são países pobres, nem subdesenvolvidos do ponto de vista do volume de capitais que reproduzem. Se a grande maioria de sua população é de pobres, subempregados, informais e, agora, da "nova categoria" de "invisíveis" (que apareceu, supostamente, no meio da pandemia, buscando o tal "auxílio emergencial" calculado pelo governo para uma população bem

---

29. L. Dowbor, *A Era do Capital Improdutivo*, p. 42.

menor), por outro lado abrigam fortunas e empresas dentre as maiores do capitalismo. A tão propalada busca pelo desenvolvimento (econômico e social) tem se resumido ao crescimento econômico. As riquezas acumuladas em grandes capitais estão buscando sempre e obsessivamente ampliar o seu volume[30].

Como todos os países que sofreram a imposição da concorrência internacional, por explorar suas riquezas de modo hiperespecializado, criou-se a ilusão de que países como o Brasil voltaram à fase primário exportadora. Porém, o crescimento econômico é contraditório. A agroindústria brasileira tem muito pouco da economia primário exportadora da Primeira República, por exemplo. Países que, como o Brasil, tiveram sua diversificação produtiva bloqueada pelo crescimento concorrente cada vez mais especializado, buscaram saídas que se expressaram no PIB de cada Estado nacional, em determinados setores, como indústrias, mineração, construção civil, telecomunicações, nos microprocessadores, mas também na indústria automobilística e até na produção de aviões, ou na exploração do petróleo, do agronegócio e dos bancos. No Brasil, o agronegócio teve uma hiperprodução de 250 bilhões de toneladas no início de 2020. Em plena crise, só um banco como o Bradesco teve um lucro de 85 bilhões de reais em 2019. Em plena pandemia, quando o governo discutia longamente quanto seria estabelecido de auxílio para a população mais carente, se seria de duzentos ou seiscentos reais, foram destinados aos bancos privados brasileiros 1 trilhão e 200 bilhões de reais, supostamente para financiar as pequenas e médias empresas (mais de 40% delas faliram nos três primeiros meses de pandemia). A saída, para capitalistas que podem, é se associar a outros grandes capitais, se tornando capital financeiro (banco, indústria, comércio, agronegócio). Mas

---

30. J. Nóvoa, Crise et agencement de l'ultime capital: «Nouvelles» formes de domination au Brésil, *Sens Public*. Disponível em: <http://www.sens-public.>.

ocorre também – quando certos setores apresentam ainda hiperlucratividade, como no caso do agronegócio e dos bancos – o deslocamento para os oligopólios financeiros transnacionais e para a especulação em paraísos ficais.

Entretanto, a financeirização avassaladora da economia é, como foi a economia de guerra, algo contraditório. Trata-se de um crescimento artificial, disfuncional, destrutivo. Se permite a sobrevivência de setores especializados e concentrados de capitais, destrói o resto da economia e da sociedade, ao mesmo tempo. A verificação de uma escalada maior da financeirização coincide, assim, com a afirmação "definitiva" da doutrina neoliberal depois da queda da URSS, que pôs fim à Guerra Fria. No entanto, seus dias de glória serão concomitantes a várias crises sucessivas, que culminarão na primeira grande crise de 2007-2008. Essa última assinala que sua "capacidade de empurrar para frente" uma possível grande crise geral de todos os capitais já dava sinais de esgotamento.

A Experiência Empírica de Estados e Governos Neoliberais

O comportamento do governo da União Europeia diante da crise da dívida pública grega, da crise migratória ou ainda, mais recentemente, diante da necessidade de ajuda demandada pela Itália, Espanha etc., para conter o avanço do novo coronavírus, mostra claramente o descompasso entre os governos neoliberais, a lógica da reprodução dos capitais das economias dos Estados nacionais e os discursos em defesa do federalismo europeu, pela "troika" que governa a UE. A defesa da soberania de vários Estados da União Europeia contra a "troika" não provém unicamente dos governos autoritários, como o de Victor Orban. Esse é o caso, por exemplo, da luta pela construção do Estado catalão independente, que luta, também, contra seu próprio Estado central.

Contudo, o avanço de governos populistas de extrema direita no mundo, sem dúvida encontrou, no posicionamento do presidente dos EUA, um grande estímulo. E isso não apenas em seu menosprezo pelo avanço da Covid-19 nos EUA, uma das causas principais de esse país ter se tornado aquele com maior número de infectados e mortos. As declarações recentes de uma de suas sobrinhas, Mary Trump, que é psicóloga, de que Donald Trump "é incapaz de sentir empatia" pelas pessoas – o que destaca um dos traços da personalidade autoritária –, ajuda a compreender muita coisa. O livro, que ela acaba de publicar nos EUA, *Demais e Nunca Suficiente*, tem um subtítulo demolidor, *Como Minha Família Criou o Homem Mais Perigoso do Mundo*[31]. Ela retrata uma família dilacerada, na qual seu pai, o irmão mais velho de Donald, morreu aos 42 anos, vítima do alcoolismo. Em entrevistas, ela afirma que ninguém da família apoiou Donald como candidato à presidência, e que sua reeleição significará acabar, definitivamente, com a democracia e com o país. Possivelmente esse autorretrato da família Trump ajude a explicar o apego obsessivo do presidente em "salvar a economia", sem promover as condições de defesa da imensa maioria da população de seu país, o que, aliás, ajuda a explicar, também, o gigantismo multirracial das manifestações de protesto contra o assassinato de George Floyd, em plena pandemia.

Com Trump na presidência dos EUA estamos diante de um Estado forte que aplica uma política nacionalista de defesa do mercado interno e de um governo autoritário, que parece querer reinventar uma guerra, fria ou efetiva, dessa vez com a China. Por outro lado, ao se ler União Europeia, para deslindar seu comportamento, é preciso pensar na "troika" que a dirige, ou seja, o Banco Central Europeu, o Fundo Monetário Internacional e a Comissão

---

31. Deutsche Welle, Livro de Sobrinha de Trump Vende Quase 1 Milhão de Cópias em Um Dia, *Poder 360*. Disponível em: <https://www.poder360.com.br/>.

Europeia que compõe a administração central desde Bruxelas. É possível ver, aí, uma realização do microestado neoliberal supranacional, que se regula por interesses próprios que coincidem com seus interesses financeiros, sobretudo. Portanto, como nos Estados nacionais, uma fração de sua elite dominante, que adquiriu o perfil de oligarquia financeira transnacional, se coloca acima dos interesses de "seu" povo, de grande parte do seu próprio empresariado e de cada nação em particular. Toda ação que extrapola seus interesses exclusivos visa tentar manter sua legitimidade diante da opinião pública dos cidadãos dos Estados-nação que compõem a União Europeia.

A cadeia cíclica de reprodução ampliada do capital não é uma soma, mas uma unidade de contrários. Nela, uma mudança de qualidade ocorreu e transformou o capital fictício dominante dos processos de reprodução do capital. Os ciclos produtivos de reprodução de capital persistem e o capital fictício que está na sua sequência, faz parte de seus ciclos. Mas ele não produz valores reais, materiais. Portanto, não consegue tornar-se completamente independente dele, nem pode, uma vez que a imensa massa de valores que circulam nos mercados transnacionais é, contudo, limitada por não ser infinita. É verificável, assim, que a lógica de reprodução do capital-dinheiro não coincide completamente com aqueles que investem diretamente na produção. A rigor, quando um grupo de acionistas investe em uma grande indústria, ele passa a viver duas lógicas que se contradizem. Aquela do industrial e a do financista. Não se vive mais na época em que o capital portador de juros concentrado nos bancos servia aos outros capitais. Ele não é mais apenas banco. Aliás, sua função de banco tornou-se mais que secundária. Seu capital-dinheiro está misturado a todos os outros grandes capitais. Como tende a acumular mais do que pode e/ou quer investir, vai buscar lucratividade em outros setores, em geral de retorno imediato ou a curto tempo. Movimento idêntico ocorre com os capitalistas industriais ou agroindustriais diante de um lucro, que vai muito além das necessidades de reprodução dos funcionamentos de suas indústrias.

O Fim dos Programas Públicos e Sociais do Estado-Capital

Ray Dalio, considerado uma das maiores cinco fortunas dos EUA, enfatiza, em seu site, a necessidade de reformar o capitalismo para servir às pessoas. Ele se diz muito angustiado pela escalada das disputas cada vez mais visíveis entre a China e os EUA, e pelo abismo que a riqueza e o capital concentrados produziram em relação à população do planeta[32]. Não se sabe qual a mágica através da qual ele pretende reformar o capitalismo, de sorte que ele possa servir às pessoas.

Entretanto, compatriotas seus, executivos e dirigentes do Estado norte-americano, já vinham, de longa data, criticando as despesas com programas sociais e de assistência pública, que se intensificaram cada vez mais. Contudo, as despesas do Estado com armamentos, a política de redução dos impostos das grandes empresas e o salvamento de empresas gigantes, como o banco Lehman Brothers ou como a General Motors (para a qual o Estado "doou capital", para que não falisse, adquirindo 60% de suas ações), são muito maiores do que as despesas com os programas sociais e de assistência pública. A crise de 2008 produziu a perda de nove milhões de postos de trabalho. No entanto, o verdadeiro plano de salvação foi, sobretudo, direcionado aos bancos e à indústria automobilística, que consumiram 421 bilhões de dólares, tendo sido a linha de crédito total de setecentos bilhões. Mais de setecentos bancos foram socorridos e várias empresas de crédito imobiliário, que estiveram na ponta imediata da crise do *subprime*[33].

---

32. R. Dalio, *Principles*. Disponível em: <www.principles.com>.
33. France Presse, Plano de Resgate dos Estados Unidos Foi "menos Custoso" Que o Previsto, diz Tesouro, *G1*. Disponível em: <http://

Quando, entretanto, a discussão do déficit público é colocada na mesa, são os setores de políticas sociais e públicas que se tornam os responsáveis, como defende Chris Viehbacher, diretor da farmacêutica Glaxo Smith Kline[34]. Essa multinacional de origem britânica é a quarta maior empresa do ramo no mundo. Tem cem mil empregados, sede na Flórida e produz artigos biológicos e de saúde, mas também vacinas.

Em estudo recente, *Deaths of Despair and the Future of Capitalism* (Mortos Pela Desesperança e o Futuro do Capitalismo), identificou-se que os suicídios estavam aumentando rapidamente nos EUA entre pessoas de meia-idade, assim como "o consumo de opioides, o alcoolismo e as mortes por overdose também cresciam desmedidamente". Observou-se que esses "aumentos se deviam a uma pandemia de desesperança que tinha causas econômicas, sociais e psicológicas"[35]. Analisando esse livro, Eleutério Prado destaca a gravidade da situação do aumento de mortes na população estadunidense branca não hispana. A taxa de mortalidade por cem mil habitantes, entre os anos de 1990 e 2019, da população branca de origem não hispânica (cerca de 60% da população) exibe um comportamento atípico: "sobe ou se mantém, quando deveria cair", inclusive comparando com a França, a Grã-Bretanha e a Suécia. Nesses países, a taxa entre 45 e 54 anos mantém a queda "desde o começo do século XIX", mas aumenta "nos EUA, a partir de meados da década dos anos 1990" e se estabiliza "bem acima dos outros três países". Prado destaca ainda que a taxa de suicídios na "fração com educação superior caiu continuamente" e que "aumentou extraordinariamente na fração que não

---

g1.globo.com/>.

34. T.B. Washington, Especialistas Veem Déficit Público dos EUA Como Bomba-Relógio, *Uol*. Disponível em: <https://noticias.uol.com.br/>.

35. Ver A. Case; A. Deaton, *Deaths of Despair and the Future of Capitalism*. Angus Deaton ganhou o Prêmio Nobel de economia em 2015.

possui curso superior (cerca de 38% da população norte-americana)". Essa população, que havia sido valorizada durante os Trinta Anos Gloriosos, uma vez que ligada à formação técnica média industrial, perdeu grande parte de seus empregos. Parte dela se requalificou para o crescimento do setor dos serviços e boa parte dos mais novos, que conseguiram realizar estudos superiores em informática e áreas mais especializadas, se adaptaram às novas exigências do mercado de trabalho. Prado lembra que a economia dos EUA se estagnou "desde 1997, quando acabou o período da recuperação neoliberal". Adverte que a taxa de lucro média estava caindo e, "com ela, os investimentos em inovações, assim como na ampliação e modernização da capacidade de produção". O neoliberalismo, "a desindustrialização e a globalização nunca foram mais do que respostas do capitalismo" contra a "tendência à queda da taxa de lucro que tem se manifestado na economia dos países desenvolvidos a partir do final dos anos 1960"[36].

Mas os empresários e seus representantes nos governos culpam os sistemas de saúde pública e as políticas sociais pelos desarranjos econômicos. É a verdadeira expressão do que Marc Ferro denomina de "a cegueira"[37]. Não é falta de inteligência, nem de informação que produz essa cegueira. É um bloqueio ideológico e a aplicação da racionalidade neoliberal que aumenta a ânsia em acumular mais dinheiro e poder. Desse ponto de vista, seus "servidores" não terão problemas morais em buscar métodos diversos para tal. Eis que, para "resolver" o suposto problema da dívida pública, se destrói o sistema de saúde pública, os programas de financiamento da habitação própria, a educação e o transporte públicos etc. No país em que mais de 37 milhões de pessoas não têm qualquer seguro de saúde, para empresas como a GSK,

---

36. E.F.S. Prado, Investigação Sobre o Fim do "Sonho Americano", *Outras Palavras*. Disponível em: <https://outraspalavras.net/>.
37. Cf. M. Ferro, *L'Aveuglement*.

os programas sociais dos governos representam mais que um fardo. Eles estariam na origem do déficit público. Para seus executivos, a previdência social produziu nos EUA um passivo a descoberto de treze trilhões de dólares para os próximos 75 anos, e o Medicare, do seu lado, acumulou um passivo não financiado de 37 trilhões de dólares, para um tempo idêntico[38].

Os executivos das grandes empresas tonaram-se peça do automatismo do capital, ao qual servem voluntariamente. Nunca o tempo foi tão equiparado ao dinheiro, que funciona num ritmo alucinante. Tal automatismo, que empurra os "servidores" do capital a, obsessiva e compulsivamente, buscarem mais dinheiro, os obriga a capturem ou a deslocarem parte do lucro produtivo, que viraria capital-dinheiro ampliado, excedente ao capital produtivo que não consegue – e não quer – se reinvestir produtivamente em função da queda dos lucros nos setores produtivos. A lei absoluta do capital-dinheiro fictício é a conquista incessante de mais lucro. Como nenhum outro capital é tão flexível, capaz de um ciclo lucrativo tão rápido, ele se mundializou mais que qualquer outro.

Concorrência Entre China e EUA
ou Estado-Capital do Sistema-Mundo

O que será que está pensando Fukuyama agora diante do salto da China para a tecnologia 5G e tudo o que esse Estado centralizado e autocrático conseguiu realizar em um espaço de trinta anos? Será que realmente existe uma relação real de necessidade entre liberalismo econômico e liberalismo político? Ou o neoliberalismo, com suas variantes importantes, é uma doutrina híbrida formando escolas com nuances relevantes em vários países

---

38. M. Snyder, The True Size Of The U.S. National Debt, Including Unfunded Liabilities, Is 222 Trillion Dollars, *End of the American Dream*. Disponível em: <http://endoftheamericandream.com/>.

ocidentais, que se casaria sem problemas com o autoritarismo de um Trump, que afirma não aceitar uma derrota nas próximas eleições? Fukuyama não conseguiu ou não quis enxergar as contradições do sistema que endeusou.

Na verdade, além de um processo de crise recessiva, o capitalismo se acha pleno de contradições, inclusive, muitas delas, concentradas na economia mais forte do planeta, que se assumiu como líder da geopolítica ocidental. A visão que brota da ascensão da China parece alucinar a elite estadunidense, em particular porque, além de tudo, coloca como mais que possível um enfrentamento militar de grandes proporções. Ao acusar o Estado chinês de ter produzido o novo coronavírus, ao provocar uma guerra comercial absurda, ao acusar o Estado chinês de espionagem, ao exigir que os diplomatas chineses liberem o espaço diplomático em tempo jamais visto, nem na época da Guerra Fria todos esses eventos parecem colocar sobre a mesa, como Trump inclusive já havia dito antes, todas as hipóteses como possíveis.

Uma parte dos analistas vêm a ascensão do Estado chinês se contrapondo à decadência do estadunidense como algo completamente positivo e até desejável. Existe uma ilusão de que uma geopolítica e uma dominação do mundo pela China possam ser melhores do que a que foi conduzida pelos EUA. Outros, diante da dificuldade de verificar uma neutralidade em um conflito de maiores proporções, preferem adotar uma postura de escolha e engajamento. Entretanto, uma observação sobre tudo o que está em jogo e uma análise a respeito da natureza da sociedade chinesa e de seu Estado nacional, mostra que a "neutralidade" defensora de um pacifismo emancipatório é a única capaz de reconhecer que a vitória de um bloco (ou de outro) não retirará a humanidade dessa crise, nem abrirá nenhum caminho à emancipação. Se russos e chineses estão procurando banir o dólar de suas relações comerciais com o mundo, se o avanço tecnológico que conquistaram coloca a Europa no meio de um fogo cruzado entre os EUA e a China, como um projeto de emancipação humana encontraria espaço, se engajando na geopolítica de um desses titãs?

Vários autores destacaram a existência de uma racionalidade autônoma ao funcionamento do Estado. Acreditavam que era ele detentor de uma lógica própria. Hegel – a quem Fukuyama reivindicou como integrante de seu clube conservador – acreditava ser o Estado a realização do Espírito Absoluto e, não é por acaso, que será nessa questão que Marx romperá definitivamente com o hegelianismo. Uma racionalidade meta-histórica, alienada "em si", se realizaria organizando as relações contingentes entre os homens, mas a partir de necessidades reconhecidas pela razão. Quando essa dialética se torna terrena e constata, na Alemanha em formação, os limites do autoritarismo do Estado prussiano, muitos seguidores de Hegel justificaram se conformar a ele como sendo uma expressão de liberdade. A "servidão voluntária" volta agora como corolário do Big Brother. É o que acontece em grande medida, hoje, na China, mas também nos EUA. Na China, sua população vê longe as revoltas da praça da Paz Celestial (Tiananmen) em 1989. Os "mandarins vermelhos" da máquina estatal usam ampla tecnologia para apagá-las da memória do país, fazendo, ao mesmo tempo, publicidade da modernidade alcançada e das conquistas materiais. Ao se observar a qualidade do sistema de saúde chinês hoje (e como foram eficientes no enfrentamento do novo coronavírus), a impressão que se descola é que existe realmente um grau de igualdade e uma distribuição radical de renda. Mas a realidade é que uma parte importante, embora minoritária, se desprendeu da burocracia estatal para gerenciar diretamente fábricas, bancos, laboratórios etc., e usufruem de privilégios que não aparecem nas estatísticas. Nesses Estados nacionalistas, portanto, a relação entre sua racionalidade e a materialidade da reprodução da vida social é mais que real. Uma se alimenta da outra.

Essa problemática voltou várias vezes à história do pensamento dialético e, curiosamente, muito distante daquele pensamento conservador de submissão, presente em Gramsci também. Uma vez mais, o Estado é visto e dotado de uma racionalidade própria, sem dúvida por conta da tradição idealista na qual ele havia se formado. Não cabe tábula rasa de toda uma discussão que data de pelo menos dos anos 1970, sobre a célebre fórmula da análise gramsciana e que foi recuperada, a seu modo, por Althusser, enfatizando a suposta autonomia relativa do Estado em relação às condições materiais de reprodução social geral e, em particular, àquelas do capital.

Todavia, ainda hoje a dificuldade de colocar a problemática do Estado nacional no interior de uma formação social dominada pela internacionalização das forças produtivas e pelo mercado mundial, permanece uma questão espinhosa. O vislumbre de uma mudança para outra formação social emancipadora, que submeta a produção a valores de troca, que seja portadora de democracia real e que seja ecológica e socialmente sustentável, amplia as questões a serem consideradas. É inegável que entre aqueles que acreditam em um futuro pós-capitalista existe uma posição majoritária que só consegue vislumbrar uma tal transição com a presença inevitável do Estado-nacional. Na América Latina, na África e na Ásia, particularmente as experiências das lutas independentistas levaram à criação de Estados nacionalistas e à consolidação ideológica de um paradigma estatizante, retrabalhado com nuances pelos diversos partidos do espectro político da região, permanecendo assim referência forte em qualquer projeto político. As lutas africanas produziram resultados semelhantes e, no continente asiático, o agigantamento da China, que passou de um país feudal em 1949 para a atual potência tecnológica do 5G, que tem como objetivo tornar-se a maior potência mundial até 2050, consegue simplesmente encher as gerações de argumentos capazes de reduzir as contradições do sistema mundial capitalista, numa nova razão dualista, na qual se confrontam o paradigma político-administrativo ocidental (dos EUA e da Europa) e aquele da China. Os defensores do modelo chinês parecem haver redescoberto a pólvora, mas o que vêm é a China estruturando sua economia de produção de mercadorias, com uma administração estruturada pela espinha dorsal de seu Partido Comunista (de cem milhões de chineses) que é, em si mesmo, um Estado dentro de um outro Estado hipernacionalista.

A Emancipação e a Crítica ao Estado-Capital

É relativamente fácil ouvir, de formadores de opinião, que todas as experiências vitoriosas de transformação social na história foram nacionalistas. Completam, afirmando a necessidade de Estados fortes e regimes ditatoriais para que essas mudanças sejam bem-sucedidas. Será que negam, também, ser verdadeiro o fato de que a extrema-direita hitleriana se queria também nacional-socialista, assim como todos os líderes da extrema-direita hoje, que se quererem nacionalistas e democratas? Entretanto, até o presente, é impossível negar que uma verdadeira "nova formação social" encontrou tempo e espaço ao longo do último século. Todas as independências se deram, assim como revoluções, nos quadros de um sistema-mundo dominado pela produção de valores de troca. Ou seja, a tese da impossibilidade de uma "nova formação social" poder surgir em um só país, como se pensava até o final do século XIX, até por setores de esquerda da social-democracia, é uma tese comprovada. Mas essa perspectiva encontra ainda o obstáculo real de um senso comum ideológico em relação ao Estado, como categoria definitiva bem estabelecida na história universal e na formação do capitalismo. Portanto, o que boa parte dos marxistas veicula como análise da natureza do Estado, tem muito pouco a ver com a real situação de uma reflexão científica oriunda do autor dos *Grundrisse*. A transformação de textos polêmicos e marcados pelas circunstâncias em guias científicos, criou mais problemas que clareza em relação às questões reais que o Estado coloca ainda hoje.

O Estado permanece, como afirmou Denis Collin, que irá retomar a questão várias vezes[39], sendo o "verdadeiro ponto cego" do pensamento dialético. Para ele, se as disputas em nível nacional são muito difíceis, as internacionais não tornam mais visíveis seus núcleos administrativos. Estes só se tornariam identificáveis em nível nacional, o que não impediria um federalismo de Estados irmanados, distinto de experiências frustrantes do tipo da União Europeia. Diante da crise atual, a contração para os espaços nacionais parece inevitável. A história colocaria, assim, segundo ele, a necessidade de se sair do regime de mundialização. E nas comunidades nacionais, a democracia parlamentar deveria ser pressionada até seu limite. Nada teria a ver com aquela democracia parlamentar dos EUA ou a dos Estados europeus. Contudo, outras questões procuram respostas: a admissão das formas parlamentares não exigiria outras formas mais diretas de democracia? Não seria o Estado nacional uma trincheira última do direito privado e do princípio da propriedade? E as experiências ao longo de toda a história não mostram que mesmo no interior dos países (como na Grécia antiga, berço da democracia), o Estado quer sempre significar a lei do mais forte? O colonialismo não iria de par com a exploração de dominados? A perspectiva emancipatória parece desejar algum modo de administração das relações sociais que pode até ser chamada de Estado, mas nem de longe se parece com o Estado atual e com a denominada democracia representativa.

A persistência da centralidade do Estado parece dotá-lo de um tempo eterno e estratégico. Ele seria eternamente incontornável. Para seu futuro provável e possível, é necessário se colocar questões e considerações

---

39. *Compreender Marx*, p. 227-266. Ver seu artigo neste livro, "Após a Covid: Da Crise Sanitária à Crise Global do Capitalismo".

de vários estudiosos, que realçam no Estado a existência de uma lógica própria. A partir de uma leitura, que se tornou uma enquete exaustiva e minuciosa, Pierre Dardot, no seu enciclopédico mais recente livro escrito com Christian Laval, *Dominar*, constrói uma verdadeira cartografia e genealogia do Estado ocidental. Nele, colocam em causa a questão da soberania do Estado. Juntando-se a Fernand Braudel e Immanuel Wallerstein, concluem que não é possível opor o capitalismo ao Estado na análise da realidade mundial. Simplesmente porque

o sistema mundial de dominação é um todo que inclui os Estados, empresas, organizações internacionais ou intergovernamentais, Igrejas e potenciais credos religiosos, cidades, classes, partidos etc., essas diferentes instituições e organizações é que têm um papel específico nas articulações do sistema.

Tal sistema, segundo defendem, não se organiza como um império. E sentenciam que ele "seria impensável sem o tecido das relações entre os Estados que se querem soberanos em seus respectivos territórios"[40]. Outra hipótese chave que perseguem é que não existe uma incompatibilidade radical entre a aplicação da teoria neoliberal, como uma verdadeira e nova razão do mundo[41], e as formas autoritárias de governo[42]. Essa é uma realidade, bastando lembrar o fato maior de que o Estado ditatorial chileno de Pinochet foi dos maiores laboratórios da aplicação das teorias de Milton Friedman. Seria possível imaginar aí a doutrina do neoliberalismo, moldando muito mais os governos que os Estados. Dardot e Laval, que fazem muitos elogios a Slobodian Quinn (autor importante da mesma problemática), defendem com ele o hibridismo neoliberal, embora aportem nuances

---

40. P. Dardot; C. Laval, *Dominer*, p. 44.
41. P. Dardot, Néolibéralisme « classique » et nouveau néolibéralisme, *Sens Public*. Disponível em: <https://sens-public.org/articles/1456/>.
42. Ver P. Dardot; C. Laval, *A Nova Razão do Mundo*; e *Comum, Ensaio Sobre a Revolução no Século XXI*.

importantes. Recentemente, Eleutério Prado trabalhou as ideias desse autor sobre as relações dos neoliberais com o Estado. Os neoliberais adoram o mercado acima de qualquer outra categoria, são globalistas e se aproximam cada vez mais de ditadores[43].

Diante desse quadro, perante a internacionalização das forças produtivas, do mercado mundial e da financeirização, é preciso indagar se, como consequência da crise aprofundada pela Covid-19, o neoliberalismo vai conseguir realizar um retrocesso de seu raio de atuação, ao nível do Estado nacional. Possivelmente, adaptações apareçam em vários domínios (no da saúde, por exemplo), mas, no que concerne ao capital financeiro, parece difícil admitir tal hipótese. Seria possível imaginar um "recolhimento" da ação do capital fictício especulativo às fronteiras nacionais, quando ele só precisa da internet e de algoritmos para fazer girar a roda da fortuna? Seu dono se tornou um autômato alienado, como o protagonista do filme *Cidadão Kane*, e não cederá aos próprios limites. Ele se acha vívido pelo gozo da pulsão de morte. O que poderia ser mais fantástico que retirar "mais-lucro", "mais-riqueza", sem esperar os ciclos produtivos, nem a realização do valor-troca no mercado? Racionalizando tudo, ele se vê buscando "desenvolver" o planeta, para a felicidade de todos, mesmo porque, como disse Margareth Thatcher, "não há alternativa".

Do Futuro: Trabalho Como Dominação
ou Emancipação

Existe um ditado muito recitado em alguns meios: "aquele que não observa o passado, não terá futuro". Para vários historiadores, a história da URSS e da Alemanha não permitiria

---

43. E.F.S. Prado, O Indiscreto Flerte dos Neoliberais Com o Estado, *Outras Palavras*. Disponível em: <https://outraspalavras.net/>.

o retorno de certas problemáticas, como a do totalitarismo. No entanto, alguns pensadores se reinvestiram como corifeus da *realpolitik* e do "keynesianismo de esquerda", que vigorou na URSS. Há quem, com cultura filosófica, como Domenico Losurdo[44], tenha conseguido ver legitimidade em Josef Stálin. Como seria isso possível? Outros buscaram reler aquele passado em outra perspectiva, como Christian Laval e Pierre Dardot, em *A Sombra de Outubro*.

Uma "nova" leitura da crítica da economia política e da alienação vem encontrando novos defensores desde a publicação de *A Ideologia Alemã*, dos *Manuscritos Econômicos e Filosóficos* e, sobretudo, dos *Grundrisse*. A grande indústria alemã do final do século XIX já anuncia um fenômeno que será vivido com muita intensidade a partir dos anos 1970: os processos de automação produtiva e sua extensão à vida cotidiana. Herbert Marcuse, que foi um dos primeiros a assimilar aquelas leituras, dirá que a alienação se tornou objetiva[45]. Nos EUA, a antiga classe operária – que tinha um modo de vida e uma consciência social de classe média – foi reduzida e viu o surgimento de uma outra nova "classe média". A classe operária alemã já havia vivido, nos anos 1920, fenômeno semelhante, com o surgimento dos empregados de escritórios[46]. O automatismo torna avassalador o trabalho abstrato. O fetichismo da mercadoria encontra o do dinheiro. Na URSS, a dominação se fez pela coerção quase exclusiva do Estado, até o final dos anos 1980. Mas foi preciso o tempo para que a URSS passasse a ser vista de outra perspectiva. Outros autores encararam aquelas leituras e a nova realidade. Jean-Marie Vincent foi um dos pioneiros com seus estudos de crítica ao trabalho abstrato[47]. André Gorz escreveu *Adeus ao Proletariado*, de 1980. Já em 1959, com *A Moral*

---

44. Ver *Guerra e Revolução*.
45. Ver *L'Homme unidimensionnel*.
46. S. Kracauer, *Les Employés*, p. 11.
47. Ver *Critique du travail*.

da História, ele critica o trabalho como criador do homem universal e recupera a ideia da alienação e da ecologia política. Depois dos *Grundrisse*, não há como defender o trabalho como categoria igual para todas as épocas. Se o trabalho abstrato, incorporando tecnologia de ponta, cria o desemprego em massa, qual o sentido de lutar pelo pleno emprego? Em *Metamorfoses do Trabalho: Crítica da Razão Econômica*, Gorz conclui que persistir na velha tradição do movimento operário pode levar a humanidade a uma "ruela", e se "se deixar os acontecimentos assumirem um curso que nos faça perder o senso da mutação em andamento [...], nossas sociedades continuarão a se decompor, a se segmentar, aumentando a violência, a injustiça e o medo"[48]. O pioneirismo atualizador de Gorz ocorre em pleno processo de "deslocalização" industrial com todo o cortejo de desertificação produtiva e o desemprego dos anos 1980. Claro que sua crítica se referia também à URSS.

Nos EUA, Moishe Postone[49], no início de 1990, preferiu um caminho semelhante ao de Gorz. Na França, Antoine Artous recupera criticamente toda essa literatura[50]. A chave de uma crítica superadora do trabalho realmente existente, ele encontrou nos *Grundrisse*, na seção sobre a contradição principal do capitalismo. A hipótese que busca demonstrar, inverte a leitura marxista que é "uma crítica do capitalismo do ponto de vista do trabalho". Nos *Grundrisse*, ele encontrou "a crítica do trabalho sob o capitalismo". Ela confirma a inexistência, nos marxistas, de uma concepção específica do trabalho que vá até a lógica última deste, que aparece no final do século XIX, chave para o entendimento do comportamento da social-democracia e da classe operária a partir daí. O trabalho como categoria supra histórica é a produtora de valor de uso e se vê ainda, em meados do século

---

48. *Métamorphoses du travail*, p. 382.
49. *Tempo, Trabalho e Dominação Social*, p. 41-63.
50. Ver *Travail et émancipation sociale*.

XIX, nas corporações de ofício e nas oficinas artesanais ou mesmo nas pequenas indústrias de tecidos. É outra a especificidade do trabalho, sob relações de produção capitalistas da grande indústria do final do século XIX, o que impede o trabalho de ser visto como o motor fundamental da emancipação. Os *Grundrisse* são críticos a autores como John Stuart Mill, uma vez que "uma separação entre a produção de riquezas e sua distribuição" traduz a mesma lógica que se expressa de formas diferentes. Existe uma interdependência, ao invés de uma unidade de contrários, o que, aliás, se transfere pela ação do "trabalho abstrato" – conceito-chave da crítica à integração do trabalho operário.

Essa perspectiva original permite uma outra crítica ao denominado "socialismo realmente existente". A dominação no sistema capitalista adquire uma forma impessoal de dominação social gerada não apenas pelo capital, pelo mercado e pela propriedade privada, mas também pelo próprio trabalho. Especializando-se, integra-se no sistema de trabalho abstrato, domina o trabalho individual e se torna uma dimensão da dominação geral. Eis por que não basta substituir a propriedade privada dos meios de produção pela estatal e distribuir a produção de valor como renda. Eis por que a emancipação precisa criticar o Estado burocrático e totalitário, concebido por algumas correntes como necessário. Para emancipar a humanidade, é preciso superar o valor e o trabalho como regulador social e abolir a alienação. Se o trabalho é uma mercadoria, o processo da emancipação elimina a forma geral da mercadoria[51].

O problema e a teoria da alienação geral volta ao centro do debate sobre a superação do valor. Tal ultrapassagem exige uma consciência cada vez mais generalizada da responsabilidade de cada cidadão na vontade coletiva pela construção de outro futuro. Do futuro se pode falar

---

51. Ibidem.

pouco. Para emancipar-se, a humanidade não pode se refazer – em outro "futuro" que não o que se vislumbra deste presente –, mantendo a alienação do conjunto de sua população, a partilha alienada de seu trabalho, inclusive aquele que elabora instrumentos e tecnologia. Isto é gritante se se considerar o que a natureza oferece sem o esforço humano. O homem (a vida) não pode se alienar da "Mãe Terra" natureza. Seremos eternamente "dependentes" dela, ou não seremos. Na verdade, o próprio estatuto da existência e do trabalho precisa mudar, em forma e em conteúdo. Assim sendo, a existência não será "exploração" e o "trabalho" não será uma tortura como significa na etimologia da palavra. Ele será o prazer na produção de valores de uso, ou na coleta de bens comuns para a vida em comum, não dominando a natureza, mas apenas habitando-a, o mais harmonicamente possível. A alienação não é, pois, apenas material. Ela bloqueia a consciência de uma urgência planetária. A fragmentação adquirida nas lutas pelos direitos de cada setor cidadão (de raça, gênero, profissão etc.), no final do século xx, se depara com a necessidade da construção de pontes de mediação com a perspectiva comum. Essa germinação tem ritmos irregulares. Entretanto, os prazos se reduzem drasticamente. Nosso hábitat está em chamas! As cidades estão inundando e as pessoas estão adoecendo[52]. Não há como saltar do "trem da história". Todas as divisões tornaram-se deletérias. Pelo menos isso a Covid-19 deixará como legado desalienante: nada pode ser mais importante que a vida de cada um. Todas as vidas importam! Rico ou cidadão comum, ninguém conseguirá viver fora do planeta Terra.

---

52. Ver R.A.S. Neves, *Adoecer ou a Dor de Ser?*

Referências

Livros

ANDERSON, Perry. *O Fim da História*. Rio de Janeiro: Jorge Zahar, 1992.
ARTOUS, Antoine. *Travail et émancipation sociale: Marx et le travail*. Paris: Syllepse, 2003.
BANDEIRA, Luiz Alberto Moniz. *Formação do Império Americano: Da Guerra Contra a Espanha à Guerra no Iraque*. Rio de Janeiro: Civilização Brasileira, 2005.
BENJAMIN, Walter. Teses Sobre o Conceito de História. *Obras Escolhidas, v. 1, Magia e Técnica, Arte e Política: Ensaios Sobre Literatura e História da Cultura*. São Paulo: Brasiliense, 1994.
BIHR, Alain. *Le Premier âge du capitalisme: La Marche de l'Europe Occidentale vers le capitalisme*. Paris: Syllepse, 2019.
CASE, Anne; DEATON, Angus. *Deaths of Despair and the Future of Capitalism*. New Jersey: Princeton University Press, 2020.
CHESNAIS, François. *La Mondialisation du capital*. Paris: Syros, 1994.
COLLIN, Denis. *Compreender Marx*. Petrópolis: Vozes, 2008.
____. *Comprendre Marcuse: Philosophie, théorie critique et libération humaine*. Paris: Max Millo, 2017.
DARDOT, Pierre; LAVAL, Christian. *A Nova Razão do Mundo*. São Paulo: Boitempo, 2016.
____. *Comum, Ensaio Sobre a Revolução no Século XXI*. São Paulo: Boitempo, 2017.
____. *A Sombra de Outubro: A Revolução Russa e o Espectro dos Sovietes*. São Paulo: Perspectiva, 2018.
____. *Dominer: Enquête sur la souveraineté de l'État en Occident*. Paris: La Découverte, 2020.
DOWBOR, Ladislau. *A Era do Capital Improdutivo*. São Paulo: Autonomia Literária, 2018.
FERRO, Marc. *La Grande Guerre (1914-1918)*. Paris: Gallimard, 1990.
____. *Le Ressentiment dans l'histoire: Comprendre notre temps*. Paris: Odile Jacob, 2008.
____. *L'Aveuglement: Une autre histoire de notre monde*. Paris: Tallandier, 2015.
____. *Les Ruses de l'histoire: Le Passé de notre actualité*. Paris: Tallandier, 2018.
FUKUYAMA, Francis. *O Fim da História e o Último Homem*. Rio de Janeiro: Rocco, 1992.
GAGNEBIN, Jeanne Marie. *História e Narração em Walter Benjamin*. São Paulo: Perspectiva, 2004.
GILL, Louis. *Rembourser la dette publique: La Pire des hypothèses*. Québec: Chaire d'Études Socio-Économiques, Université du Québec, 2006.
____. *La Crise financière et monétaire mondiale: Endettement, spéculation, austérité*. Québec: M Éditeur, 2012.
GORZ, André. *Métamorphoses du travail: Critique de la raison économique*. Paris: Gallimard, 1988.

KLEIN, Naomi. *On Fire: The Burning Case For a Green New Deal*. New York: Simon & Schuster, 2019.
KRACAUER, Siegfried. *Les Employés: Aperçus de l'Allemagne nouvelle (1929)*. Paris: Les Belles Lettres, 2012.
LOSURDO, Domenico. *Guerra e Revolução: O Mundo um Século Após Outubro de 1917*. São Paulo: Boitempo, 2017.
MARCUSE, Hebert. *L'Homme unidimensionnel: Essai sur l'idéologie de la société industrielle avancée*. Paris: Minuit, 1968.
NEVES, Ricardo Almeida Sinay. *Adoecer ou a Dor de Ser? Quando a História se Desvela no Corpo*. Curitiba: Prismas, 2018.
POSTONE, Moishe. *Tempo, Trabalho e Dominação Social: Uma Reinterpretação da Teoria Crítica de Marx*. São Paulo: Boitempo, 2014.
VICENT, Jean-Marie. *Critique du travail: Le Faire et l'agir*. Paris: PUF, 1987.
ZINN, Howard. *Une Histoire populaire des États-Unis: De 1492 à nos jours*. Marseille: Agone, 2014.

Filmes

ARCAND, Denis. *O Declínio do Império Americano*. 101 min. Canadá, 1987.
WELLES, Orson. *Citizen Kane*. EUA, 1941.

Sites

ARAÚJO Ana; MARTINS, José. EUA Urgente: A Fome se Alastra na Maior Potência do Planeta. *Crítica da Economia*, 31 jul. 2020. Disponível em: <https://criticadaeconomia.com/>. Acesso em: 7 ago. 2020.
BOURÉBI, Solani. En Pleine pandémie, des millions d'Américains privés d'eau potable. *Basta!*, 10 jul. 2020. Disponível em: <https://www.bastamag.net/>. Acesso em: 7 ago. 2020.
DALIO, Ray. *Principles*. Disponível em: <www.principles.com>. Acesso em: 7 ago. 2020.
DARDOT, Pierre. Néolibéralisme « classique » et nouveau néolibéralisme. *Sens Public*, 25 jun. 2020. Disponível em: <https://sens-public.org/>. Acesso em: 7 ago. 2020.
DEMOCRACY Now!, Noam Chomsky: Trump Está Usando a Pandemia Para Enriquecer Bilionários Enquanto Milhões Perdem Empregos e Encaram Despejos. *Carta Maior*, 28 jul. 2020. Disponível em: <https://www.cartamaior.com.br/>. Acesso em: 7 ago. 2020.
DESCUBRA as Ilhas de Plástico Que Poluem Nossos Oceanos. *Iberdrola*, [s.d.]. Disponível em: <https://www.iberdrola.com/>. Acesso em: 7 ago. 2020.
DEUTSCHE Welle. Livro de Sobrinha de Trump Vende Quase 1 Milhão de Cópias em um Dia. *Poder 360*, 17 jul. 2020. Disponível em: <https://www.poder360.com.br/>. Acesso em: 7 ago. 2020.
FRANCE Presse. Plano de Resgate dos EUA Foi "menos Custoso" Que o Previsto, Diz Tesouro. *G1*, 11 set. 2013. Disponível em: <http://g1.globo.com/>. Acesso em: 7 ago. 2020.

KLEIN, Naomi. Uma Semana Contra o Capitalismo de Desastre. *Nodal: Noticias de America Latina y el Caribe*, 19 set. 2019. Disponível em: <https://www.nodal.am/>. Acesso em: 7 ago. 2020.

NÓVOA, Jorge. Crise et agencement de l'ultime capital: « Nouvelles » formes de domination au Brésil. *Sens Public*, 25 jun. 2020. Disponível em: <http://www.sens-public.org/>. Acesso em: 7 ago. 2020.

O NEGÓCIO do Lixo: Uma Faca de Dois Gumes no Terceiro Mundo. *Iberdrola*, [s.d.]. Disponível em: <https://www.iberdrola.com/>. Acesso em: 7 ago. 2020.

ORAZEM, Eloá. "Não é uma Recessão, É um Colapso", Diz Ray Dalio. *Neofeed*, 9 abr. 2020. Disponível em: <https://neofeed.com.br/>. Acesso em: 7 ago. 2020.

PRADO, Eleutério F.S. O Indiscreto Flerte dos Neoliberais Com o Estado. *Outras Palavras,* 24 jul. 2020. Disponível em: <https://outraspalavras.net/>. Acesso em: 7 ago. 2020.

____. Investigação Sobre o Fim do "Sonho Americano". *Outras Palavras*, 5 ago. 2020. Disponível em: <https://outraspalavras.net/>. Acesso em: 7 ago. 2020.

SNYDER, Michael. Tamanho Real da Dívida dos Estados Unidos é de US$ 222 Trilhões, Diz Economista. *Coin Times*, 28 mar. 2019. Disponível em: <https://cointimes.com.br/>. Acesso em: 7 ago. 2020.

____. The True Size Of The U.S. National Debt, Including Unfunded Liabilities, Is 222 Trillion Dollars. *End of the American Dream*, 28 mar. 2019. Disponível em: <http://endoftheamericandream.com/>. Acesso em: 7 ago. 2020.

WASHINGTON, Teresa Bouza. Especialistas Veem Déficit Público dos EUA Como Bomba-Relógio. *Uol*, 18 nov. 2004. Disponível em: <https://noticias.uol.com.br/>. Acesso em: 7 ago. 2020.

ZIZEK, Slavoj. Zizek Vê o Poder Subversivo do Coronavírus. *Outras Palavras*, 3 mar. 2020. Disponível em: <https://outraspalavras.net/>. Acesso em: 7 ago. 2020.

ESBOÇO HISTÓRICO DAS PANDEMIAS: DA PESTE ANTONINA À COVID-19

Ricardo Garrido

Ao longo da história, grandes pandemias sempre representaram sinais de profundas mudanças, reorganizando a estrutura de sociedades, derrubando e reformando impérios e nações. Em geral, após o pânico das mortes, o que se observou nesses casos foram períodos de grandes impulsos econômicos e sociais. Se as doenças foram responsáveis por milhões de mortes, também forçaram a existência de grandes períodos de impulso transformador, levando os sobreviventes a novos patamares de civilização, a novos experimentos sociais e a períodos de prosperidade econômica. Assim aconteceu com a manifestação da Peste Antonina, da Peste Negra e da Gripe Espanhola, e, quiçá, ocorrerá a mesma coisa com a Covid-19.

Uma das Pandemias Mais Antigas da História

Um breve histórico de como as epidemias mudaram a história da humanidade pode ser começado pelo que hoje se denomina de Peste Antonina. Estima-se que sessenta a setenta milhões de pessoas nos domínios do Império Romano, entre os anos de 165 e 190[1], morreram por causa da doença. No ano de 165, ao que parece após uma vitória sobre os persas, os soldados romanos trouxeram do Oriente não só as glórias militares, mas também um inimigo invisível: a peste. Eram os tempos do imperador Marco Aurélio, o imperador filósofo, e a medicina da época não estava minimamente preparada para uma epidemia. Pelos relatos da época, essa doença poderia ter sido o sarampo ou a varíola, e atingiu tanto a população urbana do império como os seus exércitos. Efetivamente, se não havia uma clara consciência médica acerca das causas e dos meios de propagação dessa praga, compreendia-se os perigos de propagação em grandes multidões. Ela só atingiu o pico no ano de 167. Atacava por igual todos os cidadãos, e os registos indicam um aumento tal no número de óbitos, que houve dificuldade em se conseguir enterrar os mortos. Roma, em vão, recorria a rituais de purificação para aplacar a ira dos deuses. Os exércitos romanos, na fronteira norte com a Germânia, sofriam pressões e ataques sem poderem reagir de forma eficaz. Muitos dos efetivos sucumbiram à doença antes de poderem apresentar-se na linha de batalha. Quando, em 180, Marco Aurélio morreu e deixou as rédeas do governo a

---

1. No século II, viviam na cidade entre 800 mil e 1 milhão de habitantes, enquanto no Império inteiro havia entre 50 e 60 milhões de moradores. Naquela época, o Império Romano atingiu o ápice de sua expansão territorial com uma área de 4 milhões de km², um território que corresponde, hoje em dia, a mais de quarenta países da Europa, Ásia e norte da África. A população mundial era de, aproximadamente, 200 milhões de habitantes, segundo um relatório divulgado pela ONU em 2015. Isso significa que, de cada quatro pessoas, uma vivia dentro dos limites do Império.

Cómodo, ainda grassava a epidemia. Uma nova onda de contágios surgiu por volta de 189: estima-se que milhares morriam por dia e, como esperado, a economia romana se ressentiu profundamente. Tal fato marcou severamente a prosperidade do império, no século segundo depois de Cristo. E, no século seguinte, ocorreram ressurgências cíclicas da peste, ao longo de todo o território imperial.

Há muitos debates entre os estudiosos sobre as consequências dessa epidemia no Império Romano, focados na metodologia usada para calcular o número real de pessoas que morreram. O historiador William McNeill, em sua obra *Plagues and Peoples*, cogita que ocorriam, no auge do surto, duas mil mortes por dia em Roma. Entretanto, no segundo surto, a estimativa da taxa de mortalidade foi muito maior, superior a cinco mil por dia. É possível que o número extremo de mortes tenha sido causado pela exposição a um novo agente patogênico, desconhecido para as pessoas que viviam no Mediterrâneo. Quando doenças infecciosas são introduzidas em uma "população virgem", ou seja, uma população que não possui imunidade adquirida ou herdada para um agente específico, a mortalidade é maior. Conquanto cause espanto, acredita-se que, ao longo de toda a pandemia, de 25% a 33% de toda a população pereceu, algo estimado entre sessenta e setenta milhões de pessoas[2]. O fato é que a peste abalou as estruturas do Império, em grande parte devido à sua alta taxa de mortalidade, o que, sem sombra de dúvidas, acabou gerando consequências devastadoras, contribuindo sobremaneira para o colapso do Império Romano. Não foram apenas as invasões de outros povos como os bárbaros, nem a corrupção que se tornou avassaladora no Império Romano que causaram a sua decadência, mas a união de todos esses fatores. A Peste Antonina deve servir,

---

2. Como dito anteriormente, a população do Império Romano, sobretudo nos períodos áureos, chegou à cifra espantosa de duzentos milhões de habitantes. Para mais informações, ver: E. Gibbon, *Declínio e Queda do Império Romano*.

assim, como referência à situação presente na contemporaneidade do século XXI, em mais de uma motivação.

A Peste Negra Mudou a Face da Europa

A punição divina à maldade dos homens parecia, no século XIV, a única explicação possível para a série de golpes devastadores sob os quais o mundo inteiro tremeu. Durante o primeiro quarto do século, a Ásia foi atormentada por sucessivas enchentes, secas e terremotos; na Europa, onde desde 1250 o clima se tornara mais frio e úmido, as colheitas fracassavam periodicamente e as comunidades superpovoadas sofriam fome e doenças. O pior estava por vir. Do Extremo Oriente veio um mal de virulência sem precedentes que, entre 1346 e 1352, arrasou, pelo menos, um terço da população europeia. A maior onda de mortalidade, jamais vista pelo mundo até então, ficaria conhecida como Peste Negra. A doença atacava de três formas, todas causadas pela bactéria *pasteurella pestis*: a peste pneumônica atacava os pulmões, a septicêmica infectava a corrente sanguínea e, a terceira e mais comum, tratava-se da peste bubônica. O termo "bubônica" deriva das tumefações do tamanho de um ovo, conhecidas como bubos ou bubões, que apareciam no pescoço, nas axilas ou nas virilhas dos doentes, nos primeiros estágios do mal; depois vinham a febre alta e o delírio. Os de constituição mais forte conseguiam sobreviver o suficiente para experimentar a dor lancinante e as rupturas dos bubos. Em geral, a morte era o único alívio para a dor[3].

Os sábios colocaram a culpa da infecção nos movimentos dos planetas, na putrefação do ar pelos cadáveres, ou no contato com os corpos ou roupas infectadas. Chegou-se a sugerir que o mero olhar de um doente era fatal. Os verdadeiros transmissores, os ratos que infestavam

---

3. Ver J. Martino, *1348: A Peste Negra*.

a maioria das casas da época e cujas pulgas estavam contaminadas com a bactéria da peste, só seriam identificados muitos séculos depois. Quando os ratos morreram e a população de roedores declinou, as pulgas se voltaram para o sangue quente dos humanos.

O mecanismo terrível da peste parece ter sido posto em movimento no deserto de Gobi, na Mongólia. No final da década de 1320, ali irrompeu uma epidemia entre os roedores e fez suas primeiras vítimas entre os cavaleiros nômades mongóis, que espalharam a doença por todo seu extenso império. As rotas comerciais do Caminho da Seda, pelo qual seda e peles iam da China para o oeste, expuseram toda a Ásia central à doença. Em 1345, Astracan, cidade às margens do rio Volga, e Caifa, junto ao mar Negro, já tinham sucumbido às pulgas infectadas que saltavam de carregamentos de peles. O mar Negro marcava o fim das rotas comerciais terrestres que vinham da China e o começo das marítimas que levavam à Europa. No final de 1347, os ratos, que infestavam os porões dos navios mercantes italianos, já tinham levado a pestilência para os portos do Mediterrâneo, de onde alcançou rapidamente a costa atlântica da França. Um ano depois, transportada por seus vizinhos de Bordeaux, a Peste Negra era importada inadvertidamente para a Inglaterra junto com o clarete[4]. Em 1352, já se espalhara para a Escandinávia, Alemanha, Polônia e, por fim, chegou à Rússia. Quatro anos após sua entrada na Europa, a Peste Negra ceifara mais de trinta milhões de vidas.

O escritor italiano Boccaccio, cujo *Decamerão*, escrito entre 1348 e 1353, foi concebido como uma coleção de histórias contadas por cidadãos em fuga da infestada cidade de Florença, registou uma variedade de reações entre os sobreviventes. Alguns só pensavam em salvar a própria pele, com o único objetivo de "fugir dos doentes e de qualquer coisa que pertencesse a eles". Outros

---

4. Clarete era o apelido para um certo tipo de vinho produzido na região de Bordeaux, no sudoeste da França.

procuravam se esquecer no prazer sem freios: "dia e noite, iam de uma taverna para outra, bebendo e farreando desenfreadamente". Uma terceira reação, mais moderada, era continuar a vida normalmente, mas com a preocupação de levar buquês de flores perfumadas para "confortar o cérebro com esses odores, em especial porque o ar estava opressivo e cheio de fedor de decomposição, doença e remédios"[5].

Os doutores receitavam misteriosas porções de ervas e outros ingredientes que incluíam, por exemplo, melaço de dez anos e serpente picadinha, bem como a ruptura controlada dos bubos. Ao tentar uma sangria, o médico descobria que o sangue de uma vítima da peste era espesso e preto, às vezes coberto por uma espuma verde. Só os padres podiam oferecer conforto: a confissão, acreditava-se, garantiria, ao menos, uma vida além-túmulo livre de tormento. Muito mais eficazes foram as medidas preventivas tomadas por poucas mas decididas comunidades. Os despóticos governantes de Milão muravam as casas ao primeiro sinal de infecção, aprisionando doentes e sãos. Na Alemanha, Nuremberg instituiu um rigoroso programa de saúde pública, que incluía a pavimentação e limpeza das ruas, bem como a remoção dos dejetos. A higiene pessoal – para muitos, um conceito totalmente novo – foi estimulada e alguns trabalhadores recebiam até dinheiro para o banho, como parte do salário. Em consequência desses esforços, Milão e Nuremberg tiveram, possivelmente, as mais baixas taxas de mortalidade de todas as principais cidades europeias. Eis aí, possivelmente, as primeiras experiências de isolamento ou confinamento social, na tentativa de se combater e controlar uma pandemia, método recriado novamente agora para enfrentar o novo coronavírus.

A devastação causada pela Peste Negra tinha passado seu auge no início da década de 1350, mas aconteceram

---

5. Ver G. Boccaccio, *Decamerão*.

novas irrupções nas décadas seguintes. A doença persistiu na Europa até o início do século XVIII. O declínio maciço da população transformou a relação entre as pessoas e os recursos. A mão de obra se tornou escassa. A força de trabalho sobrevivente pôde exigir altos salários. Os preços da terra e dos produtos agrícolas caíram devido a ausência de demanda. As tentativas dos governos de impor restrições salariais provocaram cólera generalizada. Na Inglaterra, a importância econômica dos trabalhadores contribuiu para a revolta dos camponeses, em 1381. Levantes ocorreram em outros países europeus. As atitudes em relação à religião também mudaram. Durante os anos da peste, o clero mostrou fraquezas, como qualquer outro grupo social. Após a pandemia, ficou visível os limites do clero e sua importância injustificada. Mas a fé pessoal foi reforçada. Diante do terror da morte, as pessoas se voltavam para o além. Cultos místicos tornaram-se populares. Na arte, a imagem da morte aparecia retratada como um esqueleto voraz, levando os vivos para sepulturas. Os falecidos eram representados em seus túmulos, horrendamente descarnados e torturados, testemunhas perenes das imensas cicatrizes sociais e psicológicas deixadas pela Peste Negra.

Sem sombra de dúvidas, a devastação produzida pela Peste Negra acabou sendo decisiva para o colapso do sistema feudal europeu. O ingresso na modernidade se fez com as revoluções comercial e industrial, quando o mercado e a economia foram mundializados pelas grandes navegações e migrações populacionais. A "descoberta" dos continentes, denominados de americanos, trouxe para as suas populações originárias doenças para as quais a imunidade aborígene não estava preparada. Dizimou-se, assim, parte desses nativos, não apenas com as armas de fogo, as guerras de dominação e o chicote para impor o trabalho escravo, como também com as doenças letais. Mas essas seriam apenas as primeiras guerras da modernidade capitalista.

A Gripe dos Soldados Estadunidenses Chamada de Espanhola

No dia 4 de março de 1918, um soldado da base militar de Fort Riley, nos EUA, ficou de cama, com sintomas de uma forte gripe. Esse acampamento, no Kansas, treinava cidadãos estadunidenses para a Primeira Guerra Mundial. Naquela semana de março, mais de duzentos soldados também adoeceram. Em apenas quatorze dias, mais de mil militares foram parar em hospitais, e o mal se alastrou por outros acampamentos. A doença se espalhou rapidamente pelos EUA e pegou carona com os soldados estadunidenses que embarcaram para a Europa, onde ficou conhecida como Gripe Espanhola. Nascida em território norte-americano ou asiático, a Gripe Espanhola alastrou-se pela Europa com o advento da Primeira Grande Guerra. Foi uma das maiores pandemias do século XX. Sua mortalidade pode ser observada em três ondas: a primeira (mais fraca), em março de 1918, quando a guerra ainda estava em curso; a segunda, em novembro de 1918, seguindo o fim da guerra e as comemorações do armistício, teve proporções ampliadas pelas consequências das más condições de vida das populações europeias, após os anos da guerra; e a terceira, na primeira metade de 1919, intensificada com o retorno das tropas militares para seus países no pós-guerra[6].

É provável que a pandemia tenha contaminado um terço da população mundial, entre 1918 e 1919 (algo em torno de quinhentos milhões de pessoas), sendo considerada, por alguns, pelo menos quatro vezes mais letal do que a própria Primeira Guerra Mundial, cujas estimativas de mortos alcançam entre 17 e 22 milhões de pessoas. A inexistência de bons registros epidemiológicos faz com que as estimativas sejam aproximadas. Os originais, de

---

6. Ver M. Honigsbaum, *Living With Enza*.

1920, registram 21,5 milhões[7] de mortes, mas revisões posteriores estimam que a pandemia foi responsável por até 39,3 milhões de falecimentos[8]. Visões mais alarmistas calculam que o número de mortes pode ter chegado entre cinquenta e cem milhões de pessoas. Mas boa parte dessas mortes ocorreram em territórios que não participaram diretamente da guerra, como na Índia, que teve estimativa de 13,8 milhões de mortos nas províncias coloniais inglesas do país[9], passando a ser considerada como o epicentro da gripe.

À medida que a Gripe Espanhola ganhava espaço, os sistemas de saúde colapsavam. A expansão rápida da epidemia produziu medidas emergenciais, como a improvisação de hospitais e de leitos para atender as pessoas. Os médicos da época não sabiam como tratar adequadamente a doença, primeiro por ela ser nova, segundo porque a medicina da época não tinha conhecimento suficiente para tal ação. Uma série de medicamentos começaram a ser administrados aos pacientes como tentativa de combater a enfermidade. Mostrando-se ineficazes, os tratamentos dedicaram-se basicamente a aliviar o sofrimento dos doentes. Devido ao rápido contágio, muitos locais adotaram medidas de isolamento social. Decretou-se o fechamento de escolas, igrejas, comércio e repartições públicas em diferentes países. Em alguns deles, como nos EUA, adotou-se o uso de máscaras para reduzir o contágio. Vários impuseram a quarentena total como estratégia. O historiador Hays[10] afirma que a quarentena, em alguns lugares,

---

7. Ver J.K. Taubenberger; D.M. Morens, 1918 Influenza: The Mother of All Pandemics, *Emerging Infectious Diseases Journal*, v. 12, n. 1. Disponível em: <https://wwwnc.cdc.gov/>.
8. Ver M. Roser, The Spanish flu (1918-20), *Our World in Data*. Disponível em: <https://ourworldindata.org/>.
9. Ver S. Chandra; E. Kassens-Noor, The Evolution of Pandemic Influenza, BMC *Infectious Diseases*. Disponível em: <https://www.ncbi.nlm.nih.gov/>.
10. J.N. Hays, *Epidemics and Pandemics*, p. 386.

como na Austrália, teve grande sucesso, uma vez que o país foi atingido pela primeira onda da gripe, mas não pela segunda.

Cerca de doze países sofreram desastres macroeconômicos baseados na queda do PIB e oito sofreram desastres similares no consumo. Embora os dados econômicos da época sejam escassos, estima-se que o impacto negativo da Gripe Espanhola no PIB mundial foi de 6%, e no consumo agregado esse impacto chegou a 8%[11]. Isso tornaria a Gripe Espanhola o quarto evento com maior impacto econômico negativo desde 1870, superada apenas pelas duas Grandes Guerras e a Grande Depressão da década de 1930. Com o controle da pandemia, no final de 1919, a economia mundial começou a apresentar sinais de recuperação. Embora um tempo considerável seja observado para que uma epidemia viesse a aparecer, não passará um ano sem que doenças importantes tenham surgido posteriormente, em alguma parte do mundo.

A Mortal Epidemia do Ebola

As cidades de Nzara e Maridi, incrustadas nas matas do Sudão, testemunharam algo totalmente diferente de sua rotina no ano de 1976. Um trabalhador de uma fábrica de algodão foi acometido por uma febre, associada a dores no corpo, dores de cabeça, fadiga geral e perda de apetite. Inicialmente, os sintomas não geraram nenhum tipo de alarde e foram atribuídos a uma simples gripe. Mas seu estado de saúde se deteriorou e seus orifícios corpóreos começaram a expelir sangue. Aquela febre inicial transformara-se em hemorrágica. De repente, vários moradores da cidade começaram a apresentar

---

11. Ver R. Barro; J. Ursua; J. Weng, Coronavirus and the Lessons We Can Learn from the 1918-1920 Great Influenza's Pandemic, *World Economic Forum*. Disponível em: <https://www.weforum.org/>.

os mesmos sintomas. A doença desconhecida se espalhava rapidamente, sendo altamente contagiosa. Um novo agente infeccioso, até então desconhecido naquela região, começava uma epidemia extremamente agressiva, que nocauteava suas vítimas por sangramentos em vômitos, tosses, diarreias, espalhando-se com rapidez pelos vilarejos vizinhos. O contato com as secreções, bem como a limpeza dos corpos para a realização dos funerais, propagava a epidemia numa velocidade espantosa. Os materiais utilizados no tratamento dos pacientes eram reaproveitados para uso em outras pessoas e traziam o micro-organismo. Agulhas não descartáveis catalisavam a epidemia. Era uma época anterior à Aids e raramente se cogitava o descarte dos materiais. A doença hemorrágica matou mais da metade dos enfermos: 150 de 284 sudaneses infectados em apenas seis meses[12].

Ao mesmo tempo que a doença se pulverizava por várias cidades sudanesas, a quilômetros de distância, em Yambuku, no antigo Zaire (atual República Democrática do Congo), para cada paciente que surgia no Sudão, outro surgia no Zaire com a mesma moléstia. As populações de ambos os vilarejos ficaram apavoradas pelo grande número de mortos por hemorragia. Os pacientes de Yambuku sofreram muito com mais de trezentos infectados, sendo que a morte atingiu 90% dos enfermos[13]. A humanidade nunca vira nada igual até então; uma doença que poderia extinguir quase todos os contaminados. A princípio, acreditou-se que era causada pelo mesmo vírus em ambos os países e que pequenas mutações do material genético geravam diferenças em sua agressividade. Mas os estudos genéticos mostraram que se tratava, de fato, de dois tipos de vírus Ebola que atingiram simultaneamente o Sudão e o Zaire, em 1976,

---

12. Médicos Sem Fronteiras, *Ebola*, sem data. Disponível em: <https://www.msf.org.br/>.
13. Ibidem.

produzindo a morte de milhares de pessoas num rápido espaço de tempo[14].

O Ebola é causado por um vírus de mesmo nome, e seu principal sintoma é a febre hemorrágica, que causa sangramentos em órgãos internos. A doença é transmitida por um vírus da família *filoviridae*, que é transportado no contato com fluidos corporais de pessoas contaminadas, tais como saliva, suor, vômito, leite materno e sêmen. O contágio ocorre apenas quando o paciente apresenta os sintomas, entretanto, as secreções podem conter o vírus, até mesmo após a morte do acometido. Esse é um dos motivos pelo qual as pessoas eram contaminadas durante os enterros de amigos e parentes. Existem cinco subtipos de vírus da doença: Bundibugyo, Costa do Marfim, Reston, Sudão e Zaire. Eles receberam esses nomes de acordo com o local em que foram descritos. A letalidade da doença está diretamente relacionada ao subtipo do vírus contraído, sendo a estirpe Ebola Zaire a mais mortal. Os sintomas podem se manifestar em até 21 dias após a transmissão e, por serem inespecíficos, trazem consigo a possibilidade de retardar o diagnóstico. Dentre os principais sintomas, destacam-se: febre alta, cansaço, dores de cabeça, abdominais e musculares, dor de garganta, conjuntivite, vômito, diarreia e hemorragias internas e externas. A morte normalmente acontece em decorrência das hemorragias e da falência múltipla dos órgãos[15].

A denominação do vírus vem do rio Ebola, localizado na República Democrática do Congo, onde foi descoberto em 1976. Os primeiros registros foram encontrados em macacos, chimpanzés e outras variedades de primatas que vivem na África. Uma cepa mais branda de Ebola foi descoberta em macacos e porcos nas Filipinas, no entanto, não causa doença em humanos. Hoje se

14. Y. Suzuki; T. Gojobori, The Origin and Evolution of Ebola and Marburg Viruses, *National Library of Medicine*. Disponível em: <https://pubmed.ncbi.nlm.nih.gov/>.
15. Ibidem.

acredita que o morcego seja o responsável por transmitir o vírus para outros animais. Nele o vírus não provoca doença. Mas uma fruta tocada por um morcego e encontrada por outro animal, já pode dar início à epidemia. Macacos, antílopes e porcos-espinho também são afetados pela doença. É possível entrar em contato com o vírus ao se visitar lugares com infestação de morcegos (como minas e cavernas) ou ao se manipular o tecido de algum animal morto pelo Ebola.

Na maioria das doenças causadas por vírus, não existe um tratamento específico. No caso do Ebola, são aplicadas medidas paliativas, como a ingestão de líquidos, com a finalidade de prevenir a desidratação, o uso de anticoagulante na fase inicial da infecção, a manutenção dos níveis de oxigênio e pressão sanguínea e antibióticos para tratar de outras infecções, além do isolamento e da quarentena. Os cientistas ainda estão pesquisando para desenvolver novas terapias e uma vacina eficaz contra o vírus. A doença está fortemente relacionada a regiões de extrema pobreza, onde o acesso à saúde é limitado e os recursos são precários e finitos. A precariedade desses recursos se exprime na subnotificação da doença. No surto de 2014, que teve início na Guiné, os primeiros casos ocorreram na mesma família e se disseminaram por todo o vilarejo. Até ocorrer sua notificação já haviam se passado alguns meses. Uma esperança surgiu em agosto de 2019, com o desenvolvimento de uma droga capaz de interromper o avanço do vírus: trata-se do antiviral remdesivir, que, curiosamente, também tem apresentado bons resultados no combate à atual pandemia da Covid-19. No caso do Ebola, a taxa de cura chega a quase 90%, quando o medicamento é ministrado logo no início da infecção. Infelizmente, ainda não existe uma cura definitiva para o Ebola, e, segundo a OMS, a humanidade terá que aprender a conviver com esses surtos cíclicos da doença.

A Pandemia da Aids

Entre as décadas de 1960 e 1980, começaram a surgir casos de doenças que os médicos não conseguiam explicar. Os pacientes apresentavam uma combinação de enfermidades que incluíam, geralmente, sarcoma de Kaposi (um tipo de câncer), fadiga, perda de peso, baixa imunidade e pneumonia. A infecção por HIV só foi identificada em 1983, mas os pesquisadores acreditam que a primeira transmissão, dos macacos para os seres humanos, possa ter ocorrido na década de 1930. A primeira morte comprovada pela Aids foi de um homem no Congo, em 1957, mas a constatação só veio décadas depois, com a realização de exames em sangue preservado. A Aids é a sigla para Síndrome da Imunodeficiência Adquirida. É uma doença do sistema imunológico causada pelo vírus HIV, originário de outro vírus, o SIV, que é encontrado no sistema imunológico de chimpanzés e do macaco-verde africano. Acredita-se que a transmissão para o ser humano aconteceu em tribos da África Central, que caçavam ou domesticavam chimpanzés e macacos-verdes. Não há consenso sobre a data das primeiras transmissões, mas é provável que tenham acontecido muitas décadas antes do reconhecimento da doença, em 1983, e que ela tenha inicialmente permanecido restrita a pequenos grupos e tribos da África Central, na região subsaariana. Só na década de 1970, EUA, Haiti e África Central apresentaram os primeiros casos da infecção, pois surgiram diversos casos de doenças que ninguém sabia como explicar na época. Isso se deve ao fato de a Aids fragilizar o sistema imune e, portanto, deixar o portador mais susceptível a diversas outras enfermidades, que podem ser fatais.

Acreditava-se que a primeira pessoa a levar o vírus para os EUA tenha sido um comissário de bordo franco canadense, chamado Gaetan Dugas, conhecido como o "paciente zero". No entanto, um estudo publicado na revista científica *Nature*, em 2016, revelou que a amostra do sangue de Dugas continha uma variação do vírus, que já havia infectado outras pessoas antes de ele começar a frequentar Nova York, mudando assim a história da epidemia. Imagina-se que o erro tenha ocorrido por uma troca de letra em seu prontuário que o "tornou" a primeira pessoa infectada fora da África, ou "o homem que nos deu a Aids", conforme manchete do *New York Post* na época[16]. O novo estudo concluiu que, depois de saltar de primatas para seres humanos na África, o HIV se espalhou para países do Caribe, por volta de 1967, e teria chegado a Nova York em 1971, e a São Francisco, na Califórnia, em 1976. Mas não há consenso sobre a data das primeiras transmissões. Se, como vários pesquisadores acreditam, as primeiras transmissões aconteceram por volta de 1930, nas décadas seguintes a doença teria permanecido em pequenos grupos e tribos da África central, na região ao sul do deserto do Saara. Entre os anos 1960 e 1970, durante as guerras de independência, a entrada de mercenários no continente começou a espalhar a Aids pelo mundo. Com a chegada da doença aos EUA, os estudos se intensificaram, e, depois de vários testes, o sistema de saúde identificou um número elevado de pacientes adultos do sexo masculino, homossexuais e moradores de São Francisco ou Nova York, que apresentavam sarcoma de Kaposi, pneumonia por *pneumocystis carinii* e comprometimento do sistema imune. Todos esses fatos convergiram para a inferência de que se tratava de uma nova doença, ainda não classificada, de etiologia provavelmente infecciosa e transmissível. Em 1983, o agente etiológico foi identificado como um retrovírus humano denominado HIV, ou vírus da imunodeficiência humana. As principais formas de transmissão do HIV são: sexual, por relações homo e heterossexuais; sanguínea, em receptores de sangue ou hemoderivados e perinatal, abrangendo a transmissão da

---

16. Da redação, HIV Chegou aos EUA Muito Antes do "Paciente Zero", Revela Estudo, *Veja*, 27 out. 2016. Disponível em: <https://veja.abril.com.br/>.

mãe para o filho durante a gestação, parto ou por aleitamento materno. Além dessas formas mais frequentes, há também a transmissão ocupacional, por acidente de trabalho em profissionais da área da saúde, que sofrem ferimentos perfurocortantes contaminados com sangue de pacientes com infecção pelo HIV. A principal forma de exposição no mundo todo é a sexual, sendo que a transmissão heterossexual através de relações sem o uso de preservativo é considerada, pela OMS, como a mais frequente do ponto de vista global. A transmissão sanguínea associada ao uso de drogas é considerada a mais perigosa na transmissão do HIV, devido ao uso compartilhado de seringas e agulhas. A transmissão através da transfusão de sangue e derivados tem apresentado importância decrescente nos países industrializados, e naqueles que adotaram medidas de controle da qualidade do sangue utilizado, como é o caso do Brasil. A utilização de seringas e agulhas, não descartáveis e não esterilizadas, foi responsável por muitos casos no mundo todo, sendo que o episódio mais dramático ocorreu na Romênia[17].

O tratamento para a Aids tem a finalidade de prevenir a transmissão do HIV. Os medicamentos antirretrovirais reduzem a quantidade de vírus circulante no corpo da pessoa, para que alcance uma "carga viral indetectável", sobrevivendo, mas com uma possibilidade insignificante de transmissão em relações sexuais desprotegidas. O uso correto dos medicamentos melhora a qualidade de vida e reduz o número de internações e infecções por doenças oportunistas. Mas, assim como o Ebola, a Aids também ainda não possui uma cura. De acordo com a OMS, o mundo terá que "aprender a conviver" com a doença, o que, aliás, já está sendo cogitado acerca da Covid-19.

---

17. As origens do drama da Aids, na Romênia, remontam ao fim da ditadura de Nicolau Ceausescu. Em 1987, enquanto o país sofria todo tipo de escassez, as enfermeiras precisavam fazer transfusões diárias de sangue nas crianças anêmicas. A utilização de seringas usadas levou à contaminação de dez mil crianças pelo HIV.

A Covid-19

Recentemente, pesquisas realizadas na Itália e no Brasil parecem ter identificado o novo coronavírus em águas de esgotos e correntes, represadas em fins de 2019. Conquanto existam informações – possivelmente construídas com fins políticos, fazendo referência a pessoas infectadas (talvez militares estadunidenses) no Havaí, ainda no mês de outubro de 2019, o seguro é considerar que a primeira infecção pela Covid-19, doença causada pelo Coronavírus Sars-cov-2, ocorreu dia 17 de novembro de 2019, de acordo com dados do governo chinês[18]. Ao que tudo indica, uma pessoa de 55 anos da província de Hubei, foco do surto, teria sido a primeira a contrair o vírus. Contudo, o primeiro alerta do governo chinês foi em 31 de dezembro de 2019, quando a Organização Mundial da Saúde recebeu um comunicado sobre casos de pneumonia de origem desconhecida em Wuhan, cidade chinesa com onze milhões de habitantes. As autoridades chinesas anunciaram a primeira morte em 11 de janeiro de 2020. Em 13 de janeiro, a oms notificou o primeiro caso de infecção fora da China, na Tailândia: uma mulher com pneumonia leve que voltava de Wuhan. A cronologia da Covid-19 revelou uma rápida disseminação mundial, que pressionou a oms a decretar emergência de saúde pública de interesse internacional, no fim de janeiro. A medida é tomada quando um evento de saúde pública ocorre inesperadamente e supera as fronteiras do país inicialmente afetado, demandando uma ação internacional imediata. Foi a sexta vez que a oms adotou esse alerta mundial. As outras cinco ocasiões foram: em 2009, com a H1N1; em 2014, com a poliomielite; também em 2014, com o Ebola; em 2016, com a microcefalia associada ao zika; e novamente com o Ebola, em 2019.

18. E. Cheung, Hong Kong Activates "Serious Response Level" For Infectious Diseases As Wuhan Pneumonia Outbreak Escalates, *South China Morning Post*, 4 jan. 2020. Disponível em: <https://www.scmp.com/>.

Acredita-se que o vírus Sars-cov-2 possua como hospedeiros determinadas espécies de morcegos e o pangolim, um animal consumido como alimento exótico em algumas regiões da China. Numa pessoa infectada, os sintomas aparecem entre quatro e quatorze dias, e transmite, em média, para outros 2,75 indivíduos. Entre 70 e 80% dos indivíduos infectados são assintomáticos, o que contribui, sobremaneira, para a propagação da epidemia. Devido a alta capacidade de transmissão, é seguro afirmar que, uma hora ou outra, a maioria da população terá contato com o vírus. Porém, o novo coronavírus ainda está sendo alvo de muitos estudos, visando caracterizar melhor os sinais e sintomas da moléstia[19]. O isolamento social tem sido a principal medida adotada pela maioria dos governos nesse momento, uma vez que o vírus tem alta taxa de transmissão e grande parte dos portadores são assintomáticos. Acredita-se que essa medida é a melhor forma, não só de prevenção, mas para evitar o colapso dos sistemas de saúde. O tratamento possível combate os sintomas nas três fases da doença[20]. Se a China utilizou mais de quarenta medicamentos preexistentes, a maioria das instituições ocidentais e europeias, como por exemplo o Ministério da Saúde da França, recomendaram que fármacos como ibuprofeno, cloroquina, hidroxicloroquina[21], cortisona (em casos de não asmáticos) e anticoagulantes fossem evitados, dando preferência ao paracetamol e à dipirona,

19. Médicos sem Fronteiras, *Coronavírus*, sem data. Disponível em: <https://www.msf.org.br/>.
20. O primeiro estágio, considerado leve, é o do contágio, quando o vírus entra no organismo pela boca ou pelo nariz e percorre um caminho que chega ao pulmão ou ao estômago, por isso, os primeiros sintomas são tosse ou diarreia. No segundo estágio, moderado, ocorre a inflamação do pulmão e, no terceiro estágio, considerado o mais grave, é quando ocorre uma hiperinflamação sistêmica.
21. A oms anunciou, no início de julho, o fim das pesquisas com o uso da cloroquina no combate à Covid-19. B. Rubira, oms Interrompe Testes Com Hidroxicloroquina e Lopinavir/Ritonavir, *O Estado de S. Paulo*, 4 jul. 2020. Disponível em: <https://noticias.uol.com.br/>.

podendo os primeiros serem usados apenas em manifestações mais graves e terminais da doença.

Entretanto, as polêmicas em torno da utilização de medicamentos preexistentes estão condicionadas ao poder de influência política e econômica que têm os conglomerados das indústrias farmacêuticas. Existe, desde o começo da pandemia, uma verdadeira corrida mundial de mais de cem laboratórios que brigam entre si com a finalidade de colocar rapidamente no mercado uma vacina capaz de dotar o corpo humano de uma reação imunológica adequada, ou uma molécula medicamentosa que aja como antídoto mortífero ao vírus. Isso transforma instituições, centros de pesquisa, veículos científicos e meios de informação em ferramentas para influenciar positiva ou negativamente a utilização dos medicamentos. As vidas se tornam reserva de mercado. Evita-se, assim, toda informação livre e franca sobre os prós e contras de métodos de tratamento. O caso da cloroquina e da hidroxicloroquina se tornou exemplar. Quatro pesquisadores publicaram artigo na revista *The Lancet* (considerada a mais prestigiosa revista científica do planeta) baseado em dados manipulados por um dos autores, que os forjou para benefício de seu prestígio e de sua empresa nos EUA. Desmascarado, a questão da falsidade ou verdade das informações na área dos medicamentos adquiriu uma dimensão inusitada. Elas são classificadas em função de interesses econômicos, políticos e de prestígio de laboratórios científicos e universitários, privados e públicos. Objeto de intensa publicidade contrária às suas utilizações, essas informações se baseiam num bordão central constante: não existe eficácia científica comprovada. Todavia, vários profissionais da saúde têm utilizado a cloroquina e a hidroxicloroquina até preventivamente. Médicos das redes privadas de saúde utilizam esses medicamentos para tratamento em casa ou em hospitais, muito particularmente nas duas primeiras fases da doença, quando ela ainda não se tornou grave. Como esses médicos são tributários, como seus pacientes, das redes de saúde privada, e como essas não querem aumentar despesas com internamento de pacientes, buscam outras saídas que podem funcionar.

Contudo, alguns resultados mais conclusivos estão sendo difundidos. Pesquisadores da Universidade de Oxford descobriram, através de testes nos enfermos, a eficácia do corticoide dexametasona, pois verificou-se uma redução de um terço no risco de morte para pacientes em uso de respiradores. Para os que necessitavam de oxigenação, as mortes caíram em um quinto. Estatisticamente, para cada oito pacientes tratados em respiradores, uma vida seria salva pela dexametasona. Contrariamente, a cada vinte daqueles tratados com oxigênio, um se salvaria. Desde então, o uso do fármaco passou a fazer parte do protocolo mundial no combate à Covid-19[22].

Outra droga alentadora é o antiviral remdesivir. Os primeiros estudos internacionais dão sinais fortes rumo a um tratamento eficaz da infecção. O antiviral já foi usado em dois outros momentos: no surto de Mers, a síndrome respiratória por coronavírus, identificada na Arábia Saudita, e, depois, como terapia em casos africanos de Ebola, na Guiné, Serra Leoa e Libéria, entre 2013 e 2016. A segunda vida do remdesivir, celebrada agora nos corredores da OMS, veio à luz de forma quase anedótica pelas redes sociais da internet. Em 16 de junho de 2020, um vídeo sobre um estudo da Universidade de Chicago com 125 doentes (113 deles com infecções graves) foi vazado pela *Stat News*, influente publicação estadunidense do setor de saúde. Nele, Kathleen Mullane[23], especialista em doenças infecciosas e líder dos ensaios clínicos, informava que, depois de iniciado o tratamento com o remdesivir,

---

22. M. Roberts, Tratamento Para Coronavírus: Cientistas Britânicos Dizem Ter Comprovado 1a Droga Eficaz Para Reduzir Mortalidade Por Covid-19, BBC *News online*, 16 jun. 2020. Disponível em: <https://www.bbc.com/>.

23. A. Parc, More Encouraging Signs for Remdesivir as COVID-19 Treatment, *Time*, 17 abr. 2020. Disponível em: <https://time.com/>.

os pacientes tiveram a febre diminuída rapidamente e alguns saíram dos ventiladores no dia seguinte. O interessante é que pouco tempo após a divulgação dos resultados obtidos com a remdesivir, as ações da Gilead, a fabricante da droga, subiram até 14% nas bolsas de Chicago e Nova York[24]. Rapidamente a administração de Trump fez um contrato de bastidor e comprou quase todo o estoque de remdesivir do mundo[25].

Se não existe uma droga definitivamente eficaz para o combate da Covid-19, as estratégias de "distanciamento social" – quando podem ser realmente utilizadas –, se tornam as mais eficazes contra sua propagação. Regiões que insistiram no afrouxamento das regras viram o número de casos e mortes disparar, o que as fez retroceder nas medidas de abertura.

No início de julho, apenas oito meses após a divulgação do primeiro contágio, o cenário mundial já era preocupante, e havia grande incerteza sobre o futuro da pandemia. Mesmo que em algumas regiões, como no caso da África do Sul, tenha ocorrido uma abrupta queda no número de casos até meados de abril sem uma explicação definitiva[26], nenhuma das epidemias do século XIX até o final do século XX conseguiu alcançar o impacto da Covid-19, muito provavelmente devido à velocidade de sua propagação. Em apenas três meses, ela se espalhou por todos os continentes. O vírus é frágil, mas sua letalidade é impactante pelo número de mortes em curto espaço de tempo. No início de julho, o Brasil já havia ultrapassado o número de 1,5 milhões de infectados e já

---

24. OPAS Brasil, Forte Coordenação Entre Países e Decisões Baseadas em Evidências São Essenciais Para Combater Pandemia, 7 jul. 2020. Disponível em: <https://www.paho.org/>.
25. Redação, EUA Compram Quase Todo o Estoque Mundial de Remdesivir Para Combater a Covid-19, *O Estado de S. Paulo*, 4 jul. 2020. Disponível em: <https://internacional.estadao.com.br/>.
26. A. Harding, Coronavírus: Misteriosa Queda Abrupta de Casos na África do Sul Intriga Especialistas, *BBC News*, 14 abr. 2020. Disponível em: <https://www.bbc.com/>.

contava com 65 mil mortes. A especificidade da ação do vírus provocou o *lockdown* em várias regiões do planeta. As falências de empresas foram enormes, produzindo uma redução do PIB mundial. Ficou evidente que, sem saúde pública, é impossível para o Estado fazer face à demanda por tratamento urgente e em massa. As carências de toda a população do planeta ficaram evidentes. A questão que se coloca, não somente no plano da saúde, é a de saber se políticas sociais podem se compatibilizar com a atual etapa da crise do capitalismo mundial, que submete tudo aos ditames do capital financeiro.

Referências

Livros:

BOCCACCIO, Giovanni [1348-1353]. *Decamerão*. São Paulo: L&PM, 2013.
GIBBON, Edward. *Declínio e Queda do Império Romano*. São Paulo: Companhia das Letras, 2005.
HAYS, Jo N. *Epidemics and Pandemics: Their Impacts on Human History*. Austin, Texas: Fundação Kahle, 2005.
HONIGSBAUM, Mark. *Living With Enza: The Forgotten Story of Britain and the Great Flu Pandemic of 1918*. London: Palgrave Macmillan, 2008. (Macmillan Science.)
MARTINO, José. *1348: A Peste Negra*. Atibaia: Excalibur, 2017.
MCNEILL, William H. *Plagues and Peoples*. New York: Anchor, 1976.

Jornais e Revistas:

BARRO, Robert; URSUA, Jose; WENG, Joanna. Coronavirus and the Lessons We Can Learn from the 1918-1920 Great Influenza's Pandemic. *World Economic Forum*, 23 mar. 2020. Disponível em: <https://www.weforum.org/>. Acesso em: 24 maio 2020.
CHANDRA, Siddharth; KASSENS-NOOR, Eva. The Evolution of Pandemic Influenza: Evidence from India, 1918-1919. *BMC Infectious Diseases*, 2014. Disponível em: <https://www.ncbi.nlm.nih.gov/>. Acesso em: 24 maio 2020.
CHEUNG, Elizabeth. Hong Kong Activates "Serious Response Level" For Infectious Diseases As Wuhan Pneumonia Outbreak Escalates. *South China Morning Post*, 4 jan. 2020. Disponível em: <https://www.scmp.com/>. Acesso em 20 maio 2020.

DA REDAÇÃO. HIV Chegou aos EUA Muito Antes do "Paciente Zero", Revela Estudo. *Veja*, 27 out. 2016. Disponível em: <https://veja.abril.com.br/>. Acesso em: 24 maio 2020.

DA REDAÇÃO. EUA Compram Quase Todo o Estoque Mundial de Remdesivir Para Combater a Covid-19. *O Estado de S. Paulo*, 4 jul. 2020. Disponível em: <https://internacional.estadao.com.br/>. Acesso em: 5 jul. 2020.

HARDING, Andrew. Coronavírus: Misteriosa Queda Abrupta de Casos na África do Sul Intriga Especialistas. *BBC News*, 14 abr. 2020. Disponível em: <https://www.bbc.com/>. Acesso em: 15 abr. 2020.

PARC, Alice. More Encouraging Signs for Remdesivir as Covid-19 Treatment. *Time*, 17 abr. 2020. Disponível em: <https://time.com/>. Acesso em: 5 jul. 2020.

ROSER, Max. The Spanish flu (1918-1920): The Global Impact of the Largest Influenza Pandemic in History. *Our World in Data*, Universidade de Oxford, 4 mar. 2020. Disponível em: <https://ourworldindata.org/>. Acesso em: 24 maio 2020.

ROBERTS, Michelle. Tratamento Para Coronavírus: Cientistas Britânicos Dizem Ter Comprovado 1ª Droga Eficaz Para Reduzir Mortalidade Por Covid-19. *BBC News*, 16 jun. 2020. Disponível em: <https://www.bbc.com/>. Acesso em: 5 jul 2020.

RUBIRA, Bárbara. OMS Interrompe Testes Com Hidroxicloroquina e Lopinavir/Ritonavir. *O Estado de S. Paulo*, 4 jul. 2020. Disponível em: <https://noticias.uol.com.br/>. Acesso em: 5 jul. 2020.

SUZUKI, Yoshiyuki; GOJOBORI, Takashi. The Origin and Evolution of Ebola and Marburg Viruses. *National Library of Medicine*, 1997. Disponível em: <https://pubmed.ncbi.nlm.nih.gov/>. Acesso em: 24 maio 2020.

TAUBENBERGER, Jeffery K.; MORENS, David M. 1918 Influenza: The Mother of All Pandemics. *Emerging Infectious Diseases Journal*, v. 12, n. 1, jan. 2006. Disponível em: <https://wwwnc.cdc.gov/eid/>. Acesso em: 24 maio 2020.

Sites

MÉDICOS SEM Fronteiras. *Coronavírus*, sem data. Disponível em: <https://www.msf.org.br/o-que-fazemos/>. Acesso em: 24 maio 2020.

____. *Ebola*, sem data. Disponível em: <https://www.msf.org.br/>. Acesso em: 15 jun. 2020.

OPAS Brasil. *Forte Coordenação Entre Países e Decisões Baseadas em Evidências São Essenciais Para Combater Pandemia*, 7 jul. 2020. Disponível em: <https://www.paho.org/>. Acesso em: 7 jul. 2020.

PARTE I:

ACELERAÇÃO DA HISTÓRIA:
AGRAVAMENTO DA CRISE PELA PANDEMIA

A GRANDE CRISE DO CONFINAMENTO: O MOMENTO ALCANÇADO PELO CAPITALISMO MUNDIAL[1]

François Chesnais

A pandemia do novo coronavírus ainda está em andamento, notadamente nas duas Américas, o que termina fazendo com que as organizações econômicas internacionais mudem suas projeções econômicas de mês para mês. É certo que a crise do Grande Confinamento será profunda e longa, daí a comparação feita nos últimos meses com a Grande Depressão, após o *crash* da bolsa de Nova York em 1929. Na introdução ao relatório de junho da OCDE (Organização Para a Cooperação e Desenvolvimento Econômico), lemos: "Até o final de 2021, as perdas de receita/renda excederão as registradas em todas as

---

1. Tradução de Jorge Nóvoa.

recessões anteriores dos últimos cem anos, exceto em períodos de guerra, com consequências extremas e duradouras para pessoas, negócios, empresas e os governos."[2] À medida que a crise piora, é necessária uma comparação com a Grande Depressão, da década de 1930, em termos do declínio da produção e do comércio mundial e crescimento mais visível, e até espetacular, dos desempregados em alguns países mais do que em outros. Mas é igualmente importante ver o que há de diferente entre a crise atual e a de 1929, em um nível qualitativo. Essas diferenças serão examinadas de várias maneiras nesta contribuição.

É preciso enfatizar com mais força o que o período do Grande Confinamento e o da Grande Depressão têm em comum, a saber, o de uma regressão histórica nacionalista. Na crise atual, isso resultou em um aumento no protecionismo, bem como no tratamento nacional e nacionalista da pandemia e agora dos problemas da pós-pandemia, particularmente desastrosos entre os países da União Europeia.

Magnitude da Recessão do Grande Confinamento

O relatório do FMI, de abril de 2020, coloca a pandemia no centro de sua análise e insta todos os países a adotarem medidas de confinamento. Em relação às projeções, o FMI escreve que é muito provável que a economia mundial sofra sua pior recessão, desde a década de 1930, uma recessão mais grave este ano do que durante a crise financeira global de 2007-2008. O FMI prevê que, devido à pandemia, a economia mundial observará uma retração de menos 3% em 2020. Supondo que a pandemia diminua no segundo semestre de 2020 e que ocorra um afrouxamento gradual dos esforços de confinamento, a economia mundial deve crescer 5,8% em 2021, para retornar aos 2,9% de 2019, sendo

2. The Global Outlook Is Highly Uncertain, OECD *Economic Outlook*. Disponível em: <https://www.oecd.org/>.

que, no entanto, "o nível do PIB permanecerá abaixo da tendência antes do aparecimento do vírus e a força da recuperação é muito incerta"[3]. O FMI também ressalta que "esta crise é como nenhuma outra". Além da violência do choque, ele observou que, "como para uma guerra ou crise política, a duração e a intensidade do choque permanecem muito incertas"[4]. Devido ao fato de a pandemia não ter sido estrangulada, a política econômica desempenha um papel particular. Durante crises comuns, os líderes tentam incentivar a atividade econômica, estimulando a demanda global, o mais rapidamente possível. Dessa vez, a crise é, em grande medida, a consequência das medidas de contenção que precisaram ser tomadas. Estimular a atividade imediatamente torna-se, portanto, mais difícil e, pelo menos para os setores mais afetados, indesejável[5]. Na China, no primeiro trimestre, o choque resultou em uma queda de 6,6% no PIB. Na União Europeia, a queda é de 7,8%.

Nos países da UE e no Reino Unido, economistas oficiais argumentam em termos de "choques de oferta" e "choques de demanda". Mas, como observa Michel Husson,

essa distinção, que provavelmente nunca fez muito sentido, claramente não tem nenhum no caso dessa crise. Foi o conjunto dos esquemas de reprodução que foram desarticulados. O importante na análise de Marx é que as condições para essa reprodução se relacionam tanto à produção de bens – e de mais-valia ("oferta") – quanto à demanda social capaz de "realizar" essa mesma mais-valia. No entanto, as condições dessa reprodução não são mais garantidas nas circunstâncias atuais[6].

---

3. World Economic Outlook, *Perspectives de l'économie mondiale*. Disponível em: <https://www.imf.org/>.
4. Ibidem.
5. Ibidem.
6. L'Économie mondiale en plein chaos, *A l'encontre*. Disponível em: <https://alencontre.org/>.

O FMI estima um crescimento de −3% para 2020. Já para 2021 suas previsões são de uma recuperação mundial de 5,8%. Os EUA e a União Europeia conseguirão crescer a uma taxa de 4,7%[7]. As previsões do Banco HSBC são mais pessimistas, com − 4,8% para 2020, uma recuperação de 5,8% para 2021[8].

A comparação com a crise econômico-financeira mundial de 2007-2009 é instrutiva para destacar as particularidades do Grande Confinamento. A crise de 2007-2008 começou na forma de uma crise financeira colossal (da qual a falência do banco Lehman Brothers foi o momento mais dramático), antes de se espalhar para a produção e o comércio mundial. Em 2020, os bancos e outras instituições financeiras não foram a fonte da crise e estão com melhor saúde. A massiva intervenção dos bancos centrais (Fed, BCE e Bank of England), em março, interrompeu a queda acentuada nas bolsas de valores. Eles foram muito reativos ao implementar várias medidas em larga escala. No caso do Banco Central Europeu, essas medidas são realizadas através de vários canais distintos: apoio direto à economia real por meio de redução das taxas de juros indo até taxas negativas; assistência aos bancos para fornecer liquidez aos seus clientes, em particular às pequenas e médias empresas; apoio ao mercado de capitais e oferta de crédito; oportunidade de financiamento contínuo em dólares; e, na área do euro, manutenção do mecanismo único de transmissão. De fato, os bancos centrais adotaram um regime de apoio ilimitado aos países da OCDE, para conter a recessão o máximo possível e relançar a atividade econômica. Essa atitude se recrudesceu como consequência da Covid-19[9].

---

7. G. Gopinath, The Great Lockdown, *IMF Blog*. Disponível em: <https://blogs.imf.org/>.

8. J. Henry, Global GDP Set to Fall Further, *HSBC*. Disponível em: <https://www.hsbc.com/>.

9. F. Odendahl; A. Penalver; U. Szczerbowicz, L'Action des banques centrales pour aider l'économie à survivre au Covid-19, *Banque*

Esse não é o caso dos países em desenvolvimento mais vulneráveis. Cinicamente, um estudo realizado por altos funcionários do FMI escreve que "como acontece frequentemente em tempos de dificuldades financeiras, os mercados emergentes provavelmente terão os maiores encargos"[10]. O montante da dívida destes aumentou entre 2018 e início de 2019, devido, em particular, à "abertura do mercado de eurobonds a dezenas de países, enquanto os investidores internacionais estavam cada vez mais procurando, desesperadamente, por rendimentos"[11]. Muito cedo na progressão da pandemia, antes do início da recessão, esses investidores ficaram com medo e se envolveram coletivamente (por imitação) em um movimento espetacular de fuga de capitais. Em alguns dias, os mercados emergentes sofreram uma fuga de cem trilhões de dólares, ou 0,4% do seu PIB[12]. Outros países, como Venezuela e Argélia, sofreram o colapso dos preços do petróleo e estão em uma crise muito grave.

Em 2009, o declínio na produção e no comércio mundial foi interrompido por enormes investimentos em infraestrutura da China. Em 2020, esse país sofreu imediatamente uma queda acentuada em sua produção industrial e não está em posição de desempenhar o mesmo papel. Em termos de relações políticas internacionais, o regime interestatal relativamente cooperativo de 2008-2009, que viu a criação do G20, deu lugar a intensa rivalidade política e comercial entre os EUA e China e a um aumento no protecionismo de forma geral. Hoje, populistas irresponsáveis estão no poder nos EUA, no Brasil e em vários países europeus. Que se meça o abismo

de France, Bloc-notes Eco. Disponível em: <https://blocnotesdeleco.banque-france.fr/>.

10. T. Adrian; F. Natalucci, Covid-19 Crisis Poses Threat to Financial Stability, *IMF Blog*. Disponível em: <https://blogs.imf.org/>.

11. M. Joseph, Emerging Economies Set to Struggle to Meet Debt Obligations, *Financial Times*. Disponível em: <https://www.ft.com/>.

12. International Monetary Fund, *Global Financial Stability Report*. Disponível em: <https://www.imf.org/>.

entre Henry Paulson – que estava de fato no comando nos EUA em 2008 – e Donald Trump. A recessão ameaça a União Europeia de desintegração. Por fim, embora as chamadas economias emergentes tenham escapado amplamente da crise financeira de 2008 e tenham se recuperado rapidamente em 2009, dessa vez foram atingidas imediatamente. Os países exportadores de petróleo, exceto a Arábia Saudita, são particularmente importantes.

O Declínio na Globalização do Comércio e Investimento

Em 1929, a economia mundial foi internacionalizada, mas não globalizada. Demorou mais de um ano para que as consequências do acidente chegassem à Europa. Em 2020, foram necessárias apenas algumas semanas para o desligamento da produção na China se transformar em uma recessão global. É importante assinalar que, coerentemente com a teoria que elaboramos há décadas, a palavra globalização designa uma noção utilizada pelas organizações econômicas internacionais e por boa parte dos economistas de língua inglesa. O conceito que utilizamos é o de mundialização do capital, uma vez que ele se refere aos três ciclos do capital, ou seja, ao ciclo do capital-dinheiro, ao ciclo do capital produtivo e ao ciclo do capital mercadoria[13].

Na fase em que entramos, uma saída progressiva da pandemia, à medida que a produção e o consumo diminuem e o desemprego piora, hoje espetacularmente nos EUA, mas logo também tão dramático na Europa, o comércio mundial está caindo como foi após o *crash* de 1929. O comércio de mercadorias (ditas também de bens) já havia abrandado 0,1% em volume em 2019, pressionado pelas tensões comerciais e desaceleração do crescimento

---

13. Ver F. Chesnais, *La Mondialisation du capital*.

econômico. A OMC (Organização Mundial do Comércio) anunciou, em abril, que o comércio sofrerá uma queda entre 13% e 32% em 2020[14], dependendo da gravidade da pandemia. Nunca houve um grau tão alto de incerteza por parte de uma organização multilateral[15]. Quase todas as regiões sofrerão declínios de dois dígitos nos volumes comerciais, sendo as exportações mais afetadas as da América do Norte e Ásia. O declínio será acentuado em setores com cadeias de valor complexas, principalmente produtos eletrônicos e automotivos. O comércio de serviços, que se saiu melhor em 2019, poderá ser mais diretamente afetado pela Covid-19 devido a restrições de transporte e viagens. É previsível que a CVG (Cadeia de Valor Global) mude como resultado da crise, tomando a direção de uma aceleração das tendências já em andamento. Já antes da pandemia, os especialistas consideraram, para citar apenas um, que "a globalização da CVG atingiu um pico em 2012 e, desde então, as cadeias de suprimentos estão se tornando mais domésticas do que regionais"[16].

A crise atual, portanto, ampliará uma tendência que começou há anos. A UNCTAD (Conferência das Nações Unidas Sobre Comércio e Desenvolvimento) de Genebra, no *Investment Trends Monitor* publicado em março, escreve:

Como tal, o surto de Covid-19 potencialmente acelerará as tendências existentes de dissociação (o afrouxamento dos vínculos de CVG) e a reorientação impulsionada pelo desejo de parte das EMNS (empresas multinacionais) de tornar as cadeias de suprimentos mais resilientes.[17]

Os perigos de depender de um número muito pequeno ou mesmo de um único país (China para penicilina),

---

14. Trade Set to Plunge as Covid-19 Pandemic Upends Global Economy, *World Trade Organization*. Disponível em: <https://www.wto.org/>.
15. Trump culpou a OMC e instou o diretor-geral a renunciar.
16. W. Shih, Is It Time to Rethink Globalized Supply Chains?, *Magazine Summer*. Disponível em: <https://sloanreview.mit.edu/>.
17. UNCTAD, Impact of the Covid-19 Pandemic on Global FDI and GVCS, *Investment Trader Monitor*. Disponível em: <https://unctad.org/>.

pressionarão alguns governos a repatriarem, sob pressão política, indústrias consideradas estratégicas.

Em um estudo recente, o economista estadunidense liberal (isto é, de esquerda) nascido na Turquia, Nouriel Roubini (que foi um dos únicos a prever a crise financeira de 2008), lista dez fatores que caracterizam o que ele não mais chama de o Grande Confinamento, mas de a "Grande Depressão". Ele denomina o sexto fator de "desmundialização". Segundo ele,

a pandemia está acelerando as tendências de fragmentação e dispersão que já estavam em andamento. Os EUA e a China poderão se dissociar mais rapidamente, mas a maioria dos países responderá adotando políticas ainda mais protecionistas para proteger empresas e trabalhadores domésticos das perturbações mundiais. O mundo pós-pandemia será marcado por restrições mais rígidas ao movimento de bens, serviços, capital, trabalho, tecnologia, dados e informações. Portanto, enquanto o governo Trump está fazendo todo o possível para culpar a China pela pandemia, o regime do presidente chinês Xi Jinping redobra sua alegação de que os EUA estão conspirando, para impedir a ascensão pacífica da China. A dissociação comercial, tecnológica e de investimentos se intensificará[18].

O ex-presidente do Banco Mundial dos EUA, Robert Zoellick, é ainda mais pessimista:

Hoje, os EUA, criadores e garantidores da ordem internacional nas últimas décadas do século XX, desconstroem irresponsavelmente sua própria estrutura. A China, que subiu com sucesso dentro desse sistema internacional favorável, o ameaça de seu interior, enquanto explora uma concepção alternativa baseada em estados tributários. A Índia volta à diplomacia da "autonomia estratégica". A Rússia está manobrando no exterior enquanto se transforma internamente. A União Europeia está lutando para preservar a coerência interna. A Grã-Bretanha se debate consigo mesma. As economias de porte médio têm dificuldade em descobrir onde se encaixam no novo

---

18. N. Roubini, *The Coming Greater Depression of the 2020s*. Disponível em: <https://nourielroubini.com/>.

mundo fraturado. Bilhões de pessoas nos países em desenvolvimento estão fazendo o melhor que podem.[19]

Tudo isso ajudará a tornar a crise mais longa, mas as políticas de retirada para o "espaço nacional" não podem ir muito longe, pois os ciclos de capital produtivo e de capital-mercadoria estão internacionalizados. O máximo que pode ocorrer é um recuo parcial em um nível continental.

Contradições e Consequências da Automação

Quando escrevia meu artigo de fins de 2019, perquiri se as novas tecnologias têm características necessárias e capazes para serem o motor do renascimento da acumulação[20]. A automação dos sistemas produtivos atuais também aumentará, assim como os obstáculos à acumulação de capital. A seu modo, Nouriel Roubini conclui sua análise defendendo que,

para se prevenir de futuros choques na cadeia de suprimentos, as empresas de economias avançadas vão realocar a produção, transferindo-a de regiões de baixos custos salariais para seus mercados domésticos mais caros. Em vez de ajudar seus trabalhadores, acelerará o ritmo da automação, pressionará os salários para baixo e alimentará ainda mais as chamas do populismo, nacionalismo e xenofobia[21].

A partir da teoria de Marx, Ernest Mandel foi o primeiro a estudar as consequências da introdução de robôs,

---

19. A Fumbling Fragmentation Looks More Likely Than Another Depression, *Financial Times*. Disponível em: <https://www.ft.com/>.
20. F. Chesnais, L'État de l'économie mondiale au début de la grande récession Covid-19, *A l'encontre*, 12 abr. 2020. Disponível em: <https://alencontre.org/>.
21. Este é seu quinto fator, que ele chama de "a ruptura digital mais geral da economia".

da automação produtiva, já em 1972[22]. Isso significou uma mudança radical na relação entre capital constante e capital variável. Empurra a contradição entre a busca pela produtividade e o emprego da força de trabalho, que é a única fonte de valor e mais-valia, até seus limites extremos. O que os economistas heterodoxos não marxistas chamam de *capital bias* (privilegiando as máquinas e equipamentos), caracteriza-se por levar à queda da massa de mais-valia, enquanto sua taxa expressa pela produtividade aumenta. Mandel explica o mecanismo com muita clareza e tira conclusões particularmente sombrias:

Estender a automação além de um certo limite leva, inevitavelmente, primeiro a uma redução no volume total do valor produzido e, em seguida, a uma redução no volume do sobrevalor realizado. Isso dá origem a uma "crise de colapso" combinada de quatro maneiras: uma enorme crise de queda da taxa de lucro; uma grave crise de realização (o aumento da produtividade do trabalho, implicado pela robótica, expande a massa de valores de uso, produzidos a uma velocidade ainda maior que a da redução dos salários reais, e uma proporção crescente desses valores de uso torna-se invendável); uma profunda crise social; e uma dramática crise de "reconversão" (em outras palavras, da capacidade do capitalismo de se adaptar) através da desvalorização – as formas específicas de destruição do capital, voltando a ameaçar não apenas a sobrevivência da civilização humana, mas também a sobrevivência da humanidade ou da vida em nosso planeta.[23]

Já se tornou algo bastante generalizado o conhecimento de que a ameaça à sobrevivência da civilização humana vem do aquecimento climático. A robotização não aconteceu na velocidade e escala que Mandel temia, mas contribuiu para o fraco crescimento das economias da OCDE, a partir de 2010, especialmente entre 2015 e 2019 (2% ao ano em média)[24].

22. E. Mandel, *Le Troisième âge du capitalisme*, p.155-156.
23. Idem, Introduction au troisième livre du Capital, em K. Marx, *Capital*, livre III, p. 78.
24. De acordo com dados disponíveis em: <https://stats.oecd.org/>.

Repensemos, agora, as tecnologias incorporadas aos novos produtos. Aqui, sua capacidade de servir como estímulo à acumulação depende da quantidade de investimento que sua introdução implica, tanto no ramo industrial e nos ramos vizinhos, de onde se originam ou cuja criação torna-se uma exigência necessária, quanto na magnitude da demanda, que sua utilidade social lhes permite criar a si mesmos. Iniciada na década de 1890 e se estendendo até a década de 1970, a segunda revolução industrial da história do capitalismo foi superada mais recentemente. Robert J. Gordon está interessado nas "três" tecnologias de uso geral "mais fundamentais da segunda revolução industrial, que geraram dezenas de invenções que mudaram a vida": a eletricidade, o motor de combustão interna e o telefone sem fio[25]. Mais tarde, as tecnologias da informação e comunicação (TIC) causaram um aumento na produtividade, na segunda metade da década de 1990, devido a uma queda no custo da velocidade e na capacidade de memória dos computadores, bem como um aumento na parcela do PIB dedicada ao investimento em P&D (Pesquisa e Desenvolvimento) e equipamentos iniciais. Os avanços feitos, desde o final da década de 1980 até a quebra da "bolha dot com" em 2001, serão difíceis de superar[26]. Eles incluem: computador pessoal e processador de texto; leitura de código de barras; caixas bancários eletrônicos; TV a cabo e via satélite; internet, *e-mail* e navegação na *web*; comércio eletrônico, Google, Amazon, Wikipedia, LinkedIn e Facebook; telefones celulares, *smartphones*, iPads; CD, DVD, iTunes e Netflix; sistemas de reservas de companhias aéreas; gerenciamento da cadeia de suprimentos; e catálogos de bibliotecas digitais. Gordon examina os avanços nos anos 2010 nas áreas

---

25. R.J. Gordon, The Demise of U.S. Economic Growth, NBER Working Paper Series, n. 19895. Disponível em: <https://www.nber.org/papers/>.
26. A bolha da internet (também conhecida como "bolha ponto com" ou *dot com bubble*) foi um movimento especulativo nas ações de empresas baseadas em negócios na internet ou intensivas em tecnologia. Essa especulação econômica cresceu ao longo da década de 1990 e culminou com o estouro da bolha em 10 de março de 2000.

de pequenos robôs, inteligência artificial, impressão 3D e veículos sem motorista, e conclui que seus efeitos macroeconômicos serão muito fracos.

A Maior Diferença Entre a Crise da Década de 1930 e Hoje

A maior diferença entre a crise de 1929 e a de hoje é a seguinte: o capitalismo mundial se debate hoje numa muralha, acha-se confrontado às consequências sociais e societais, àquelas diretamente econômicas e das mudanças climáticas, enquanto a tecnologia dominante é a da inteligência artificial, incluindo a robótica industrial. Elas têm impactos políticos e societais colossais, mas não são propícias a um renascimento da acumulação. A análise de Mandel mostra-se de uma atualidade cada vez maior. Na década de 1930, o capitalismo não esgotara seu dinamismo (apesar de estudos importantes defenderem o oposto, como os de Henryk Grossman[27]). Sob o impulso dos gastos militares dos EUA, se pôde saber que, desde o início dos anos 1940, a fase de expansão de um longo ciclo de acumulação (que podemos denominar de ciclo de Kondratiev) foi catapultada, por um lado, pela extensão das indústrias formadas em torno das "tecnologias de uso geral mais básicas da segunda revolução industrial". Gordon destacou a eletricidade, o motor de combustão interno e o telefone sem fio, ao qual Francisco Louçã[28] acrescenta a química. A impulsão veio de outro lado, pela tarefa de conclusão da extensão mundial das relações de produção capitalistas e da plena formação do mercado mundial, do qual a China escapou após a vitória do Partido Comunista Chinês, em 1949.

---

27. Ver H. Grossman, *The Law of Accumulation and Breakdown of the Capitalist System*.
28. Ver F. Louçã; C. Freeman, *Ciclos e Crises no Capitalismo Global*.

A principal característica das "tecnologias de uso geral" tem sido a de dar origem a processos de criação de indústrias inteiras. A estas,

se agregaram: a eletricidade e suas consequências; água corrente e esgotos; veículos a motor e suas invenções complementares, como rodovias, viagens pessoais e supermercados; entretenimento do fonógrafo no rádio, televisão e cinema; saúde pública e redução da mortalidade; e uma revolução nas condições de trabalho, que eliminou o trabalho infantil e mudou a vida profissional de algo brutal e curto, para algo menos exigente fisicamente[29].

Henry Ford deu seu nome a estratégias empresariais que incluíam o cálculo dos salários a serem pagos. Era preciso considerar que a produção teria que encontrar seus compradores. "Começando do zero em 1900, em 1929, a proporção de veículos a motor e o número de lares estadunidenses havia atingido 89%. No mesmo ano, 93% dos agricultores de Iowa possuíam um veículo a motor."[30] Há também os efeitos "do aprendizado de alta intensidade, sendo adquiridos na prática"[31] dos gastos militares. "A Segunda Guerra Mundial deu aos EUA seu primeiro avião a jato (o Bell P-59), a penicilina produzida industrialmente e a energia nuclear."[32] Gordon não se concentrou na indústria petroquímica, que só decolou após a Segunda Guerra Mundial. Ela deu origem a setores industriais inteiros que estavam se tornando, de modo imediato, altamente concentrados – produtos farmacêuticos, plásticos, borracha, fertilizantes, pesticidas – e com um impacto ambiental particularmente forte.

A fase de expansão, do longo ciclo de acumulação pós-Segunda Guerra Mundial, dominou os círculos virtuosos portadores de crescimento, dos quais o aumento dos salários era um componente. Não apenas o número

29. Robert J. Gordon, op. cit.
30. Ibidem.
31. Ibidem.
32. Ibidem.

de trabalhadores aumentou acentuadamente e o pleno emprego prevaleceu, mas também, até meados da década de 1970, o aumento da produtividade do trabalho e o aumento dos salários evoluíram juntos[33]. Hoje, a economia capitalista está presa em um círculo vicioso de sua própria fabricação. Antes da chegada dos robôs, a liberalização e desregulamentação do comércio e dos investimentos diretos e a mundialização do exército de reservas industriais (o "salário da China" e o "salário do Vietnã") já haviam mudado, mesmo em graus diferentes, as relações de negociação entre capital e trabalho, em todos os países. Entre 1975 e 2015 na Europa, a média dos salários caiu de 65% para 57%. Nos EUA, a queda que começou em 1972 é de 63% a 58%.

Diante das Mudanças Climáticas, a Negação ou Procrastinação das Elites e o Poder dos Oligopólios

A OCDE acaba de lançar suas últimas projeções. Como as emitidas pelo FMI, elas envolvem dois cenários. Caso a pandemia seja controlada, o PIB global deverá contrair 6,0% em 2020, antes de se recuperar em 5,2% em 2021. No caso de uma segunda onda de pandemia durante o ano, a economia global deve contrair 7,6% em 2020 e a recuperação em 2021 será mais modesta, de apenas 2,8%. O tenor da teoria da estagnação secular, Larry Summers, conclui longo estudo meio-ortodoxo, meio-keynesiano, em que insiste sobre "a prioridade urgente de os governos encontrarem novas maneiras sustentáveis de promover investimentos, com a finalidade de absorver grande oferta de poupanças e conceber novas estratégias de longo prazo para aumentar a demanda privada"[34]. Essas novas formas

---

33. Ver como exemplo: M. Anota, Productivité et salaires, *Alternatives economiques*. Disponível em: <https://blogs.alternatives-economiques.fr/>.
34. L. Summers; L. Rachel, On Secular Stagnation in the Industrialized World, *Brookings Papers on Economic Activity*.

duráveis não são difíceis de encontrar, pois as medidas necessárias para conter o aquecimento global são urgentes. Em vários grandes países europeus, incluindo Alemanha, França e países nórdicos, formou-se um consenso entre a esquerda e a burguesia liberal, consenso este reforçado pela pandemia, de que é agora, e nessa questão maior, que é necessário agir. No entanto, essa ainda não é a posição dominante no mundo.

É uma referência conceitual e metodológica fundamental, a célebre passagem na *A Ideologia Alemã*, de 1846, em que Marx e Engels formulam a relação entre as formas ideológicas de representação da realidade, que invertem suas relações de causa e efeito entre tais formas e os processos sociais. Dizem eles:

As ideias da classe dominante são, em cada época, as ideias dominantes, isto é, a classe que é a força material dominante da sociedade é, ao mesmo tempo, sua força espiritual dominante. A classe que tem à sua disposição os meios da produção material, dispõe também dos meios da produção espiritual, de modo que a ela estão submetidos, aproximadamente ao mesmo tempo, os pensamentos daqueles aos quais faltam os meios da produção espiritual. As ideias dominantes não são nada mais do que a expressão ideal das relações materiais dominantes, são as relações materiais dominantes apreendidas como ideias; portanto, são a expressão das relações que fazem de uma classe a classe dominante, são as ideias de sua dominação.[35]

Sem que haja uma relação mecânica, como vimos em face da pandemia da Covid-19, a posição dominante que prevalece, também no seio do grande capital, diante do aquecimento climático, é a do capital financeiro mundial – entre os detentores de capital fictício (portadores de dividendos e juros), entre os acionistas e dirigentes dos oligopólios transnacionais – e a da maioria daqueles que exercem o poder político – central, regional e municipal –, em função de seus interesses. Impera a posição

---

35. K. Marx; F. Engels, *A Ideologia Alemã*, p. 47.

dominante de negação absoluta do referido aquecimento climático, entre alguns – Trump, Bolsonaro e governantes de ideologia semelhante –, e de procrastinação de ações diante do problema, entre outros.

Para entender concretamente o que está em jogo, é necessário falar dos modos de produção utilizados pelos grandes grupos oligopolistas, localizados a montante (agroquímica) e a jusante (agronegócio) na agricultura, pecuária, exploração madeireira (desmatamento e reflorestamento), de onde vêm 25% das emissões diretas e indiretas de gases de efeito estufa, a segunda maior depois da energia[36]. A primeira causa é que a monocultura em larga escala consiste, para usar a expressão colorida de um estudo da UNCTAD, de "usar extensões de terra para transformar petróleo em alimento". Contudo, existe uma "agronomia de sustentabilidade" – e práticas alternativas já usadas por pequenos agricultores progressistas, que possibilitariam conter impactos climáticos e que mudariam situações ambientais e sociais desastrosas. Para tal, elas exigem reformas agrárias reais, bem como meios financeiros, permitindo que investimentos coletivos sejam feitos e que agrônomos ajudem aos camponeses[37]. Seriam, assim, muitas ações que atingiriam aos interesses de grupos agroquímicos, que pretendem continuar com métodos de produção que colocam os agricultores em sua dependência. Por exemplo, testemunhamos, nesta área de atividades, a fim de manterem seu domínio, um processo estonteante de fusões e aquisições. No caso de sementes transgênicas, os grupos Monsanto, Syngenta, DuPont, Dow, Bayer, Basf controlam 100% do mercado.

Além de tudo isso, há o desmatamento em uma escala enorme. Nos grandes países da América do Sul e

---

36. The Intergovernmental Panel on Climate Change, *Fifth Assessment Report of the Intergovernmental Panel on Climate Change*. Disponível em: <https://www.ipcc.ch/>.

37. Ver U. Hoffmann, Some Reflections on Climate Change, Green Growth Illusions and Development Space, UNCTAD, n. 205.

do Sudeste Asiático, isso ocorre devido à monocultura em escala gigantesca, e atende à demanda muito alta da indústria de biocombustíveis e do setor de carne bovina. O IPCC (Painel Intergovernamental Sobre Mudanças Climáticas) estima que, devido a uma combinação de efeitos diretos e indiretos, 17% das emissões de CO_2 resultem do desmatamento. O processo é como se segue. As florestas são reservatórios de carbono: elas retêm carbono na biomassa viva e morta, deteriorando a matéria orgânica e os solos. Devido à sua biomassa muito grande, as chamadas florestas primárias úmidas ou tropicais (*rain forests*) absorvem 50% mais carbono do que outras áreas arborizadas[38]. A destruição das florestas põe fim a esse processo de retenção e libera o carbono armazenado na forma de gases de efeito estufa, especialmente no caso de limpeza de terra por fogo, como é a prática para o cultivo de soja, em particular. O desaparecimento da floresta tropical úmida, em favor de prados e culturas, reduz o que é chamado evapotranspiração (evaporação + transpiração de plantas), resultante dos processos de fotossíntese, respiração, decomposição e combustão, que mantêm a circulação natural do carbono entre a floresta e a atmosfera. A floresta resfria o ar e absorve a luz, em que o solo nu retorna a energia do sol para a atmosfera. A temperatura média pode aumentar localmente em mais de 10°C após o desmatamento em zonas tropicais, modificando a pressão atmosférica, que por si só influencia o movimento de massas de ar e células de tempestade. Os ciclos de chuva são modificados, causando seca e inundações anormais.

O desmatamento é feito primeiramente para a produção de biocombustíveis, bioetanol (para veículos a gasolina) ou biodiesel (para veículos a diesel). O bioetanol resulta da fermentação de produtos agrícolas alimentícios, como cana de açúcar, beterraba ou milho,

---

38. Encontramos na entrada em inglês da Wikipedia uma apresentação muito clara dos estratos de folhagem criando biomassa. Disponível em: <https://en.wikipedia.org/>.

produzidos em escala industrial. O biodiesel é produzido a partir de óleos vegetais, principalmente colza e girassol em regiões temperadas, e soja e palmeiras de dendê em regiões tropicais. Um estudo de 2016, da Comissão Europeia (que autoriza o biodiesel), estimou que os biocombustíveis, a depender das plantas, emitem até três vezes mais gases de efeito estufa do que seus equivalentes fósseis[39]. A produção do agronegócio provoca mudança do uso da terra natural, que armazena carbono (prados, florestas etc.), quando passa a cultivá-las em larga escala. Quando as terras agrícolas já existentes são convertidas em culturas de biocombustíveis, com a demanda de alimentos constante ou mesmo aumentando, as culturas de alimentos são transferidas para outras terras, geralmente às custas dos agricultores.

O desmatamento ocorre, em segundo lugar, em benefício da criação de gado, que produz 7,1 bilhões de toneladas de equivalente CO_2, ou aproximadamente 1/7 das emissões totais de gases de efeito estufa. A produção de 1 kg de proteína na forma de carne bovina emite, em média, 290 kg de equivalente de CO_2. Na forma de carne de porco, frango ou ovos, em comparação com a bovina, a produção de CO_2 é menos de 50 kg. Juntamente com a Argentina[40], o Brasil é um produtor muito importante de soja, o primeiro alimento do mundo na agricultura intensiva, com exportações significativas para a China e o Sudeste Asiático. Ele também pratica a criação extensiva em larga escala, cuja produção é exportada para os EUA. As duas atividades levaram a um desmatamento significativo, cujos efeitos climáticos são sentidos no espaço continental do próprio Brasil. A monocultura da soja foi

---

39. A. Bolis, Les Biocarburants émettent plus de CO_2 que l'essence et le diesel, *Le Monde*. Disponível em: <https://www.lemonde.fr/>. Esses números foram confirmados também por outro estudo: Sauvons la foret, *Huile de palme*. Disponível em: https://www.sauvonslaforet.org/>.
40. S. Branford, Sept ans d'ogm en Argentine, *Courrier international*. Disponível em: <https://www.courrierinternational.com/>.

ampliada pelo desmatamento da savana arborizada dos planaltos do Cerrado e da floresta primária, da imensa bacia hidrográfica da Amazônia, que cobre 5,5 milhões de km², 60% dos quais no Brasil, e perdeu 17%, em quarenta anos, de sua área original. No caso do Cerrado, o desmatamento selvagem criou grandes áreas de pastagem degradada.

A técnica é extremamente primitiva, através do corte e da queimada de imensos espaços da floresta, milhares e até centenas de milhares de hectares. O fogo libera nutrientes da vegetação queimada e produz uma camada de solo fértil sobre um solo muito pobre. E aí começa o cultivo da soja! Ele fornece bons rendimentos e lucros por alguns anos, antes de começar a exigir quantidades crescentes de fertilizantes químicos, cujos efeitos em produtividade diminuem de ano para ano. A erosão de terras férteis também é causada pela mecanização do arado e a disseminação de herbicidas, incluindo o glifosato. A introdução de plantas geneticamente modificadas pode reduzir a necessidade de mecanização, o que pode estabilizar a erosão[41] e aumentar a produtividade por algum tempo[42]. Mas a poluição dos rios afeta outros ecossistemas, incluindo um que é extremamente importante em termos de variedades florais e animais: o da região do Pantanal[43]. Esta apresenta um mosaico de ecossistemas terrestres, harmonizando

---

41. Food and Agriculture Organization of the United Nations (FAO), *Le Rapport sur les ressources en sol du monde*. Disponível em: <http://www.fao.org/>. Assim como o método usado pelo IPCC para o clima, o relatório compila o trabalho de mais de duzentos cientistas especialistas de sessenta países. A observação é a seguinte: entre 25 e 40 bilhões de toneladas da epiderme do planeta são lavadas a cada ano devido à erosão, compactação, perda de nutrientes e biodiversidade, acidificação, poluição ingurgitamento ou salinização.

42. F. Champion; P. Chotteau; B. Duflot; P. Magdelaine; H. Marouby; M. Rieu; C. Riffard, La Compétitivité agricole du Brésil, *Ministère de l'Agriculture et d'Alimentation*. Disponível em: <http://agriculture.gouv.fr/>.

43. Ele recebeu a proteção da Unesco. Organisation des Nations Unis, *Aire de conservation du Pantanal*. Disponível em: <https://whc.unesco.>.

entre si os do Cerrado e o do Chaco e, em parte, com a floresta amazônica, além de ecossistemas aquáticos e semiaquáticos, interdependentes em maior ou menor grau. Em 2012, havíamos assinalado que

> as condições naturais necessárias à reprodução social dependem da biosfera e de vários ecossistemas, que estão muito fragilizados (correntes marinhas, geleiras, florestas primárias etc.). A questão climática é social nesse sentido básico e radical, em um número crescente de partes do mundo[44].

Não há como contorná-la.

Uma Perspectiva de Esperança: A Mobilização e Politização dos Jovens

Como consequência da mundialização do capital e da inteligência artificial, o equilíbrio de poder entre capital e trabalho tem sido e permanece muito favorável ao primeiro. É muito cedo para saber se o declínio do comércio e dos investimentos estrangeiros diretos podem modificá-lo.

Da mesma forma, é quase impossível medir os efeitos da pandemia no pensamento coletivo, mesmo em países onde a discussão sobre o "próximo mundo" tem sido muito forte. Tudo o que se constata é a magnitude das reações ao assassinato de George Floyd, em Minneapolis, pela polícia. Nos EUA, os protestos duraram mais de três semanas. Na França, foi testemunhado uma forte mobilização de jovens contra o racismo e a violência policial. Ela "surgiu do nada" e pegou todos de surpresa. Há uma vigorosa politização. A escala dos protestos no Brasil é desigual, uma vez que parece contida pelo confinamento, usado como medida de bloqueio à contaminação pelo novo coronavírus.

---

44. F. Chesnais, Alguns Marcos Teóricos e Políticos Para a Construção de uma Postura Ecológica Revolucionária, em P. Léna; E. Pinheiro do Nascimento (orgs.), *Enfrentando os Limites do Crescimento*, p. 157-169.

Em sua edição de 13 de junho, intitulada "O Poder do Protesto", o *The Economist* dá uma volta ao mundo das manifestações: EUA, México, Brasil, Austrália, África do Sul, Quênia, França, Reino Unido. Na França, os jovens estão começando a puxar os mais idosos às ruas. Na China, os jovens ainda não se mobilizam muito, mas o governo está enfrentando um enorme desemprego entre os estudantes e teme sua mobilização. Diz o artigo do *The Economist*:

O governo está preocupado com a estabilidade social. Os jovens instruídos têm estado na vanguarda dos maiores movimentos de protesto da China no século passado. Há o exemplo de Hong Kong, onde os estudantes, atingidos com força pelos preços das casas e a competição por empregos com imigrantes do continente chinês, estiveram na vanguarda das turbulências do ano passado. À medida que a crise da Covid-19 recua na China, as tensões sociais se tornam cada vez mais evidentes.[45]

Na Europa, parece claro que o eixo das mobilizações mudará para o campo das mudanças climáticas. Espera-se que isso ocorrerá em um grande número de países. No ano de 2018, o desemprego manteve a trajetória decrescente na União Europeia. Contudo, o sul da Europa continuou a ser o mais afetado pela falta de trabalho, em particular a Grécia, Espanha e Itália, muito acima da média comunitária. Em todos os países, o desemprego afeta mais as mulheres e os jovens abaixo dos 25 anos. Na Grécia, 39% de jovens não têm emprego e uma em cada quatro mulheres está desempregada[46]. Em janeiro de 2020, existia 2,719 milhões de desempregados com menos de 25 anos na União Europeia, ou seja 14,9% da população total. Com a pandemia, esses números crescerão exponencialmente. No Brasil, a taxa é de 26% de jovens entre

---

45. Millions of Chinese Students Brace Themselves For Joblessness, *The Economist*. Disponível em: <https://www.economist.com/>.
46. Eurostat faz Retrato de uma Europa Desigual, *Euronews*. Disponível em: <https://pt.euronews.com/>.

17 e 24 anos que estão desempregados, e eles também têm maior chance de serem despedidos[47]. O número dos "sem trabalho" voltou a aumentar e é superior a 13,1 milhões. Encontrar um emprego para quem tem entre 18 e 24 anos é um desafio quase inexpugnável[48].

Olhando do outro lado do Atlântico, vemos que os EUA registraram, em abril, um índice de desemprego de 14,7%, o mais alto em mais de setenta anos, devido à Covid-19, da qual o país se tornou o epicentro. É o pior registro desde 1948; algo em torno de 20,5 milhões de pessoas perderam seus empregos em abril. A pandemia ceifou, em um só mês, todos os postos de trabalho gerados depois da grande crise de 2007-2009. Durante aquela crise, os EUA perderam 8,7 milhões de empregos, e em outubro de 2009, o índice de desemprego atingiu um pico de 10%. Aquela era a pior recessão desde a Segunda Guerra Mundial[49]. Mas, acelerados pela pandemia, os dados registram o dobro de perdas apenas para o mês de abril.

Considerando o desejo e a esperança de um futuro com emprego, educação, saúde, habitação, para eles e para seus descendentes, os jovens serão os mais frustrados. Inevitavelmente essa será uma população que não terá outra alternativa senão lutar por todos esses tópicos, mas, mais ainda, pela única morada que a humanidade inteira tem, que é o planeta.

---

47. A.C. Monteiro, Taxa de Desemprego na Europa Atinge Mínimos Históricos, *Hipersuper*. Disponível em: <https://www.hipersuper.pt/>.
48. T. Martins, Jovens São os Que Têm Mais Dificuldade de Conseguir Emprego, *Correio Braziliense*. Disponível em: <https://www.correiobraziliense.com.br/>.
49. P. Guimón, Desemprego nos EUA Chega a 14,7%, o Mais Alto em 70 Anos, *El País*. Disponível em: <https://brasil.elpais.com/>.

Referências

Livros

CHESNAIS, François. *La Mondialisation du capital*. Paris: Syrus, 1994. Ed. bras.: *A Mundialização do Capital*. São Paulo: Xamã, 1996.
____. Alguns Marcos Teóricos e Políticos Para a Construção de uma Postura Ecológica Revolucionária. In: LÉNA, Philippe; PINHEIRO DO NASCIMENTO, Elimar (orgs.). *Enfrentando os Limites do Crescimento: Sustentabilidade, Decrescimento e Prosperidade*. Rio de Janeiro: Garamond, 2012.
____. *Finance Capital Today: Corporations and Banks in the Lasting Global Slump*. Boston: Brill, 2016.
CHESNAIS, François; BRUNHOFF, Suzanne et al. (orgs.). *A Mundialização Financeira: Gênese, Custos e Riscos*. São Paulo: Xamã, 1998.
GROSSMAN, Henryk [1929]. *The Law of Accumulation and Breakdown of the Capitalist System*. London: Pluto Press, 1992.
LOUÇÃ, Francisco; FREEMAN, Chris. *Ciclos e Crises no Capitalismo Global: Das Revoluções Industriais à Revolução da Informação*. Porto: Afrontamento, 2005.
MANDEL, Ernest. Introduction au troisième livre du Capital. In: MARX, Karl. *Capital*, livre III. London: Penguin, 1981.
____ [1972]. *Le Troisième âge du capitalisme*. Paris: Les Editions de la Passion: 1997.
MARX, Karl; ENGELS, Fredrich. *A Ideologia Alemã*. São Paulo: Boitempo, 2009.

Jornais e Revistas

ADRIAN, Tobias; NATALUCCI, Fabio. Covid-19 Crisis Poses Threat to Financial Stability. *IMF Blog: Insights & Analysis on Economics & Finance*, 14 abr. 2020. Disponível em: <https://blogs.imf.org/>. Acesso em: 10 jun. 2020.
ANOTA, Martin. Productivité et salaires: un lien rompu. *Alternatives economiques*, 15 abr. 2018. Disponível em: <https://blogs.alternatives-economiques.fr/>. Acesso em: 10 jun. 2020.
BOLIS, Angela. Les Biocarburants émettent plus de CO_2 que l'essence et le diesel. *Le Monde*, 29 abr. 2016. Disponível em: <https://www.lemonde.fr/>. Acesso em: 10 jun. 2020.
BRANFORD, Sue. Sept ans d'ogm en argentine: Un immense océan de soja qui détruit la pampa. *Courrier international*, 4 nov. 2004. Disponível em: <https://www.courrierinternational.com/>. Acesso em: 10 jun. 2020.
CHESNAIS, François. L'État de l'économie mondiale au début de la grande récession Covid-19: Repères historiques, analyses et illustrations. *A l'encontre*, 12 abr. 2020. Disponível em: <https://alencontre.org/>. Acesso em: 10 jun. 2020.

GOPINATH, Gita. The Great Lockdown: Worst Economic Downturn Since the Great Depression. *IMF Blog: Insights & Analysis on Economics & Finance*, 14 abr. 2020. Disponível em: <https://blogs.imf.org/>. (site) Acesso em: 10 jun. 2020.

GORDON, Robert J. The Demise of U.S. Economic Growth: Restatement, Rebuttal, and Reflections. *NBER Working Paper Series*, n. 19895, fev. 2014. Disponível em: <https://www.nber.org/>. Acesso em: 10 jun. 2020.

GUIMÓN, Pablo. Desemprego nos EUA Chega a 14,7%, o Mais Alto em 70 Anos. *El País*, 8 maio 2020. Disponível em: <https://brasil.elpais.com/>. Acesso em: 10 jun. 2020.

HOFFMANN, Ulrich. Some Reflections on Climate Change, Green Growth Illusions and Development Space. *UNCTAD*, n. 205, Genebra, dez. 2011.

HUSSON, Michel. L'Économie mondiale en plein chaos. *A l'encontre*, 17 maio 2020. Disponível em: <https://alencontre.org/>. Acesso em: 10 jun. 2020.

JOSEPH, Martin. Emerging Economies Set to Struggle to Meet Debt Obligations. *Financial Times*, 6 abr. 2020. Disponível em: <https://www.ft.com/>. Acesso em: 10 jun. 2020.

MARTINS, Thays. Jovens São os Que Têm Mais Dificuldade de Conseguir Emprego. *Correio Braziliense*, 3 abr. 2019. Disponível em: <https://www.correiobraziliense.com.br/>. Acesso em: 10 jun. 2020.

MILLIONS of Chinese Students Brace Themselves For Joblessness. *The Economist*, 2 maio 2020. Disponível em: <https://www.economist.com/>. Acesso em: 10 jun. 2020.

MONTEIRO, Ana Catarina. Taxa de Desemprego na Europa Atinge Mínimos Históricos. *Hipersuper*, 3 mar. 2020. Disponível em: <https://www.hipersuper.pt/>. Acesso em: 10 jun. 2020.

SHIH, Willy. Is It Time to Rethink Globalized Supply Chains? *Magazine Summer*, 19 mar. 2020. Disponível em: <https://sloanreview.mit.edu/>. Acesso em: 10 jun. 2020.

SUMMERS, Laurence; RACHEL, Lukasz. On Secular Stagnation in the Industrialized World. *Brookings Papers on Economic Activity*, mar. 2019. Acesso em: 10 jun. 2020.

ZOELLICK, Robert. A Fumbling Fragmentation Looks More Likely Than Another Depression. *Financial Times*, 3 jun. 2020. Disponível em: <https://www.ft.com/>. Acesso em: 10 jun. 2020.

Sites

CHAMPION, Fabien; CHOTTEAU, Philippe; DUFLOT, Boris; MAGDELAINE, Pascale; MAROUBY, Hervé; RIEU, Michel; RIFFARD, Cécile. La Compétitivité agricole du Brésil: Le Cas des filières d'élevage. *Ministère de l'Agriculture et d'Alimentation*, 09 jul. 2013. Disponível em: <http://agriculture.gouv.fr/>. Acesso em: 10 jun. 2020.

EUROSTAT Faz Retrato de uma Europa Desigual. *Euronews*, 22 out. 2019. Disponível em: <https://pt.euronews.com/>. Acesso em: 10 jun. 2020.

FOOD AND AGRICULTURE Organization of the United Nations (FAO). *Le Rapport sur les ressources en sol du monde*, 4 dez. 2015. Disponível em: <http://www.fao.org/>. Acesso em: 10 jun. 2020.

HENRY, Janet. Global GDP Set to Fall Further. *HSBC*, 18 maio 2020. Disponível em: <https://www.hsbc.com/>. Acesso em: 10 jun. 2020.

INTERNATIONAL Monetary Fund. *Global Financial Stability Report: Markets in the Time of Covid-19*, abr. 2020. Disponível em: <https://www.imf.org/>. Acesso em: 10 jun. 2020.

ODENDAHL, Florens; PENALVER, Adrian; SZCZERBOWICZ, Urszula. L'Action des banques centrales pour aider l'économie à survivre au Covid-19. *Banque de France, Bloc-notes Eco*, 15 abr. 2020. Disponível em: <https://blocnotesdeleco.banque-france.fr/>. Acesso em: 10 jun. 2020.

OECD Economic Outlook. *The Global Outlook Is Highly Uncertain*, jun. 2020. Disponível em: <https://www.oecd.org/>. Acesso em: 10 jun. 2020.

ORGANISATION DES Nations Unis. *Aire de conservation du Pantanal*, 2000. Disponível em: <https://whc.unesco.org/fr/list/999/>. Acesso em: 10 jun. 2020.

ROUBINI, Nouriel. *The Coming Greater Depression of the 2020s*, 28 abr. 2020. Disponível em: <https://nourielroubini.com/>. Acesso em: 10 jun. 2020.

SAUVONS LA foret, *Huile de palme: La Déforestation au quotidien*, 3 jan. 2020. Disponível em: https://www.sauvonslaforet.org/>. Acesso em: 10 jun. 2020.

THE INTERGOVERNMENTAL Panel on Climate Change. *Fifth Assessment Report of the Intergovernmental Panel on Climate Change*, 2014. Disponível em: <https://www.ipcc.ch/>. Acesso em: 10 jun. 2020.

TRADE Set to Plunge As Covid-19 Pandemic Upends Global Economy. *WORLD Trade Organization*, 8 abr. 2020. Disponível em: <https://www.wto.org/>. Acesso em: 10 jun. 2020.

UNCTAD, Impact of the Covid-19 Pandemic on Global FDI and GVCs. *Investment Trader Monitor*, mar. 2020. Disponível em: <https://unctad.org/>. Acesso em: 10 jun. 2020.

WORLD Economic Outlook. *Perspectives de l'économie mondiale*, abr. 2020. Disponível em: <https://www.imf.org/>. Acesso em: 10 jun. 2020.

A PANDEMIA AGRAVA A CRISE DO MUNDO E DA AMÉRICA LATINA[1]

Claudio Katz

A catástrofe eclodiu através de uma pandemia, num sistema econômico-social que deteriora a natureza, corrói a saúde e desprotege os vulneráveis. Há muitos anos era esperado um cataclismo semelhante, como consequência das alterações climáticas, do aquecimento global, das inundações ou das secas. O novo coronavírus é uma calamidade natural que tem sido ampliada pelo capitalismo. O aspecto mais chocante da infecção é a velocidade e a escala do contágio. Uma vez que a primeira onda de irradiação ainda não foi concluída, o perigo do vírus não é conhecido. Mas é evidente que ultrapassa os efeitos de uma gripe comum. Mais de um bilhão de pessoas foram

1. Tradução de Soleni Biscouto Fressato e revisão de Jorge Nóvoa.

enclausuradas em suas casas numa experiência social inédita de confinamento. O antigo antídoto das quarentenas reapareceu completamente.

A devastação natural em curso não equivale a uma guerra. Embora a intervenção aplicada pelos Estados apresente muitas semelhanças com cenários de conflagração, no primeiro caso prevalece a proteção e, no segundo, a destruição de vidas humanas. Em vez de batalhas e bombardeios, há a proteção das vítimas e o socorro aos afetados. A analogia com a guerra é muito perigosa. É utilizada por Trump para criar um clima de hostilidade contra o "vírus da China" e é encorajada pelos direitistas para ressuscitar os velhos estigmas do colonialismo. No século XIX, as diatribes racistas contra a "cólera asiática" eram utilizadas para acusar os países orientais de propagarem a infecção. As mensagens de batalha contra um "inimigo invisível" facilitam a militarização. Incluem analogias perigosas com a "guerra ao terrorismo", que muitos governos ocidentais instalaram, para propagar o medo face a um agressor onipresente e indetectável. Mas a pandemia não é uma conspiração, um castigo divino ou um acontecimento aleatório. É um avatar da natureza que assume dimensões gigantescas devido aos desequilíbrios gerados pelo capitalismo contemporâneo. O impacto econômico devastador da pandemia está à vista, mas o novo coronavírus não gerou essa eclosão da crise do capital. Apenas desencadeou tensões das finanças e da produção preexistentes.

Em primeiro lugar, provocou outra explosão da financeirização. O grande divórcio entre o baixo crescimento mundial e a euforia contínua dos mercados das Bolsas antecipou um desmantelamento convulsivo de outra bolha. Era iminente a desvalorização dos capitais inflados durante a última década, através de recompras de ações e especulações com bônus. Mas esse previsível choque financeiro assumiu uma escala colossal. Dessa vez, o colapso dos mercados obedece mais aos passivos acumulados pelas empresas (dívida empresarial) e dos estados (dívida soberana) do que a desequilíbrios bancários ou ao endividamento das famílias. Ao contrário de 2008, a crise começa nas empresas e é projetada para os bancos, invertendo a sequência da última década. As empresas não podem pagar juros com os seus lucros atuais[2]. A superprodução é o segundo desequilíbrio que surgiu juntamente com a pandemia, com uma grande queda no preço do petróleo. Nos últimos dois anos, o excedente de mercadorias foi determinante no confronto comercial entre os EUA e a China.

A Covid-19 e Suas Consequências na China, Europa e EUA

O atual surto pandêmico perturbou os fornecimentos e quebrou as cadeias globais de valor. A elevada dependência global dos insumos fabricados no Oriente e a enorme incidência de estoques que acumula a China tornou-se aparente. O novo coronavírus potencializou, portanto, as tensões geradas pela financeirização e pela superprodução. Mas a magnitude da crise deve-se a outros desequilíbrios, que se desenvolveram ao longo das últimas quatro décadas.

A localização inicial da pandemia na China coincide com o protagonismo desse país na globalização, e a sua consequente capacidade em exportar mudanças econômicas para o resto do mundo. A expansão da urbanização, das cadeias globais de valor e dos novos padrões alimentares foi vertiginosa na nova potência asiática. O peso do país no PIB global aumentou em mais de 30% desde 2008, e um forte pico de superinvestimento precedeu a

2. Para melhor compreender o panorama dessa tensão, ver: M. Husson, Neoliberalismo Contaminado, *Viento Sur*. Disponível em: <https://vientosur.info/>; e E. Toussaint, La Pandemia del Capitalismo, el Coronavirus y la Crisis Económica, *Comité para la Abolición de las Deudas Ilegítimas*. Disponível em: <https://www.cadtm.org/>.

atual crise. A grande penetração do capitalismo na China explica a magnitude da atual convulsão.

Essa expansão também deteriorou a estrutura sanitária mais igualitária do período anterior e consolidou as normas de privatização, que só foram relativamente limitadas nos últimos anos. Enormes setores da população, especialmente os migrantes, têm um acesso seriamente limitado à saúde. Esses problemas voltaram na atualidade com a chegada do novo coronavírus. Existe uma grande controvérsia em torno da gestão inicial da China quanto a esse surto. Alguns setores apontam para a ocultação da infecção em Wuhan e para a hostilidade oficial direcionada àqueles que salientavam os perigos da doença. Outros negam esse silenciamento e ressaltam a ação determinada do governo para controlar a epidemia. Recordam que a sequência genética do novo vírus foi imediatamente partilhada com a OMS e afirmam que, após várias tentativas e erros, a China mostrou um caminho para enfrentar os contágios.

A crítica enfática ao controle repressivo na quarentena é também relativizada com exemplos de ação voluntária, num quadro de crescente consciência do problema. Em qualquer caso, a China começou a conter a até então epidemia, combinando o fechamento total de certos locais com restrições severas à circulação e a aplicação de um distanciamento social eficaz. Os governos ocidentais assistiram com satisfação e malícia ao início da epidemia. Esperavam que sua localização permanecesse exclusivamente na China, culminando em um consequente enfraquecimento do seu rival asiático. Embora esse cenário tenha sido invertido, as campanhas contra o "vírus chinês" continuam com argumentos absurdos. Alega-se mesmo que o novo coronavírus foi deliberadamente criado para afetar os EUA, e Trump sugere uma cumplicidade direta da OMS com essa operação. Mas esses disparates contrastam com a eficácia dos esforços da China para lidar com a infecção. Essa conquista é complementada pela simpatia gerada por atitudes de solidariedade. Aviões chineses com equipamento médico aterrissaram na Itália, Espanha e em muitos países de vários continentes. Contudo, tal cooperação não apresenta – até agora – a dimensão de uma nova "rota sanitária da seda". Além disso, a China é uma potência credora de muitas nações assistidas e enfrentará um grave dilema, se a crise desembocar numa inadimplência geral dos seus devedores. Nessa eventualidade, o gigante asiático aceitará a cessação dos pagamentos?

Na Europa, a crise do novo coronavírus assumiu grandes proporções. A União Europeia foi praticamente liquefeita pelo redemoinho. Enquanto as fronteiras dentro da própria comunidade se fecham, seus dirigentes não conseguem chegar a acordos mínimos. Tais líderes proclamam que o vírus não tem passaporte, mas lidam com a pandemia por sua própria conta. Todos os princípios de colaboração foram enterrados na disputa pelos medicamentos. A Alemanha nega hospitais a vários parceiros e nenhum deles vende remédios ao outro.

O financiamento da crise concentra o principal conflito. As regras neoliberais de ajuste orçamentário foram arquivadas, mas a forma de resolver a forte expansão da despesa pública coloca novamente as potências do norte europeu contra as afetadas do sul. A Itália apela à emissão de "corona-bonos" partilhados por todos os Estados. Mas a Holanda e a Alemanha exigem a preservação da atual norma de créditos sujeitos a reembolso, mediante severos ajustes internos. Propõem para a Itália o mesmo mecanismo que sufocou a Grécia[3]. As consequências muito graves desse procedimento, para um país que ainda vive a tragédia do norte e enfrenta a propagação do contágio para o sul, são óbvias. O mesmo se aplica à Espanha, que enfrenta uma catástrofe de morte.

3. I. Martín, Coronavirus en Europa, *Clarín*. Disponível em: <https://www.clarin.com/>.

Os EUA foram colocados na caixa oposta à do seu principal rival. Parecia ser o vencedor geopolítico inicial da crise do novo coronavírus e agora suporta as consequências mais duras da pandemia. As vantagens do início se insinuaram no grande afluxo de capitais internacionais que sucederam ao tremor dos mercados. Como aconteceu em 2008, o dólar e os títulos do tesouro tornaram-se os refúgios preferidos dos investidores assustados.

O fechamento das fronteiras também sustenta a estratégia do setor americanista, contra os segmentos globalizados das classes dominantes estadunidenses. Alguns analistas acreditam que o recuo abrupto para atividades econômicas autocentradas favorece o projeto de Trump[4]. Porém, esses dados promissores para o magnata foram neutralizados pela massa de infectados. Os EUA têm o maior número de pessoas infectadas e todos os dias Trump improvisa alguma medida a fim de lidar com um perigo que ele excluiu de forma explícita. Desmontou a equipe de resposta à pandemia do Conselho Nacional de Segurança e desconheceu os resultados de uma simulação desse cataclismo. Agora é incapaz de articular um plano mínimo para lidar com o desastre sanitário, por isso se agravou a fissura interna. Os governadores desafiam a autoridade presidencial e cada Estado reage por conta própria. Enquanto a Califórnia e Washington conseguiram prevenir-se com a adoção de uma quarentena precoce, Nova York evitou o isolamento e enfrenta as terríveis consequências dessa omissão. Toda a estratégia internacional de Trump foi posta em espera. Ninguém sabe como seguirá o seu mercantilismo bilateral e a tentativa de restaurar a hegemonia estadunidense, utilizando a supremacia tecnológica, militar e financeira do país. As concessões que o valentão milionário tinha conseguido dos seus concorrentes voltarão à mesa de negociações.

---

4. R. Haass, The Pandemic Will Accelerate History Rather Than Reshape, *Foreign Affairs*. Disponível em: <https://www.foreignaffairs.com/>.

Alguns analistas acreditam que os EUA perderam o seu atrativo. Contudo, o aspecto mais chocante da atual crise é o recuo internacional de um império que abandona o seu disfarce de socorrista do mundo, retirou-se para o autoisolamento e transmite uma imagem de impotência interna, que mina sua autoridade para agir no exterior[5]. Já não é o país que o resto do mundo quer imitar. Alguns já apontam para comparações com o declínio de outras potências e afirmam que eles atravessam o "momento Chernobyl" da União Soviética (1986) ou o equivalente à crise de Suez da Inglaterra (1956)[6]. Resta saber se tal avaliação da conjuntura será confirmada a longo prazo. Um contundente indicador do declínio seria a queda do dólar e a saída de capitais para outros destinos. Essa reviravolta marcaria de fato um ponto de inflexão. Contudo, por enquanto, a pandemia não elimina a primazia militar do Pentágono, nem o lugar dos EUA como principal salvaguarda imperial do capitalismo. Em ambos os casos, são verificadas as terríveis consequências dos cortes orçamentais impostos pela política sanitária neoliberal. A escassez de reagentes e máscaras, por exemplo, é uma consequência da gestão hospitalar baseada em princípios de rentabilidade e redução de custos. Seja como for, o novo coronavírus reforçou a erosão da União Europeia e aprofundou a crise dos EUA.

Os Efeitos do "Vírus" na América Latina

O novo coronavírus gerou uma verdadeira tragédia na América Latina. O impacto da infecção era previsível numa região tão empobrecida, e o número de contágios

---

5. K. Deyoung; L. Sly; M. Birnbaum, Con Su Aislacionismo, EE. UU. Podría Perder el Liderazgo Global, *La Nacion*. Disponível em: <https://www.lanacion.com.ar/>.
6. P. Cockburn, El "Momento Chernobyl" de Trump, Estados Unidos Podría Perder Para Siempre Su Posición de Superpotencia Mundial, *Rebelion*. Disponível em: <https://rebelion.org>.

confirmou as previsões mais sombrias. Uma população desprotegida não conseguiu lidar com a propagação incontrolável da doença. As dificuldades com a simples lavagem das mãos – em casas pequenas e sem água corrente – tornaram impossível cumprir os requisitos básicos de higiene e do distanciamento social. Em algumas áreas, foram vividas situações dantescas. Se o Brasil, sob a liderança de Bolsonaro, compete com os EUA para ver quem irá quebrar todos os recordes internacionais em relação ao novo coronavírus, a situação dos outros países do continente latino-americano – com exceção da Argentina, Uruguai e Cuba, salvo engano – é um desastre.

O Equador foi testemunha de uma crueldade. Em certas cidades, os mortos foram recolhidos de suas casas sem nenhum cuidado hospitalar. Noutros casos, permaneceram nas ruas até que a prefeitura permitiu os enterros em valas comuns. No Peru, a taxa de mortalidade foi mais elevada e o transbordamento do sistema de saúde levou a uma falta desesperada de oxigênio, que generalizou um mercado sombrio para a compra e venda desse recurso. Os hospitais chilenos foram também incapazes de fazer face à inundação de pessoas infectadas.

Muitos fatores influenciaram a gravidade da pandemia, mas, em todos os casos, foi decisiva a atitude assumida pelos governos. Os líderes da direita negacionista adotaram uma atitude criminosa, ao relativizar os perigos do novo coronavírus. Essa postura provocou uma infinidade de mortes evitáveis. Pelo contrário, as administrações que promoveram a proteção da saúde, com quarentenas rigorosas e precoces, conseguiram reduzir o número de mortes.

A fragilidade da América Latina face à pandemia é o resultado de várias décadas de deificação do mercado nas estruturas inconsistentes do capitalismo dependente. A mesma vulnerabilidade foi verificada face a outras calamidades naturais. Cada terramoto, inundação ou seca causa grandes catástrofes humanitárias. Durante a pandemia, a aflição que prevalece na região tem sido muito visível. O fosso em relação aos países mais desenvolvidos, relativo ao investimento na construção de hospitais, é monumental e não é só o resultado de carências de longa data. O neoliberalismo aumentou dramaticamente o desmantelamento da saúde pública ao desafiar o princípio da universalidade, promoveu estruturas privadas de qualidade para uma minoria e cenários tempestuosos de desamparo para a maioria popular.

O novo coronavírus realçou não apenas as terríveis carências da América Latina em comparação com as economias mais avançadas; o contraste é também significativo com os países asiáticos. Existe uma enorme lacuna com essa região no manuseamento de reagentes, respiradores ou mecanismos computorizados para monitorar os infectados. A pandemia tem retratado dramaticamente o lugar que cada país ocupa na atual divisão global do trabalho. A própria cartografia do vírus confirma tais diferenças. A infecção irrompeu no continente asiático, que se tornou a oficina do mundo, concentrando todas as tensões contemporâneas de urbanização, de globalização e da industrialização agropecuária. A América Latina tem sido a receptora do contágio, em sua condição de região sobrecarregada pela expropriação, extrativismo e drenagem de rendimentos. Suporta uma calamidade externa e demonstra pouca capacidade para lidar com essa adversidade.

Política de Crise, Agressão e Salvamento

As previsões do colapso econômico regional são aterradoras. A Cepal (Comissão Econômica Para a América Latina e o Caribe) projeta um colapso de 5,3%, o Banco Mundial, de 4,6%, e o FMI, de 5,2%. Esses números equivalem ao colapso sofrido durante a depressão da década de 1930 e ultrapassam amplamente a queda de 2009. A gravidade da crise que se aproxima deriva de quatro adversidades convergentes. Os preços das matérias primas caem, a China irá abrandar as compras de produtos básicos, haverá escassez de divisas devido ao declínio combinado do turismo e das remessas e a deterioração das cadeias globais de valor afetará o elo centro-americano. A previsão do efeito social dessa tempestade já é visível na destruição de empregos e na crescente pobreza. Uma diferença significativa em comparação com a crise de 2009 é a redução abrupta da capacidade de endividamento regional. Todos os países suportam os efeitos do aumento significativo da dívida pública. O custo relativo da financeirização se acentua e circulam numerosas previsões de um déficit generalizado.

Tal como na escala global, o novo coronavírus desencadeou uma crise sem precedentes na América Latina. Os últimos sete anos de baixo crescimento anteciparam a presença de outra década perdida e a pandemia precipitou o aparecimento de desequilíbrios acumulados em várias frentes. Nas finanças impera uma asfixia de pagamentos, no comércio aumenta o desequilíbrio, na produção confirmam-se as carências no fornecimento de insumos para o sistema de saúde e todos os mercados internos sofrem de agudas contrações. As classes capitalistas utilizam a pandemia para multiplicar as suas agressões contra os trabalhadores. Elas contam com o apoio explícito dos governos de direita e aproveitam a passividade dos líderes de outras orientações.

A pandemia reordena o contexto regional de governos reacionários, progressistas e mais populares. Também modifica o quadro das rebeliões populares que desafiam a restauração conservadora. Todos os líderes de direita estão utilizando a quarentena para militarizar suas gestões. Eles generalizaram o estado de exceção e o protagonismo das forças armadas. Na Colômbia há um toque de recolher e assassinatos de líderes sociais nas suas próprias casas. No Peru, foi introduzida uma lei do "gatilho fácil", que isenta os gendarmes da responsabilidade pelo uso das suas armas. No Chile, foi adiado o plebiscito e são utilizados métodos repressivos cada vez mais duros. Também na Bolívia reina um governo pró-ditatorial e foram adiadas as eleições, buscando impossibilitar, "com as botas", o retorno de Evo Morales. No Equador, a mesma brutalidade está em vigor, assim como a manipulação descarada da justiça contra os adversários. Em El Salvador, o autoritarismo sanitário coroou a irrupção de soldados no parlamento, e, na Guatemala, a quarentena funciona em conluio com o crime organizado.

Os líderes de direita utilizam todos os argumentos negacionistas, promovem frequentemente o fim de qualquer quarentena, sublinhando o seu efeito devastador sobre a economia. Com surpreendente preocupação com os mais necessitados, explicam como as medidas sanitárias impedem a retomada do nível de atividade econômica, que termina afetando mais aos pobres. Todavia, omitem que a ausência dessa paralisação converteria os mais vulneráveis economicamente nas principais vítimas da infecção pelo vírus.

Variantes Que Configuram Políticas Progressistas

A forma de agir do governo da Argentina, em relação à pandemia, definiu parcialmente o rosto político de Alberto Ángel Fernández, que foi eleito impulsionado por uma frente de correntes conservadoras e progressistas do peronismo. As primeiras medidas e as figuras incorporadas à sua administração já pressagiavam a preeminência dos setores de centro-esquerda. Essa antecipação foi confirmada no tratamento da pandemia.

O tipo de proteção da saúde promovido pelo governo expressa uma visão progressista, mas longe de ter objetivos radicais. É por isso que conseguiu controlar a infecção. Fez acordos com o poderoso setor privado da medicina pré--paga. A continuidade do serviço foi negociada com essas empresas, sem aumentar as taxas e com alguma centralização dos recursos clínicos.

Na Argentina, a tendência progressista se afirmou em um discurso antinegacionista, que colidiu com a exigência de acabar com a quarentena. Tal abordagem tem contribuído para criar uma consciência coletiva significativa do perigo oriundo dos contágios. Tem havido uma aceitação surpreendente das restrições, num país relutante em obedecer a essas medidas. O governo tratou as regras do confinamento domiciliar sem qualquer militarização. Houve denúncias de coerção, abusos e mesmo repressões por parte das forças de segurança. Mas, ao contrário da maioria dos países latino-americanos, tais atos não fizeram parte de um "estado de exceção" ou "toque de recolher". O contraste com as administrações de direita é notório em várias áreas e as diferenças com o Brasil são abissais. Nunca os dois vizinhos estiveram tão afastados na gestão de uma mesma crise.

Porém, a reinvenção progressiva de Fernández, frente ao novo coronavírus, será corroborada ou negada em sua conduta frente a uma crise econômica de grande condicionamento recessivo e potencial interrupção de pagamentos. Até agora, ele tem seguido um caminho contraditório. Por um lado, favorece a suspensão de pagamentos de juros da dívida por três anos, promove medidas de controle local de preços, exige que os bancos acelerem a ajuda às empresas e antecipa um imposto sobre grandes fortunas.

Por outro lado, mantém a ligação com o FMI e com a dívida futura mediante trocas de títulos. Além disso, não implementa o freio efetivo da escassez, valida a obstrução bancária dos auxílios de crédito, tolera as demissões e a queda do salário. Resta saber como concluirá a proposta de tributar os ricos. Fernández costuma dizer que "prefere um 10% mais de pobres que cem mil mortos", mas omite dessa equação os mais ricos. Se os penaliza com impostos significativos, introduzirá uma variável que modificará o dilema presidencial.

Outro ponto de referência de centro-esquerda latino-americano exige uma comparação com Andrés Manuel López Obrador, que se confronta com a direita bélica mexicana e também percorre um caminho intermediário. Mas ele mantém boas relações com Trump, tece elogios às forças armadas e negocia sem pausas com a grande burguesia. Sua administração tem maior extensão que seu homólogo argentino, com parcos resultados na redução da violência e na reativação da economia. Mantém, também, megaprojetos de refinarias e transportes, que afetam o tecido social comunitário. Face ao novo coronavírus, adotou um curso de proteção da saúde e ratificou que não irá desperdiçar os recursos públicos para salvar os grandes capitalistas. No entanto, Obrador não avalia a revisão da dívida externa ou a introdução de um imposto sobre as grandes fortunas. Num cenário econômico que não apresenta a gravidade da Argentina, Obrador optou por uma variante mais moderada do progressismo.

Protagonismo Exemplar e Solidarismo Internacional

O esforço de recuperação da Venezuela e a busca de um protagonismo e nova centralidade de Cuba fornecem os dois dados singulares do eixo mais radicalizado na crise do novo coronavírus.

Na Venezuela, o regime bolivariano agiu com grande determinação para controlar a infecção e enfrenta a pandemia juntamente com bloqueios econômicos e agressões militares diárias. Essa batalha em duas frentes destaca o feito de ter limitado o contágio. Nenhum outro país se atreveria a implementar uma quarentena no meio de uma grande mobilização defensiva contra os paramilitares treinados, possivelmente, pelo Pentágono. A Venezuela deveria ter estabelecido um toque de recolher nas províncias fronteiriças para repelir a entrada de grupos terroristas, uma vez que se acha no auge da pandemia. Ativou a preparação dos milicianos, repeliu uma provocação da costa e desarticulou uma operação mercenária de agência internacional, que tentava tomar o principal aeroporto do país. O maior sucesso foi a captura de membros de forças especiais estrangeiras, que conspiravam sob a cobertura da empresa contratante, a Silvercorp. O governo de Nicolás Maduro experimentou vitória semelhante ao que protagonizaram seus vizinhos caribenhos na Baía dos Porcos. Optou por reforçar a resistência, para evitar a repetição do que aconteceu na Bolívia. Recuperou ainda a autoridade regional, com o acolhimento de migrantes que retornam do exílio. Porta-vozes de direita, que denunciaram a massiva migração ao exterior de venezuelanos pobres, estão agora silenciando esse regresso ao país natal. Os governos que utilizaram esse fluxo migratório para denegrir o processo bolivariano arquivaram as suas campanhas "humanitárias" e livraram-se de uma massa desconfortável de estrangeiros.

A esse quadro de retomada política da Venezuela se junta Cuba, onde a pandemia tem sido controlada com poucos recursos. A ilha continua convivendo com um bloqueio, que recentemente impediu a chegada de uma doação de reagentes e máscaras enviadas pelo empresário chinês Jack Ma. Porém o mais marcante é o renovado papel internacional do país. Produtora do conhecido antiviral para combater a infecção (interferon alpha 2b), a solidariedade é a característica dominante de um governo que atendeu imediatamente aos primeiros turistas infectados em navios de cruzeiro.

Como em outros países, a Argentina lançou uma campanha louca contra os médicos estrangeiros "que têm pouca formação" e atuam como "agentes de inteligência". A esse absurdo de desqualificação profissional, somam-se acusações exóticas de manejo estatal fraudulento dos honorários dos médicos. A cegueira anticomunista impede os denunciantes de registrar que a fama dos médicos cubanos se deve à sua especialidade em curas de campanha em frentes de saúde arriscadas. Esse trabalho tem sido feito em centenas de países que lidam com a dengue, a cólera e os terremotos. Nos últimos dois meses, Cuba realizou esforços extraordinários de auxílio na Itália, Andorra, Jamaica, Venezuela, Nicarágua, Suriname, Belize e Granada, e tem colaborado estreitamente em operações dentro da China. O mais marcante é a sua participação nos esforços de socorro em países altamente desenvolvidos. A experiência dessas brigadas em lidar com cenários de catástrofes naturais é amplamente conhecida e elogiada. Basta comparar a função que cumprem tais brigadistas com a nefasta ação levada a cabo pelas pessoas envolvidas nas "intervenções humanitárias" comandadas por Washington. O Haiti oferece um nítido exemplo desse contraste. Na convulsão global gerada pelo novo coronavírus, se tornou particularmente relevante o contraste entre o humanismo e a ganância.

Elementos de Esperanças no Mundo e Revalorização da Saúde Pública

O reinício pós-pandêmico enfrentará um contexto socioeconômico terrível. As exigências mais prementes envolvem a proteção da saúde. Mas crescem também as exigências face às várias situações em que é impossível o cumprimento da quarentena. O chamado para "ficar em casa" não funciona em comunidades de habitações precárias, que são geladas no inverno e sufocantes no verão. Entretanto, são incontáveis as iniciativas de voluntários que se inscrevem para ajudar os doentes, os infectados e os idosos. Essa onda ilustra uma crescente disposição para a ação coletiva. Esse cenário criou muitos espaços para a convergência de correntes com propostas semelhantes. É unânime a reivindicação para fortalecer os sistemas de saúde pública em escala nacional e para lutar, em nível mundial, contra a mercantilização dos medicamentos, anulando os regimes de propriedade intelectual.

A revalorização da saúde pública é o mais relevante dos elementos positivos produzidos pela pandemia. Demoliu a crença liberal, que atribui a cada indivíduo a responsabilidade pela sua própria saúde e favorece a conveniência de a gerir com um bom contrato de risco. Os regimes epidemiológicos individualizados tiveram confirmadas suas inconsistências, uma vez que só pode responder às necessidades mais correntes. Em todos os países se verifica que a saúde é um bem público indispensável para a defesa do corpo social frente às doenças[7]. A ideologia neoliberal tem sido muito golpeada em seus princípios de individualismo, concorrência e mercado. Agora, impera a necessidade de regras opostas com uma maior presença do Estado, uma regulamentação crescente e o primado da ação comunitária. A pandemia está provocando um terremoto conceitual entre os críticos da privatização da saúde. É evidente que esse sistema é totalmente ineficaz em situações de emergência social. Assim como o sistema bancário entra em colapso em momentos críticos.

Os países que colocaram em cima da mesa a reconstrução de um sistema de saúde estatal, acessível a toda a população, têm confirmado sua pertinência. Na Irlanda, foi introduzido o estatuto público dos hospitais privados. O governador de Nova York ordenou a utilização de respiradores em sanatórios de alta renda. A exigência de nacionalizar o sistema está ganhando adeptos, especialmente em nações que continuaram a cobrar por testes depois de a pandemia já ter se desencadeado.

As incontáveis iniciativas de cooperação são outro elemento positivo. Voluntários que participam na ajuda aos idosos, organizações sociais que colaboram na manutenção da quarentena, jovens que fabricam imaginativos protetores contra o contágio, cooperativas que sofrem mudanças com a finalidade de produzir máscaras.

---

[7]. A. Bihr, Por la Socialización del Aparato de Salud, *Sin Permiso*. Disponível em: <https://www.sinpermiso.info/>.

O reconhecimento e aplauso cotidiano pelo papel heroico desempenhado por médicos e enfermeiros, corroboram esse ressurgimento do apoio coletivo ao trabalho comunitário. Na arena internacional, essa revalorização da ação solidária está particularmente consubstanciada no exemplo dos médicos cubanos. Perante a proibição da União Europeia de exportar artigos médicos, a Itália solicitou ajuda a Cuba (e à China), que responderam imediatamente.

As redes sociais podem converter-se no grande canal da nova sensibilidade cooperativa, que desponta com o novo coronavírus. Desempenharam um papel central no entrelaçamento dos protestos globais de 2019 e poderiam, agora, formar o tecido necessário para construir a resposta popular ao desastre capitalista.

Numerosos movimentos populares têm difundido programas para enfrentar a comoção atual. Todos partilham propostas de alcance mundial, face a uma calamidade que exige respostas a esse nível. O perfil internacional retoma a tradição dos fóruns sociais da década passada e de dois grandes movimentos (feminismo e ecologia) que atuam em escala planetária. Na realidade, todas as plataformas combinam exigências com um alvo duplo. Há exigências imediatas dirigidas aos Estados nacionais e propostas que reclamam ações em nível mundial[8].

A defesa dos direitos sociais dos trabalhadores implica, em muitos casos, o direito de permanecerem em suas casas, com pagamento integral dos salários, proibição de demissões e o estabelecimento de um rendimento universal garantido. São também postuladas medidas de centralização, intervenção ou nacionalização da atividade sanitária, juntamente com a supressão da propriedade intelectual no campo da medicina. Convoca-se

---

8. Asamblea Internacional de los Pueblos e Instituto Tricontinental de Investigación Social. "A la Luz de la Pandemia Global, Pongamos la Vida Antes Que el Capital", *Sin Permiso*. Disponível em: <https://www.sinpermiso.info/>.

a cobrança de recursos com impostos sobre grandes fortunas e se exige a anulação das dívidas da periferia. Os programas também promovem a suspensão das expulsões e a introdução de um rendimento universal significativo. É o momento oportuno e necessário para introduzir o rendimento básico. A pandemia também demonstrou a necessidade urgente de uma mudança radical na produção alimentar, a sua procura suficiente e saudável, mediante a priorização da agricultura cooperativa. As formas cooperativas e o protagonismo do Estado são indispensáveis para reduzir as infecções geradas pelo agronegócio. A habitação digna com serviços básicos garantidos tornou-se tão essencial como a suspensão de despejos e moratórias de dívidas para as famílias sufocadas pelo passivo.

Como consequência do novo coronavírus, todos os países precisam financiar as gigantescas despesas públicas que a paralisia da economia exige. Mas a batalha pela saúde contra o lucro é uma luta política que não se processa com declamações, e o capitalismo não diminuirá simplesmente por causa do efeito da pandemia[9]. A auditoria da dívida externa e a suspensão de seu pagamento tornaram-se inevitáveis. Face ao colapso da cobrança, a introdução de impostos sobre grandes fortunas se impõe, com o modelo de um "imposto Covid" já discutido em vários países. O novo coronavírus não é o fim do mundo, mas pode deixar para trás o modelo das últimas quatro décadas. Esse resultado exige penalizar a ganância e premiar a solidariedade.

---

9. Como parece sugerir Slavoj Zizek, El Coronavirus Es un Golpe al Capitalismo al Estilo de "Kill Bill" y Podría Conducir a la Reinvención del Comunismo, *Esfera Publica*. Disponível em: <http://esferapublica.org/>.

Referências

Revistas

ASAMBLEA INTERNACIONAL de los Pueblos e Instituto Tricontinental de Investigación Social. "A la Luz de la Pandemia Global, Pongamos la Vida Antes Que el Capital". *Sin Permiso*, 21 mar. 2020. Disponível em: <https://www.sinpermiso.info/textos>. Acesso em: 10 abr. 2020.

BIHR, Alain. Por la Socialización del Aparato de Salud. *Sin Permiso*, 21 mar. 2020. Disponível em: <https://www.sinpermiso.info/textos>. Acesso em: 10 abr. 2020.

COCKBURN, Patrick. El "Momento Chernobyl" de Trump, Estados Unidos Podría Perder Para Siempre Su Posición de Superpotencia Mundial. *Rebelion*, 03 abr. 2020. Disponível em: <https://rebelion.org>. Acesso em: 10 abr. 2020.

DEYOUNG, Karen; SLY, Liz; BIRNBAUM, Michael. Con Su Aislacionismo, EE. UU. Podría Perder el Liderazgo Global. *La Nacion*, 28 mar. 2020. Disponível em: <https://www.lanacion.com.ar/>. Acesso em: 10 abr. 2020.

HAASS, Richard. The Pandemic Will Accelerate History Rather Than Reshape. *Foreign Affairs*, 7 abr. 2020. Disponível em: <https://www.foreignaffairs.com/>. Acesso em: 10 abr. 2020.

HUSSON, Michel. Neoliberalismo Contaminado. *Viento Sur*, 02 abr. 2020. Disponível em: <https://vientosur.info/>. Acesso em: 10 abr. 2020.

MARTÍN, Idafe. Coronavirus en Europa: Rotundo Fracaso de una Cumbre de los Ministros de Finanzas Sobre la Recuperación Económica. *Clarin*, 8 abr. 2020. Disponível em: <https://www.clarin.com/mundo>. Acesso em: 10 abr. 2020.

ZIZEK, Slavoj. El Coronavirus Es un Golpe al Capitalismo al Estilo de "Kill Bill" y Podría Conducir a la Reinvención del Comunismo. *Esfera Publica*, 18 mar. 2020. Disponível em: <http://esferapublica.org/nfblog>. Acesso em: 10 abr. 2020.

Site

TOUSSAINT, Eric. La Pandemia del Capitalismo, el Coronavirus y la Crisis Económica. *Comité Para la Abolición de las Deudas Ilegítimas*, 20 mar. 2020. Disponível em: <https://www.cadtm.org/>. Acesso em: 10 abr. 2020.

A EXPLOSIVA COMBINAÇÃO ENTRE A GRANDE RECESSÃO E A PANDEMIA: O QUE JÁ ERA DIFÍCIL TORNOU-SE IMPOSSÍVEL?

Paulo Balanco
Humberto Miranda do Nascimento

Com o surgimento do surto da Covid-19, um novo ingrediente explosivo veio se somar à já cambaleante economia capitalista. O letárgico desempenho da economia internacional que se seguiu à última grande crise, a crise *subprime*, que eclodiu em 2007-2008, continuou por cerca de uma década, o que ensejou sua caracterização como uma Grande Recessão. E, antes que sinais robustos de recuperação fossem vislumbrados, vemos agora seu agravamento com o surgimento da pandemia.

Neste texto, pretendemos analisar essa nova conjuntura, procurando articular a natureza da crise econômica em andamento depois de 2007 e os efeitos oriundos da ação devastadora do novo coronavírus, que contribuem para a deterioração da economia. Se, entre 2007 e 2019, tivemos, em um grande número de países, em comparação com o período anterior à crise *subprime*, crescimento econômico rastejante, desemprego relativamente alto, degradação das relações de trabalho, taxas de lucro cadentes do capital produtivo e níveis de investimento medíocres, com a pandemia, essas variáveis apresentarão resultados muito mais negativos, com a diferença que, nessa situação, todos os países serão, inapelavelmente, atingidos.

Quanto à Grande Recessão, no que tange à sua origem e resiliência, pretendemos abordá-la adotando como diretriz uma explanação baseada nos papéis desempenhados pela financeirização e pela dívida estatal no interior desse cenário. A nosso ver, uma mudança funcional do endividamento público, no âmbito do aparelho econômico, representa uma das transformações mais relevantes do capitalismo no período contemporâneo, vale dizer, as que advieram, mais decisivamente, a partir de meados dos anos 1970.

Todavia, um fenômeno anterior deve ser destacado, a saber, a financeirização. À primeira vista, inerente ao plano monetário-financeiro, expressaria, como muitos argumentam, uma modificação significativa da relação entre as esferas da produção real e a esfera financeira. De outra parte, no período atual, o capitalismo, considerando determinadas pressuposições, também pode ser analisado mediante o emprego da noção de globalização. Esta, por sua vez, representa o amplo movimento de desregulação, flexibilização e integração dos fluxos econômico e financeiro entre os países que integram a economia mundial. Nesses termos, podemos falar de uma globalização financeira que, entre outros aspectos, acarreta uma redefinição dos papéis exercidos pelo Estado na economia capitalista, em particular a intensificação de sua função "redistributiva" do excedente social, ou, em outras palavras, de parte da riqueza produzida, entre os vários segmentos que compõem a classe dos capitalistas[1].

A Grande Recessão, ora em andamento, ao mesmo tempo que parece ter contribuído para o afloramento de limites a uma norma aparentemente inexorável do capitalismo, qual seja, o crescimento econômico permanente, também exacerbou os efeitos ordinariamente deletérios implícitos a esse processo. Nesse contexto, a irrupção da pandemia da Covid-19, não apenas um fenômeno natural, potencializa os elementos de colapso e ameaça mergulhar o capitalismo em uma profunda depressão.

O Lugar da Financeirização

Entre as várias possíveis definições de capitalismo, uma delas pode ser formulada mediante o emprego do conceito de reprodução, quer dizer, mais especificamente, acumulação de capital. Ademais, do termo capital, tomado em abstrato, ou em geral, derivam, concretamente, três formas, a saber, o capital industrial, o capital comercial e o capital financeiro, que interagem concorrencialmente através dos mercados, desempenhando funções específicas para a viabilização da reprodução. Como capitais que são, por definição, recebem uma remuneração, ou um "lucro", que, afinal de contas, é um pressuposto para a materialização da própria reprodução. Acontece que nenhuma forma de capital poderá ter seu valor ampliado ou obter lucro se não houver produção. Na verdade, à guisa de precisão, o capital comercial recebe o lucro comercial, o capital financeiro é recompensado mediante o recebimento de juros e o capital industrial aufere o lucro industrial, ou lucro empresarial. Contudo, comungando com a teoria do capital de Marx, o lucro comercial e os juros nada mais representam que uma redistribuição do verdadeiro lucro. E este somente é

---

1. F. Chesnais, *Finance Capital Today*, p. 14 e 16.

gerado no setor produtivo da economia, ou seja, no âmbito do capital industrial[2].

Por outro lado, aparentemente, a financeirização decorre de uma das formas concretas do capital, a saber, o capital financeiro, podendo ser definida enfatizando sua dimensão quantitativa, ou seja, o crescimento impressionante dos montantes de ativos financeiros a partir do final dos anos 1970. Mas podemos atribuir maior robustez a esse conceito, tendo em conta a estrutura da qual é parte integrante, o que significa dizer que a financeirização deve ser entendida como consequência de transformações nas relações entre as esferas produtiva e financeira, mas, de maneira alguma, implica a subordinação da primeira à segunda[3]. Para Stravos Mavroudeas e Demophanes Papadatos,

a dilatação espetacular do sistema financeiro durante as décadas recentes, de fraca rentabilidade e acumulação, não constitui uma nova época, muito menos um novo capitalismo. Em vez disso, representa uma resposta capitalista familiar a períodos de fraca rentabilidade. Isso não impede a proliferação de novos instrumentos financeiros que exibem novas formas específicas a um processo capitalista bem conhecido[4].

Se é verdade que a financeirização introduziu novos elementos que potencializam algumas características regulares do capitalismo, sobretudo a instabilidade e a turbulência, seria difícil concordar, o que aparenta ser um senso comum, que as finanças passaram a comandar

2. K. Marx, *O Capital: Crítica da Economia Política*, livro III, seções IV e V.
3. Entre vários autores, que compartilham dessa visão, destacamos: S. Mavroudeas; D. Papadatos, Is the Financialization Hypothesis a Theoretical Blind Alley?, *World Review of Political Economy*, v. 9, n. 4; E. Prado, Exame Crítico da Teoria da Financeirização, *Crítica Marxista*, n. 39, p.13-34; F.P. Cipolla; G.C.R. Pinto, Crítica das Teorias da Financeirização, *Revista da Sociedade Brasileira de Economia Política*, v. 27, p. 6-28; G. Carchedi; M. Roberts, The Long Roots of the Present Crisis: Keynesians, Austerians, and Marx's Law, em G. Carchedi; M. Roberts (eds.), *World in Crisis*; A. Kliman, *The Failure of Capitalist Production*.
4. Op. cit., p. 453-454. (Tradução nossa.)

o processo econômico como um todo. Acreditamos que a financeirização não corresponde a uma anomalia, mas, ao contrário, expressa uma trajetória previsível[5], alinhada a uma tendência secular do desenvolvimento do capitalismo, ou, em outras palavras, do seu desenvolvimento esperado associado à ampliação do crédito.

Por sua vez, a ampliação do crédito responde, logicamente, às necessidades da acumulação real de capital[6]. Ou seja, no capitalismo contemporâneo, "realmente existente", a financeirização é uma de suas partes componentes, embora não autônoma[7]. Antes de tudo, é preciso reconhecer que as finanças se articulam com o processo de geração de mercadorias, ligação que determina que a fonte do lucro e, portanto, dos juros, ou a rentabilização dos ativos financeiros, não é uma suposta expropriação financeira, mas sim a exploração do trabalho na produção[8].

Disso decorre que as causas das crises econômico-financeiras, ao ressaltarmos a precedência da esfera produtiva, estão localizadas na dinâmica da acumulação de capital. Não obstante, essa dinâmica determina as oscilações da taxa de lucro, que se manifestam ciclicamente não apenas como crises (recessões e depressões econômicas), mas também como expansão da acumulação (períodos de crescimento econômico e prosperidade).

Sumarizando, consideramos a financeirização uma manifestação econômico-social decorrente da lógica da acumulação em um período da história recente do capitalismo. Seu surgimento representa uma mudança qualitativa, provocada pela queda e a estagnação relativa da taxa geral de lucro das economias capitalistas centrais, a partir dos anos 1970. Essa inflexão, que acarretou

---

5. E. Prado, op. cit., p.13-34.
6. Ver F.P. Cipolla; G.C.R. Pinto, op. cit.
7. F. Chesnais, op. cit., p. 14.
8. M. Roberts, Owning Financialization, *Monthly Review*. (Tradução nossa.) Disponível em: <https://monthlyreview.org/>; B. Fine, Locating financialisation, *Historical Materialism*, v. 18, n. 2.

a introdução de novos arranjos econômicos, políticos e institucionais – as várias inovações financeiras, as muitas transformações no âmbito dos processos produtivos, e as modificações da ação econômica e institucional do Estado –, visava exclusivamente a recuperação da lucratividade e a garantia da continuidade da acumulação.

Crise e a Consolidação do Estado Endividado

Durante os chamados Anos Dourados, correspondente ao período, aproximadamente, 1945-1975, o Estado desempenhou um papel indispensável para a viabilização do modelo de desenvolvimento adotado pelos países centrais do capitalismo. Ações articuladas a partir do aparelho estatal resultaram em crescimento sustentado e na introdução de um conjunto de dispositivos de bem-estar (o *welfare state*). A acumulação de capital, em ritmo relativamente intenso, assegurava uma arrecadação tributária suficiente para a cobertura das despesas, prevalecendo políticas de natureza fiscal.

Com o término daquela onda expansionista, quer dizer, quando a lucratividade começou a fazer água, nos termos formulados por Streeck, o *Estado fiscal* se transformou em *Estado endividado*. Essa mudança qualitativa, segundo o autor, deve-se à forma como o Estado financia suas despesas: o Estado fiscal financia seus gastos, sobretudo mediante a aplicação de impostos, embora preservasse uma dívida pública (DP) no mais das vezes relativamente ajustada ao crescimento econômico. Diferentemente, na condição de Estado endividado, suas despesas são financiadas, em grande parte, por meio de empréstimos realizados junto à sociedade, ou melhor, tomando capital emprestado, principalmente dos membros das classes mais abastadas[9].

---

9. W. Streeck, *Tempo Comprado*, p. 51.

Ao assumir-se como parte decisiva da armação de financiamento ao setor produtivo no pós-Segunda Guerra, o Estado adquiria importância insubstituível para a adoção de políticas fiscais expansionistas, consolidando o Estado fiscal:

a transferência de parte da riqueza e da renda para o Estado – e sua redistribuição sistêmica integradora de um mecanismo reprodutivo favorável aos capitais privados na esfera não financeira – foi tolerada sem maiores questionamentos até que o padrão de acumulação começasse a se esgarçar[10].

O declínio inevitável desse modelo de crescimento, e sua substituição, conduziu a uma alteração da DP como instrumento do processo de reprodução. Estamos a falar da constituição do Estado endividado e sua consolidação no período 1980-2007 como componente dos arranjos e transformações que deram ensejo à financeirização e ao neoliberalismo.

Quando surgiu a estagnação econômica, em meados dos anos 1970, ocorreu uma mudança na forma da articulação do capital produtivo com o circuito monetário alterando, de tal modo, a natureza do endividamento. Com a crise, apresentou-se crescente dificuldade das empresas privadas em financiar novos investimentos em máquinas e equipamentos, a partir do lucro próprio. Com o recurso crescente ao sistema financeiro, enfraquecia-se, assim, a estrutura creditícia clássica baseada em capitais ociosos, oriundos do próprio setor produtor de mercadorias, distribuído e intermediado pelo sistema bancário, mudando radicalmente a relação temporal entre a produção do lucro e a remuneração do capital monetário tomado emprestado.

Por que essa alteração qualitativa na geração de crédito ao capital produtivo é uma fonte potencial de crise? Porque agora, com o rebaixamento dos níveis de

---

10. P. Balanco, E.C. Pinto, Os Anos Dourados do Capitalismo, *Pesquisa & Debates*, v. 18, n. 1 (31), p. 27-47.

rentabilidade, a produção do lucro futuro, necessária ao pagamento dos juros e efetuação da amortização do capital emprestado, é algo sujeito à incerteza, quer dizer, não há sequer garantias de que a própria produção irá realizar-se[11].

A partir do fim dos anos dourados e início do neoliberalismo, esses novos elementos se impuseram universalmente, e se consolidaram como uma nova estrutura de crédito. À vista disso, surge uma precondição: a necessidade de geração de uma massa de lucro cada vez mais elevada; porém, a ser cumprida pelo menos em um determinado piso, sob o risco de rebentar uma crise sistêmica. Esse descasamento coloca um elemento novo no sistema de crédito, ou seja, o surgimento de uma extensão do número de agentes, e de instrumentos, fornecedores de financiamento, de forma a tornar possível a criação de cadeias creditícias cada vez mais longas, que disponibilizam o capital monetário expresso em dinheiro sem conteúdo material, sem a ancoragem em uma mercadoria portadora de valor, diferentemente do que ocorrera com o padrão-ouro[12].

Aqui encontramos as bases para o crescimento do endividamento na economia capitalista contemporânea, tanto na esfera privada (empresas e famílias) quanto no setor público. Particularmente, esse cenário impôs ao Estado a implantação de ações estimuladoras da retomada do crescimento, em conformidade com o receituário de elevação dos gastos públicos, mas, nessa etapa, financiados mediante a geração de dívida. A combinação entre a queda da taxa geral de lucro, a extinção do padrão-ouro e a desregulamentação dos mercados, colocou em marcha um processo de endividamento global inédito nunca visto, acompanhado da formação de bolhas financeiras de amplo espectro e fonte de instabilidade permanente.

---

11. R. Kurz, *Dinheiro Sem Valor*, p. 294.
12. Ibidem, p. 298.

O endividamento estrutural, como analisamos, de acordo com os parâmetros temporais por nós adotados, se transforma em normalidade a partir do início dos anos 1980, embora sua gênese tenha surgido preteritamente. Em seguida ao período 1980-2007, no qual a consolidação desse processo se efetiva, a crise *subprime* acabou por aprofundar suas raízes.

A Simbiose Entre a Grande Recessão e a Pandemia: Estagnação, Recessão e Retrocesso Social

Após a eclosão da crise *subprime*, em 2007-2008, o endividamento estatal, não apenas em consequência da atuação do Estado como "recurso de última instância", constituiu-se em uma área de escape quase exclusiva para a tentativa de reanimação da economia. Contrariamente ao pretendido, a estagnação passou a predominar e a Grande Recessão acabou prevalecendo durante todo o período 2007-2019: desaceleração e retração econômicas, evidentemente acompanhadas por ondas de insolvência e falências de empresas e famílias, e de desemprego vertiginoso, se impuseram. Os estímulos monetários, representados por gigantescas injeções de capital pelos bancos centrais nos mercados financeiros, resultaram em reação muito tímida do nível de atividade, enquanto o crescimento das dívidas estatais, em boa medida decorrente desse tipo de política monetária, conduziu os governos desses países à trilha da saída convencional, e mais fácil, da austeridade. Queremos dizer com isso que a facilidade da solução adotada deve ser relacionada ao ambiente das classes sociais, posto que as elites econômicas e políticas, em situações catastróficas como a que estamos a descrever, convergem rapidamente para a posição unitária de transferência dos prejuízos para as classes que vivem do trabalho.

Particularmente, desde 2007, o baixo crescimento econômico é atribuído pelos economistas convencionais à magnitude relativamente elevada da DP. Na verdade, essa relação flui na direção oposta, isto é, o fraco crescimento econômico, decorrente de taxas de lucro e taxas de investimentos produtivos deprimidas, levam o Estado a lançar mão de medidas apoiadas na DP, que supostamente alavancariam o crescimento, entre elas a política monetária de expansão da liquidez[13].

Depois que o *default* dos devedores se tornou realidade, no curto espaço de três anos (2008-2010), que abarca os efeitos recessivos mais duros da crise, o montante de crédito concedido ao setor não financeiro estadunidense cresceu em cerca de US$ 4,5 trilhões. Mesmo assim, após essa verdadeira inundação de liquidez, a retomada do crescimento não foi totalmente destravada.

A integração entre as economias nacionais atualmente acontece em vista de elementos qualitativamente novos, do ponto de vista produtivo e financeiro. Não surpreende que o grau de contágio entre essas economias seja efetivamente significativo, tanto nos momentos de ascensão quanto nas inflexões marcadas pelo surgimento de recessões. Como era de se esperar, os efeitos negativos da crise ocorreram não apenas entre os países desenvolvidos, mas também entre aqueles que se encontram em posição hierárquica mais baixa, política e economicamente.

Permanecendo na esfera da economia real, os dados do desempenho das variáveis PIB, emprego e investimentos, à luz do choque de 2008, não deixam dúvidas: o traço comum entre esses países foi a convergência quanto à propagação dos efeitos danosos, de forma que, até o surgimento do surto do novo coronavírus, não se vislumbrava sinais de recuperação sustentada dos patamares que esses países conheceram antes de a crise explodir. Tem-se aí, como podemos depreender, um ambiente fortemente carregado de capital monetário empoçado, que escoou minimamente

---

13. Ver M. Ash; D. Basu; A. Dube, Public Debt and Growth, *University of Massachusetts Amherst, Political Economy Research Institute, Working Papers Series*, n. 433.

para a economia real, e muito mais para o mundo das finanças. Fica claro que os dispositivos da financeirização não foram desarmados, e a busca pelo lucro financeiro parece ter-se acentuado, pressupostos que acabaram por recolocar o endividamento na ordem do dia. Em vez de uma desalavancagem generalizada e uma contração das dívidas constituídas no período pré-crise, presenciamos o contrário, ou seja, a retomada de crescimento da dívida do setor corporativo não financeiro, das famílias e, também, devido às circunstâncias recessivas, da dívida pública[14].

Por fim, é necessário relacionar o endividamento e o funcionamento da economia à delicada questão da vulnerabilidade. Até o início de 2020, em algumas grandes economias, com setores financeiros sistemicamente importantes, empresas não financeiras e empresas financeiras não bancárias apresentavam elevada vulnerabilidade, de acordo com padrões históricos[15]. Com o mergulho da economia mundial na Grande Recessão, a debilidade dos principais fundamentos econômicos persistiu em uma perspectiva de longo prazo, sobretudo como resultado da dormência da lucratividade e o consequente bloqueio dos investimentos produtivos. Essa resiliência impedia a formação de um provável cenário otimista no horizonte próximo, de forma que uma plataforma de relançamento da acumulação de capital de forma sustentada não fora sequer discernida. Então, haveria razões para afirmar que o capitalismo havia adentrado um novo "normal", cujos traços seriam o crescimento rastejante, a formação de bolhas especulativas e a turbulência?

Como conclusão de nossa interpretação acerca das transformações do capitalismo nas décadas recentes, faz-se necessário considerar uma outra dimensão, que passou

---

14. V. Mehta; K. Subramanian, How Debt Has Evolved Since the Global Financial Crisis, *Assessing Global Debt*, p. 11.
15. FMI – International Monetary Fund, *Global Financial Stability Report*, p. 6. Disponível em: <https://www.imf.org/>.

a integrar esse processo de crise. O inesperado, até certo ponto, surto da Covid-19, acrescenta novos ingredientes ao ambiente recessivo enfrentado pela economia capitalista mundial. Como acabamos de afirmar acima, a economia capitalista caminha desde 2007 para a acomodação de uma trajetória não virtuosa; ao contrário, entre 2008 e 2019 cresceram os sinais de desaceleração, impasses e mesmo o estouro de novas bolhas financeiras. Lembremos que, com o advento do capitalismo, as crises econômicas passaram a expressar a ação de fatores causais genuinamente endógenos ao processo econômico, quer dizer, nesse sentido, à dinâmica da acumulação de capital. No capitalismo, diferentemente do que acontecia nas sociedades pré-capitalistas, fenômenos naturais destrutivos produziram efeitos econômicos negativos muito limitados, facilmente dissipados, sem que desdobramentos em crises sistêmicas tenham ocorrido. Para o bem ou para o mal, as leis econômicas do capitalismo prevaleceram até aqui, impondo instabilidade intrínseca e engendrando periodicamente movimentos cíclicos, que alternam períodos de prosperidade e de recessão; algumas poucas profundas depressões ameaçaram a continuidade do sistema.

Agora, com o surgimento da pandemia da Covid-19, o entrelaçamento entre leis econômicas e fenômenos naturais, propicio à potencialização de uma crise sistêmica, parece se efetivar. Os acontecimentos econômicos e sociais, disparados a partir de dezembro de 2019, podem ser considerados inéditos para os padrões capitalistas presenciados historicamente. Por si mesmos, os efeitos deletérios da pandemia poderiam ser considerados suficientemente poderosos para abalarem as estruturas do sistema. É verdade, trata-se da projeção de um cenário distópico, muitas vezes retratado pela literatura e pelo cinema, e teoricamente passível de realização. As avaliações dos efeitos da pandemia, realizadas até o momento, resultam em projeções sombrias. De acordo com um estudo da ONU recém-publicado, a crise atingiu todos os segmentos da população, todos os setores da economia e todas as áreas do mundo. Não é de surpreender que esteja afetando mais as pessoas mais pobres e vulneráveis do mundo. Ela expôs desigualdades severas e profundas em nossas sociedades e está exacerbando ainda mais as disparidades existentes dentro e entre países[16].

Ao final da primeira semana de julho de 2020, a pandemia continuava se expandindo, sem poupar praticamente nenhum país. Enquanto o mundo contabilizava cerca de 550 mil mortos e cerca de 1,6 bilhão de estudantes sem aulas, vários sistemas nacionais de saúde apresentavam fortes sinais de esgotamento. Ainda em termos de graves efeitos à vida das pessoas, a ONU estima que mais da metade dos trabalhadores em todo o mundo teve sua subsistência fortemente afetada, concluindo que "dezenas de milhões de pessoas estão sendo empurradas de volta à extrema pobreza e fome, apagando o modesto progresso feito nos últimos anos"[17].

Acerca dos impactos sobre as variáveis econômicas, avalia-se que, em 2020, a economia mundial experimente talvez a pior recessão em sua história. Nesse sentido, o FMI previa, no que tange ao desempenho do Produto Interno Bruto (PIB), em junho de 2020, uma variação de −4,9% da economia mundial, de −8,0% para as economias avançadas, de −8,0% para os EUA, de −10,2% para a área do Euro, de −3,0% para os mercados e economias emergentes, e de −9,1% para o Brasil[18]. E, segundo a ONU, neste ano de 2020, o comércio internacional deverá se retrair entre 13 e 32%, ao mesmo tempo que o fluxo de Investimento Direto Externo sofrerá um recuo em torno 40%, assim como de 40 a 70% dos pequenos produtores de alimentos, nas regiões em desenvolvimento, serão

---

16. ONU (Organização das Nações Unidas), *The Sustainable Development Goals Report, 2020*, p. 3. Disponível em: <https://unstats.un.org/>.
17. Ibidem, p. 2.
18. FMI, World Economic Outlook Update, June 2020. Disponível em: <https://www.imf.org/>.

duramente afetados. Inevitavelmente, os mercados de trabalho estarão expostos a abalos agudos, que deverão impor a maior taxa de expansão do desemprego desde a Segunda Guerra Mundial. No entanto, podemos prever que alguns de seus segmentos sofrerão maiores impactos, como o setor informal da economia, os trabalhadores autônomos e os trabalhadores diaristas[19].

Nesse novo contexto, a medida de contenção mais utilizada, assim como aconteceu durante a Grande Recessão, tem ligação direta com a ação estatal e com a DP. Como vimos, as restrições internas à economia capitalista impediram a retomada do nível de atividade a um nível satisfatório durante a Grande Recessão; se as emergenciais e massivas injeções estatais de capital impediram um desastre de maior envergadura, por outro lado acabaram esterilizadas no turbilhão da financeirização como alavanca para uma recuperação sustentada.

A gravidade da situação econômico-social posta pela pandemia em curso pode ser aferida pela magnitude dos dispêndios financeiros efetuados pelos governos em todo o planeta. Segundo as mais recentes informações divulgadas pelo FMI, quase US$ 11 trilhões foram liberados, sobretudo para a elevação da capacidade dos serviços de saúde, compensação da redução abrupta de renda familiar e contenção de falências generalizadas. Em contrapartida, essas ações impactaram fortemente na dívida pública global, que agora ultrapassa, inclusive, o valor total do PIB mundial, alcançando o nível mais elevado da história depois do fim da Segunda Guerra Mundial. O FMI projeta que a DP global atingirá 101,5% do PIB mundial em 2020, sendo que para os países avançados chegará a 125%, ao passo que para os países emergentes essa taxa ficará aproximadamente em 60%. Para que se tenha uma ideia do salto das DP forçado pela pandemia, antes da eclosão da crise *subprime*, em 2007, esses índices se situavam em

---

19. ONU, op. cit., p. 40.

cerca de 75% e 30% respectivamente. Vê-se que a magnitude das dívidas praticamente duplicou em um espaço de treze anos, embora, certamente, acelerada pelas intervenções decorrentes da crise pandêmica nestes primeiros sete meses de 2020: entre janeiro e junho de 2020, a DP dos países avançados cresceu em 26,5%, enquanto para os países emergentes tal expansão chegou a 6,8%[20].

Os números apresentados acima acerca da DP correspondem a valores médios, o que significa dizer que, tomando cada país isoladamente, podemos observar situações muito diferentes. É o caso do Brasil, considerado um país emergente, onde encontramos um resultado bem distante do valor médio divulgado pelo FMI para essa categoria. Ao final de 2020, a DP brasileira deverá atingir o montante de cerca de 4,750 trilhões de reais, com isso alcançando aproximadamente 100% do PIB. Trata-se de um crescimento acentuado, uma vez que ao final de 2019 esse indicador encontrava-se no patamar de 75%, o que nos permite deduzir que parte desse crescimento se deve a medidas adotadas pelo governo brasileiro, visando atenuar os efeitos danosos sobre a população e a economia do país.

Isso posto, façamos uma inflexão para articular mais rigorosamente as duas crises em evolução na atual conjuntura, a saber, a Grande Recessão e a crise pandêmica. A primeira, que se estende por mais de uma década, apresentando como traço principal um processo de estagnação econômica relativa, acompanhado de eventos instáveis e turbulentos, acentuou o caráter regressivo, em termos sociais, relativamente ao modelo dos anos dourados. Diante das enormes dificuldades em transpor as barreiras que impediam o retorno a níveis de lucratividade registrados no passado, o Estado foi mobilizado como recurso compensatório. Dessa forma, o excedente econômico passou a ser objeto de redistribuição da sociedade

---

20. V. Gaspar; G. Gopinath, Fiscal Policies for a Transformed World, IMFBlog. Disponível em: <https://blogs.imf.org/>.

para o capital e, para essa finalidade, as despesas públicas novamente foram mobilizadas para a geração de superávits relativamente às receitas governamentais. A geração de superávits orçamentários primários do setor público tornou-se medida de política econômica regular, a partir dos anos 1990, mas respaldada conceitualmente na teoria econômica liberal-conservadora, ou ortodoxa. Por outro lado, os gastos públicos concernentes aos direitos sociais, como saúde, educação, transferências de renda aos mais desprotegidos, seguridade social, entre outras, articulados a uma estrutura tributária democrática e equitativa, mostram-se como poderosos dispositivos de freios e contrapesos capazes de, pelo menos, reduzir as assimetrias quanto à distribuição da riqueza naturalmente implícitas à estrutura da acumulação de capital. Logo, as receitas e as despesas públicas são cada vez mais capturadas pelo capital e, evidentemente, são os elementos mais visados das finanças públicas quando modeladas as medidas de austeridade, sempre justificadas junto à sociedade como as únicas alternativas possíveis para que as contas públicas cheguem ao equilíbrio.

Ademais, o mito do equilíbrio é apresentado abstrata e ideologicamente como uma regra de ouro, o que exige que se localize o verdadeiro interesse de classe implícito a esse controle: quando diferenciamos as rubricas dos gastos públicos pela sua finalidade, verificamos que aquelas que se relacionam ao pagamento dos juros e amortizações da DP são prioritárias e intocáveis, sempre tratadas como entidades sagradas, que não podem ser contrariadas. Quanto às receitas, suas rubricas mais relevantes, os impostos, quer dizer, a elevação da tributação, sobretudo, junto àqueles segmentos mais abastados, a rejeição é sempre veemente. Se as alíquotas de impostos forem elevadas, essa medida recairá sempre sobre as classes sociais que dependem da venda da força de trabalho para sobreviver:

A crescente ampliação da dívida pública tem sido difundida nas economias capitalistas politicamente democráticas desde os anos 1970, geralmente acompanhada, entre outras coisas, pelo fraco crescimento econômico, aumento do desemprego, aumento da desigualdade, crescente resistência fiscal e declínio da participação política. Após um período inicial de consolidação fiscal na década de 1990, a dívida pública deu um salto sem precedentes em resposta à Grande Depressão. Esforços de consolidação renovados, sob a pressão dos "mercados financeiros", apontam para um declínio geral nos gastos do Estado, particularmente despesas discricionárias e de investimento, e de ampla redução e privatização das funções do Estado.[21]

De acordo com o que já comentamos anteriormente, a DP é parte integrante da financeirização. Esta é alimentada, entre outras fontes, pela primeira, de forma que seu crescimento aparece como uma exigência para que a máquina financeira continue a funcionar, esterilizando parte da riqueza real produzida pela sociedade, e pondo em seu lugar o rentismo, que impede a ampliação da produção social. A esse respeito, podemos inferir quais serão os efeitos do crescimento dos gastos do governo brasileiro no curso do surto da pandemia: em primeiro lugar, devemos reconhecer que a orientação econômica daqueles que hoje ocupam o poder está em sintonia com a versão mais regressiva do neoliberalismo. A relutância em injetar dinheiro na economia para proteger os mais vulneráveis e para amenizar a paralisação e recuo do nível de atividade, tanto quanto a omissão no que tange ao impedimento da propagação da epidemia, estão sendo e serão catastróficos. Particularmente, a liberação de cerca de R$ 1,2 trilhão pelo Banco Central do Brasil ao sistema bancário, supostamente para financiar milhares de empresas à mercê da falência e para a preservação do emprego, parece ter sido canalizado prioritariamente pelos bancos para a especulação financeira. A condescendência com o capital financeiro salta aos olhos: a liberação daquela montanha de dinheiro não foi acompanhada de medidas obrigatórias de transferência

21. W. Streeck, The Politics of Public Debt, *Max Planck Institute for the Study of Societies*, p. iii. (Tradução nossa.)

do mesmo para os agentes econômicos que dele necessitam, particularmente pequenas e médias empresas. Numa situação de emergência humanitária como essa, a recusa em disciplinar o grande capital e colocá-lo em sintonia com as necessidades mais imediatas da sociedade apenas acentuam o entrelaçamento promiscuo entre as elites brasileiras e o Estado. Claro está que, a ausência de medidas logicamente necessárias, após a eclosão da pandemia do novo coronavírus, contribuirá para o aprofundamento da recessão econômica em nosso país, na esteira da desaceleração que se presenciava desde 2014. Também, na mesma direção, a recuperação, provavelmente parcial, será mais lenta e dolorosa.

Esse estado de coisas não carrega consigo apenas instabilidade e turbulências, mas, notoriamente, a renúncia à efetivação de uma organização econômica, de acordo com os propósitos civilizatórios mais elementares. Isso remete à estruturação de meios que assegurem padrões de vida minimamente decentes e dispositivos de proteção e segurança materiais, que impeçam o surgimento de consequências deletérias, quando momentos de adversidades econômicas ou naturais se manifestam, tal como está a ocorrer neste momento da história da humanidade. Ao mesmo tempo que a Grande Recessão, desde 2007, foi se consolidando, paulatinamente a sociedade foi perdendo as garantias que a protegiam ou foi impedida de obtê-las, uma vez que a prioridade sempre foi compensar o capital e punir a sociedade. É por essa razão que acreditamos que há uma simbiose entre a Grande Recessão e a pandemia da Covid-19; se após a crise *subprime* a economia fosse reorganizada de forma a priorizar os marcos civilizatórios e, portanto, reduzir os riscos do surgimento de novas crises com seus efeitos adversos, dificilmente o aparecimento do vírus, e sua propagação, acarretaria o desastre que acabou se materializando; ou talvez, quem sabe, a epidemia nem sequer teria se consolidado.

Os efeitos funestos dos eventos ocorridos desde o início da Grande Recessão, passando pela pandemia, são profundos e parecem antever duração prolongada; a recessão que se arrastava, e se expandia lentamente, desde a crise *subprime*, está sendo rapidamente aprofundada. A Covid-19 ameaça alçar a Grande Recessão ao estágio de uma *Grande Depressão*, situação que, de fato, uma vez materializada, representaria a efetivação de uma crise dessa natureza pela segunda vez no espaço de cerca de um século.

À guisa de conclusão, é conveniente reconhecer que a esfera política e os ditames ideológicos atuam em simultâneo ao desenrolar das leis econômicas. A busca de saídas para a crise, que impõe transformações que atendam a esse propósito, incluem diretrizes ideológicas e medidas coercitivas. O fim dos anos de ouro veio acompanhado de explicações teóricas e doutrinárias que apontavam para a impossibilidade de perseverar em certos dispositivos econômicos-institucionais embasados em critérios morais e de redistribuição da riqueza orientados pelo princípio de justiça. O *welfare state*, decerto também uma construção ideológica, supunha uma estrutura de distribuição da renda alinhada com a noção de desenvolvimento civilizatório e evolução das condições materiais de existência para aqueles que viviam da venda da força de trabalho. Esse modelo é também denominado por Streeck de *justiça social*, que

rege-se por normas culturais e baseia-se no direito estatutário, não no direito contratual. Rege-se por concessões coletivas de honestidade, equidade e reciprocidade, concede direitos a um nível mínimo de vida, independentemente do desempenho econômico e da capacidade de desempenho e reconhece direitos civis e humanos, tais como o direito à saúde, à segurança social, à participação da vida da comunidade, à proteção do emprego, à organização sindical etc.[22]

22. Ibidem, p. 44.

Revela-se aí a problemática da relação entre mercado, democracia, distribuição e justiça. Se, no plano econômico, o neoliberalismo representava um amplo programa que alcançava diretamente os elementos articulados com a lucratividade e a acumulação – entre eles, o trabalho, a circulação de mercadorias e capitais e os fluxos financeiros –, no universo político e ideológico a inflexão também se fazia necessária aos interesses do capital. É sobejamente conhecida a polêmica a respeito da relação entre mercado e democracia. Os liberais, em geral, afirmam que a democracia somente existirá se a economia estiver organizada em fundamentos mercantis. Mas a história tem mostrado que o mercado e o capitalismo sobrevivem muito bem sem democracia, como denotam algumas experiências ditatoriais que atravessaram o século XX e prosseguem no século atual. Numa direção oposta, há os que opinam que a democracia somente se sustentaria em convívio com o mercado se os pressupostos que se fazem presentes na citação da obra de Streeck, acima apresentada, forem observados.

Quando da vigência do Estado de bem-estar social, a construção ideológica da relação entre democracia e mercado se coadunava a uma perspectiva na qual o mercado, sob a supervisão e orientação, ao menos parcial, do Estado, se harmonizava com um interesse social virtuoso que combinava crescimento econômico, elevação da produtividade, elevação de salários e eliminação do desemprego. Em outras palavras, estamos, como interpretado por Wolfgang Streeck em sua obra *Tempo Comprado*, diante da tensão entre os conceitos de *justiça social* e *justiça de mercado*, duas formas de entendimento da justiça que se opõem em significado. Se as forças de mercado tivessem sido domadas, como divaga Streeck em suas reflexões, talvez estivéssemos assistindo à substituição do capitalismo por uma nova forma de organização socioeconômica. Mas também caberia perguntar se isso seria possível por meio do padrão de desenvolvimento do *Walfare State*, uma vez que, com ele, as relações do capital e, por conseguinte, do mercado, não foram desativadas.

Basta lembrarmos que a viragem que levou ao neoliberalismo, ao mesmo tempo que, contraditoriamente, provocou o surgimento de uma onda de inovações tecnológicas capaz de, potencialmente, promover um radical avanço democrático na repartição da riqueza, acabou por introduzir um estado de concentração da riqueza dos mais perversos na história do capitalismo desde o início do século xx.

Referências

Livros

CARCHEDI, Guglielmo; ROBERTS, Michael. The Long Roots of the Present Crisis: Keynesians, Austerians, and Marx's Law. In: CARCHEDI, Guglielmo; ROBERTS, Michael (Eds.). *World in Crisis: A Global Analysis of Marx's Law of Profitability*. Chicago: Haymarket Books, 2018.

CHESNAIS, François. *Finance Capital Today*. London: Brill, 2016.

KLIMAN, Andrew. *The Failure of Capitalist Production: Underlying Causes of the Great Recession*. London: Pluto Books, 2012.

KURZ, Robert. *Dinheiro Sem Valor: Linhas Gerais Para a Transformação da Crítica da Economia Política*. Lisboa: Antígona, 2014.

MARX, Karl. *O Capital: Crítica da Economia Política*. Livro III. São Paulo: Boitempo, 2017.

STREECK, Wolfgang. *Tempo Comprado: A Crise Adiada do Capitalismo Democrático*. Coimbra: Conjuntura Actual, 2013.

Revistas

ASH, Michael; BASU, Deepankar; DUBE, Arindrajit. Public Debt and Growth: An Assessment of Key Findings on Causality and Thresholds. *Working Papers Series*, University of Massachusetts Amherst, Political Economy Research institute, n. 433, Re-Issued April 2020. (Originally published April 2017.)

BALANCO, Paulo; PINTO, Eduardo Costa. Os Anos Dourados do Capitalismo: Uma Tentativa de Harmonização Entre as Classes. *Pesquisa & Debates*, v. 18, n. 1 (31), 2007.

CARCHEDI, Guglielmo. Behind and Beyond the Crisis. *International Socialism Journal*, issue 132, out. 2011. Disponível em: <http://isj.org.uk/behind-and-beyond-the-crisis/>. Acesso em: 20 abr. 2020.

CIPOLLA, Francisco Paulo; PINTO, Geane. Crítica das Teorias da Financeirização. *Revista da Sociedade Brasileira de Economia Política*, v. 27, 2010.

FINE, Ben. Locating Financialisation. *Historical Materialism*, v. 18, n. 2, 2010.

____. Financialization From a Marxist Perspective. *International Journal of Political Economy*, v. 42, n. 4, 2013-2014.

MAVROUDEAS, Stravos; PAPADATOS, Demophanes. Is the Financialization Hypothesis a Theoretical Blind Alley? *World Review of Political Economy*, v. 9, n. 4, 2018.

MEHTA, Vibhut; SUBRAMANIAN, Krithika. How Debt Has Evolved Since the Global Financial Crisis. *Assessing Global Debt*. Research Institute, Credit Suisse, 2019.

PRADO, Eleuterio. Exame Crítico da Teoria da Financeirização. *Crítica Marxista*, n. 39, 2014.

ROBERTS, Michael. Owning Financialization. *Monthly Review*, abr. 2019. Disponível em: <https://monthlyreview.org/2019/04/01/owning-financialization/>. Acesso em: 20 abr. 2020.

STREECK, Wolfgang. The Politics of Public Debt: Neoliberalism, Capitalist Development, and the Restructuring of the State. *Max Planck Institute for the Study of Societies*, Cologne: MPIfG Discussion Paper 13/7, jul. 2013.

Sites

FMI – International Monetary Fund-World Economic Outlook Database. *Global Financial Stability Report: Lower For Longer*, october 2019. Disponível em: <https://www.imf.org/>. Acesso em: 21 ago. 2020.

FMI – International Monetary Fund-World Economic Outlook Update, june 2020. Disponível em: <https://www.imf.org/>. Acesso em: 15 set. 2020.

GASPAR, Vitor; GOPINATH Gita. Fiscal Policies for a Transformed World. *IMFBlog*, 10 jul. 2020. Disponível em: <https://blogs.imf.org/>. Acesso em: 11 jul. 2020.

ONU (Organização das Nações Unidas). *The Sustainable Development Goals Report*, 2020. Disponível em: <https://unstats.un.org/>. Acesso em: 15 set. 2020.

A ECONOMIA BRASILEIRA
E A CRISE DA COVID-19

Rosa Maria Marques

O Contexto Geral da Crise

O mundo parou com a Covid-19, provocando a maior recessão da história do capitalismo. Em 16 de maio de 2020, a Organização Mundial da Saúde (OMS) informou que 215 países registravam casos do novo coronavírus. Não há país que não tenha sofrido os efeitos decorrentes do necessário isolamento social para fazer frente à pandemia. Organismos internacionais, tais como o Fundo Monetário Internacional (FMI), o Banco Mundial (BM), a Organização Para a Cooperação e Desenvolvimento Econômico (OCDE), entre outros, são unânimes quanto às consequências negativas do novo coronavírus na economia e na sociedade. Em 2020, seu impacto sobre o nível das atividades, emprego e renda será enorme, mesmo levando em conta as previsões mais otimistas, que consideram possível que a economia mundial se recupere a partir do segundo semestre.

Nos primeiros momentos da pandemia, vários analistas compararam a crise que se desenhava com a dos anos 1930 ou com a de 2007-2008. Na verdade, não há como assemelhar a crise da Covid-19 com as experiências anteriores. Em relação à Grande Recessão, a conformação do capitalismo, embora internacionalizado, era outra, bem distinta da consolidada sobre o período que ficou consagrado como neoliberalismo. Além disso, foram crises que se manifestaram na esfera da circulação, revelando profundas dificuldades enfrentadas pelo capitalismo na esfera da produção, especialmente sua incapacidade de recompor taxas de lucro adequadas e, por isso, sua convivência com elevadas taxas de ociosidade.

Essas dificuldades permanecem, como já assinalam vários pesquisadores[1]. Não por acaso, em outubro de 2019, a diretora do FMI, Kristalina Georgieva, alertava para o fato de o crescimento mais lento, esperado no ano, se apresentar de maneira sincronizada, afetando 90% dos países[2]. Nos anos que se seguiram à crise de 2007-2008, no período de 2009 a 2018, o crescimento do PIB mundial foi bastante modesto, de 2,56% e, em 2019, registrou 2,9%. E isso considerando o desempenho da China e a da Índia, com crescimento médio de 7,95% e 7,12%, de 2009-2018, e de

---

1. Ver F. Chesnais, La Théorie du capital de placement financier et les points du système financier mondial où se prépare la crise à venir, *A l'Encontre*. Disponível em: <http://alencontre.org/>; idem, Situación de la Economía Mundial al Principio de la Gran Recesión Covid-19, *Viento Sur*. Disponível em: <https://vientosur.info/>; M. Roberts, A Delicate Moment, *Michael Roberts Blog*. Disponível em: <https://thenextrecession.wordpress.com/>.

2. 90% dos Países Terão Desaceleração no Crescimento em 2019, Diz Nova Diretora-Gerente do FMI, *G1*. Disponível em: <https://g1.globo.com/>.

6,1% e 4,9% em 2019, respectivamente. Sem esses países, os resultados seriam ainda menos expressivos.

Os constrangimentos vividos pelo capitalismo antes da pandemia não explicam a crise de 2020. Eles podem, isso sim, ter constituído uma base problemática sobre a qual atuou a paralisação das atividades. A crise da Covid-19 foi provocada por algo que podemos chamar de um choque de oferta, e não fruto de um desfuncionamento da economia, agudizado em uma determinada atividade e/ou esfera, para, a seguir, se propagar no conjunto das atividades de um país e no mundo. Trata-se de um choque de oferta de outra natureza, é claro, não aquele que consta dos manuais de economia. Esse foi desencadeado por um evento (a chegada do novo coronavírus) que exigiu, de repente, sem aviso, a parada parcial ou total das atividades (com exceção das consideradas de primeira necessidade).

A economia mundial dos anos 1930 não é comparável à de 2020. Naquele momento, o capitalismo estava internacionalizado e havia a proeminência do capital portador de juros (chamado, pela mídia, de financeiro). Atualmente, o quadro em que se desenvolve a atual crise é aquele da mundialização do capital (presente em todos os países), e o capital portador de juros está novamente no centro das relações econômicas e sociais, mas em nível nunca visto. Em 2012, somente o capital fictício representava dez vezes o PIB mundial[3]. Além disso, a mundialização do capital é fundamentada em cadeias globais de valor e na extrema especialização da produção ou de parte de suas etapas em determinados setores de atividades, criando um sem número de relações econômicas de interdependência entre produtores, atacadistas e sistema financeiro no plano global. Essa configuração, que era considerada por alguns como o resultado da melhor escolha de alocação de recursos, transformou-se em obstáculo no momento da chegada da pandemia. A extrema

3. R.M. Marques, O Lugar das Políticas Sociais no Capitalismo Contemporâneo, *Argumentum*, v. 7, n. 2, p. 7-21.

concentração da produção em alguns países, como é o caso dos respiradores na China e de reagentes de testes na Índia, criou um caos no suprimento de equipamentos e de componentes necessários ao combate à Covid-19; a seriedade da interrupção de elos das cadeias de valor, ocorrida durante a crise, pode levar a dificuldades para que a economia se recupere no momento seguinte.

No Brasil, o processo de desindustrialização, provocado por essa especialização, afetou sobremaneira a área da saúde que, de autossuficiente na produção de vacinas, passou a depender de sua importação. Quanto aos respiradores, tão essenciais para o tratamento intensivo dos casos graves da Covid-19, o fato de quase todos os países terem demandado da China, levou a que contratos realizados pelo governo federal brasileiro fossem rompidos, que trajetos criativos fossem realizados pelo estado do Maranhão para que a carga não fosse desviada e que parte dos respiradores comprados pelo estado do Pará chegassem apresentando problemas técnicos[4]. A ação de indústrias em consertar aparelhos danificados e a produzir novos, numa tentativa de reconverter parte de suas fábricas, foi digna de nota, mas incapaz de suprir a necessidade na velocidade exigida, bem como substituir um processo de coordenação centralizada pelo governo federal, que optou pela omissão. Antes mesmo de o novo coronavírus chegar ao Brasil, quando ainda o avanço da doença estava circunscrito à região da cidade de Wuhan, o setor de eletrônicos no país foi prejudicado fortemente pela paralisação da exportação chinesa de placas, circuitos e chips, que funcionam como insumos para a produção interna.

---

4. A dificuldade em prover equipamentos ao combate à Covid-19 revelou, também, a impotência da OMS tal como está configurada, colocando na ordem do dia a necessidade de construção de um organismo que seja capaz de coordenar ações no plano internacional.

A Situação Econômica e Social Antes da Crise da Covid-19

Em 2019, a economia brasileira cresceu 1,1%; a taxa básica de juros (Selic[5]) estava em 4,5% em dezembro; a inflação no ano foi de 4,31% (medida pelo Índice Nacional de Preços ao Consumidor Amplo – IPCA); e a dívida líquida do setor público atingiu 55,7% do Produto Interno Bruto (PIB). Em dezembro desse mesmo ano, a taxa de desemprego estava em 11%, envolvendo 11,4 milhões de trabalhadores[6]. Desses, 25% estavam procurando emprego a mais de dois anos, o que é chamado de desemprego de longa duração. Entre aqueles com emprego, 41,1% encontravam-se na informalidade, o maior percentual registrado dos últimos quatro anos. Em 2019, pelo quinto ano consecutivo, aumentou o número de pessoas em situação de extrema pobreza (foram 170 mil a mais em relação ao ano anterior), perfazendo 13,8 milhões (6,7% da população).

A queda acumulada do PIB, em 2015-2016, foi de ordem de 7% (-6,92%), de modo que o "crescimento" de 2017, 2018 e 2019 (pouco acima de 1%) não só ficou longe de situar a economia em seu patamar de 2014, como indicava algo inédito, que sua recuperação estava sendo extremamente lenta. E essa situação de semiestagnação nos colocava em consonância com o que estava ocorrendo no resto do mundo desde, pelo menos, a crise de 2007-2008, com raras exceções, como mencionado anteriormente. Em 2019, o PIB *per capita* foi 7% menor do que em 2014. Em termos de atividade, em 2019 o país produziu em nível próximo ao que fazia em 2012, abaixo, portanto, de seu desempenho antes da recessão de 2015-2016. Nessa situação, diversos Municípios (especialmente algumas Capitais) e Estados estavam enfrentando sérias dificuldades financeiras, atrasando o pagamento de salários de seus servidores.

---

5. Taxa média ajustada dos financiamentos diários apurados no Sistema Especial de Liquidação e de Custódia para títulos federais.
6. No ano, essa taxa foi de 11,9%.

Para esse resultado, contribuiu sobremaneira a política de extrema austeridade adotada com relação ao gasto público, mediante a aprovação da Emenda Constitucional 95 (EC 95) que alterou o regime fiscal do país, congelando os gastos do governo federal aos realizados em 2016. A Emenda é um impeditivo absoluto para que o setor estatal realize, a contento, políticas sociais e para estimular a economia, principalmente mediante investimentos. Em 2018, o investimento total, público e privado, foi o menor em cinquenta anos; realidade que não se alterou ao longo de 2019. Vale lembrar que tanto a reforma das relações capital/trabalho[7] quanto a das pensões[8], realizadas no governo Michel Temer e Jair Bolsonaro, respectivamente, foram "vendidas" como condição para a retomada do crescimento da economia, dado que reverteriam o quadro de incerteza dos negócios.

No plano do emprego, esse arrastar da economia brasileira, de um desempenho de semiestagnação, ocorreu num quadro de elevado desemprego e de aprofundamento da precarização do trabalho. Embora o desemprego no ano tenha diminuído um pouco (de 12,6% para 11,9%, entre 2018 e 2019), a melhora na taxa foi acompanhada da piora da situação dos ocupados, pois a informalidade atingiu 41,1% da população ocupada, tal como mencionado acima. Isso significa que a maioria do emprego gerado em 2019 foi criada na informalidade, isto é, em ocupações de baixa remuneração, e que não garantiam ao trabalhador direitos sociais e trabalhistas. Essa situação foi ainda mais agravada quando se considera a subutilização, os desalentados

---

7. A reforma trabalhista, ocorrida no governo Temer, alterou 117 artigos e duzentos dispositivos da Consolidação das Leis do Trabalho (CLT), conjunto de leis que normatizavam o mercado de trabalho no país. Seu principal objetivo foi conceder segurança quanto ao custo da força de trabalho, principalmente ao capital estrangeiro interessado em comprar ou aplicar nas atividades e empresas que estavam (e estão) sendo colocadas à venda no país, mediante processos de privatização ou não. Entre as várias mudanças, destacam-se a prevalência do negociado sobre o legislado e a introdução do trabalho intermitente.

8. A reforma previdenciária, aprovada em dezembro de 2019, começa a ter seus impactos nos anos seguintes.

(aqueles que desistiram de procurar ocupação) e a presença do desempregado de longa duração. No último trimestre de 2019, dos 94,6 milhões de ocupados, 26,2 milhões estavam subutilizados; os desalentados compreendiam 4,6 milhões de pessoas; e os desempregados a mais de dois anos perfaziam cerca de três milhões.

O resultado disso tudo foi o aumento da pobreza no país. O número de pessoas vivendo com R$ 145,00 mensais, considerados miseráveis, foi estimado em 13,8 milhões de pessoas, contingente que tem aumentado desde o início da crise econômica, em 2015. Essa pobreza está presente nas ruas de qualquer cidade brasileira, mas ganha dimensão enorme nas megalópoles do país. Segundo o Censo da População de Rua, divulgado pela prefeitura da cidade de São Paulo, havia, em 2019, 24.344 pessoas nessa situação, cerca de 0,2% do total de sua população[9]. Para o mesmo ano, o Movimento Estadual de Moradores de Rua do Estado de São Paulo estimava que o número era de 33.700[10].

O ano de 2019 também registrou um recorde de saída líquida de dólares: US$ 44,768 bilhões[11]. Esse resultado foi quase três vezes pior que a maior saída anual de recursos até então registrada, em 1999, primeiro ano de vigência do câmbio flutuante no país. Naquele ano, o fluxo negativo foi de US$ 16,182 bilhões. Em 2018, o resultado tinha sido negativo em apenas US$ 995 milhões.

A saída líquida de capitais no componente financeiro foi de US$ 62,244 bilhões. Em agosto de 2019, dado a desvalorização acentuada do Real, pela primeira vez desde a crise da *subprime* de 2009, o governo Bolsonaro vendeu

---

9. SECRETARIA Especial de Comunicação, Prefeitura de São Paulo Divulga Censo da População em Situação de Rua 2019, *Cidade de São Paulo*. Disponível em: <http://www.capital.sp.gov.br/>.
10. R. Albuquerque, São Paulo Tem Mais Pessoas Morando na Rua Que População de 457 Cidades Paulistas, *Último Segundo IG*. Disponível em: <https://ultimosegundo.ig.com.br/>.
11. Bacen, Estatísticas do Setor Externo: Nota Para a Imprensa, *Banco Central do Brasil*. Disponível em: <https://www.bcb.gov.br/>.

dólares de suas reservas. No ano, o governo reduziu em US$ 17,8 bilhões o estoque de reservas internacionais, posto que a saída de capital relativa aos investimentos em portfólios não melhorou nos meses que se seguiram a agosto. Em 2019, ocorreram saídas líquidas de US$ 7,6 bilhões, compostas por US$ 3,6 bilhões em ações e fundos de investimento, e de US$ 4 bilhões em títulos de dívida. Para isso, contribuíram as expectativas negativas quanto ao desempenho da economia mundial e as tensões entre os EUA e a China. Quando se inicia 2020, a saída de capitais é ainda mais acentuada, refletindo os movimentos especulativos decorrentes da incerteza provocada pela pandemia. Vale lembrar que o primeiro caso do novo coronavírus no Brasil foi registrado em 26 de fevereiro de 2020; ao final de março, se contabilizava, em todo o país, 5.717 casos de contaminação e 201 mortos. Essas informações nos permitem inferir que um dos fatores que pesaram no aprofundamento da saída líquida de capitais foi a expectativa do impacto da Covid-19 sobre a economia mundial, o que foi confirmado, nos primeiros dias de abril pelo FMI.

Completa o quadro da situação econômica do país em 2019, o resultado da Balança Comercial e a do Investimento Direto no País (IDP). A Balança Comercial, embora superavitária, em US$ 46,7 bilhões, foi 19,6% inferior a 2018, acusando redução tanto da exportação como da importação. Nas exportações, o destaque ficou por conta da queda dos produtos manufaturados, cujo comprador, a Argentina, reduziu a importação em 35,6%. Na conta Capital, não houve alteração substantiva no IDP, que registrou, no acumulado do ano, pequena expansão. Seu ingresso líquido totalizou US$ 78,6 bilhões (correspondendo a 4,27% do PIB), valor próximo aos US$ 78,2 bilhões registrados em 2018 (4,15% do PIB). A manutenção do nível dessa conta é, num certo sentido, indicativa das dificuldades que o governo estava tendo para efetivar seu programa de privatização, cujo objetivo é passar para o setor privado o que ainda resta de estatal no país, da exploração do pré-sal, bancos públicos e até parques e presídios.

Não havia, então, ao final de 2019/início de 2020, nenhuma perspectiva de melhoria da situação econômica brasileira. As políticas ultraliberais, ao contrário do que era defendido pelos responsáveis pela política econômica do país, eram em grande parte responsáveis pela situação de sua semiparalisia. A isso se somava o quadro de incertezas derivado da situação da economia mundial e das tensões no plano geopolítico. É a partir dessa base que irá atuar a crise da Covid-19.

A Crise Econômica e o Combate à Covid-19

A partir do início de abril de 2020, as estimativas para o PIB no país começaram a ser sucessivamente revistas para pior. Inicialmente, a previsão apontava para um fraco crescimento ou uma retração discreta. Somente os pesquisadores do Centro de Macroeconomia Aplicada da Escola de Economia de São Paulo (FGV-SP) estimaram que a retração da economia seria significativa, da ordem de 4,5%, combinando, em sua metodologia, os efeitos da crise de 2007-2008 no país, em 2009, e o impacto provocado pela greve dos caminhoneiros em 2018[12].

Em 18 de maio, as instituições financeiras consultadas pelo Banco Central, que integram o Boletim Focus, consideravam que, em média, a economia brasileira iria registrar uma queda de 5,12%, chegando próximo ao previsto pelo FMI (5,3%), em seu cenário mais otimista[13]. Até fins de maio, todos os resultados já divulgados referentes aos quatro primeiros meses do ano apontam

---

12. Fundação Getúlio Vargas, Estudo Estima Que Queda na Economia Brasileira Pode Chegar a 4,5% Por Conta do Covid-19, 2 abr. 2020. Disponível em: <https://portal.fgv.br/>.
13. Ver IMF – International Monetary Fund, The Great Lockdown, *World Economic Outlook*.

para a confirmação de uma queda bastante significativa, não havendo nenhuma possibilidade de mudança desse cenário. Com exceção de parte da atividade agrícola, da produção de alimento, bebidas e medicamentos, as demais atividades sofreram profundo impacto com a chegada do novo coronavírus e o consequente isolamento social, mesmo que a rigor esse não tenha sido seguido com seriedade em todos os locais e a todo momento. Em 23 de maio, com 27,3% das mortes por Covid-19 no país, o estado de São Paulo registrou uma taxa de isolamento social somente de 53%, oito pontos a menos do registrado em 12 de abril, e longe dos 70% recomendados pelos epidemiologistas.

Tal como foi explicitado na parte anterior, quando a pandemia chegou ao país, a economia brasileira estava semiparalisada, registrando elevado nível de desemprego, ampliação do mercado informal do trabalho, crescimento da pobreza absoluta e aprofundamento da desigualdade de renda. Para se entender a importância disso, é preciso lembrar que, em 2017, o Brasil estava situado no topo do ranking da desigualdade (7º lugar), perdendo apenas para países africanos. Os bolsões de pobreza e de concentração de população submetida a péssimas condições de vida, que sempre se fez presente no território nacional, em especial nas grandes metrópoles, haviam aumentado significativamente durante os últimos anos.

Ao mesmo tempo, desde o governo de Michel Temer, a condução da política econômica caracteriza-se por ser ultraliberal, tendo sido congelado o nível de gastos do governo federal (EC 95) e realizada as reformas trabalhista e previdenciária. A aplicação dos dispositivos da reforma trabalhista foi um dos elementos do aumento da precarização do trabalho observada no ano de 2019, o que tornou os trabalhadores ainda mais fragilizados frente aos impactos provocados pela Covid-19, em 2020. A vigência da EC 95 teve consequências em diversas áreas, especialmente as sociais. Entre elas, destacamos a da saúde pública, a do Sistema

Único de Saúde (SUS). O SUS, que desde sua criação tinha apresentado problemas de subfinanciamento (de modo que os recursos disponíveis eram incompatíveis com os preceitos do entendimento da saúde como um direito universal e integral, custeado pelo Estado), passou a ser desfinanciado a partir do novo regime fiscal, dado que a população continuou a aumentar e a mudar sua estrutura etária.

Além disso, houve uma perda do lugar do SUS no orçamento da União. Segundo Francisco Fúncia, se tivesse sido mantida a equivalência dos recursos destinados à saúde de 15,77% da receita líquida, tal como ocorreu no primeiro ano de vigência da EC 95 (2017), em 2019 o orçamento da área teria sido de R$ 142,8 bilhões e não de R$ 122,6 bilhões, o que correspondeu a apenas 13,54% da receita líquida[14]. Esse desfinanciamento é apenas um dos aspectos da ação da política ultraliberal sobre o SUS. Outras medidas, especialmente desenvolvidas no governo de Jair Bolsonaro, se somaram ao impacto da EC 95 sobre o orçamento da saúde, tal como a mudança na sistemática do repasse de recursos federais para os municípios, destinado à Atenção Básica, e o desmantelamento do programa Mais Médicos, que contava largamente com a presença de médicos cubanos, que garantiam o acesso aos cuidados de saúde de milhões de brasileiros em regiões de difícil acesso e/ou de pouca oferta de ações e serviços de saúde.

É, portanto, com um SUS combalido que tem início o combate à Covid-19. Até fins de maio, a expansão da contaminação e o aumento do número de mortes estavam ainda se acelerando e se interiorizando, embora em números absolutos sua concentração ocorra nas capitais dos Estados. Muito ainda iria acontecer, tanto no tocante ao avanço da doença quanto em ações direcionadas ao seu combate. Apesar disso, algumas questões podem ser pontuadas, dada sua presença desde o início da pandemia.

---

14. M.D. de Souza, Orçamento da Saúde Perdeu R$ 20 Bilhões em 2019 Por Conta da Emenda do Teto de Gastos, *Brasil de Fato*. Disponível em: <https://www.brasildefato.com.br/>.

A primeira delas diz respeito à falta de coordenação entre o Ministério da Saúde, os Estados e os Municípios. Embora o SUS constitua um sistema organizado nos três níveis de governo, sendo claramente definidas suas competências, era de se esperar que o Ministério da Saúde assumisse protagonismo durante a pandemia e que, em conjunto com as demais esferas de governo, coordenasse as ações e o planejamento necessário para fazer frente à demanda imposta pelo avanço da doença. Esse protagonismo e coordenação, no entanto, não aconteceu, dado que parte das ações necessárias implicava (e implica) o isolamento social e, caso necessário, o *lockdown*. Isso recebia, de parte da Presidência da República, não só rejeição como campanha ativa contrária. Para Jair Bolsonaro, a economia não pode parar, apesar do número de mortes somente aumentar. O resultado disso é que duas orientações coexistiram (e coexistem): de um lado a de governadores e prefeitos, que, por diversos motivos, se posicionaram firmemente no sentido de promover o isolamento social, com vista a diminuir o ritmo de contaminação (o que é chamado de achatamento da curva) e preparar o sistema para o momento seguinte, ampliando leitos de enfermaria e de UTIs etc.; de outro lado, a do presidente da República, que defendeu o isolamento social vertical.

No espaço dessa contribuição, não é possível detalharmos o conjunto de medidas na área da saúde realizadas no âmbito dos Estados, suas diferenças e mesmo as ações realizadas pelo Ministério da Saúde (MS) quando da gestão do ex-ministro Luis Henrique Mandetta[15]. O mesmo acontece com relação às medidas implementadas pelo governo federal no campo econômico e social, e quanto a políticas sociais encaminhadas por diversas prefeituras, especialmente as das grandes capitais. Deveríamos também destacar as diversas ações de solidariedade

---

15. O atual ministro interino, Eduardo Pazuello, é general de divisão do Exército Brasileiro. Ele é o terceiro a ocupar o comando do Ministério da Saúde desde o início da pandemia.

encabeçadas por movimentos sociais e agrupamentos de todos os tipos, e, principalmente, as ações de auto-organização ocorridas, cujo exemplo maior é o da favela de Paraisópolis, na cidade de São Paulo.

Mesmo assim, queremos chamar atenção para dois pontos. O primeiro é que o SUS, mesmo combalido, foi chamado a ser o principal protagonista da luta contra a Covid-19, a ele se dirigindo recursos financeiros para atender demandas de toda ordem, mas ainda insuficientes para dar conta de sua perda histórica. O segundo é que o governo ultraliberal de Jair Bolsonaro, apesar da EC 95, teve que aumentar seus gastos, embora em caráter emergencial e com tempo definido. Esses gastos contemplam a transferência de renda aos milhões de brasileiros em situação de pobreza e/ou trabalhadores informais de baixa renda, que tiveram seu meio de vida prejudicado com a paralisação das atividades; a protelação do pagamento de dívidas a pequenas e médias empresas; concessão de crédito em condições especiais para as pequenas e médias empresas que se comprometam a não demitir; auxílio aos Estados da federação; auxílio a empresas mais prejudicadas pela paralisação; pagamento de parte dos salários mediante seguro desemprego na negociação entre empresas e trabalhadores, que considera tanto a redução de salários e da jornada de trabalho como a suspensão do contrato; distribuição de cestas básicas; entre outras medidas. Todas elas são polêmicas e foram objeto de várias críticas por parte de vários setores da sociedade. O que salientamos é que mesmo um governo como o de Jair Bolsonaro não pode deixar de responder (de forma insuficiente e com muitos problemas) ao brutal empobrecimento sofrido por milhões de brasileiros, quando do início da pandemia. Um empobrecimento que ocorreu em uma sociedade já extremamente desigual e com enorme contingente sem renda e sem direitos sociais garantidos.

No dia 25 de maio, o número de mortos pela Covid-19 atingiu 23.473 no país, e pelo menos quatro Estados

(Ceará, Pernambuco, Rio de Janeiro e Rio Grande do Norte) estavam próximos ou já haviam registrado colapso de seu sistema de saúde, em que pese as medidas adotadas em alguns deles – ampliação de leitos de enfermaria e de unidades de terapia intensiva (UTIs), incorporação de leitos do setor privado ou a instituição de fila única (somando a disponibilidade do SUS à do setor privado lucrativo). As curvas de novos casos de contaminação e mortes confirmadas pela Covid-19 estão em franca ascensão. O quadro de pobreza e de desigualdade, traço estrutural da sociedade brasileira, tem se manifestado nessa pandemia no número maior de mortos entre a população mais desfavorecida. Entre as tarefas a serem feitas depois que o pesadelo acabar, certamente encontram lugar prioritário o enfrentamento da desigualdade e o fortalecimento do SUS.

Referências

Revistas

ALBUQUERQUE, Rayanne. São Paulo Tem Mais Pessoas Morando na Rua Que População de 457 Cidades Paulistas. Último Segundo IG, 13 dez. 2019. Disponível em: <https://ultimosegundo.ig.com.br/>. Acesso em: 3 fev. 2020.

CHESNAIS, François. La Théorie du capital de placement financier et les points du système financier mondial où se prépare la crise à venir. *A l'Encontre*, 26 abr. 2019. Disponível em: <http://alencontre.org/>. Acesso em: 16 out. 2019.

____. Situación de la Economía Mundial al Principio de la Gran Recesión Covid-19. *Viento Sur*, 19 abr. 2020. Disponível em: <https://vientosur.info/spip.php?article15872>. Acesso em: 30 abr. 2020.

DUARTE DE SOUZA, Marina. Orçamento da Saúde Perdeu R$ 20 Bilhões em 2019 Por Conta da Emenda do Teto de Gastos. *Brasil de Fato*, 21 fev. 2020. Disponível em: <https://www.brasildefato.com.br/>. Acesso em: 3 mar. 2020.

IMF – International Monetary Fund. The Great Lockdown. *World Economic Outlook*, abril 2020.

MARQUES, Rosa Maria. O Lugar das Políticas Sociais no Capitalismo Contemporâneo. *Argumentum*, Vitória, v. 7, n. 2, jul./dez. 2015.

Sites

BACEN. Estatísticas do Setor Externo: Nota Para a Imprensa. *Banco Central do Brasil*, 27 jan. 2020. Disponível em: <https://www.bcb.gov.br/>. Acesso em: 2 fev. 2020.

____. Estatísticas do Setor Externo. *Banco Central do Brasil*, 27 jan. 2020. Disponível em: <https://www.bcb.gov.br/>. Acesso em: 24 maio 2020.

FUNDAÇÃO Getúlio Vargas (FGV). Estudo Estima Que Queda na Economia Brasileira Pode Chegar a 4,5% Por Conta do Covid-19, 02 abr. 2020. Disponível em: <https://portal.fgv.br/>. Acesso em: 24 maio 2020.

90% dos Países Terão Desaceleração no Crescimento em 2019, Diz Nova Diretora-Gerente do FMI. *G1*, 08 out. 2019. Disponível em: <https://g1.globo.com/>. Acesso em: 10 nov. 2019

ROBERTS, Michael. A Delicate Moment. *Michael Roberts Blog*, 14 abr. 2019. Disponível em: <https://thenextrecession.wordpress.com/>. Acesso em: 16 dez. 2019.

SECRETARIA Especial de Comunicação. Prefeitura de São Paulo Divulga Censo da População em Situação de Rua 2019. *Cidade de São Paulo*, 31 jan. 2020. Disponível em: <http://www.capital.sp.gov.br/>. Acesso em: 24 maio 2020.

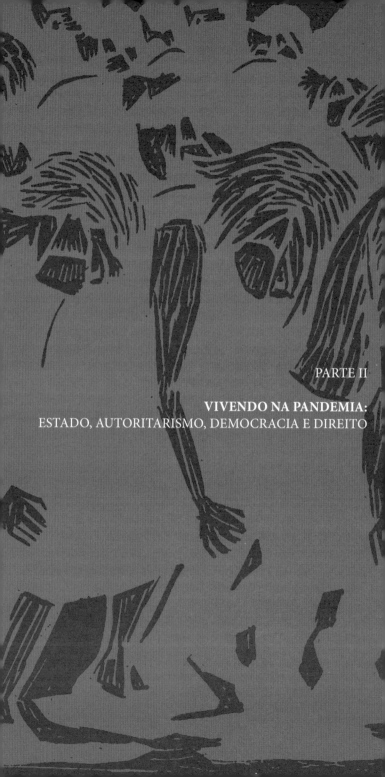

PARTE II

VIVENDO NA PANDEMIA:
ESTADO, AUTORITARISMO, DEMOCRACIA E DIREITO

A SOBERANIA DO ESTADO À LUZ DA PANDEMIA[1]

Pierre Dardot

A expansão da pandemia deu lugar a um verdadeiro entusiasmo retórico, midiático e político sobre o tema da soberania, muito embora a noção tenha conhecido, antes mesmo do desencadeamento da crise, o que poderia ser chamado de fenômeno de "transbordamento semântico". Utilizada em todas as ocasiões com uma felicidade desigual, ela tendia a se impor nos domínios mais diversos: da soberania do indivíduo sobre seu próprio corpo à soberania "cultural" ou "alimentar", a pluralização de soberania prosperou nos últimos anos, sem que pudéssemos sempre identificar as diferentes camadas de significados que se reuniram sobre os usos. Com a crise da Covid-19, não é

---

1. Tradução de Soleni Biscouto Fressato e revisão de Jorge Nóvoa.

soberania em geral, nem soberania de todos os tipos, mas, muito particularmente a soberania nacional entendida como soberania de Estado, que passou a ocupar ruidosamente o centro do palco. O nacionalismo identitário agressivo, de um Trump ou de um Bolsonaro, terminou servindo de motivação e como oponente ideal para o campo de liberais "progressistas" que defendem o multilateralismo. A "soberania nacional", a partir de agora, recruta seus defensores mesmo entre os chamados "progressistas". Veja-se o *slogan* dos conservadores britânicos justificando o Brexit: "retomar o controle" acabou dando o tom na Europa, contribuindo para difundir a ideia de que a soberania do Estado significava recuperar o controle, que teríamos perdido como resultado da mundialização. Foram exatamente esses os termos do presidente Macron em seu discurso de 31 de março: acostumado a castigar o nacionalismo em nome da Europa, ele falou da necessidade de "reencontrar" nossa soberania nacional, no campo da produção de máscaras, e de realocar as unidades de produção de laboratórios especializados na produção de medicamentos. A oposição parlamentar rivalizou no terreno da retórica. Assim, em 24 de março, Mélenchon não teve constrangimento de visar o milhão de trabalhadores vulnerabilizados, que atravessaram nosso país sem apresentar todas as garantias de saúde, engajando-se num nacionalismo exacerbado em questões de soberania sanitária[2]. Outra personalidade destacada foi um dos representantes do patronato francês, Geoffroy Roux de Bézieux, que se pronunciou a favor da nacionalização das companhias aéreas ameaçadas de falência e pela "soberania econômica"[3]. Como explicar tal exaltação nacionalista, por demais compartilhada para não ser suspeita?

2. Ver P. Lepelletier, Coronavirus: Mélenchon s'en prend aux travailleurs détachés qui continuent de circuler en France, *Le Figaro*. Disponível em: <https://www.lefigaro.fr/>.
3. Ver G. Roux de Bézieux, La Souveraineté économique n'est plus un gros mot au Medef, *Le Monde*. Disponível em: <https://www.lemonde.fr/>.

Um Estranho Paradoxo

Há um estranho paradoxo nisso tudo: o retorno, pelo menos no plano discursivo, da soberania do Estado está ocorrendo em um contexto que parece menos adequado para justificá-lo. Com efeito, podemos reter três aspectos da crise da pandemia que são de natureza a invalidar essa intoxicação de soberania por parte dos governos. Primeiro, o caráter inédito de uma pandemia diretamente ligada à mundialização. Segundo, a consciência aguda dos limites de nosso conhecimento. Terceiro, a consciência limite e repentina de nossa vulnerabilidade. Vamos considerar cada uma dessas características.

A primeira característica é a natureza imediatamente global da pandemia: levou apenas algumas semanas para o vírus sair da China e se espalhar pelo mundo, principalmente pela via do tráfego aéreo. Essa disseminação generalizada e extremamente rápida da pandemia fez indiscutivelmente da Covid-19 "a primeira pandemia verdadeiramente global no mundo globalizado"[4]. Mais da metade dos seres humanos, 4,5 bilhões de pessoas, foram diretamente afetados por medidas de confinamento.

A segunda característica não se reduz à nossa ignorância da cadeia que esteve na origem da transmissão do vírus. Mais fundamentalmente, é o nosso conhecimento do mecanismo mesmo de contágio que permanece muito incerto. Durante semanas, foi estabelecido um consenso para localizar o limiar de imunidade de grupo em torno de 60% de uma população e construir, sobre essa base, modelos epidemiológicos relacionados aos efeitos do desconfinamento e à probabilidade de atingir mais ou menos rapidamente esse limite. A diversidade de seus resultados se explica, em grande parte, pelas hipóteses relativas às propriedades mal conhecidas da Covid-19.

---

4. Ver J. Baschet, Qu'est-ce qu'il nous arrive?, *Lundimatin*. Disponível em: <https://lundi.am/>.

Porém, pesquisadores britânicos e estadunidenses reduziram mais tarde o limiar de imunidade, situando-o em cerca de 10% de uma população, a partir de estudos que consideram a heterogeneidade de áreas geográficas e de indivíduos, contra o postulado da homogeneidade adotada pela maioria dos modelos anteriores[5].

Terceira e última característica, a vulnerabilidade fundamental que revela essa pandemia. Do latim *vulnus*, *vulneris* (a ferida) e *vulnerare* (ferir), o termo significa propriamente a qualidade do que pode ser ferido, atingido, do que é suscetível de ser facilmente alcançado, porque se defende mal. Sua ampla propagação fez com que fosse esquecido seu significado original. À pandemia, lembremos com dureza, sem reverências, somos vulneráveis existencialmente como homens, mas nem todos somos expostos aos mesmos riscos. Com efeito, se a doença se espalhou através das elites dirigentes, ela agiu ao mesmo tempo como um revelador das desigualdades já existentes, diante da doença e das condições de confinamento.

No entanto, a soberania de Estado, tal como foi construída no Ocidente, repousa em vários postulados difíceis de conciliar com essas características. Primeiramente, o de um espaço territorial exclusivo sobre o qual a autoridade pública detém o "monopólio da violência física legítima", para usar a fórmula de Max Weber[6]. A circulação mundial do vírus ocorre sem consideração a essa propriedade de exclusividade, e o fechamento das fronteiras nacionais aparece como uma arma muito insignificante face à sua propagação. Em seguida, o de um saber científico, que os detentores da soberania estatal poderiam usar para legitimar sua pretensão de dominação. Bem entendido, a natureza desse saber pode mudar em função das transformações da soberania mesma, da teologia do Estado à

---

5. Ver L. Barnéoud, Des chercheurs revoient le seuil d'immunité collective à la baisse, *Mediapart*. Disponível em: <https://www.mediapart.fr/>.
6. La Profession et la vocation de politique, *Le Savant et le politique*, p. 118.

ciência das leis da História, sem esquecer a ciência da economia política, quando a soberania estatal hibridou com a gestão da população, como Michel Foucault demonstrou[7]. Um tal saber faz, atualmente, muita falta aos governantes, desgraçadamente reduzidos a buscar conselhos de cientistas que estão divididos. Enfim, nossa vulnerabilidade face à pandemia é tal hoje que a vontade de controlar, que é inseparável da soberania do Estado, atesta uma cruel confusão. Nosso desamparo se revela, a esse respeito, insuperável e não acidental.

A Soberania do Estado é Dominação

Contudo, qual significado político preciso deve ser dado a esse termo "soberania"? E em que a pretensão do saber científico, a dominação sobre um território estritamente delimitado e a vontade de controlar definem a soberania do Estado? Lembremos, antes de tudo, de que esse termo vem do latim *superanus*, que significa "superior", ou seja, que não há nada acima dele. Essa superioridade deve, portanto, ser entendida em um sentido negativo, como a ausência de um superior. Baldo degli Ubaldi, jurista italiano do século XIV, disse assim: "Aquele que é soberano (*sumpremus*) não pode ter outro acima dele (*supra se*)."[8] Todavia, esse sentido negativo está ligado a um sentido positivo que tendemos a deixar de lado: não tendo ninguém acima dele, aquele que é soberano é, ele próprio, superior a qualquer outro. Esse duplo sentido se aplica, primeiro, aos reis: eles não reconhecem nenhum superior humano e são, nesse sentido, superiores a qualquer outro homem. A prerrogativa que exprime sua superioridade é a de fazer as leis, porque é através delas que eles obrigam seus súditos a obedecê-los. Eles estão, portanto, acima das

---

7. *Sécurité, territoire, population*, lição de 8 mar. 1978, p. 242.
8. Citado por Diego Quaglioni, *La sovranità*, p. 25.

leis que fazem, ou seja, livres das leis (*legibus solutus*) em oposição àqueles que estão vinculados ou acorrentados às leis (*alligatus*). Através de um processo histórico que levou vários séculos, a soberania se apartou da pessoa dos reis para afirmar-se a partir do próprio Estado. A característica essencial do Estado moderno é de ser soberano *enquanto Estado*. O que isso quer dizer? É ao Estado, e não mais ao rei ou ao príncipe, que agora recai a superioridade que constitui a soberania: o Estado não tem nada acima dele e está isento de toda obrigação com relação a seus membros, como no que diz respeito às leis que promulga na intenção deles. A soberania aparece plenamente pelo que ela é: uma dominação do Estado, que pressupõe a superioridade do Estado e de seus representantes sobre as leis (eles podem desfazer aquilo que fizeram), assim como a continuidade e a permanência do Estado além da pessoa de seus representantes (elas mudam, mas ele permanece). Assim entendida, a soberania apresenta duas faces inseparáveis: uma face *interna*, pela qual se afirma a superioridade do Estado sobre seus próprios cidadãos; uma face *externa*, pela qual o Estado se liberta de todas as obrigações para com outros Estados e organizações internacionais (ONU, tribunais ou tratados internacionais, por exemplo). Podemos ver que, contrariamente a uma visão disseminada com demasiada frequência, a soberania do Estado não é independência ou autonomia, como bem revelou Hannah Arendt[9].

Neoliberalismo e Soberania do Estado

Poderíamos objetar que o neoliberalismo procura minar a soberania do Estado por todos os meios, para melhor impor a globalização do capital. Muitos apresentam, assim, uma contradição *a priori* entre o neoliberalismo

9. Qu'est-ce que la liberté?, *L'Humaine Condition*, p. 736-737.

e a soberania do Estado, que é uma pura construção do espírito. Desde a origem, o neoliberalismo defendeu o estabelecimento de um Estado forte para impor a "despolitização" da economia. Por conseguinte, poder-se-ia deduzir daí que o neoliberalismo teria pura e simplesmente ditado a todos os governos uma mesma atitude em relação à pandemia? De forma alguma. A diversidade de estratégias governamentais revela uma outra relação, muito mais complexa, entre a lógica neoliberal e as diferentes escolhas feitas pelos governos diante da crise sanitária.

É verdade que há quarenta anos o Estado se neoliberalizou, submetendo-se à lógica da concorrência, notadamente em suas relações com outros Estados, mas também impondo a si mesmo, internamente, essa lógica para melhor impo-la a todos os cidadãos que vivem em seu território. Todos os governos deixaram-se guiar por essa lógica em todas as suas escolhas políticas? Obviamente isso não é verdade. Mas devemos chegar ao ponto de dizer que, pela primeira vez desde o início do neoliberalismo, "os Estados decidiram parar a economia com a finalidade de salvar vidas"[10]? Esta última representação vem embelezar retrospectivamente a realidade, dando a impressão de que a decisão desses Estados procedeu de um princípio geral: "é preferível as vidas à economia". Em primeiro lugar, não são os estados, mas os governos de certos Estados que acabaram por se render à necessidade de um confinamento. Em segundo lugar, eles não "impuseram" o princípio segundo o qual a saúde tem precedência sobre a economia, eles não o fizeram por escolha ética, mas por necessidade política, a fim de preservar uma credibilidade que já havia sido largamente corroída. Em terceiro lugar, esses governantes demoraram muito a reconhecer a prioridade da saúde. O governo de Macron o fez, mas não antes de 16 de março, e o de Boris Johnson ainda mais tarde: foi justamente o

---

10. Ver D. Cohen, Des États ont décidé d'arrêter l'économie pour sauver des vies, *Télérama*. Disponível em: <https://www.telerama.fr/>.

"bom funcionamento da economia" a prioridade que os guiou, uma vez que para eles era, em outros termos, na sua competitividade que deveriam apostar. Foi por isso também que eles, na maioria das vezes, manifestaram um inconsciente criminoso, flertando com a ideia da "imunidade de rebanho". Apenas em uma segunda fase alguns decidiram estabelecer o confinamento e recomendar o uso de máscaras, quando as previsões de certos especialistas e estatísticos (notadamente aqueles do Imperial College[11]) se mostraram muito alarmantes.

Entretanto, nem todos os governos se comportaram assim: nem Trump nem Bolsonaro renunciaram a prioridade da economia, incentivando seus apoiadores a protestar contra as decisões de governadores e prefeitos que estavam tentando implementar o confinamento. Esses manifestantes levantaram a bandeira da "liberdade econômica" contra o autoritarismo dos Estados federados. O próprio Bolsonaro não hesitou em dizer que "a liberdade é mais preciosa que a vida", para justificar a retomada da economia, não importando a qual preço. Na Europa, os fascistas de Vox[12] na Espanha ou os militantes da Liga[13] na Itália adotaram a

---

11. Fundado em 1907, o Imperial College London é uma importante referência no mundo em pesquisas diversas. Tem mais de 110 anos de existência como polo de desenvolvimento tecnológico. Essa excelência se traduziu, atualmente, em previsões mais bem embasadas sobre as taxas de disseminação e mortalidade da pandemia da Covid-19. É com base em estudos dessa universidade, que muitos governos e órgãos tomaram decisões sobre o enfrentamento da pandemia. (N. da T.)

12. Vox é um partido político da Espanha fundado em dezembro de 2013 por antigos militantes do Partido Popular, e tem sido considerado um partido populista situado num espectro entre a direita a extrema-direita. (N. da T.)

13. Liga é um partido político de extrema-direita fundado em 1991 no norte da Itália, constituído através da unificação de vários pequenos partidos autonomistas e regionalistas, aproveitando-se da descrença em relação aos velhos partidos da Primeira República italiana. Nos anos 1990, fez aliança com a Força Itália de Silvio Berlusconi. Tem um discurso anti-imigração e é conservador em temas diversos. Em termos econômicos, se considera liberal, antiburocrático, antiestatal e ecológico. Critica o modelo da UE e defende uma Europa das Regiões. (N. da T.)

mesma orientação ofensiva. Convém, entretanto, nuançar: é no interior mesmo do neoliberalismo que as divergências aparecem à luz do dia, relativamente à atitude a ser adotada diante da pandemia, e essas divergências se sobrepõem parcialmente à divisão entre "nacionalistas" e "globalistas". Aqueles que optaram pelo confinamento sacrificaram a lógica da competitividade à da saúde pública? Podemos duvidar disso. Ao mesmo tempo que instalaram o confinamento, começaram a preparar ativamente "o dia seguinte", notadamente anunciando de maneira antecipada despesas sem precedentes para "salvar a economia" (de fato as sociedades de capital), como em 2008, ou mesmo planejando acelerar o ritmo das reformas dos hospitais públicos, sem mudar em nada o rumo seguido desde 2017 (como foi o caso do governo Macron). A única verdadeira exceção é a da Alemanha, cujo governo se antecipou muito e pôde limitar, assim, os efeitos da pandemia, graças a uma organização eficiente, a meios materiais importantes e a um sistema hospitalar que disponibilizou duas vezes mais leitos por habitante que a França. Bem ao contrário, pois, do verticalismo do Estado francês agravado pelo presidencialismo da Quinta República, a estrutura federal do Estado alemão certamente desempenhou um papel nessa capacidade de reação. Mas deve-se notar que a iniciativa veio do governo federal, enquanto os governos dos *Länder*[14] muitas vezes pressionam pelo desconfinamento, para permitir a rápida retomada da atividade econômica. Vemos, neste exemplo, que o neoliberalismo não explica tudo, uma vez que a Alemanha é o berço do ordoliberalismo, e que essa doutrina foi elevada repetidamente ao nível da ortodoxia política. Portanto, devemos tomar cuidado com qualquer causalidade unívoca, ao explicar as diferenças de estratégia entre os governos e considerar cuidadosamente as

---

14. A palavra *Länder* significa, literalmente, estado. A Alemanha é uma República parlamentar que tem dezesseis estados federados, denominados *Bundesländer* (no singular, *Bundesland*). O termo *Land* (no plural, *Länder*) se aplica a todos os estados. (N. da T.)

estruturas de Estado abaixo dos governos, sua composição, seu programa e o grau de realização destes nas políticas.

O Governo Não É o Estado

Muitas vezes confundimos o Estado com o governo que foi aceito para liderá-lo. O que a crise está revelando são os limites dessa "direção", que a metáfora enganosa da "condução", de origem platônica, tende a ocultar. Muitos da esquerda degustam frases prontas sobre a "conquista do poder do Estado", onde existe apenas a formação de um governo de maioria eleitoral. Essa acessão ao governo deixa o Estado fundamentalmente inalterado em suas estruturas profundas. É por isso que glorificar o poder que um governo teria para usar o Estado, como alavanca para realizar a transformação social, é a pior ilusão. Longe de ser um instrumento da classe dominante, que os dominados poderiam revirar contra ela, longe de ser também uma simples "reverberação" do equilíbrio de forças entre as classes, o Estado é dotado de uma densidade institucional e é impulsionado por sua lógica própria, que é, em uma larga medida, autônoma relativamente às escolhas governamentais. O evento da destruição dos estoques estatais de máscaras revelada pela pesquisa do *Le Monde* de 8 e 9 de maio é, nesse sentido, significativo no mais alto grau. No espaço de dez anos, esses estoques literalmente derreteram, passando de 2,2 bilhões em 2009 para 117 milhões em março de 2020![15] No mesmo jornal, um ex-senador, Francis Delattre, evocou a "mecânica do Estado autômato", segundo a qual "uma classe dirigente, que funciona em uma rede, toma decisões no lugar dos ministros"[16]. De

---

15. G. Davet; F. Lhomme, 2017-2020: comment la France a continué à détruire son stock de masques après le début de l'épidémie, *Le Monde*. Disponível em: <https://www.lemonde.fr/>.
16. Idem, La France et les épidémies, *Le Monde*. Disponível em: <https://www.lemonde.fr/>.

fato, é preciso discorrer aqui sobre a noção de "decisão": não se trata de um ato decorrente da intencionalidade de um sujeito, mas de um encadeamento de práticas que devem muito ao treinamento de uma lógica, que se tornou ela mesma seu próprio fim (aí está propriamente a "mecânica"). Foucault mostrou muito bem que as decisões podem ser tomadas sem que um ou vários sujeitos possam ser identificados em sua fonte[17]. Foi o que aconteceu aqui. Existem decisões do Estado que não são tomadas pelos governos. Isso não tira a responsabilidade dos governantes, mas certamente os coloca em seu lugar. O essencial é entender que o Estado autômato é um Estado plenamente neoliberal. Por conseguinte, é ele, e não os governantes tributários das alternâncias eleitorais, que garantem a "permanência do Estado", permanência que está no coração da soberania do Estado desde Jean Bodin[18]. É precisamente por isso que é tão perigoso pretender fazer passar a conquista de uma maioria eleitoral pela "conquista do poder do Estado". As estruturas fundamentais do Estado permanecem e funcionam, se não como obstáculos diretos ao caminho da ação governamental, pelo menos como fatores de paralisia ou de estagnação.

Uma Soberania Europeia Supranacional?

Não podemos, então, tentar contornar o bloqueio gerado do funcionamento mesmo dos Estados, observando não mais abaixo dos governos, mas além? Em outras palavras, podemos esperar que uma soberania supranacional europeia remedeie as carências do Estado-nação? E podemos

---

17. *La Volonté de savoir: Histoire de la sexualité*, p. 124-125.
18. Jean Bodin (1530-1596), pensador francês, teórico da política, foi jurista membro do Parlamento de Paris e professor de direito em Toulouse. É conhecido pelos seus estudos sobre os conceitos de soberania e absolutismo dos Estados. Suas teorias a respeito do modelo de governo ideal tiveram muita influência na Europa. (N. da T.)

conciliar a soberania nacional e a soberania europeia, como Macron continua ambicionando? A crise causada pela pandemia revelou, acima de tudo, as divisões da União Europeia. A Europa ofereceu o triste espetáculo de uma competição de demagogia, em matéria da defesa ciumenta de cada Estado membro de sua própria soberania[19]. Ela viveu muito perto da desarticulação durante a crise "coronabond", que opôs os países da Europa do Norte (Holanda, Alemanha) aos países da Europa do Sul (Itália, Espanha), os primeiros recusando, ao mesmo tempo, os discípulos virtuosos da ortodoxia orçamentária e pagar pelo endividamento dos segundos. Desde então, superou ela essa crise? Após uma cúpula Macron-Merkel, a Comissão Europeia finalmente propôs uma mutualização da dívida para fazer face à crise da Covid-19. Se a quantia de 750 bilhões de euros, anunciada para o fundo de retomada europeu, surpreendeu os espíritos, vale a pena, contudo, observar mais de perto. Primeiro, esses anúncios são condicionados por um acordo unânime dos 27 Estados sobre o mecanismo que se pode pensar que não será fácil de obter. Em seguida, sobre os 750 bilhões que constituem o fundo, apenas 500 bilhões são prometidos na forma de subsídios. Alguns partidários da União Europeia, de forma imprudente, propuseram um paralelo com o ato audacioso, realizado em 1790 por Alexander Hamilton, o primeiro secretário do Tesouro na história dos EUA: transformar a dívida pública dos treze Estados fundadores em uma dívida federal, de maneira a reafirmar a sua soberania[20]. Os Estados do Sul, menos endividados, se oporão a uma mutualização, enquanto o Norte, muito mais endividado, apela à solidariedade federal, que é exatamente o

---

19. O jurista e filósofo italiano Luigi Ferrajoli falou com razão sobre a atitude dos 27 Estados membros, cada um seguindo seu próprio caminho, "da defesa demagógica de uma soberania nacional insana". Los Países de la UE Van Cada Uno Por Su Lado Defendiendo una Soberanía Insensata, *El Pais*. Disponível em: <https://elpais.com/>.

20. De acordo com Ludovic Lamand, UE: Les Ambiguïtés du "moment hamiltonien", *Mediapart*. Disponível em: <https://www.mediapart.fr/>.

oposto da situação da Europa atual. Na realidade, nenhum paralelo é possível: a montagem apressada pela Comissão europeia conseguirá, na melhor das hipóteses, a mutualização de uma ínfima parte da dívida dos europeus, bem longe de uma partilha real das dívidas dos Estados. Toda a questão é saber se a Comissão pode ir além de propostas tão modestas, mantendo-se no âmbito dos tratados, e exigir que o orçamento europeu permaneça constantemente em equilíbrio. Quanto à consideração de uma transferência de parte dos gastos públicos do nível nacional para o europeu, isso exigiria dos Estados que eles questionassem ainda mais suas soberanias, além das delegações concedidas até o momento[21]. Esses limites lançam uma luz crua sobre a lógica que presidiu, desde o início, a construção da União Europeia: a de uma conivência entre seus Estados-nações por meio de seus representantes; ou seja, a lógica *interestatal*, que de maneira alguma põe em causa os fundamentos da soberania do Estado, mas se contenta em organizá-la, como evidenciado pelo crescente papel de uma instituição como o Conselho Europeu, composto pelos chefes de Estado ou de governo dos 27 países membros.

A Soberania de Estado Contra a Democracia do Estado de Direito

Em definitivo, o nacional como o supranacional enfrentam o mesmo impasse, o da representação política, cuja lógica é incompatível com a verdadeira democracia. Com efeito, os governantes são representantes, mas os deputados são igualmente representantes. No entanto, muitas vezes acontece que deputados e governantes pertencem ao mesmo partido. Como bem notou Cornelius Castoriadis[22], esse estado de coisas coloca em causa o princípio

---

21. Ibidem.
22. L'Autonomie et les trois sphères, *Quelle Démocratie?*, t. 2, p. 357.

da separação de poderes: os interesses partidários prevalecem sobre a distinção de funções (do executivo ou do legislativo). Em uma estrutura nacional, os governantes são os representantes do Estado, os deputados são os representantes do povo, entendido como o conjunto dos cidadãos. No âmbito da UE, os chefes de Estado, reunidos no Conselho Europeu, tomam decisões na qualidade de representantes dos Estados. Os deputados do Parlamento Europeu decidem como representantes dos cidadãos europeus. Todavia, nesse contexto, apenas a Comissão Europeia, e não o Parlamento, tem a iniciativa de leis. Um organismo não eleito pelos cidadãos europeus, cuja composição é objeto de controvérsias entre os Estados, é investido de um poder que deveria pertencer exclusivamente a uma instância legislativa. Comissão Europeia, Conselho Europeu, Tribunal de Justiça Europeu, todos os órgãos responsáveis por garantir o cumprimento rigoroso dos Tratados estão levando a UE na mesma direção, novamente em violação do princípio da separação de poderes.

No contexto nacional, os dois tipos de representantes (os do Estado e os do povo) podem se opor, mas também podem ser ouvidos às custas do direito, particularmente às custas do direito constitucional. A crise aberta pela pandemia atuou como reveladora da arbitrariedade de que são capazes os representantes, tanto do Estado como do povo, para melhor impor o estado de emergência sanitária. Assim, na França, o Parlamento e o governo estabeleceram um acordo para não submeter a lei de 23 de março, sobre emergência sanitária, ao Conselho Constitucional antes de sua promulgação, sendo o único controle possível, portanto, capaz de intervir, apenas *a posteriori*. Esse mesmo Conselho Constitucional, supostamente o guardião da Constituição, legitimou a suspensão da Constituição, que prevê um período de quinze dias entre o momento em que uma câmara do Parlamento é mobilizada e aquele no qual pode deliberar. Nesse caso real, houve apenas um dia.

No campo dos nacionalistas, a instrumentalização da crise da saúde tornou possível legitimar violações graves do Estado de Direito, inclusive o seu questionamento direto e frontal. Trump alegou, em 13 de abril, que a autoridade do presidente dos EUA é "total" e lhe dá o direito de se opor aos governadores que se recusam a retomar as atividades econômicas, chegando ao ponto de considerar a possibilidade de suspender o Congresso, para impor seus próprios interesses. O sinistro Viktor Orban eliminou as garantias democráticas mais básicas com o toque de uma caneta, reivindicando plenos poderes por um período ilimitado. No Brasil, o presidente Bolsonaro tentou estender seu próprio poder, buscando reduzir, talvez eliminar, o sistema de freios e de contrapesos inerentes à organização política instituída pela Constituição de 1988, um sistema que incarna a independência do poder judiciário e do poder legislativo. Ele protesta contra os limites impostos ao poder executivo pelo poder judiciário (o Supremo Tribunal Federal) e pelo poder legislativo (o Congresso, com a Câmara dos deputados e a dos senadores). Os outros dois poderes, o judiciário e, em certa medida, o legislativo, estão tentando resistir a uma série de ações que vão no sentido de uma expansão do poder executivo (intimidação dos governadores e prefeitos favoráveis ao confinamento, acusando-os de corrupção, além da utilização de discursos apelativos, atiçando a população para fazê-los ceder etc.).

A Soberania Popular, Única Garantia do Estado de Direito

Sob formas muito diferentes, os governos estão atacando o que está no coração do Estado de direito: a separação de poderes. Nessas condições, deve-se bradar à democracia para combater melhor a soberania do Estado? A rigor, a democracia não é o Estado de direito, mas, ao contrário do que Friedrich Hayek pôde afirmar, não é a negação do Estado de direito, ela não é essa "superstição construtivista" sob a qual a maioria das pessoas reivindicaria um poder ilimitado[23]. Em que consiste exatamente a democracia? Na soberania do povo? Devemos, portanto, opor a soberania do povo à soberania do Estado? Teríamos, assim, dois sujeitos rivais: o Estado e o povo. Este último é entendido como um todo exclusivo, aquele que forma a comunidade de cidadãos-eleitores. Através dessa oposição, procuramos identificar, a todo custo, um *sujeito* de soberania. Mas, também, podemos renunciar esse pressuposto do sujeito da soberania, seja o povo ou o Estado. Falaremos então da soberania *popular*, mas não da soberania *do* povo. Por qual razão operar essa ruptura com toda uma tradição? É que a noção de soberania do povo não é, de modo algum, incompatível com a afirmação da soberania do Estado. Deveria mesmo dizer-se que é sempre o complemento essencial. O princípio constitucional da soberania do povo, sempre funcionou como um princípio de legitimação da soberania exercida pelo Estado e seus representantes. Estes últimos legitimam seu domínio sobre os cidadãos pela "soberania" que os cidadãos exerceriam pelo seu voto, durante as consultas eleitorais.

É certo que pôde, e ainda pode acontecer, que a soberania do povo e a soberania dos representantes do Estado colidam um e outro, mais ou menos frontalmente: lembremos da concorrência aberta entre a soberania do "povo" (a maioria pró-Brexit do referendo de 2016) e a soberania do Parlamento (a maioria dos deputados a favor do "permanecer" até a chegada de Boris Johnson). O fato é que, em ambos os casos, o resultado de uma votação é usado e o conflito opõe os representantes, que podem pretender tirar sua legitimidade do "povo": o primeiro-ministro, por um lado, como líder do partido majoritário, a maioria dos deputados, por outro. A soberania do "povo" permanece,

---

23. F. Hayek, *Droit, législation et liberté*, p. 674.

nos dois casos, uma questão de voto, não de participação ativa à deliberação e à decisão. A trapaça consiste em apresentar um voto como o equivalente a um controle efetivo. É isso que permite justificar a dissociação entre o titular da soberania (o "povo") e aqueles que a exercem (os representantes).

A soberania "popular" consiste não na periodicidade de uma votação, seja para eleger representantes ou votar por um referendo ou um plebiscito, mas em práticas de controle ativo e permanente dos governantes, controle que deve poder ir até a revogação. Esse foi o caso na França em 1792-1793, em 1848, em 1871, ou recentemente com os Coletes Amarelos. Foi o que aconteceu no Chile com os *cabildos*[24], assembleias autoconvocadas de cidadãos no movimento político resultantes do Despertar de Outubro. É a qualidade da soberania ("popular") que é essencial, não o *sujeito* da soberania ("o povo"): "popular" refere-se, então, ao povo como ator, não ao povo como a união de eleitores. Entendida dessa maneira, a soberania popular não constitui certamente um regime político, mas ela desenha, em profundidade, o tipo de Estado desejável, pelo qual vale a pena lutar: um Estado no qual o controle dos governantes pelos cidadãos não seria uma exceção, mas a regra. Esse controle dos cidadãos é a única maneira de garantir o Estado de direito e uma separação efetiva de poderes, proibindo o confisco de poderes por representantes de um partido majoritário, mesmo que todos sejam eleitos.

---

24. No levante popular (de outubro de 2019) detonado pela juventude estudantil chilena, que tem sido uma chama permanente de libertarismo no Chile, foi estabelecida uma coordenação de unidade nacional, que impulsionou a organização de "cabildos abiertos", conselhos autoconvocados por assembleias territoriais, organizando demandas e decisões de baixo para cima. É a expressão da resiliência social do movimento após 22 dias de protestos e repressão governamental. Tinha, dentre suas metas, uma assembleia constituinte, mas expressou bem um ensaio de soberania popular. (N. da T.)

Referências

Livros

ARENDT, Hannah. Qu'est-ce que la liberté?. *L'Humaine Condition*. Paris: Quarto/Gallimard, 2012.
CASTORIADIS, Cornelius. L'Autonomie et les trois sphères. *Quelle Démocratie?* Tomo 2. Paris: Editions du Sandre, 2013.
FOUCAULT, Michel. *La Volonté de savoir, Histoire de la sexualité*. Paris: Gallimard, 1976.
____. *Sécurité, territoire, population*. Lição de 8 mar. 1978. Paris: Gallimard/Seuil, 2004.
QUAGLIONI, Diego. *La Sovranità*. Bari: Laterza, 2004.
HAYEK, Friedrich. *Droit, législation et liberté*. Paris: PUF/Quadrige, 2020.
WEBER, Max. La Profession et la vocation de politique. *Le Savant et le politique*. Paris: La Découverte, 2003.

Jornais

BARNÉOUD, Lise. Des Chercheurs revoient le seuil d'immunité collective à la baisse. *Mediapart*, 22 maio 2020. Disponível em: <https://www.mediapart.fr/>. Acesso em: 25 maio 2020.
BASCHET, Jérôme. Qu'est-ce qu'il nous arrive? *Lundimatin*, 13 abr. 2020. Disponível em: <https://lundi.am/>. Acesso em: 17 abr. 2020.
COHEN, Daniel. Des États ont décidé d'arrêter l'économie pour sauver des vies: C'est inédit. *Télérama*, 25 maio 2020. Disponível em: <https://www.telerama.fr/>. Acesso em: 27 maio 2020.
DAVET, Gérard; LHOMME, Fabrice. 2017-2020: Comment la France a continué à détruire son stock de masques après le début de l'épidémie. *Le Monde*, 7 maio 2020. Disponível em: <https://www.lemonde.fr/>. Acesso em: 9 maio 2020.
____. La France et les épidémies: 2011-2017, la mécanique du délitement. *Le Monde*, 7-8 maio 2020. Disponível em: <https://www.lemonde.fr/>. Acesso em: 9 maio 2020.
FERRAJOLI, Luigi. Los Países de la UE Van Cada Uno Por Su Lado Defendiendo una Soberanía Insensata. *El País*, 28 mar. 2020. Disponível em: <https://elpais.com/>. Acesso em: 30 mar. 2020.
LAMAND, Ludovic. UE: Les Ambiguïtés du "moment hamiltonien". *Mediapart*, 3 jun. 2020. Disponível em: <https://www.mediapart.fr/journal/>. Acesso em: 5 jun. 2020.
LEPELLETIER, Pierre. Coronavirus: Mélenchon s'en prend aux travailleurs détachés qui continuent de circuler en France. *Le Figaro*, 24 mar. 2020. Disponível em: <https://www.lefigaro.fr/>. Acesso em: 27 mar 2020.
ROUX DE BÉZIEUX, Geoffroy. La Souveraineté économique n'est plus un gros mot au Medef. *Le Monde*, 13 maio 2020. Disponível em: <https://www.lemonde.fr/>. Acesso em: 15 maio 2020.

POLÍTICA DE ESTADO NA ÉPOCA DA PANDEMIA: "ESTADO DE EMERGÊNCIA" CONTRA OS CIDADÃOS[1]

Patrick Vassort

Na longa duração que representa o capitalismo, é possível identificar eventos inaugurais que, como assinala Jean-Pierre Azéma, tornam-se as matrizes dos períodos vindouros, ou seja, eles se tornam os padrões de inteligibilidade da sociedade vivida. Eles são "aqueles que acionam toda uma série dessas ondas que moldam a história"[2]. Essas matrizes, em nenhum caso, quebram a fluidez da sociedade. Sem dúvida, elas especificam ainda mais a sua

---

1. Tradução de Ike Eskinazi e revisão de Jorge Nóvoa. Ike Eskinazi é tradutor profissional e diretor do Cemap-Interludium, organização da sociedade civil de interesse público (oscip), sem fins lucrativos, que detém o acervo do Centro de Documentação do Movimento Operário Mário Pedrosa. Maiores informações em: <www.cemap-interludium.org.br>.

2. J.-P. Azéma, La Seconde Guerre mondiale matrice du temps présent, *Écrire l'histoire du temps présent*, p. 148.

natureza. O melhor exemplo poderia ser o da Segunda Guerra Mundial, que não eliminou os conflitos armados, nem os campos de concentração, nem o racismo e o antissemitismo, apesar de declarações de intenções, dos textos e cartas, das ratificações e dos decretos, das leis e do "dever de memória". Tampouco eliminou o modo de produção capitalista ou as relações de produção, ou mesmo de reprodução, capitalista. Em contrapartida, essa guerra e seus resultados marcaram a política e a estrutura econômica mundial nas décadas seguintes, com a bipolarização, as dependências regionais, a corrida armamentista, o aumento tecnológico, a aceleração de todos os setores da vida, a mercantilização[3] generalizada do mundo, a concorrência "total".

É possível, se não provável, que a pandemia da Covid-19 tenha consequências que não podemos medir por agora. No entanto, é necessário constatar que, nesses seis meses – de janeiro a junho de 2020 –, o "mundo" mudou de forma e de modo de funcionamento. Aceitando, às vezes, o inaceitável, populações inteiras foram condenadas a renunciar a uma parte significativa de seus direitos fundamentais, sem que isso tenha criado uma oposição real e estruturada aos diversos poderes políticos, médicos e sanitários. Mas os experimentos desse tipo, *in vivo*, invariavelmente abrem portas a futuros possíveis[4], mesmo não desejáveis, e a crise experimentada novamente desafia, mesmo de forma inconsciente, filosofias de vida opostas umas às outras e projeta futuros altamente diferentes. Quais seriam, então, as respostas para as situações propostas atualmente? Que forças de resistência poderiam se opor ao poder administrativo e político imposto pelo reforço do discurso científico, seja este sanitário e de saúde pública, seja produtivo e social?

---

3. Ver H. Rosa, *Accélération: Une critique sociale du temps*; e idem, *Aliénation et accélération*.
4. Ver sobre o sujeito de futuros possíveis, J. Spurk, *Avenirs possibles*.

Para entender as críticas a seguir, deve-se recordar sempre que a periculosidade do vírus, que eu não saberia avaliar, e suas consequências sanitárias, sua natureza mórbida e mortal, foram acentuadas por uma administração capitalista da vida cotidiana, com consequências deploráveis para a saúde das populações. De fato, a corrida, que se tornou internacional, para "desarmar" os serviços públicos, principalmente os de saúde e de educação, só poderia ter como consequência, no caso de uma crise sanitária, a forma coercitiva de proteção das populações. Assim, a proibição de deslocamento das populações substituiu os equipamentos de proteção, de prevenção e de acolhimento no seio das instituições de saúde e, pior ainda, o corpo de profissionais se acha com falta de pessoal, há anos, nos hospitais. Essas carências se acham generalizadas no mundo todo, enquanto, ao mesmo tempo, aumentam as demandas diretas e indiretas para seu uso.

Obediência Total

Mais do que nunca, é interessante constatar que, nos países ocidentais, a obediência às ordens dadas pelos governos, a partir do início da crise da Covid-19, foi seguida cegamente, salvo raras exceções. No entanto, se em certos casos as populações reagem rapidamente quando os direitos são atacados, no presente caso é com uma rara docilidade que todos concordaram em se trancar e aceitar uma lógica de não trabalho, de trabalho à meio período ou remoto, resultando, frequentemente, no desaparecimento ou, no mínimo, em uma diminuição das remunerações. O controle de deslocamento, o direito contestado de poder estar a mais de um quilômetro de sua residência, até mesmo o tempo de ausência do domicílio, a proibição de agrupamentos, de poder visitar a família, os avós presos em instituições especializadas, ou as pessoas que amamos no hospital, até mesmo de assistir ao funeral de um ente querido, são violações aos direitos fundamentais decididos por um poder executivo que, na ocasião, adotou uma onipotência inadequada. Na França, foi necessário esperar até 23 de março de 2020 para que o decreto do governo de 16 de março fosse "validado" por uma lei votada pelo Parlamento, criando "um estado de emergência sanitária" que somente o Senado pensaria em limitar no tempo. Foi com base nessa lei, que medidas de coerção foram estabelecidas, com extensão e em circunstâncias sem precedentes, em condições altamente folclóricas, uma vez que a ignorância da situação era a principal característica dos responsáveis pelas decisões. Todos puderam, então, perceber em seus corpos o que significava o sedentarismo forçado e a transformação de nossas vidas em formas de "robinsonadas", que Franz Kafka[5] ou Robert Merle[6], com sensibilidades diferentes, nos deram a imaginar. Tanto num caso quanto no outro, forças maiores impõem o sedentarismo. A personagem solitária de Kafka é paranoica e assimila um ruído dentro de sua toca, onde deveria estar protegida de qualquer agressão, com a presença de um animal hostil, contra o qual o confronto deve levar ao desaparecimento do animal ou do narrador. Essa solidão leva a personagem a desenvolver um masoquismo que completa sua situação patológica. Por sua vez, as personagens de Merle são várias e presas em um castelo que elas restauram após uma explosão que, afinal, parece ser nuclear. Outras comunidades existem e as rivalidades se instalam para conquistar o poder e garantir as possibilidades de sobrevivência.

Eu poderia desenvolver as semelhanças simbólicas entre as obras desses dois autores e as situações vivenciadas nas últimas semanas por metade da humanidade que, mais do que nunca, experimentou uma situação absolutamente próxima àquela que Günther Anders analisa

---

5. Ver F. Kafka, *Le Terrier*.
6. Ver R. Merle, *Malevil*.

como sendo uma *massa dispersada*. A esse respeito, ele escreve que "uma boa massificação é uma massificação dispersada"[7] que não permite ao indivíduo encontrar os demais indivíduos na massa. A "massa dispersada permanece paralisada porque, apesar de composta por milhões de homens, ela perdeu a capacidade de pular fora da iniciativa que a guia e de se afastar de seu caráter anódino, enquanto ela é modelada em distintas cavernas de eremitas bem separadas entre si"[8]. Essa situação, finalmente, proíbe qualquer reação política, uma forma de espanto que tomou conta dessa massa dispersada, onde cada um, durante a primeira semana, buscou as condições mais toleráveis de um confinamento que, afinal de contas, se anunciava por muito tempo e, muito obviamente, totalmente incomum. Sem dúvida, o futuro nos dirá quais serão as consequências da privação de liberdade, em condições materiais às vezes insuportáveis, para o desenvolvimento de patologias individuais e sociais, e quais serão suas consequências na vida política e econômica.

No entanto, nesta situação inédita, Emmanuel Macron se apoderou, de maneira completamente ilegal, de todos os poderes em nome de uma causa superior, uma razão de Estado, a saúde do "povo francês". Ao discriminar as atividades "essenciais" como uma "guerra" sanitária e aquelas que seriam supérfluas, o governo decide, assim, sobre a liberdade de deslocamento, o trabalho e as condições de sobrevivência de um número inestimável de indivíduos, incapazes, a médio prazo, de se sustentarem. Essas decisões foram tomadas sem nenhum debate, em um país onde o controle democrático deve ser realizado, graças à existência da "separação" de poderes. Dentre alguns ministérios, o da Educação Nacional, por exemplo, decretou a generalização do trabalho à distância como ato de "continuidade pedagógica", sem nunca saber realmente

---

7. G. Anders, *L'Obsolescence de l'homme*, t. II, p.181.
8. Ibidem.

se isso seria possível, ou até mesmo legal, antes, e obviamente depois, da votação da lei de 23 de março. O mesmo ocorreu em relação aos exames universitários, o que não fazia nenhum sentido, mas cuja utilidade era indubitavelmente testar os projetos que possibilitam responder aos problemas financeiros colocados para os próximos anos pelas reformas das últimas três ou quatro décadas: 80% de uma faixa etária com bacharelado, bem como as várias leis que conduzem à autonomia das universidades, à liberalização dos serviços públicos, à mercantilização do saber e do conhecimento.

A totalidade dessas decisões, também tomadas sem consulta, foi para dar a impressão de que a vida continuava, enquanto transformava a população em ratos de laboratório, permitindo a experimentação *in vivo*[9].

Contudo, parece que as medidas adotadas pelo Estado excedem, em muito, suas possíveis prerrogativas se este respeitasse os direitos fundamentais, o que não foi o caso, e esse é o "primeiro" ato dessa envergadura na história da Quinta República. Na verdade,

mesmo durante a guerra da Argélia, onde ocorreram graves atentados, como o do Petit Clamart[10] contra o general De Gaulle, da mesma forma em maio de 1968, [...] o regime de estado de emergência não foi aplicado. Mesmo em 2015, com os atentados terroristas, não houve confinamento. As pessoas saíram mais ainda para demonstrar sua resistência contra o terrorismo[11].

9. Ver R. David; F. Lebrun; N. Oblin; P. Vassort, Les Rats de Jean-Michel Blanquer, *Médiapart*. Disponível em: <https://blogs.mediapart.fr/>.
10. Clamart é uma comuna francesa da periferia sudoeste de Paris, onde ocorreu o último atentado contra Charles De Gaulle, em 22 de agosto de 1962. Em 1973, Frederick Forsyth narrou o evento em seu *best-seller O Dia do Chacal*. A OAS – Organisation Armée Secrète (Organização Secreta Armada), responsável pelo atentado, foi uma facção direitista francesa paramilitar dissidente, que agiu durante a Guerra da Argélia (1954-1962), realizando ataques terroristas e assassinatos, na tentativa de impedir a independência da Argélia do domínio colonial francês. (N. da T.)
11. Institut des droits de l'homme du barreau de Paris; Institut des droits de l'homme des avocat(e)s européen(e)s, *Confinement forcé sur tout le territoire national et modalités d'application*, maio 2020, p. 393.

Também durante os períodos de guerra nas repúblicas anteriores, as populações nunca experimentaram um período de confinamento que restringe os direitos dessa maneira. A maioria dos direitos fundamentais foi suspensa e as liberdades individuais e coletivas amplamente questionadas.

O conceito de *massa dispersada*, conforme Gunther Anders, foi, portanto, amplamente confirmado durante essa crise, assumindo uma dimensão ainda mais importante pelo fato de essa massa estar em prisão domiciliar e sofrer a coerção da polícia, condenada ainda a aceitar as técnicas de vigilância tradicional e "moderna". Assim, as forças da ordem foram deslocadas em todo o território para prender os contraventores, aplicando multas, cujo custo excepcional poderia colocar um fardo insuportável sobre os ombros das famílias economicamente mais vulneráveis. Para melhor controlar todas as áreas, sejam locais, nacionais ou internacionais, os aeroportos foram fechados e as estações de trem e ônibus viram seu tráfego cair para um nível nunca antes conhecido, com a polícia controlando as entradas e saídas dos poucos potenciais viajantes e os fluxos rodoviários. As câmeras fixas e móveis – graças ao suporte das ferramentas dos drones – monitoram os movimentos, mesmo em ambientes naturais ou quase inacessíveis. As mensagens gravadas também podiam ser entregues, quando não diretamente pela polícia, por esses "robôs", tornando as ruas esvaziadas e sem vida, como se tivessem sido preparadas para a filmagem de cenas de um filme de ficção científica.

Esse período faz surgir a sensação de que as instituições democráticas são incrivelmente frágeis e que seu funcionamento pode ser questionado com extrema rapidez. Parece, também, que as barragens capazes de proteger contra os abusos do poder executivo "jupiteriano" são muito vulneráveis, pois o silêncio ensurdecedor a respeito da violação dos direitos fundamentais nunca foi quebrado pelos partidos políticos da oposição que, obviamente, encararam os fatos negativos de forma positiva e, em última análise, estão de acordo com as propostas governamentais.

Propaganda

Sem dúvida, uma das razões para esse estado de coisas reside nas capacidades, já conhecidas pelos poderes, em controlar tanto a fala quanto a mídia que a transmite. O período, portanto, derruba uma grande fantasia que gostaria que as redes sociais fossem instrumentos de um possível discurso liberado, alterado, diferente, de apoio e, por que não, de uma nova forma de democracia. Nada disso ocorreu. A conformidade às declarações oficiais foi, de maneira idêntica, promovida tanto pelas mídias independentes quanto pelas privadas. Somos forçados a constatar que a propaganda estatal deu resultados e inibiu qualquer oposição intelectual e jurídica.

Se me refiro ao termo "propaganda" aqui, é, creio eu, com razão. Não se deve acreditar que essa forma de comunicação política seja reservada aos regimes menos recomendáveis. Inegavelmente, se a noção de propaganda deriva do latim *propagare*, que significa "propagar", e se esse termo igualmente provém do nome de uma congregação religiosa *propaganda fide*[12], que significa "propagação da fé", o termo "propaganda" será aquele que, a meu ver, melhor se adapta à comunicação política desenvolvida pelo presidente Macron e pelo governo de Edouard Philippe e, provavelmente, àquela de diversos governos europeus, asiáticos ou sul-americanos.

---

12. A *Propaganda Fide* foi criada pela Bula *Inscrutabili Divinae*, de 22 de junho de 1622, do papa Gregório XV, hoje conhecida como a Sagrada Congregação para a Evangelização dos Povos, com os objetivos de promover a formação de missionários, impulsionar e prover o sustento dos que estão em terra de missão, por meio das Pontifícias Obras Missionárias. (N. da T.)

As decisões radicais tomadas pelo executivo, que reduzem drasticamente as liberdades fundamentais, foram tomadas sob o pretexto, como o presidente Macron repetidamente disse em seu discurso em 16 de março de 2020, de que "estamos em guerra". Essa formulação, totalmente inédita, foi para impactar as pessoas e obteve sucesso. Durante semanas, os líderes políticos, do presidente aos representantes do governo de Philippe, sob o pretexto de que "estávamos em guerra", conseguiram rejeitar qualquer crítica, toda proposta diferente, pergunta sobre a preparação ou a não preparação da crise que se abateu sobre a Europa Ocidental.

Brincar com emoções foi a primeira atitude de nossos líderes. Para isso, o uso do termo "guerra" e o decreto de confinamento que, inevitavelmente, fizeram pensar no toque de recolher, que os mais velhos haviam experimentado durante a Segunda Guerra Mundial, contribuíram plenamente para o estabelecimento de uma dramaturgia política. O uso de símbolos, como o termo "guerra" e confinamento, possibilita, como lembra Serge Tchakhotine, "'sugar e inspirar' as emoções das multidões"[13]. Esvaziar as cidades de seus habitantes é criar uma nova estética da cidade contemporânea que, num primeiro momento, gera um tipo de terror transmitido por todos os canais de televisão do mundo: Paris, a cidade luz, a cidade turística por excelência, a cidade da cultura, a cidade rebelde, está vazia! Ela foi esvaziada por causa de uma comunicação unilateral, que desenvolveu o tema da segurança, tanto a individual quanto a coletiva, e que, nas cidades e durante uma pandemia, tomou um rumo quase paranoico. Como Mélina Germes nos lembra, "a 'segurança' é mais do que um discurso onipresente difundido no mundo contemporâneo: é, como demonstrou o sociólogo Laurent Muchielli, uma ideologia promovida, tanto pelas políticas públicas quanto pela gestão privada"[14], e essa ideologia, para tomar

---

13. *Le Viol des foules par la propagande politique*, p. 257.
14. Présentation, em C. Gintrac; M. Giroud, *Villes contestées*, p. 200.

forma, precisa de comunicação política, de propaganda. Diante do pouco conhecimento e das contradições que emanam dos próprios cientistas sobre o novo coronavírus, a persuasão repousava, portanto, sobre o espetáculo oferecido pela comunicação política, desafiando, assim, a própria lei e as liberdades fundamentais.

É fascinante relacionar a versão mais recente (de 1939) do artigo de Walter Benjamin, "A Obra de Arte na Época de Sua Reprodutibilidade Técnica" ao discurso do presidente Macron:

> Todos os esforços para esteticizar a política culminam em um ponto. Esse ponto é a guerra. A guerra, e somente a guerra, possibilita estabelecer uma meta para os maiores movimentos de massa sem, contudo, afetar o regime de propriedade. É assim que as coisas podem ser traduzidas na linguagem política. Na linguagem técnica, elas são formuladas da seguinte forma: somente a guerra permite mobilizar todos os meios técnicos da era atual sem alterar nada no regime de propriedade.[15]

Foi assim que o termo "guerra", usado por todos os membros do governo, pelos jornalistas e alguns intelectuais, como analisa Benjamin, desarmou toda a oposição, as próprias massas sendo apanhadas nessa estetização da política, que é a linguagem.

A escolha dessa linguagem não somente levanta o problema da manipulação das massas, mas também a transformação da própria realidade, no exato momento em que é vivenciada. Gérard Rabinovitch defende que

> A linguagem, como uma ordem apropriada dos humanos, torna-se parte da realidade e a transforma. A linguagem no sentido psicanalítico não é apenas um instrumento de comunicação, caso contrário não haveria cura possível, mas também é uma operadora que transforma a realidade. Portanto, não é apenas o sujeito individual que é marcado em sua intimidade pelo coletivo, é o coletivo que, como o sujeito, é articulado pela linguagem.[16]

15. W. Benjamin, L'Œuvre d'art à l'époque de sa reproductibilité technique, Œuvres III, p. 314.
16. *De la destructivité humaine*, p.42.

É assim que podemos explicar a perplexidade das massas e de todas as oposições, uma vez que o discurso se projetou em uma cultura e memória coletivas e dramáticas, e adquiriu concretude numa repressão pelo confinamento certamente difícil de aceitar, mas deixando todos na solidão. O pensamento, como sugere Rabinovitch, e, portanto, o ser, foi alterado por essa linguagem, por esse espetáculo mórbido que se repetia incansavelmente todos os dias, sem nunca modificar a natureza política de nossas sociedades, mas salientando-a cada vez mais. Como Benjamin diz, nada foi alterado "para o regime da propriedade", o que significa, para nós, que o modo e as relações de produção capitalistas não foram modificados, a não ser no fortalecimento da dominação política e econômica sofrida pelas categorias mais vulneráveis de nossas sociedades.

Essa propaganda não se limitou aos discursos, mais ou menos marciais, dos representantes de nosso executivo. Ela também assumiu uma dimensão incrível sobre o tema da unidade nacional transmitida pela mídia nacional e pública. Da assistência mútua ao reconhecimento, cada dia trouxe sua parcela de relatos tranquilizadores sobre a nação que se reencontra, sobre a unidade de uma população que, na realidade, é fragmentada pelas desigualdades, as injustiças e as lutas da vida cotidiana. A mesma lógica prevaleceu no século XIX e no início do século XX, quando fora necessário construir a unidade nacional, durante um período em que a república ainda não havia garantido definitivamente suas bases. Diversos historiadores, como Adolphe Thiers e Jules Michelet, por exemplo, evocam a Festa da Federação, em que todas as partes da nação se encontravam trabalhando juntas na preparação das festividades. Jean Jaurès também escreve que "o próprio rei chegou a cavar e, com a exibição dessa igualdade enganosa, o povo, em sua ingenuidade clarividente, dava um sentido profundo a não sei qual premonição da verdadeira igualdade"[17].

---

17. *Histoire socialiste de la Révolution française*, t. II, p. 200.

Foi o que o confinamento nos mostrou, a saber, "artistas" que se envolvem em "uma falsa demonstração dessa igualdade enganosa", orgulhosamente transmitida pelos jornalistas delegados à apresentação das notícias do dia, em que cada um oferece seu verso e canta ou encena o confinamento geral, sem levar em conta as próprias condições desse confinamento, querendo nos dizer "somos como vocês". A política apareceu, ainda mais durante esse período, como "um jogo ficcional retórico e coreográfico"[18], porque a informação – a informação política entre as outras – também se tornou uma mercadoria que sabidamente possui um valor fetichista[19]. A encenação de reverência, de jornalistas de mercado, de conivência[20] continuará sendo, sem dúvida, um dos destaques desse período difícil.

A Derrota dos Intelectuais

Por que caiu o silêncio sobre as ações de um governo que minou as liberdades fundamentais? Colocar a questão não é, ainda, obviamente responder, e seria necessário mais do que este texto para esclarecer completamente a situação. No entanto, é possível levantar algumas hipóteses. Não retornarei ao papel das mídias nacionais, que obviamente têm uma grande responsabilidade, dado seu papel real na opacidade da informação.

Em contrapartida, o desaparecimento quase geral de intelectuais é assustador. Como definir o intelectual? Jean-Paul Sartre explicou que o intelectual era necessariamente parte de um grupo, que ele denominou de técnicos do conhecimento. No entanto, isso não é suficiente na construção do *status* do intelectual. Esses técnicos, para se tornarem intelectuais, devem ter adquirido um certo reconhecimento no campo disciplinar e científico que lhes

---

18. P. Braud, *Violences politiques*, p. 269.
19. Ver K. Marx, *Le Capital*, livre 1.
20. Ver S. Halimi, *Les Nouveaux chiens de garde*.

pertence, mas, além disso, devem usar esses conhecimentos para intervir na cidade, no espaço político, alterar este último, renunciando, na maioria das vezes, a aderir às ideologias da classe à qual pertencem[21] e assimilar a dialética existente entre a teoria e a prática. Por diversos motivos, o espaço de expressão deixado aos potenciais intelectuais se reduz progressivamente, deixando o espaço a técnicos que, emanando cada vez mais frequentemente de estruturas privadas, carregam necessariamente a ideologia e expressão política destas. Na lógica competitiva generalizada, a luta pela midiatização não é a do pensamento, mas a da encenação do "pensamento" de cada um desses técnicos.

Siegfried Kracauer, percebendo essa preocupante situação do desinteresse pelo conhecimento, escreveu, em 1927:

Apenas as pessoas cultas não praticam esportes. Um número insignificante. Elas fogem da agitação refugiando-se nas esferas superiores [...]. O que as incomoda é que, lá em cima, ninguém vai vê-las. Tanto esporte estupidifica as massas. [...] Desportistas saíram à procura do Dr. R. que trabalha nas obras perdidas de um obscuro historiador da arte, e eles retornaram confusos, infelizmente. A importante obra será lançada em breve. Enquanto isso, mais e mais balões cruzam o céu.[22]

Ele resumiu dessa maneira o que aconteceu com o conhecimento e com a possibilidade de o "cientista" se tornar um intelectual, ou seja, um indivíduo atuando na cidade. Ele foi condenado ao ostracismo pelo "mundo do espetáculo"[23], que participa cada vez mais das formas dominantes da política.

Os debates inaugurados pela pandemia que estamos enfrentando, não nos permitiram ir muito além de tentar fornecer respostas "técnicas" aos problemas de saúde

---

21. Ver J.-P. Sartre, *Plaidoyer pour les intellectuels*.
22. Ils sportent, *Le Voyage et la danse*, p. 78.
23. O autor utiliza aqui o conceito de "espetáculo" tal como ele é utilizado pelo pensador francês Guy Debord, autor do célebre *A Sociedade do Espetáculo*, Rio de Janeiro: Contraponto, 2007. (N. da T.)

declarados. Não se trata de menosprezar esse aspecto, obviamente importante, mas de apreender bem que desafios com uma dimensão incomparável foram colocados sem que, no entanto, fossem realmente identificados os riscos políticos a que a suposta catástrofe nos expõe. É possível imaginar que a pressão política possa ajudar a transmutação de certos regimes democráticos em uma situação autoritária. No entanto, nenhuma intervenção realmente nesse sentido tornou possível levantar uma oposição às escolhas e aos métodos desenvolvidos pelos governos ocidentais. Sem dúvida, deveríamos ter mais em conta o aviso dado por Jeffrey Herf quando ele afirma que, como historiador, rejeita analogias simplistas e comparações fáceis entre o passado e o presente, lembrando, no entanto, que "o mundo não é reinventado a novos custos a cada geração"[24].

A questão da subjetividade do intelectual é fundamentalmente colocada, bem como o problema dos vínculos existentes entre suas obras e os valores que ele deseja ou que ele provavelmente defenda. O pragmatismo oportunista que leva os acadêmicos, por exemplo, a separar suas pesquisas de suas sensibilidades políticas e sociais, destrói em muito não apenas a qualidade de seus trabalhos[25], mas, também, a possibilidade de esclarecer as relações políticas, os conflitos, os direitos e as liberdades. É assim que os técnicos do saber e do conhecimento se esquecem dos ensinamentos da filosofia e do mundo vivido. Isso porque o indivíduo não pode se dissociar deste mundo, mesmo desejando mais do que qualquer coisa.

Essa condição específica, escreve Sartre

remete-nos ao fato crucial da existência humana, ao que Merleau-Ponty chamou de nossa *inserção no mundo* e que eu chamei de nossa *particularidade*. Merleau-Ponty dizia também: somos clarividentes porque somos visíveis. O que quer dizer: só podemos

---

24. J. Herf, *Le Modernisme réactionnaire*, p. 13-14.
25. Ver sobre essa questão, Georges Devereux, *De l'angoisse à la méthode dans les sciences du comportement*.

ver o mundo *à nossa frente* se ele nos *fez clarividentes* de antemão, o que significa necessariamente *tornados visíveis*[26].

O desejo de objetividade é, portanto, completamente esmagado por essa "evidência". Pertencemos ao mundo ou, talvez ainda mais, somos o mundo. A fantasia da objetividade, da proeminência, só pode terminar em apoio objetivo ao mundo dominante, desejado ou não. É a isso que, como intelectuais, não devemos aderir, mantendo nossa capacidade crítica para preservar nosso poder de intervir.

Da Necessidade de Pensarmos Coletivamente

Talvez seja necessário lembrar algumas palavras, sem dúvida intelectualmente revolucionárias, de Henri David Thoreau: "quando é mais justo que seus vizinhos, qualquer homem constitui sozinho uma maioria"[27]. Sem dúvida, é hora de ver a criação de coletivos de intelectuais "majoritários" cujas lutas não seriam fragmentadas como nos intima a complexidade do mundo, mas para assumir por nossa conta o direito ao universalismo, por motivos diferentes de "cálculo" ou de razão instrumental. "Existem milhares de pessoas *intelectualmente* contra a escravidão e a guerra, mas que não fazem nada de efetivo para acabar com isso."[28] Somos milhões que não queremos ver refugiados morrerem no Mediterrâneo ou no mar Egeu, somos milhões que não queremos mais que homens ou mulheres políticos decidam nosso destino, nosso futuro e o de nossos filhos, a golpes de cassetetes, seja na França, na Alemanha, na China, na Rússia, no Brasil ou em Burkina Faso.

A crise sanitária, e sem dúvida a econômica e a política, que vivemos, deve significar a possibilidade de mudarmos nossas ideias, de construirmos frentes de recusa, barricadas

---

26. J.-P. Sartre, op. cit., p. 121.
27. *La Désobéissance civile*, p. 19.
28. Ibidem, p. 12.

de oposição contra os governos que em todo lugar se utilizam do estado de emergência para reduzir drasticamente as liberdades. Para retornar ao que Thoreau afirmou, não devemos esquecer o que diz Siegfried Kracauer:

> os humanos que excluídos da comunidade (trata-se aqui das massas) se consideram senhores de uma personalidade individual própria, mostram-se inaptos para a formação de novos modelos (os ornamentos ou a propaganda). Se eles fizessem parte da representação, o ornamento não os transcenderia[29].

A consciência, que não seria então uma falsa consciência, destruiria, desse modo, esse ornamento que, ao se chocar com a consciência real, não conseguiria invadir os pensamentos dela.

Referências

Livros

ANDERS, Günther. *L'Obsolescence de l'homme: Sur la destruction de la vie à l'époque de la troisième révolution industrielle*. Tome II. Paris: Fario, 2011.
AZÉMA, Jean-Pierre. La Seconde Guerre mondiale matrice du temps présent. *Écrire l'histoire du temps présent*. Paris: CNRS, 1993.
BENJAMIN, Walter. L'Œuvre d'art à l'époque de sa reproductibilité technique. *Œuvres III*. Paris: Gallimard, 2000.
BRAUD, Philippe. *Violences politiques*. Paris: Seuil, 2004.
DEVEREUX, Georges. *De l'angoisse à la méthode dans les sciences du comportement*. Paris: Flammarion, 1980.
GERMES, Mélina. Présentation. In: GINTRAC, Cécile; GIROUD, Matthieu. *Villes contestées: Pour une géographie critique de l'urbain*. Paris: Les Prairies ordinaires, 2014.
HALIMI, Serge. *Les Nouveaux chiens de garde*. Paris: Liber-Raisons d'Agir, 1997.
HERF, Jeffrey. *Le Modernisme réactionnaire: Haine de la raison et culte de la technologie aux sources du nazisme*. Paris: L'Échappée, 2018.
INSTITUT DES DROITS de l'homme du barreau de Paris; INSTITUT DES DROITS de l'homme des avocat(e)s européen(e)s. *Confinement forcé*

---

29. L'Ornement de la masse, *L'Ornement de la masse*, p. 61.

sur tout le territoire national et modalités d'application: Des Mesures disproportionnées dans une société démocratiques?, maio 2020.

JAURÈS, Jean. *Histoire socialiste de la Révolution française*. Tome II. Paris: La Librairie de l'Humanité, 1922.

KAFKA, Franz. *Le Terrier*. Paris: Les Mille et une Nuits, 2002.

KRACAUER, Siegfried. Ils Sportent. *Le Voyage et la danse: Figures de ville et vues de films*. Paris/Québec: La Maison des Sciences de l'Homme/ Les Presses de Université de Laval, 2008.

____. L'Ornement de la masse. *L'Ornement de la masse: Essais sur la modernité weimarienne*. Paris: La Découverte, 2008.

MARX, Karl. *Le Capital*. Livro 1. Paris: Flammarion, 1969.

MERLE, Robert. *Malevil*. Paris: Gallimard, 1983.

RABINOVITCH, Gérard. *De la destructivité humaine: Fragments sur le Béhémoth*. Paris: PUF, 2009.

ROSA, Hartmut. *Accélération: Une critique sociale du temps*. Paris: La Découverte, 2010.

____. *Aliénation et accélération: Vers une théorie critique de la modernité tardive*. Paris: La Découverte, 2012.

SARTRE, Jean-Paul. *Plaidoyer pour les intellectuels*. Paris: Gallimard, 2020.

SPURK, Jan. *Avenirs possibles: Du bâtiment de la société, de sa façade et de ses habitants*. Lyon: Parangon/Vs, 2012.

TCHAKHOTINE, Serge. *Le Viol des foules par la propagande politique*. Paris: Gallimard, 1952.

THOREAU, Henri David. *La Désobéissance civile*. Paris: Gallmeister, 2017.

Revista

DAVID, Ronan; LEBRUN, Fabien; OBLIN, Nicolas; VASSORT, Patrick. Les Rats de Jean-Michel Blanquer. *Médiapart*, 6 abr. 2020. Disponível em: <https://blogs.mediapart.fr/>. Acesso em: 10 abr. 2020.

ESPANHA ENTRE O AUTORITARISMO E A DEMOCRACIA: ANTES, DURANTE E DEPOIS DA COVID-19[1]

Domingo Marrero Urbín

Quando a epidemia da Covid-19 apenas havia se globalizado, muitos especialistas, além de políticos e jornalistas, já estavam avançando previsões sobre o futuro[2]. Quase todos são prudentes ao abordar esse enorme fenômeno histórico em pleno desenvolvimento (há também consenso em considerá-lo dessa maneira), cujas consequências ainda estão longe de serem percebidas com suficiente clareza.

Do ponto de vista historiográfico, essa cautela é imprescindível devido à enorme complexidade dessa catástrofe e porque, como escreveu Ignacio Ramonet,

---

1 Tradução de Soleni Biscouto Fressato e revisão de Juan Berrocal.
2 Um bom exemplo disso é um conjunto de artigos publicados pelo jornal *El País*, em 4 de maio de 2020, sob o título geral "O Futuro Após o Coronavírus".

a história é imprevisível. O surgimento desse vírus, capaz de confinar durante meses a maioria da população do planeta, e que está minando a ordem mundial e as certezas de muitos seres humanos, é, segundo ele, um bom exemplo. Contudo, a história é previsível e essa pandemia também o demonstra. O próprio Ramonet expõe distintas razões, entre elas, "dezenas de prospectivas e vários relatórios recentes [...] sobre a iminência do surgimento de algum tipo de novo vírus que poderia causar algo assim como a mãe de todas as epidemias"[3], publicados desde 2008 até o mais recente da OMS em setembro de 2019.

Empreender uma prospectiva histórica sobre os impactos dessa praga exige, ao menos, duas tarefas. Uma é analisar globalmente seus fatores mais relevantes. E outra, determinar os vários conflitos do processo histórico espanhol antes da pandemia, estudar sua evolução durante o desenvolvimento da mesma e, finalmente, avançar os diversos cenários possíveis em um futuro mais ou menos imediato.

Espanha Antes do Novo Coronavírus:
Quatro Anos de Crise Política

Em 7 de janeiro de 2020, enquanto o patógeno já fazia estragos na China e havia chegado à Europa sem ser detectado[4], Pedro Sánchez, secretário-geral do Partido Socialista Operário Espanhol (PSOE), foi empossado como presidente do governo por maioria simples, com o apoio do Unidas Podemos (UP) e diversas forças minoritárias, dando origem ao primeiro gabinete de coalizão

---

3 La Pandemia y el Sistema-Mundo, *Le Monde Diplomatique en Español*. Disponível em: <https://mondiplo.com/>.

4 O roteiro do vírus na Europa ainda não é definitivo e duvida-se que possa ser totalmente mapeado. Segundo distintas fontes, pode ter chegado em dezembro de 2019 e talvez até mais cedo. Os primeiros diagnósticos foram registrados no final de janeiro; na Espanha, no dia 31 desse mesmo mês.

(entre o PSOE e a UP) da monarquia parlamentar, nascida em 1978. A formação do autodenominado "governo do progresso" fechou um quadriênio de bloqueio e instabilidade política igualmente excepcional. Entre dezembro de 2015 e novembro de 2019, houve quatro eleições legislativas. Durante os anos de 2016 e 2019, o país foi liderado por governos em função, com poderes limitados. Em outubro de 2016, o próprio Pedro Sánchez teve que renunciar à secretaria do PSOE[5], forçado pela cúpula dirigente do seu partido, o que originou um profundo cisma nas fileiras socialistas. E, em junho de 2018, triunfou uma moção de censura contra o presidente do governo (Mariano Rajoy, do conservador Partido Popular) pela primeira vez desde 1978. A Espanha estava atravessando uma grave crise institucional e não faltavam razões.

A causa imediata dessa singular conjuntura foi o surgimento do Podemos nas Cortes (Parlamento Nacional) no final de 2015. Fundado um ano antes, tornou-se a terceira força partidária do país, liquidando de passagem o bipartidarismo. Desde então e até janeiro de 2020, a dinâmica política esteve orientada, em grande medida, para impedir sua entrada no governo a qualquer preço[6]. Os outros partidos estatais, as organizações patronais, a maioria dos meios de comunicação e até dirigentes europeus pressionaram o PSOE para que aceitasse uma "grande coalizão" com o PP. Por que esse veto contra o Podemos, que praticamente paralisou o Executivo durante quatro anos? Porque, pelo menos inicialmente, é o partido herdeiro dos Indignados, um movimento

---

5 Sánchez foi o primeiro secretário geral do PSOE eleito por uma eleição primária interna em 2014.
6 Isso incluiu a "derrubada" de Sánchez, por se recusar a facilitar uma segunda investidura de Rajoy, como finalmente aconteceu em outubro de 2016, graças à abstenção dos deputados socialistas. Além disso, no início desse ano, o governo em exercício de Rajoy divulgou um falso relatório policial contra o Podemos, no qual várias organizações de direita se basearam para apresentar diferentes denúncias, finalmente desmentidas pelos tribunais.

social sem precedentes, muito ativo entre 2011 e 2014, que atraiu milhões de espanhóis que contestavam "o sistema": o neoliberalismo, o bipartidarismo e a monarquia parlamentar. Um par de *slogans* dos Indignados expressavam claramente os dois conflitos, intimamente ligados, que motivaram seu nascimento: "não somos mercadorias nas mãos de políticos e banqueiros" e "o chamam democracia e não é".

A crise financeira de 2008 levou a um aumento significativo da desigualdade social e a uma inegável regressão democrática. E as respostas populares foram quase imediatas, adquirindo diversas formas, desde a Primavera Árabe às revoltas gregas entre 2010 e 2012. Na Espanha, as políticas neoliberais bipartidárias, empreendidas muito antes de 2008[7], e a drástica redução nos gastos sociais, a reforma trabalhista e a política fiscal do governo do pp, a partir de 2012 geraram um notável aumento da desigualdade social. Desde esse ano, a Espanha é um dos três Estados mais desiguais da ue. E, ainda em 2019, o grave índice de exclusão social continuou bem acima do anterior a 2008[8].

Se existe um antagonismo substancial entre desigualdade social e democracia, outros fatores minaram os pilares do Estado de Direito. Como denunciaram os Indignados, a influência de grandes empresas nas decisões políticas (visível no bloqueio institucional entre 2016 e 2019[9]) e nas judiciais[10] fez da Espanha uma plutocracia.

---

7 Entre elas, a venda de empresas públicas, especialmente entre 1985 e 2003, que empobreceu os espanhóis. J. Vergés-Jaime, *Las Privatizaciones de Empresas Públicas en España*. Disponível em: <https://ddd.uab.cat/>.

8 Ver G. Fernández Maíllo (org.), viii *Informe Sobre Exclusión y Desarrollo Social en España 2019*. Disponível em: <https://caritas-web.s3.amazonaws.com/>.

9 Sánchez reconheceu essas pressões em outubro de 2016 e elas continuaram em 2019: em julho, no meio do processo de negociação entre o psoe e Podemos (finalmente frustrado), vários líderes socialistas reconheceram que Podemos "é perturbador para a ceoe" (Confederação Espanhola de Organizações Empresariais).

10 Em 18 de outubro de 2018, o Tribunal Supremo decidiu que os bancos deviam pagar os custos de constituição das hipotecas. No dia ▶

Essa atividade à sombra e à margem da legalidade[11] minou a soberania popular. Como também o fez a corrupção, especialmente a do PP, convertida num poderoso aríete contra a democracia através de diversos mecanismos, com destaque para a pilhagem de recursos públicos[12] e a manipulação da Justiça[13]. Os casos conhecidos de corrupção da família real, auxiliada por todo o aparelho de Estado, e as manobras do PP para evitar a perseguição judicial nos casos mais notórios de corrupção, dinamitaram o princípio da igualdade perante a lei. Essa impunidade é possível graças à escassa independência dos poderes fiscalizadores da ação política, dos juízes e fiscais e dos meios de comunicação. O sistema de nomeação dos órgãos de governança judiciais (incluindo juízes alinhados ao bipartidarismo) degradou sua independência, como vários estudos e relatórios revelaram durante o ano de 2017[14]. E a liberalização do mercado de comunicações, entre 2009 e 2010, favoreceu tal concentração da propriedade que liquidou a independência e o pluralismo da mídia. Isso foi denunciado por diferentes instituições internacionais[15] e também foi testemunhado pelo

▷ seguinte, suspendeu sua sentença e, três semanas depois, decidiu que os clientes deveriam pagá-las.

11 G. Fernández Maíllo, op. cit., p. 98.

12 As estimativas mais recentes sobre o custo anual da corrupção na Espanha variam entre 60 bilhões de euros (FMI) e 90 bilhões de euros (Los Verdes / Alianza Libre Europea).

13 D. Marrero Urbín, Globalización y Corrupción Política, Revista *O Olho da História*, n. 26. Disponível em: <http://oolhodahistoria.ufba.br/>.

14 Para o Fórum Econômico Mundial, a independência judicial espanhola é comparável à do Quênia ou de Botsuana. O Conselho da Europa denunciou o escasso compromisso da Espanha em despolitizar a justiça. Além disso, os espanhóis consideraram a independência de seus magistrados muito baixa no Eurobarômetro de abril de 2017. E os mesmos juízes acreditam que a Espanha tem os cargos judiciais mais politizados da Europa, de acordo com a Rede Europeia de Conselhos de Justiça.

15 Desde os respectivos relatórios do ano de 2015 do Instituto Internacional da Imprensa e da Universidade de Oxford, passando pelo de 2016 do Instituto Universitário Europeu, até setembro de 2017 da Fundação de Compromisso e Transparência.

jornalista David Jiménez, denunciando que "os meios de comunicação, em sua maioria, estão ajoelhados diante do poder"[16]. No entanto, talvez o ataque mais contundente contra a democracia tenha sido a lei da mordaça promulgada pelo PP em 2015, ainda em vigor. Esta tem recebido duras críticas da ONU, do Conselho da Europa e de ONGs defensoras dos direitos humanos porque "representa uma ameaça de longo prazo para a sociedade civil e sua capacidade de garantir não apenas o direito à liberdade de expressão, mas também a defesa de toda uma série de direitos humanos fundamentais"[17].

Outros dois problemas de natureza distinta, embora vinculados, representam, assim mesmo, um risco para a nossa democracia. Um é a sobrevivência do franquismo patrocinado pela transição (1976-1978), que os Indignados também contestaram. Tal sobrevivência se manifestou quando os governos socialistas pretenderam romper alguns laços da monarquia com a ditadura. Aconteceu com a lei da memória histórica[18] de Rodríguez Zapatero (2007), posteriormente excluída pelo PP dos orçamentos estatais. E também aconteceu com a exumação dos restos mortais de Franco no Vale dos Caídos, aprovada por Sánchez em fevereiro de 2019 e finalmente executada em outubro após diversos percalços. Quando, em 2018, o governo anunciou o projeto de exumação, mais de mil chefes e oficiais das forças armadas, na maioria aposentados, assinaram publicamente um manifesto elogiando a figura de Franco, mostrando sua cumplicidade com a ditadura. Ainda mais difícil é a revogação da Lei de Anistia de 1977, exigida muitas vezes pelo Alto Comissariado das Nações Unidas para os Direitos Humanos, *Human*

---

16 Ver D. Jiménez García, *El Director*.
17 Amnistía Internacional, *Tuitea... Si te Atreves*. Disponível em: <https://www.amnesty.org/>.
18 Para muitos defensores da memória histórica e para o Comitê das Nações Unidas contra o Desaparecimento Forçado, essa norma tem um curto alcance porque evita a perseguição de criminosos.

Rights Watch e Anistia Internacional, porque impede o julgamento dos crimes do franquismo. Mas sua revogação suporia questionar um dos pilares da monarquia, algo para o que nem mesmo o PSOE ainda está disposto.

O outro problema é o conflito soberanista na Catalunha, a propósito do novo estatuto autonômico, aprovado em 2006 com o apoio majoritário do Parlamento catalão e das Cortes espanholas, e ratificado em referendo pelos catalães. Nesse mesmo ano, o PP recorreu contra o Estatuto perante o Tribunal Constitucional (TC), exibindo uma visão unitária de Estado, própria do franquismo. Em 2010, o TC, finalmente, anulou vários artigos que, no entanto, também são encontrados em outros estatutos, como o andaluz ou o aragonês. Desde aquele ano, foi desencadeado um processo, cujo ponto culminante foi o referendo de autodeterminação de outubro de 2017, que foi proibido pelo TC. A partir de 2012, o governo de Rajoy rejeitou o diálogo e optou pela judicialização do conflito e pela repressão policial, suspendendo a autonomia da Catalunha nos últimos meses de 2017. Os dirigentes soberanistas, que não estão no exílio, foram condenados por sedição em setembro de 2019, depois de um julgamento cheio de irregularidades[19]. Também as cometeu o juiz instrutor nas ordens de extradição contra os exilados, rejeitadas pelos juízes alemães, suíços, belgas e escoceses. Tudo isso significou uma diminuição das garantias democráticas e da imagem exterior do regime como Estado de Direito, e adicionalmente converteu o partido de extrema direita Vox na terceira maior força do país, após as eleições gerais de novembro de 2019.

A presença do Unidos Podemos no Legislativo tem dado mais notoriedade institucional a outras duas grandes lutas globais que os Indignados também não ignoraram. O negacionismo de ambos os conflitos, adotado pelo Vox

---

19 C.E. Bayo, El Juicio Contra el "Procés" Negó a los Reos el Juez Prefijado Por Ley y el Derecho de Defensa, Público. Disponível em: <https://www.publico.es/>.

e pelo PP, confirma sua íntima relação com a hegemonia neoliberal. O primeiro é a persistência do patriarcado, de onde destacaremos duas manifestações. Uma é a discriminação trabalhista contra as mulheres, que sofrem um maior desemprego, uma maior precariedade (elas compõem 74,5% dos contratos de meio período) e uma grande diferença salarial. A Lei Orgânica da Igualdade de Gênero de 2007 não resolveu o problema, como reconhece o Real Decreto de medidas urgentes para garantir a igualdade de trabalho, promulgado pelo governo no exercício de Sánchez com o apoio de UP em março de 2019: "persistem umas desigualdades intoleráveis nas condições de trabalho de mulheres e homens"[20]. E a outra manifestação é o aumento na violência machista. As denúncias cresceram 30% (atingindo o número de 168.168) entre 2015 e 2019, e as vítimas mortais chegaram a 55. No entanto, o mais importante foi a transformação do feminismo em um movimento de massas. Em 8 de março de 2000, marcharam em Madri apenas mil pessoas. Em 2019, foram 375 mil.

O segundo problema é o ambiental, já que a Espanha é o país europeu mais afetado pelas mudanças climáticas. Vivemos períodos de seca mais extensos, um aumento generalizado das temperaturas e desertificação, inundações e um aumento progressivo do nível do mar. Uma maioria da população espanhola, em torno de 32 milhões, já sofrem suas consequências[21]. Apesar de ser um dos países europeus com mais horas de insolação por ano, em 2015 Rajoy implantou o "imposto do Sol", impedindo a expansão da energia solar fotovoltaica e o autoconsumo em favor das corporações elétricas "viciadas" em carbono. Outro Decreto Real de Sánchez, em outubro de

---

20 Real Decreto-Ley de medidas urgentes para garantía de la igualdad de trato y de oportunidades entre mujeres y hombres en el empleo y la ocupación, *Boletín Oficial del Estado*, n. 57. Disponível em: <https://www.boe.es/>.

21 Agencia Estatal de Meteorología, *Efectos del Cambio Climático en España*. Disponível em: <http://www.aemet.es/>.

2018, o revogou, abrindo novas expectativas para reduzir as emissões de CO_2 na Espanha.

Em síntese, na Espanha atual está ocorrendo uma batalha entre aqueles que gradualmente destruíram o Estado de Direito, em favor do grande capital, e aqueles que, desde 2011, têm saído em sua defesa. Os últimos quatro anos de crise institucional são o resultado dessa luta, da qual o regime de 1978, paradoxalmente, não está saindo ileso, porque a demolição de direitos e liberdades foi realizada sob sua própria tutela. É por isso que, desde 2015, o Centro de Pesquisas Sociológicas excluiu de suas pesquisas os índices de confiança nas instituições do Estado e, especialmente, da monarquia, que já refletiam uma perda maciça de apoio social. Estudando as mesmas pesquisas, Antonio Antón prevê "o prolongamento da luta pela mudança, sem encerramento histórico imediato e a possibilidade de um reequilíbrio democrático e de progresso"[22]. E o relatório Foessa (Fundación de Estudios Sociales y de Sociología Aplicada), de 2019, confirma a existência dessa corrente social; 42,4% dos entrevistados, o grupo majoritário, acredita "que a democracia não é compatível com o capitalismo"[23].

Espanha Durante a Pandemia:
Um Brutal Assédio ao Governo

O Estado de Alarme, decretado pela primeira vez em 14 de março, bloqueou algum dos quatro principais conflitos expostos nas páginas anteriores?

No que se refere ao aumento da pobreza e da desigualdade, as primeiras semanas de confinamento implicaram a paralisação da maioria das atividades econômicas, exceto as essenciais. Isso causou um fechamento maciço

---

[22] Persiste el Malestar Cívico en la Mayoría Social, *Revista Contexto*, v. 169. Disponível em: <https://ctxt.es/>.
[23] G. Fernández Maíllo, op. cit., p. 109.

de empresas e um enorme aumento no desemprego. No início de maio, quase 950 mil empregos haviam sido destruídos, em apenas dois meses, ameaçando uma crise social mais séria que a crise sanitária e mais profunda que a iniciada em 2008. Para enfrentá-la, o governo arbitrou mais de cinquenta medidas. Juntas, elas foram denominadas de "escudo social"[24], e constituem uma experiência igualmente inédita na história da Espanha. Incluem desde a moratória dos pagamentos de aluguéis e hipotecas até a proibição de demissões ou cortes de suprimentos básicos para as famílias afetadas pela parada econômica. No final de abril, mais da metade dos adultos, incluindo aposentados e funcionários, se encontravam sob a proteção do Estado. Paralelamente, houve uma explosão de iniciativas populares de solidariedade, ultrapassando quinhentas redes em todo o país. Em alguns casos, elas têm o intuito de apoiar aqueles que foram deixados à margem da proteção estatal, como as 75 mil famílias que não conseguiram se valer da moratória hipotecária. E em outros casos, a finalidade é de aliviar as necessidades mais urgentes até que as ajudas públicas se tornem efetivas. Finalmente, em 29 de maio, o governo aprovou o projeto de Renda Mínima Vital, que fazia parte do acordo de coalizão entre o PSOE e o UP. O PP e o Vox o desqualificaram e o rejeitaram, até que as pesquisas revelassem apoio maciço da população. Acredita-se que beneficiará oitocentas mil famílias em risco de pobreza severa. É um marco histórico, pois equipara a Espanha à maioria de seus parceiros europeus. E, de acordo com as pesquisas, conta com um amplo apoio dos cidadãos.

---

24 As autoridades também articularam um "escudo empresarial", com os Expedientes de Regulamentação Temporária do Emprego (conhecidos por ERTE's, que facilitam a suspensão temporária dos contratos de trabalho), as moratórias dos pagamentos à Seguridade Social ou o endosso do Instituto de Crédito Oficial para empréstimos a empresas, que multiplicou créditos até valores então desconhecidos, atingindo oitenta bilhões de euros em apenas um mês e meio.

Em relação à crise da democracia, o escudo social contribui, sem dúvida, para o seu fortalecimento. E também é indiscutível que a presença do UP no gabinete de Sánchez foi um fator chave para a criação do escudo, bem como no caso da Renda Mínima Vital. É um paradoxo que Iglesias e os seus tenham conseguido, até agora, as maiores cotas de influência e poder político, após terem colhido os piores resultados eleitorais de sua curta história: apenas 35 deputados. O único conflito desestabilizador da democracia, que permanece relativamente em suspenso, é o processo soberanista da Catalunha, que entrou no caminho do diálogo a partir de janeiro, mas a pandemia o deteve. No entanto, foi observado na aprovação dos sucessivos Estados de Alarme. Os independentistas catalães, exceto Esquerda Republicana da Catalunya (ERC), os rejeitaram porque, segundo eles, representam uma redução das competências autônomas na gestão da crise sanitária.

A política social do governo de progresso durante a pandemia é coerente com a opinião generalizada dos espanhóis: "querem que a 'reconstrução' econômica após o novo coronavírus seja baseada em um sistema muito mais solidário, redistributivo e equitativo do que o atual"[25]. Mas esse acordo majoritário com as decisões governamentais está aumentando o apego dos cidadãos pela monarquia? Não, de acordo com outra pesquisa. Quase 52% dos entrevistados são favoráveis à república: "a rejeição da população à monarquia aumentou durante a pandemia"[26]. E um número ainda maior (58%) é partidário de um referendo para decidir a forma de Estado.

E não é estranho, porque em plena pandemia surgiu um novo caso de corrupção que envolve pessoalmente

---

25 C.E. Bayo, Sondeo: Dos de Cada Tres Españoles Piden Más Impuestos a los Ricos y la Renta Básica, y el 86% Quiere Más Dinero Para Sanidad, *Público*. Disponível em: <https://www.publico.es/politica/>.
26 Idem, Sondeo: Los Españoles Prefieren República a Monarquía Por una Mayoría Absoluta, *Público*. Disponível em: <https://www.publico.es/>.

251

Felipe VI. Ele anunciou, em meados de março, sua renúncia à herança de seu pai, que o havia inscrito como beneficiário dos fundos de duas fundações não transparentes, quantificados em cem milhões de dólares procedentes do regime saudita. Mas esse gesto de Felipe foi comprometido por dois fatos. Primeiro, manteve na sombra as manobras financeiras de seu pai durante um ano. E segundo, sua renúncia é uma lavagem de imagem, pois só se pode exercer após a morte do testador. No entanto, no final de março, o Congresso rejeitou a abertura de uma investigação com os votos do PSOE, PP e Vox, embora, no início de junho, os fiscais do TS (Tribunal Superior) tenham iniciado uma investigação contra Juan Carlos sobre esses fundos.

Contudo, o PP e o Vox estão praticando a forma de corrupção mais nociva para a democracia, propagando dezenas de mentiras (*fake news*) contra o governo e sua equipe de consultores científicos. Em sua tarefa de deteriorar a democracia e a convivência, eles contam com o apoio decidido de alguns meios de comunicação, embora as redes sociais ainda sejam seu principal instrumento. No Congresso, multiplicam os insultos contra membros do Executivo, culpando-os pelas mortes causadas pela pandemia, apesar do fato de que a Saúde e os serviços sociossanitários (como as casas de repouso para idosos, que concentram a maior porcentagem de falecimentos) são competência das comunidades autônomas. Mas a acusação mais falaciosa ao Executivo é a de imposição de uma ditadura ("social comunista") através do Estado de Alarme, escondendo o fato de que essa medida excepcional foi aprovada e reiterada no Congresso, a sede da soberania nacional.

Tudo isso faz parte da campanha de assédio contra o Executivo, que uma direita cada vez mais extremista começou, antes mesmo que este se constituísse, qualificando-o como "ilegítimo". Aproveitando a pandemia, se lançaram sem escrúpulos à prática da necropolítica. E não hesitam em judicializar seu assédio, registrando até

61 denúncias junto ao TS, amparados pela posição dominante de magistrados conservadores no Poder Judiciário e em muitos tribunais. Entre essas denúncias, destaca-se a apresentada contra o delegado do governo em Madri, por permitir a marcha feminista de 8 de março. O PP e o Vox insistem que a Comunidade de Madri é a mais afetada pelo patógeno por causa dessa convocatória. Eles ignoram, deliberadamente, outros eventos realizados nesse mesmo dia em Madri, como um comício do Vox, em um espaço fechado, que reuniu cerca de nove mil pessoas. Dessa forma, os negacionistas do conflito de gênero não apenas encontraram outra arma para lançar contra Sánchez, como também buscaram criminalizar o movimento feminista. Por seu lado, a juíza que abriu o processo, Carmen Rodríguez-Medel, é bem conhecida por seus vínculos com o PP. Mas o mais grave é que o relatório da Guarda Civil, essencial para iniciar a investigação, está cheio de erros, mentiras e falsificações nas declarações de testemunhas, como vários meios de comunicação revelaram.

Enquanto isso, os pedidos de ajuda por violência machista aumentaram 61% entre 14 de março e 15 de maio, em relação aos registrados no mesmo período do ano anterior. E as consultas *on-line* se incrementaram em 460%. Por isso, o Executivo declarou como serviços essenciais os tribunais de violência de gênero, enquanto as forças de segurança multiplicaram o apoio às vítimas. No entanto, o PP e o Vox não apoiaram o decreto de medidas urgentes para protegê-las, apresentado pelo governo ao Congresso em 29 de abril.

Em relação às mudanças climáticas e à destruição do meio ambiente em geral, os cientistas indicaram dois vínculos muito claros entre esses problemas e a expansão da Covid-19. Por um lado, a depredação do ser humano sobre a natureza é a causa da mutação desse e de outros patógenos e de seu contágio nas pessoas[27]. E, por outro

---

27 Ver I. Ramonet, op. cit.

lado, à medida que a pandemia se propagava, vários estudos científicos apontaram a poluição atmosférica como um fator agravante por meio de dois mecanismos: causando doenças respiratórias crônicas, que nos tornam mais vulneráveis ao vírus, e facilitando sua transmissão por meio das partículas poluentes no ar.

Sánchez reconheceu que essa catástrofe na saúde fez o governo entender o sentido pleno da palavra "emergência". E sem dúvida o clima o é. Por isso, em 23 de maio, aprovou um projeto de lei sobre mudança climática, que já está em trâmite parlamentar. Seus objetivos são muito ambiciosos, embora seus prazos sejam contados para décadas. Um desses objetivos prevê que, no ano de 2050, a Espanha consuma eletricidade produzida exclusivamente com energias limpas. Outros dizem respeito à restrição obrigatória do tráfego sobre rodas nas principais cidades ou o estímulo à produção de veículos elétricos. Além disso, as autoridades esperam gerar centenas de milhares de empregos anualmente. Tudo isso se tornará realidade?

A Espanha Após a Pandemia

O título da nossa última seção é duplamente enganoso. Primeiro porque a pandemia ainda não diminuiu completamente e o risco de repiques em 2020 e 2021 é bastante alto. Segundo, porque é uma praga mundial, no contexto da estreita interdependência que a globalização entreteceu. Isso nos leva à primeira condição, que deve orientar qualquer olhar para o futuro: o contexto internacional é imprescindível. Como também é, em segundo lugar, ter em mente que as grandes transformações históricas não acontecem automaticamente. Embora um trauma desse alcance possa causar, por si mesmo, algumas mudanças significativas, as lutas dos povos, bem como as políticas dos governos que os representam, são igualmente insubstituíveis.

No ambiente internacional, a pandemia mereceu duas respostas. Uma, a não solidária, que priorizou os interesses econômicos sobre qualquer outra consideração, enquanto defendia um certo isolacionismo. Os EUA de Trump representam essa tendência, embora alguns integrantes da UE, como a Holanda ou a Áustria, também a tenham incorporado. A outra resposta aceitou o imenso desafio da Covid-19 como uma oportunidade para enfrentar importantes mutações econômicas, ambientais e sociais. Na UE, a arena internacional mais importante para a Espanha, se impôs a segunda visão. Suas últimas decisões permitirão liberar enormes quantias de recursos financeiros, que excedem em muito um trilhão de euros. As linhas de intervenção são diversas. Vão desde a compra massiva, pelo Banco Central Europeu, de dívida pública dos Estados mais afetados, até o financiamento de programas sociais e de transição ecológica.

Portanto, as medidas já implantadas pelo governo de coalizão, e que este continuará aprovando, terão apoio econômico e aval da maioria dos espanhóis. Será realidade, então, uma Espanha mais solidária e equitativa como deseja uma maioria de cidadãs e cidadãos? Tudo parece indicar que sim, inclusive alcançando uma igualdade efetiva para as mulheres. No entanto, a maior parte de tudo isso dependerá da correlação de forças políticas e, para além disso, da classe social hegemônica nos próximos anos. O nó górdio do nosso futuro se encontra nesse dilema. Esse Executivo de progresso parece ser um primeiro passo. Suas iniciativas, antes e durante a pandemia, são um bom indicador. Entretanto, também o é a imensa hostilidade dos partidos da direita e da extrema direita, absolutamente excepcional, pelo menos na Europa. Ela revela em que medida algumas de suas decisões estão questionando o *status quo* sociopolítico definido pela transição.

Será possível fortalecer nosso sistema democrático sem romper com o regime de 1978, como está demandando uma crescente maioria social, especialmente os mais jovens? Essa parece ser a hipótese do PSOE, que não hesita em se apresentar junto ao PP e ao Vox em uma defesa cada vez mais difícil da monarquia, apesar de se declarar republicano (de fato, quase 55% de seus eleitores preferem uma república). Com a atual composição do arco parlamentar, as mudanças constitucionais necessárias para conseguir uma independência judicial ou para dar uma solução democrática ao conflito catalão são muito difíceis. E mais complexa ainda nos parece a instauração de uma república. Portanto, o risco de uma involução democrática também é uma possibilidade certa.

A bola está, portanto, no telhado do povo espanhol. A consecução de uma sociedade mais justa e igualitária, que é uma demanda mundial, dependerá de a esquerda conseguir uma maioria parlamentar mais ampla, do que a do atual Executivo e daquela prevista pelas pesquisas eleitorais durante esses meses. A pandemia poderia se constituir num ponto de inflexão. E ainda mais considerando seus laços com as mudanças climáticas e a destruição da vida. A sólida aliança da direita com os interesses mais predadores do capitalismo é bem visível. Como também foi a modificação abrupta de nosso modo de vida imposto pelo confinamento, que provocou uma espetacular diminuição da contaminação e um insólito florescimento da vida silvestre. E, nesse problema, para os espanhóis e para toda a humanidade, estão em jogo muito mais do que nossos direitos civis e sociais: nossa mera sobrevivência. Só que, para assegurá-la, é imprescindível a recuperação desses direitos.

Durante o mês de maio, a direita promoveu algumas mobilizações contra o governo, como os panelaços elitistas no bairro mais rico de Madri ou as manifestações motorizadas do Vox, tão impressionantes como de exígua participação. Resta ver se, com o fim do Estado de Alarme, previsto para o final de junho, venham a concentrar-se nas ruas de todo o país milhões de cidadãos exigindo uma Espanha diferente, como fizeram em 15 de maio. Em nossa opinião, é uma condição imprescindível para a transformação histórica da Espanha. Nós o faremos?

Referências

Livro

JIMÉNEZ GARCÍA, David. *El Director: Secretos e Intrigas de la Prensa Narrados Por el Exdirector de El Mundo*. Madrid: Libros del K.O, 2019.

Revistas

ANTÓN, Antonio. Persiste el Malestar Cívico en la Mayoría Social. *Revista Contexto, v. 169, Madri, 16 maio 2018*. Disponível em: <https://ctxt.es/>. Acesso em: 2 nov. 2019.

BAYO, Carlos Enrique. El Juicio Contra el "Procés" Negó a los Reos el Juez Prefijado Por Ley y el Derecho de Defensa. *Público*, 13 out. 2019. Disponível em: <https://www.publico.es/>. Acesso em: 20 maio 2020.

____. Sondeo: Los Españoles Prefieren República a Monarquía Por una Mayoría Absoluta. *Público*, 8 maio 2020. Disponível em: <https://www.publico.es/>. Acesso em: 20 maio 2020.

____. Sondeo: Dos de Cada Tres Españoles Piden Más Impuestos a los Ricos y la Renta Básica, y el 86% Quiere Más Dinero Para Sanidad. *Público*, 12 maio 2020. Disponível em: <https://www.publico.es/>. Acesso em: 20 maio 2020.

MARRERO URBÍN, Domingo. Globalización y Corrupción Política: De la Anomalía Cotidiana a la Destrucción de la Democracia. *O Olho da História*, n. 26, mar. 2018. Disponível em: <http://oolhodahistoria.ufba.br/>. Acesso em: 10 jun. 2019.

MEIL LANDWERLIN, Gerardo. El Futuro Después del Coronavirus. *El País*, 4 maio 2020. Disponível em: <https://elpais.com/>. Acesso em: 7 maio 2020.

RAMONET, Ignacio. La Pandemia y el Sistema-Mundo. *Le Monde Diplomatique en Español*, 22 abr. 2020. Disponível em: <https://mondiplo.com/>. Acesso em: 28 abr. 2019.

Sites

AGENCIA ESTATAL DE METEOROLOGÍA. Efectos del Cambio Climático en España. Madrid, 2019. Disponível em: <http://www.aemet.es/>. Acesso em: 24 maio 2020.

AMNISTÍA INTERNACIONAL. *Tuitea… Si Te Atreves*. Londres, 2019. Disponível em: <https://www.amnesty.org/>. Acesso em: 2 ago. 2019.

FERNÁNDEZ MAÍLLO, Guillermo (org.). *VIII Informe Sobre Exclusión y Desarrollo Social en España 2019*. Madri: Fundación Foessa/Cáritas Española Editores, 2019. Disponível em: <https://caritas-web.s3.amazonaws.com/>. Acesso em: 10 jun. 2019.

REAL DECRETO-LEY de Medidas Urgentes Para Garantía de la Igualdad de Trato y de Oportunidades Entre Mujeres y Hombres en el Empleo y la Ocupación. *Boletín Oficial del Estado*, Madri, n. 57, 7 mar. 2019. Disponível em: <https://www.boe.es/boe/>. Acesso em: 20 maio 2020.

VERGÉS-JAIME, Joaquim. *Las Privatizaciones de Empresas Públicas en España*. Barcelona: UAB, 2013. Disponível em: <https://ddd.uab.cat/>. Acesso em: 10 jun. 2019.

"NÃO ME PERGUNTE COMO PASSA O TEMPO":
SOBREVIVER NO MÉXICO DURANTE A PANDEMIA[1]

Carlos Alberto Ríos Gordillo

*Para Cédric, por seus 15 anos.
Para que, quando crescer, continue
lutando por um mundo para a vida.*

*Ao ouvir os gritos de alegria que vinham
da cidade, Rieux lembrava-se de que essa
alegria estava sempre ameaçada. Porque ele
sabia o que essa multidão eufórica ignorava
e se pode ler nos livros: o bacilo da peste
pode permanecer por décadas adormecido
nos móveis, na roupa, espera pacientemente
nos quartos, nos porões, nos baús, nos lenços
e na papelada, e pode chegar o dia em que*

---

1. Tradução de Slovenia Martínez Treviño e Soleni Biscouto Fressato, revisão de Juan Berrocal.

> *a peste, para desgraça e ensinamento dos homens, desperte seus ratos e os envie para morrer numa cidade feliz.*[2]

"Não me pergunte como passa o tempo", escreveu José Emilio Pacheco (1939-2014), quando ainda era muito jovem, a propósito dos anos sessenta do século XX: "uma época como nunca haverá outra igual"[3]. Foi assim que os últimos dias se passaram, desde que a quarentena começou: sem saber como passa o tempo. Na terça-feira, 17 de março, começou a reclusão maciça da população no México. De repente, os vírus lembraram que, como o capital, eles não têm pátria, e a história universal existe apesar do que digam os céticos. A unificação microbiana do mundo, entre os séculos XIV-XVII[4], se fez presente em 2020, unificando o planeta em torno de um inimigo invisível: o Sars-COV-2, o vírus que gera a Covid-19, que apareceu na cidade chinesa de Wuhan nos últimos meses do ano de 2019. Para isolar o vírus, um cerco imenso foi criado para encapsular onze milhões de habitantes, mas ele migrou por todo o planeta. No início de julho, com mais de 32 mil mortos, 60% da população mexicana (de um total de 127 milhões) permanece enclausurada.

De acordo com o CSSE – Center for Systems Science and Engineering (Centro de Ciência e Engenharia de Sistemas) da Universidade Johns Hopkins, no final de maio o mundo ultrapassaria cinco milhões de infectados, com quase 350 mil mortes[5] e centenas de milhões em confinamento. O aumento do medo de contágio é proporcional ao número de infectados e ao colapso da economia internacional. Seu impacto em nossa época é

---

2. A. Camus, *La Peste*, p. 255.
3. Ver J.E. Pacheco, *No Me Preguntes Cómo Pasa el Tiempo*.
4. E. Le Roy Ladurie, Un Concepto: La Unificación Microbiana del Mundo (Siglos XIV-XVII), *Historias*, n. 21, p. 33-69.
5. De acordo com o *site* Johns Hopkins, University & Medicine. Disponível em: <https://coronavirus.jhu.edu/>.

tal, que nos convida a pensar que o século XXI foi parido por um vírus[6]. Enquanto nós, confinados e amedrontados, nos acostumamos a manter as contas macabras dos assassinados durante a "guerra do narco" e de terríveis feminicídios, agora aprendemos a contar outros mortos. Em questão de horas, os mortos subiram rapidamente e o número continuará a crescer[7]: neste país, a arte de contar o tempo é a arte de contar os mortos.

6. J. Baschet, *Covid-19: El Siglo XXI Empieza Ahora*. Disponível em: <http://comunizar.com.ar/>.
7. Para combater a pandemia da Covid-19, o Governo Federal criou uma estratégia concebida em três fases principais, de acordo com o tipo e a velocidade do contágio, o aumento da letalidade do vírus, o confinamento massivo da população e o plano de expansão e reconversão de hospitais a nível nacional (aumento exponencial de camas com ventiladores mecânicos e recrutamento de pessoal médico). A Secretaria da Marinha e a Secretaria da Defesa se encarregaram de fabricar máscaras e roupas hospitalares e de proteger as instalações médicas, reparando-as e fazendo-as funcionar. Cada fase durou um mês e teve características diferentes. A primeira (29 de fevereiro) estava direcionada para os contágios externos, geralmente do estrangeiro e rastreáveis; a segunda (24 de março), devido ao aumento dos contágios e à transmissão comunitária, foi desenvolvido o "Programa Sentinela" (previsão matemática para mesurar o crescimento do contágio, segundo a qual um caso detectado se multiplicava por oito possíveis) e iniciou-se o confinamento com a Jornada Nacional de Cura à Distância, com o lema "fique em casa"; e a terceira (24 de abril), fase do contágio epidêmico e aumento da ocupação hospitalar, dado o risco de ter maior número de pessoas doentes do que camas disponíveis. A primeira morte foi confirmada em 18 de março (meses depois da primeira morte por Covid-19, em Wuhan) e, no final de junho, já eram mais de 27 mil. O novo coronavírus atingiu uma das áreas mais densamente povoadas, que se tornou uma das mais contaminadas do país: a zona metropolitana do Vale do México (com mais de 25 milhões de habitantes), cujo sistema público de segurança social havia sido lentamente desmantelado pelos governos neoliberais. A isso juntou-se a pobreza, a marginalização, a estagnação dos salários e o aumento progressivo do preço dos produtos da cesta básica alimentar, fatores que criaram um terreno propício à mortalidade: mais de 70% dos mortos eram obesos, com hipertensão arterial e diabetes (o México tornou-se o segundo maior consumidor mundial de refrigerantes e, além disso, mais de cinquenta mil pessoas morrem anualmente devido ao tabagismo). As doenças pós-traumáticas após a pandemia são incalculáveis. Em 31 de maio, finalizou a Jornada Nacional e, um mês depois, em sua conferência vespertina de 26 de junho, o ▶

O tempo tem se convertido numa acumulação incessante de dados sobre infecções, contágios e mortes. Se há algo que caracteriza esta época de confinamento e imenso consumo de notícias desalentadoras que chegam da China, Itália, França, Alemanha, EUA, Espanha e Equador, tem sido o medo da morte sistêmica, os dilemas da sobrevivência cotidiana, o incremento das pulsões de morte. De repente, falar de epidemias, vírus e bactérias (peste bubônica de 1348, gripe espanhola de 1918, gripe aviária de 1997, epidemia da Aids na África) tornou-se tão popular como falar de futebol. A dispersão do vírus e sua letalidade progressiva encontra, no estudo de Le Roy Ladurie, um cenário que lhe confere atualidade: "boa parte das massas humanas, principalmente na Europa e América... foram passadas entre 1348 e 1648 para o forno de um holocausto microbiano"[8].

Não é a história, a literatura ou o cinema que aterroriza e gera o consumo, é a realidade o que aterroriza e gera a demanda. Circulam notícias de hospitais superlotados nas grandes cidades da Europa e EUA, sem camas, respiradores artificiais, nem material sanitário suficiente, cujos médicos e enfermeiras, exaustos (e às vezes infectados), devem escolher a qual dos doentes salvar. O pior é que a morte não fecha o ciclo do luto: os cadáveres são incinerados; não há enterros, nem velórios. Como não há sepulturas, nem cinzas, a socialização com a morte e a despedida não são possíveis. Regressamos à lógica das fogueiras: queimar a heresia com o herege, é o mesmo que fazer arder o vírus com tudo, hospedeiro incluso. Aqueles que testemunharam, vêm arder uma parte de si. Com o fogo das fogueiras se consome a humanidade dos caídos: "morreu por novo coronavírus", é pior que a peste.

▷ Subsecretário da Saúde, dr. Hugo López-Gatell, informou que o confinamento em todo o país havia sido de 80%, se contavam 899 hospitais para tratamento da Covid-19, 69% dos leitos com ventilação estavam disponíveis e 45 mil funcionários médicos tinham sido contratados.

8. E. Le Roy Ladurie, op. cit., p. 66.

Em Guayaquil, a necrocapital do Equador, dezenas de cadáveres foram abandonados nas ruas, pela incapacidade do Estado e dos serviços forenses. Cadáveres putrefatos no interior dos domicílios obrigam os familiares a permanecerem fora de casa, expondo-se ao contágio; ou os deixam secar ao sol em plena rua, cobertos com plásticos ou lençóis largos, e em avançado estado de decomposição. Isso obrigou o governo desse país a reconhecer seu fracasso: "a realidade sempre excede o número de testes e a velocidade com que a atenção é prestada"[9]. Na Guayaquil dos mortos insepultos e dos ataúdes de papelão, o realismo mágico sul-americano ainda tem lugar.

No México, o país do "se acata, mas não se cumpre", enquanto alguns não acreditam no novo coronavírus, ou o subestimam e inclusive têm aproveitado as medidas excepcionais de emergência sanitária para sair de férias e encher as praias, outros expressam o medo ao contágio lançando mão de antigos dispositivos que, diante do avanço da pandemia, tem-se ativado e misturado com a angústia, o desespero e as dificuldades da sobrevivência cotidiana. O racismo, o classismo, a homofobia, o patriarcado e a xenofobia são talvez piores que o contágio e atuam negativamente no comportamento social.

Uma busca na seção de comentários em alguns jornais mexicanos nos permite entender a idiossincrasia dos usuários. A saber: "o vírus chinês", "esse chinês-japonês-amarelo tem a culpa", "que fechem as fronteiras e não deixem entrar os turistas italianos, franceses, alemães, espanhóis", "deviam ter fechado as fronteiras, os aeroportos, todo o país, desde fevereiro". Inclusive, aqueles mexicanos que o governo tem repatriado têm sido estigmatizados, condenados: "se tivessem ficado onde estavam", "só vieram para nos adoecer". Os milhares de migrantes que atravessam o México com destino aos EUA são

---

9. "Los Números Se Quedan Cortos", MSN *Noticias*. Disponível em: <https://www.msn.com/>.

estigmatizados, tal como os refugiados do Oriente Médio o são na Grécia, ou nos enormes centros de detenção nas ilhas que circundam a Turquia e o Mediterrâneo. "Voltem a seu país", "só vêm nos contagiar", "vêm por nossos trabalhos, não pagam impostos, trazem o vírus".

É o medo da alteridade: o outro, o estrangeiro, o desconhecido, que por sua vez assimila o medo da Covid-19. E este não viaja só: o faz em companhia de outros medos, anteriores a ele, que o servem como corrente de transmissão e, em conjunto, modernizam a xenofobia, sob o estereótipo do forasteiro doente. "Que o vírus não entre no México, na minha cidade, no meu povo, na minha casa!", parece ser a palavra de ordem. Essa distância não é um intervalo de lugar ou tempo que medeia duas coisas, mas, acima de tudo, ética e moral. É uma "ausência de empatia como desumanização"[10]. O medo à letalidade do vírus se acrescenta na medida em que se assimila a medos prévios, atuando sob esse raio de ação e fazendo-o à nossa semelhança: o medo do vírus nos define como cultura.

"Que os pobres respeitem a quarentena e se confinem", "que não nos exponham ao contágio", "que acatem as recomendações ou depois não se queixem". Isso sim: "queremos todos os serviços, mantimentos e alimentos em domicílio", "queremos que recolham o lixo, limpem as ruas, consertem as falhas nos serviços de água, luz, internet". À má consciência da miscigenação (e de um ideal de sociedade branqueada) é adicionada a má consciência da condição de classe[11].

Há mais, porém. Enfermeiras têm sofrido agressões verbais, rejeições e discriminação. Junto com o jornalismo (o México é um dos países mais perigosos para exercer essa profissão, o que converteu os jornalistas em correspondentes de guerra no território nacional), a enfermagem tornou-se uma profissão de risco (junto com

10. C. Ginzburg, *Ojazos de Madera*, p. 12.
11. Ver B. Echeverría, *Modernidad y Blanquitud*; Idem, *Racismo y Blanquitud*.

o gênero: a grande maioria é de mulheres) em tempos da pandemia. Enquanto na China, França, Itália ou nos EUA existem mostras públicas de admiração e respeito, no México as enfermeiras foram humilhadas na rua ou no transporte público e privado. No paroxismo da mesquinharia, uma delas foi agredida ao lhe borrifarem cloro com água; a outra, quando saía do hospital, lhe jogaram café quente nas costas.

E a violência aumenta conforme cresce a proximidade com o vírus: enquanto em uma cidade do estado de Morelos um grupo de moradores ameaçou queimar um hospital regional, ante o temor de que ali chegariam doentes do novo coronavírus de outros lugares, no estado de Nuevo León tentaram queimar um hospital para atender doentes da Covid-19, sem conseguir destruí-lo. O medo gerado pela proximidade do vírus libera a violência contra os próprios meios de salvação. Não é um estereótipo preexistente, mas é sim a distância justa o que dispara o irracionalismo: a "ausência de empatia como distância crítica"[12].

A disseminação do ódio, da discriminação, da hostilidade e da violência vieram também de setores reacionários. Um bispo da igreja católica disse em sua homilia: "a pandemia da Covid-19 é um grito de Deus para a humanidade diante da desordem social, do aborto, da violência, da corrupção, da eutanásia e da homossexualidade"[13]. No meio do marasmo, alguns meios de comunicação, através de jornalistas e comunicadores de rádio e de televisão, e um poderoso grupo de empresários, estimularam a opinião pública e intensificaram suas críticas ao presidente López Obrador, responsabilizando-o, sistemática e cotidianamente, de todos os males que afligem o país, e incubaram certas ideias ("irresponsável", "incompetente", "autoritário", "intolerante") disseminadas e reproduzidas a uma velocidade fulminante na opinião pública.

12. C. Ginzburg, op. cit., p. 12.
13. Ver Redacción, Aborto, Gays y Eutanasia, Culpables del Covid-19, *Excélsior*.

O clima político tornou-se sufocante, congestionado por linchamentos, provocações, desqualificações e decepções. É um fogo cruzado entre simpatizantes do governo, detratores e incrédulos. Recentemente, o ex-presidente Felipe Calderón (2006-2012) foi apontado como o líder (com o apoio de seu ex-partido, o PAN-Partido de Ação Nacional, e um poderoso grupo de empresários) dessa onda anticlimática contra o governo: "Se já antes do início da emergência havia uma campanha para minar o governo e amplificar seus próprios erros", campanha iniciada no dia seguinte ao triunfo de López Obrador, de acordo com Álvaro Delgado, essa "inclui o PAN, mas o principal orquestrador é Calderón"[14].

Alguns anos atrás, após a eleição presidencial de 2006, o jornalista Jaime Avilés escreveu uma aguda reflexão que mantém toda sua força: "uma clínica do ódio é urgente", ele a intitulou. Nela, responsabilizava o governo do PAN por haver "inoculado esse veneno no corpo do país", que considerava um "material explosivo usado para dominar e destruir os de baixo". O então candidato, Felipe Calderón, contratou os serviços de Antonio Solá (famoso por criar campanhas midiáticas baseadas em estereótipos e ódio), que vendeu a receita "ao Partido da Ação Nacional, às emissoras de televisão, aos empresários e ao 'governo' de Vicente Fox". Esses atores – os mesmos de hoje – contribuíram para fazer do ódio a marca registrada de sua propaganda. Segundo Jaime Avilés, era necessário entender o fenômeno para superá-lo. Somente extirpando o ódio de nosso organismo poderia impedir-se que seu veneno corroesse o organismo social e seguisse sendo um instrumento de controle para os de baixo[15]. Ele tinha razão, sob a condição de considerar algo mais: para os de baixo e contra si mesmos.

Em 2006, ninguém poderia imaginar que essa estratégia eleitoral se tornaria política de governo. Os anos

---

14. Ver Tiempos de Zopilotes, *El Heraldo de México*.
15. Ver J. Avilés, Desfiladero, *La Jornada*.

posteriores, os da "guerra do narcotráfico e do crime organizado" (que começou justo quando Calderón assumiu o poder), incubariam mais ódio, mais frustração. Da terrível realidade, surgiu o desejo desesperado e ampliado de mudar o estado das coisas. Teve que transcorrer o sexênio de Peña Nieto (2012-2018) para que esse horizonte se concretizasse. O triunfo de López Obrador (2018) deveu-se a esse desejo de mudança social, temperado a sete chaves durante três sexênios, e cujas expectativas, contidas por anos e amadurecidas no protesto social, foram apresentadas como um desafio difícil de superar. Seus rivais espreitam e atuam abertamente de maneira perigosa.

O sociólogo Boaventura de Sousa considerou que no México está em andamento um "golpe brando", "utilizando a imprensa para demonizar o governo". O apoio da classe média urbana, que votou majoritariamente no Morena (Movimento de Regeneração Nacional) e definiu a eleição presidencial de 2018, "é muito volátil", depende da satisfação de seu *status* e de suas necessidades de consumo. Se o descontentamento em relação ao governo cresce, então o "ressentimento chega" e a direita pode politizá-lo[16]. Diante do retorno da direita aos governos latino-americanos (e os processos jurídicos contra Zelaya, Lugo, Lula, Dilma, Kirchner), o cenário que vem para o México, no caso de esse governo fracassar, é algo semelhante[17].

Um governo democrático, minado em sua legitimidade social, é presa fácil de seus detratores. Os erros dos governos progressistas na América Latina[18] e o cerco feroz da direita significaram a queda desses governos emblemáticos a partir da segunda década do século XXI e o retorno da direita: os macris, os bolsonaros. Eis por que uma parte

16. O colapso dos preços do petróleo, a recessão econômica e o confinamento pelo novo coronavírus depreciaram a moeda mexicana. Entre março e abril, ela caiu, aproximadamente, cinco pesos em relação ao dólar.
17. B. de Sousa Santos, *Diálogos Por la Democracia*, entrevista de John M. Ackerman. Disponível em: <https://www.youtube.com/>.
18. R. Zibechi, Crítica de los Gobiernos "Progresistas", *Contrahistorias*, n. 26, p. 111-118.

dos meios de comunicação no México não jogam no terreno da crítica, mas no da desqualificação sistemática. Se seu objetivo é solapar o governo, e os erros deste ajudam a fazê-lo, a pandemia fornece as condições propícias para que as notícias falsas circulem.

Durante um quarto de século, uma geração cresceu marcada pela incessante acumulação de ressentimento. E este último, que se expressou desde o ano 2000 até hoje, constitui algo mais do que a herança com a qual cresceu uma geração. Revela muito de sua natureza: um ódio, às vezes reprimido, às vezes manifesto abertamente, que foi afirmado em pulsões de morte e estereótipos de diferentes tipos, funções e antiguidade, que se manifestam de diferentes maneiras, se adaptam às circunstâncias do meio e ressurgem em momentos de crise e maior tensão social.

O ressentimento, o ódio, a violência, o medo e o terror talvez estejam presentes desde o início mesmo da história. Trata-se de uma força obscura que molda as relações entre grupos sociais e civilizações[19]. O México não se afasta dessas coordenadas da história universal, pois o ressentimento entre raças e classes sociais, que se formou no passado, age entre nós. No entanto, essa tendência secular se move em fases ou estações, delimitando períodos ou épocas. O nascimento do ódio e do ressentimento contemporâneos pode ser datado em uma conjuntura específica: a tomada do poder em 2006 (entre a perda de foro, e o consequente impedimento de López Obrador se candidatar à presidência em 2005, e a eleição presidencial de 2006). Nasceu no governo de Vicente Fox (2000-2006) como estratégia eleitoral e propaganda política, orquestrada a partir da presidência, para dividir, fragmentar, romper em pedaços a solidariedade dos setores populares e impedir suas reivindicações.

O medo, o ódio, o ressentimento e o raciocínio binário da retórica e das ações de Calderón encontraram, na

---

19. Ver M. Ferro, *Le Ressentiment dans l'histoire*.

violência desencadeada pela "guerra contra o narcotráfico", que converteu o país numa fábrica de destruição da vida humana, uma extraordinária caixa de ressonância. Quanto mais violenta se tornava a geografia nacional, mais sangrento o discurso oficial. "Essa praga que é o crime e a delinquência, é uma praga que decidimos exterminar em nosso país, leve o tempo que leve e os recursos que necessite", disse Calderón[20], ao racionalizar a violência através do eliminacionismo: as "baixas" ("que se matem entre eles") dos "bandidos" e dos "danos colaterais" ("é o preço a pagar pela liberdade e segurança") dos "bons". Útil para tipificar um inimigo, inventado ou superdimensionado, o discurso dividiu o país em dois: os maus e os bons, os delinquentes e os cidadãos, em caídos e salvos, todos eles, no entanto, condenados à perda de vidas humanas e ao extravio de um projeto social com justiça e dignidade.

A estratégia de dominação incubada desde cima foi reproduzida pelos de baixo, reproduzindo-se vertiginosamente na própria sociedade, primeiro para neutralizar e internalizar a violência, tornando-a um meio de sobrevivência à vida prejudicada, mas também como um mecanismo para sua própria reprodução social, que a externalizava e multiplicava. "Esses filhos da puta vão pagar pelo que fizeram. Eles vão pagar!" "Esses desgraçados deveriam ser mortos, aniquilados na raiz." "Que bom que estejam exterminando todos eles." "Que sofram o que eu sofri!"[21] Essa manifestação de ódio se ancorou numa sociedade dividida e polarizada em raças e classes sociais, que vinha somando estereótipos e pulsões de morte ao longo do tempo. Para representar um inimigo se recorre a estereótipos e pulsões de morte que favorecem a criação de uma personagem ou um fenômeno[22].

---

20. Ver A. Urrutia; C. Herrera, La Tentación Fascista Amenaza la Civilidad, Alerta Sicilia a Calderón, *La Jornada*.
21. Ver M. Turati, *Fuego Cruzado*.
22. C. Ginzburg, Representar al Enemigo, *El Hilo y las Huellas*, p. 267-296.

Não é por acaso que um país com grande efervescência política tenha tantas notícias falsas circulando, em todos os meios de comunicação: não se trata de erros ou omissões, atribuíveis ao descuido ou desatenção, mas de atos conscientes, mentiras ou imposturas que transformam, muito habilmente (tal qual escultor que pule a pedra até transformá-la em estátua), uma mentira em verdade. Essa notícia falsa, ou boato, não é fortuita; caso contrário, não se sustentaria numa corrente de opinião, nem seria transmitida na velocidade da luz[23].

Recentemente, o chanceler decretou a "emergência sanitária por força maior", no âmbito do Relatório Técnico, precedido por Hugo López-Gatell, subsecretário e porta-voz da Secretaria da Saúde. No relatório de 3 de abril, a titular do Conselho Nacional para Prevenção da Discriminação (Conapred), Mónica Maccise, relatou os "atos de rejeição, violência e discriminação" durante a pandemia, considerando a desigualdade absoluta do país, onde quatro em cada dez pessoas não têm salário fixo, serviços médicos, nem oportunidades reais para ficar em casa[24].

Sob essas condições, a rejeição, a violência e a discriminação foram expressas através de quatro grupos: pessoas diagnosticadas com Covid-19, por não terem recebido atendimento em hospitais ou serviços públicos; pessoal médico e de enfermagem, em seu translado da casa para o trabalho ou vice-versa; pessoas LGBTQIA+, por líderes religiosos que atribuem à homossexualidade a origem da Covid-19; pessoas com traços físicos da Ásia Oriental e estrangeiros, por racismo e xenofobia[25]. A mensagem era categórica: interromper ações de rejeição e discriminação, em particular as agressões ao pessoal

---

23. M. Bloch, Reflexiones de un Historiador Acerca de los Bulos Surgidos Durante la Última Guerra, *Historia e Historiadores*, p.180.
24. Ministerio de Salud, *Informe Diario Por Coronavirus en México*. Disponível em: <https://www.youtube.com/>.
25. Ibidem.

de saúde: vanguarda na luta contra a pandemia. Sobre o assunto, López-Gatell observou:

> o ódio, e com ele a fobia, a discriminação e o estigma estão baseados numa combinação muito tóxica de ignorância e medo. De fato, esses dois impulsos humanos podem nos levar a confundir e ver o outro como estranho e a nos fecharmos em nós mesmos, rejeitando os demais. Isso é muito inadequado, porque, como expliquei, o controle de uma epidemia requer a solidariedade e a conjunção humana[26].

A ignorância sobre o vírus, o seu nascimento, as rotas de contágio, disseminação e letalidade geram incredulidade, desconfiança e ceticismo: "é mentira", "você já viu os mortos?", se diz. O raciocínio mágico e religioso gera o sentimento de proteção, segurança e tranquilidade; porque neste país, os milagres dobram a esquina. Curiosamente, essa atitude impede o medo, neutraliza-o, tornando-o maleável, suportável. Entre os sentidos, disse Aristóteles, a visão é a que procura mais conhecimento da realidade; o que na linguagem popular se diz: "ver para crer". Assim, os incrédulos não se preocupam (sejam ou não os mesmos que não têm condições de fazer o confinamento). Por enquanto, a descrença nos relatórios técnicos do governo, considerados ocultação das dimensões da pandemia ou propaganda sem valor algum, é o filtro que impede acreditar na ciência e nos cientistas responsáveis pelos relatórios técnicos. Voltamos, nesse momento de choque, a uma época de descrença quase total ao que é impresso: para alguns, nem mesmo o que pode ser visto, ouvido e lido é evidência convincente.

O racismo, o classismo, a homofobia, o patriarcado, a xenofobia são endêmicos da sociedade e da cultura no México; são dispositivos que atuam permanente e simultaneamente, mas é o medo do vírus que os ativou, de tal maneira que servem para tipificar os sujeitos-objetos e representar, através deles, o perigo de contágio. Se o medo

---

26. Ibidem.

do vírus se ramifica, moderniza os dispositivos anteriores, ao lhes conferir uma função no presente: o pobre necessário e incômodo; o estrangeiro doente; o homossexual contagioso. Todos são suspeitos, exatamente porque o eram antes da chegada do vírus. Foi o medo do contágio, de sua letalidade, que os converteu em doentes potenciais.

Assim, os céticos e os crentes compartilham a solidariedade entre contrários. Nenhum vê o que é, mas o que existia antes: as condições preexistentes no nascimento do vírus e sua chegada em nossa terra. Isso foi possível, porque o vírus chegou numa sociedade polarizada e confrontada por uma geração onde o ódio (um veículo de segregação social incubado desde cima) se espalhou por todo o corpo social. Nesse sentido, a epidemia tem sido um extraordinário experimento psicossocial que revelou, por meio da descrença ou medo do vírus, nossa consciência coletiva. Nunca antes tal grau de ignorância foi tão genuinamente revelador, nem estivemos tão conscientes das dimensões de nossa ignorância e das causas de nossos medos e nossos ódios.

López Gatell nos exortou a vermos o nosso interior, para obter a melhor versão de nós mesmos: uma atitude compassiva, unida e solidária, com a qual nossa sociedade tire o máximo proveito de um dos maiores desafios da história recente[27]. Mas nada aprenderemos se voltarmos à normalidade, como se esta se limitasse ao fim do confinamento. Seremos os mesmos, e inclusive piores[28]. As pulsões de morte (cujo fundamento, como ele próprio explicou, se deve a "uma combinação muito tóxica de ignorância e medo") atentam contra a bondade, a compaixão e a solidariedade, e nos impedem de obter o melhor de nós mesmos, pois geram o contrário.

27. Ibidem.
28. Durante a quarentena, não apenas aumentou o trabalho doméstico para as mulheres, mas também a violência física e sexual de seus parceiros. A população infantil também compartilha o confinamento com seus agressores.

A normalidade à qual desejamos retornar, após o fim do confinamento e a diminuição do perigo de contágio, é, na verdade, o campo de concentração. Não podemos voltar sem o exame da consciência, sem aceitar que nossa derrota é cultural, por não termos reconhecido os estereótipos de nossa cultura e sociedade; que nossa derrota é política, por não termos lutado para destruí-los com tudo e o capitalismo que os reproduz; que nossa derrota é humanística, por não termos construído novas relações sociais, fraternas, solidárias e igualitárias; que nossa derrota é da espécie, porque é a única que destrói o habitat que lhe deu a vida, e voltará a destruí-lo (agora que a natureza respira e faz o seu caminho) quando "tudo houver passado".

Reconhecer que nossa derrota é intelectual, no sentido que um dia lhe deu Marc Bloch[29], é a condição necessária para criar, como habitantes de um mundo cheio de seres vivos, um mundo para a vida, "um mundo onde caibam muitos mundos"[30]. Pois é a utopia – enquanto realidade à parte dessa outra realidade, sem alma e aterrorizante –, que nos torna o mundo tolerável, precisamente porque aí está a outra metade da história da humanidade. Hoje, mais do que nunca, é necessário lutar pelo reencantamento do mundo.

Caso contrário, se não reconhecermos que "estamos subjugados por mentiras, das quais nós mesmos somos os autores", como escreveu Ginzburg, não poderemos "criar uma distância e, portanto, também uma defesa"[31]; será impossível transformar isso que os zapatistas definiram em 1996: "existem palavras e mundos que são mentiras e injustiças"[32]. Se a alegria e a festa que precederá o fim do confinamento nos reconfortam, na medida em que nos

---

29. Ver *La Extraña Derrota*.
30. Ver EZLN, *Cuarta Declaración de la Selva Lacandona*. Disponível em: <https://enlacezapatista.ezln.org.mx/>.
31. C. Ginzburg, *Miedo, Reverencia, Terror*, p. 10-11.
32. EZLN, op. cit.

fazem acreditar que a pandemia foi finalmente superada – como se o fim da Primeira Guerra Mundial não tivesse sido a antessala da Segunda –, então os dias de confinamento serão uma piada de mau gosto, comparados com a amarga gravidade do porvir. Teremos esquecido que os vírus mutam enquanto nós mesmos não o fizemos, e quem sabe então a previsão de Camus seja cumprida: "pode chegar o dia em que a peste, para desgraça e ensinamento dos homens, desperte seus ratos e os envie para morrer numa cidade feliz"[33].

Referências

Livros

BLOCH, Marc. Reflexiones de un Historiador Acerca de los Bulos Surgidos Durante la Última Guerra. *Historia e Historiadores*. Madri: Akal, 1999.

____. *La Extraña Derrota: Testimonio Escrito en 1940*. Barcelona: Crítica, 2003.

CAMUS, Albert. *La Peste*. Trad. Rosa Chacel. México: De Bolsillo, 2012.

ECHEVERRÍA, Bolívar. *Modernidad y Blanquitud*. México: ERA, 2010.

____. *Racismo y Blanquitud*. México: Zineditorial, 2018.

FERRO, Marc. *Le Ressentiment dans l'histoire*. Paris: Odile Jacob, 2008.

GINZBURG, Carlo. *Ojazos de Madera: Nueve Reflexiones Sobre la Distancia*. Madrid: Península, 2000.

____. Representar al Enemigo, Acerca de la Prehistoria Francesa de los Protocolos. *El Hilo y las Huellas: Lo Verdadero, lo Falso, lo Ficticio*. Argentina: FCE.

____. *Miedo, Reverencia, Terror: Cinco Ensayos de Iconografía Política*. México: Contrahistorias, 2014.

PACHECO, José Emilio. *No Me Preguntes Cómo Pasa el Tiempo*. México: ERA, 2019.

TURATI, Marcela. *Fuego Cruzado: Las Victimas Atrapadas en la Guerra del Narco*. México: Grijalbo, 2011.

Revistas

AVILÉS, Jaime. Desfiladero. *La Jornada*, 2 set. 2006.

DELGADO, Álvaro. Tiempos de Zopilotes. *El Heraldo de México*, 31 mar. 2020.

33. A. Camus, op. cit., p. 255.

LE ROY LADURIE, Emmanuel. Un Concepto: La Unificación Microbiana del Mundo (Siglos XIV-XVII). *Historias*, n. 21, INAH, México, 1989.

REDACCIÓN. Aborto, Gays y Eutanasia, Culpables del Covid-19: Obispo de Cuernavaca. *Excélsior*, 24 mar. 2020

URRUTIA, Alonso; HERRERA, Claudia. La Tentación Fascista Amenaza la Civilidad, Alerta Sicilia a Calderón. *La Jornada*, 15 out. 2011.

ZIBECHI, Raúl. Crítica de los Gobiernos "progresistas". *Contrahistorias*, n. 26, México, 2016.

Sites

BASCHET, Jérôme. *Covid-19: El Siglo XXI Empieza Ahora*, 31 mar. 2020. Disponível em: <http://comunizar.com.ar/>. Acesso em: 10 abr. 2020.

EZLN. *Cuarta Declaración de la Selva Lacandona*, 1º jan. 1996. Disponível em: <https://enlacezapatista.ezln.org.mx/>. Acesso em: 10 abr. 2020.

"LOS NÚMEROS se Quedan Cortos": El Gobierno de Ecuador Admite la Gravedad de la Crisis del Coronavírus. *MSN Noticias*, 3 abr. 2020. Disponível em: <https://www.msn.com/>. Acesso em: 10 abr. 2020.

MINISTERIO DE SALUD. *Informe Diario Por Coronavirus en México*, 03 abr. 2020. Disponível em: <https://www.youtube.com/>. Acesso em: 10 abr. 2020.

SOUSA SANTOS, Boaventura de. *Diálogos Por la Democracia*, entrevista de John M. Ackerman, 15 mar. 2020. Disponível em: <https://www.youtube.com/>. Acesso em: 10 abr. 2020.

A ORGANIZAÇÃO DO GOVERNO BOLSONARO E A COORDENAÇÃO DA CRISE SOB A PANDEMIA

Valdemar F. de Araújo Filho
Mateus de Azevedo Araujo

No dia 12 de junho de 2020, os principais jornais do país[1] noticiaram que o Brasil já tinha mais de 41 mil mortos (menos de três meses após o registro do primeiro óbito, ocorrido em 17 de março) e cerca de 800 mil infectados pelo novo coronavírus, o segundo país em número de infectados e mortos, atrás apenas dos EUA. Essa tragédia social veio expor a natureza do sistema político e o perfil da democracia vigente no Brasil, em um contexto político

---

1. Os principais jornais e revistas *on-line* consultados para a realização destas reflexões foram: *El País, Folha de S. Paulo, O Globo, O Estado de S. Paulo, Revista Época, Carta Capital* e *Jornal do Brasil*, além dos *sites* Agência Senado e Congresso em Foco.

caracterizado pela ausência de consensos mínimos entre os entes governamentais acerca das políticas adequadas de saúde e de manutenção do emprego e da renda. Crescentemente, o país passou a enfrentar um quadro dramático e sem horizontes temporais seguros de saída da crise, que começou a devastar a situação econômica e os indicadores de saúde pública. Mas, distintamente de outras epidemias que ocorreram nas últimas décadas no Brasil, a dinâmica expansiva dessa tragédia não se vincula apenas à lógica biológica intrínseca do vírus ou à sua específica dinâmica social e demográfica. A velocidade e a amplitude, com que a epidemia se disseminou pelo país, adquirem significados específicos por, também, resultarem de uma profunda desordem político-organizacional e administrativa do centro de governo na Presidência da República, e da incapacidade governamental de coordenar políticas coerentes e adequadas de combate à pandemia.

Aqui é importante ressaltar que as fraturas político-administrativas que vêm ocorrendo no processo de combate à pandemia no país, não derivam dos obstáculos vinculados ao desenho federalista do Estado brasileiro. Conflitos políticos são comuns em estados federalistas como, por exemplo, em países como Argentina, EUA, Rússia e Alemanha, mas não costumam se desdobrar em desorganização estatal e paralisia decisória do governo. Antes, os atuais conflitos entre os governadores e prefeitos e o governo federal são expressões de um estilo de liderança presidencial errática e sem objetivos definidos e de sua expressão político-institucional mais nítida: um governo desorganizado, fragmentado e sem uma estratégia definida de combate à pandemia. Portanto, para além das assimetrias socioeconômicas que caracterizam estruturalmente o perfil social do país, consideramos que o estilo de governo se situa como uma das principais causas na configuração da crise.

Posto como principal ator político em um modelo de presidencialismo, onde são atribuídos ao Chefe do Executivo fortes poderes constitucionais e legislativos, o presidente Bolsonaro assumiu um modelo de coordenação fragmentado e com um alto grau de delegação aos ministérios. De fato, o presidente da República efetivamente não administra. Delega aos seus ministros decisões cruciais de políticas públicas, independente das qualidades administrativas dos nomeados.

Neste texto, assumimos a perspectiva analítica de que o estilo presidencial e sua projeção político-administrativa imediata, a organização do centro de governo estruturado na Presidência da República, se situam como causas importantes do agravamento da crise e das condições socioeconômicos vigentes no país. Também tentamos mostrar, por meio de informações institucionais e dados econômicos, que os esforços do governo para combater a pandemia e manter as condições de emprego e renda, estão abaixo das necessidades requisitadas pelas dimensões da crise. Além disso, afirmamos que esses esforços ocorrem em um ambiente de governo caracterizado por oscilações políticas, ausência de comando político-administrativo coerente e estável e um centro de governo fragmentado por ações intempestivas do presidente da República. No próximo item, descrevemos a situação vigente nas áreas da saúde e da economia e o padrão de respostas assumido pelo governo. Nas duas seções posteriores, estabelecemos uma sucinta discussão sobre o papel exercido pelo estilo presidencial e o centro de governo em regimes presidencialistas, e descrevemos as mudanças político-organizacionais ocorridas na estrutura da presidência e dos ministérios no governo Bolsonaro. Encerramos o texto com considerações sobre o estilo de governo e seus efeitos sobre a crise.

O Contexto da Crise e o Padrão de Respostas do Governo

A situação da saúde pública e da economia no país tem se agravado significativamente diante de um governo errático e sem efetiva capacidade de coordenação da crise. Na gestão da saúde pública, desde o início a orientação governamental era a de estímulo à privatização e ao enquadramento do setor nos parâmetros da denominada lei de teto dos gastos públicos, que envolveu a extinção de departamentos, cortes no orçamento e redução de leitos hospitalares, com perdas de 43 mil leitos nos últimos dez anos. O operador político do desmonte até o início da pandemia, que incluiu a extinção do departamento de combate à Aids, era o ministro da saúde Luiz Henrique Mandetta, ex-deputado de centro-direita e médico com passagem pelo setor privado, até então um ministro relativamente desconhecido do grande público. Contudo, a partir de meados de março, com o reconhecimento oficial da pandemia no país e suas aparições diárias nas redes de televisão, em uma espécie de prestação pública de contas invertida, em que mais planejava futuras iniciativas que respondiam às necessidades do sistema de saúde, o ministro adquiriu ampla popularidade em decorrência, principalmente, de seu estilo de comunicação com o grande público. Mas, na medida em que sua popularidade crescia e ele se recusava a adotar a substância hidroxicloroquina como principal âncora da política de combate ao novo coronavírus, os conflitos com o presidente se aprofundavam. Nesse contexto, a sua já esperada demissão, ocorrida em 16 de abril de 2020, e logo em seguida a do seu sucessor, Nelson Teich, em 15 de maio, com a manutenção do general Pazuello no posto de ministro interino, veio a agravar a desorganização da gestão da saúde e a incrementar a fragmentação intergovernamental das ações, com sérios impactos nos indicadores da pandemia. O general Pazuello militarizou os escalões superiores do Ministério da Saúde, nomeando nove militares no dia 19 de maio para altos postos do Ministério, e, a partir do dia 5 de junho, o Ministério deixou de divulgar o total de mortos e infectados pelo novo coronavírus, passando a expor, ao final da noite, apenas os números parciais ocorridos no dia. Frente a essa iniciativa, houve uma reação generalizada por parte da mídia, do judiciário e de partidos políticos de oposição, reação que se desdobrou na manifestação do ministro Alexandre de Moraes, do Supremo Tribunal Federal, no dia 8 de junho, quando definiu que o Ministério da Saúde voltasse a divulgar os dados totais sobre mortos e infectados pelo novo coronavírus.

Essas últimas iniciativas do Ministério da Saúde representaram o corolário de uma trajetória que se iniciou com cortes em programas e orçamento do SUS durante o ano de 2019. A partir da instauração da pandemia no Brasil, o presidente passou a assumir uma estratégia irresponsável, negando ou minimizando os efeitos da doença, tentando impor tipos de medicamento ou de tratamento como procedimento padrão para hospitais públicos, incentivando o fim do isolamento social e, por fim, a atitude mais inconsequente, orientando o Ministério da Saúde a divulgar só dados parciais do avanço da pandemia no país. A partir do dia 18 de maio, os jornais passaram a noticiar a ocorrência média diária de mais de setecentas mortes por dia, com dias em que o número de óbitos ultrapassou a 1.200 no início de junho.

A configuração desse drama já havia sido anteriormente anunciada, em maio, pelas projeções da Organização Mundial da Saúde, indicando que o país superaria os 88 mil mortos pelo novo coronavírus, projeções que atingiriam o número de 125 mil, de acordo com cálculos realizados pela Universidade de Washington em maio. Contudo, no dia 6 de junho, foi divulgado um novo modelo de projeção da Universidade de Washington, utilizado pela Casa Branca, no qual o Brasil teria um total de cerca de 150 mil mortos e mais de 4 mil mortes diárias em agosto.

De fato, a velocidade da pandemia indicava que o país estava à deriva. Entre 17 de março e 9 de maio, ocorreram cerca de 10 mil mortes em 52 dias, mas nos 32 dias transcorridos entre 9 de maio e 11 de junho, os mortos quadruplicaram, saltando para 40 mil. Dentre outros fatores, essa dramática aceleração evidencia a ausência de uma instância de coordenação nacional dirigida pelo governo federal na política de combate à pandemia. Não há uma clara política de distribuição sistemática de insumos de saúde para estados e municípios e nem uma estratégia de testes que possa ancorar uma política unificada e coordenada nacionalmente. Para efeito de exemplificação, considerando o indicador de número de testes por 100 mil habitantes – crucial para uma política de isolamento e tratamento dos infectados –, enquanto um país como Portugal realiza 86 testes, a Itália faz 69, os EUA 62, a Inglaterra 48 e o Chile 36, o Brasil realiza apenas dois testes por 100 mil habitantes. Ou seja, o governo federal é de fato o grande ausente da administração da pandemia.

Como não poderia deixar de acontecer, o drama da pandemia e suas formas de gestão incidiram diretamente sobre a situação social e econômica, com projeções pessimistas para o crescimento econômico, o emprego e a renda. Sob determinada perspectiva, no seu momento inicial, a crise econômica pode ser interpretada como uma crise de oferta, que gera grandes implicações sobre a renda, a demanda e o nível de confiança da economia. As características sociais da crise foram reconhecidas pelos organismos internacionais, que passaram a propor modelos socialmente orientados para a mitigação dos efeitos da pandemia sobre o desemprego e a renda. Nesse modo de enfrentamento da crise, a política fiscal se situaria como a principal âncora de reforço da economia, enquanto a política monetária ganharia papel de suporte. Esta última deveria garantir a continuidade do movimento global de cortes de juros naquelas economias em que há espaço para isso[2]. Nesse novo contexto, o papel mais relevante

---

2. Ver International Monetary Fund (IMF), *World Economic Outlook*. Disponível em: <http://www.oecd.org/>; Organization for Economic Cooperation and Development (OECD), Evaluating the Initial Impact of COVID-19 Containment Measures on Economic Activity, *Report*. ▶

das autoridades monetárias ou dos Bancos Nacionais de Desenvolvimento, se daria na execução de programas de compras de títulos públicos e de empresas privadas, como estratégia de aumento da liquidez na economia. Quanto ao gasto público, para além da concentração na própria área de saúde, deveria fornecer suporte para a implantação ou a ampliação de políticas focadas em preservar o emprego e o nível de renda das economias. Frente a esses objetivos, os instrumentos mais comuns seriam programas de transferência direta de renda e iniciativas de proteção a trabalhadores sujeitos à suspensão e cancelamento de contratos de trabalho.

Contudo, o perfil do investimento público no Brasil, historicamente relacionado aos setores de construção e infraestrutura, se defronta com evidentes limitações diante das medidas sanitárias de combate à crise, inclusive porque essa trajetória no setor de construção tende a ser mantida após a crise. Por outro lado, mesmo que a política fiscal se situe como uma estratégia adequada para a mitigação dos efeitos da crise sobre o desemprego e a renda, o controle da trajetória da dívida pública sempre foi uma questão importante para os países emergentes. Projeções indicaram que no Brasil a relação dívida/PIB poderia ultrapassar 90% ao final de 2020[3]. Isso se situou como um fator político importante para a definição das estratégias de combate à crise em países como o Brasil, e uma das principais diferenças em relação às economias avançadas. Sob esses constrangimentos políticos, a capacidade de combate à pandemia no Brasil e em países da América Latina são limitadas, tendo em vista a efetiva expansão da dívida nos países da região e o ambiente de

▷ Disponível em: <http://www.oecd.org/>; e Organization for Economic Cooperation and Development (OECD), Coronavirus: The World Economy at Risk, OECD *Interim Economic Assessment*. Disponível em: <https://www.oecd.org/>.

3. Ver A. Conceição; A. Martins, Dívida Bruta do Brasil Pode Chegar a 91% do PIB em 2020, Diz Goldman Sachs, *Valor Econômico*. Disponível em: <https://valor.globo.com/>.

restrição de financiamento. O Banco Mundial projetou um crescimento abaixo da média mundial na América Latina em 2020 e 2021[4], e parte dessa prospecção teve como base o consenso de que alguns países da região não tinham condições políticas, institucionais e econômicas para melhorar o desempenho de políticas de combate ao desemprego e à queda no nível de renda.

Esse é o contexto que, desde o começo de 2020, condicionou as estratégias de combate à crise no Brasil. Ressalta-se que, desde o início dos anos 2000, o país adquiriu a vantagem de não depender de financiamentos externos, e, com a crise, abriu-se espaço para cortes de juros[5]. Mas o Brasil tornou-se um dos epicentros da pandemia no mundo e com graves problemas de coordenação política. Além disso, a trajetória da dívida e as restrições ao uso do orçamento público, sob a orientação da equipe econômica do governo Bolsonaro, se situam como fatores que explicam as dificuldades de resposta à crise. O processo de ajuste fiscal continuou tendo como marco político o estabelecimento da lei do teto de gastos atual, a "regra de ouro" do orçamento no Brasil. Isso limitou o alcance de uma atuação socialmente orientada no pior momento da crise, especialmente quando ponderada pela magnitude da pandemia no Brasil. A rigidez política dos objetivos de cumprimento do teto de gastos e as dificuldades do processo de adaptação do orçamento restringiram o espaço de realização de políticas de mitigação dos efeitos sociais da crise.

---

4. Segundo projeções do *World Economic Outlook*, atualizado em maio de 2020, o crescimento esperado para a economia global em 2020 e 2021 é de, respectivamente, −3% e 5,8%, enquanto é esperado para a América Latina e Caribe, respectivamente, −5,2% e 3,4%. International Monetary Fund (IMF), op. cit.

5. A meta para a taxa *over-selic* era de 4,25% a.a. em fevereiro de 2020 e atingiu 3% a.a. em maio do mesmo ano. As expectativas para o fim do ano, segundo Boletim Focus de 01 de junho de 2020, são de 2,25 % a.a. Ainda a "PEC do Orçamento de Guerra" cria espaço para a atuação do Banco Central do Brasil no mercado secundário.

Esse quadro assumiu contornos mais graves quando se considera a necessidade de implementação de futuras políticas para a retomada do crescimento econômico nos momentos posteriores à pandemia. No início do mês de maio de 2020, foi promulgada a PEC que simplificou as exigências para a realização de gastos do governo no exercício de 2020, uma iniciativa costurada pelo Congresso[6]. Porém, a equipe que dirige o Ministério da Economia, central na configuração de poder do governo Bolsonaro, se posicionou contrária à expansão do investimento público e argumentou em favor da necessidade do cumprimento do teto de gastos, já em 2021. Mas com uma baixa inflação esperada para o ano de 2020, uma das referências do teto, a tendência é que seja mais restritivo[7], abaixo das necessidades de contenção dos efeitos sociais da crise.

Com essas restrições institucionais e as ambiguidades da estratégia governamental, no início de junho de 2020, o Brasil se situou como o segundo país do mundo em número de mortes e infectados, mesmo com as subnotificações. Contudo, as respostas do governo foram tímidas até o final do primeiro semestre, e um bom exemplo acerca da magnitude desse esforço se encontra no estudo comparativo de Elgin[8]. A partir da composição de dois indicadores distintos – tamanho do estímulo fiscal como percentual do PIB e magnitude das medidas macrofinanceiras em percentual do PIB –, este pesquisador estabeleceu um *ranking* de esforço nacional em relação ao PIB. Com isso, estabeleceu um quadro comparativo entre alguns países atingidos, onde o Brasil

---

6. Da Redação, Congresso Promulga Nesta Quinta-Feira PEC do Orçamento de Guerra, *Agência Senado*. Disponível em: <https://www12.senado.leg.br/>.

7. I. Tomazelli, Com Desaceleração da Inflação, Teto de Gastos Deve Crescer Menos em 2021, *Estadão*. Disponível em: <https://economia.estadao.com.br/>.

8. C. Elgin; G. Basbug; A. Yalaman, Economic Policy Responses to a Pandemic, *Covid Economics*, n. 3, p. 40-54. Disponível em <http://web.boun.edu.tr/>.

apresentou um esforço de 11% do PIB, situando-se em 42º lugar entre 168 países considerados[9]. Para efeitos comparativos, a mesma medida para o Reino Unido foi de 34%, 36% na Alemanha e 17% nos EUA. No Chile, país da América Latina com um PIB menor que o do Brasil e uma população também menor, o cálculo desse esforço se situou em 9,5% do PIB, enquanto o número de mortes por milhão de habitantes é próximo a 120, com estimativas de aumento futuro[10]. No Brasil, o percentual de mortos por milhão de habitantes já ultrapassava 170 até 6 de junho de 2020. Desse modo, não apenas a crise atingiu o Brasil com maior intensidade, mas também os esforços de combate demonstraram ser relativamente modestos.

As expectativas pessimistas para o futuro da economia brasileira após a pandemia ganham mais sentido se considerarmos o cenário pré-pandemia, caracterizado pela persistência de um processo de recessão sem sinais de recuperação e com um alto desemprego[11]. Os primeiros resultados do PIB relativos ao primeiro trimestre de 2020 a preços de mercado indicaram uma queda de 1,5% em relação ao trimestre anterior. Mas as projeções para todo o ano já eram dramáticas no início de junho[12], tendo em vista que as medidas de isolamento social começaram apenas em meados de março, e os

---

9. As estimativas fazem referência ao dia 03 de junho de 2020 e atualizações semanais estão disponíveis em Ceyhun Elgin, *Covid-19 Economic Stimulus Index*. Disponível em: <http://www.ceyhunelgin.com/>.

10. Número de mortos por milhão de habitantes baseado em: FT Visual & Data Journalism Team, Coronavirus tracked, *Financial Times*. Disponível em: <https://ig.ft.com/>.

11. Segundo a Pesquisa Nacional de Amostra por Domicílio Contínua (PNADC), o desemprego no quarto trimestre de 2019 foi de 11%. Os resultados para o mesmo trimestre nos anos de 2017 e 2018 foram de 11,8% para ambos. A estimativa mais recente para o primeiro trimestre indicou desemprego de 12,2%. Segundo o IBGE, a taxa de variação real anual do produto da economia foi de 1,14% em 2019, enquanto o mesmo indicador para os anos de 2018 e 2017 foi de 1,32%. Disponível em: <https://www.ibge.gov.br/>.

12. As projeções de queda do PIB do segundo trimestre variaram de 9% a 12,9%, e o consenso de mercado, expresso no Boletim Focus

piores resultados surgiriam a partir do segundo trimestre de 2020. Adicionalmente, a falta de informações confiáveis e a insegurança da população quanto ao quadro real da pandemia, com o medo de contágio, passaram a afetar as expectativas quanto a uma futura recuperação econômica do Brasil, mesmo considerando o fim do isolamento social. Estudos realizados sobre a Coreia do Sul e a Suécia identificaram que a cada incremento de 0,1% no contágio pode gerar até 3% de queda no emprego, em decorrência do receio das pessoas de frequentarem lugares públicos. Nesse contexto, o quadro de divergências, entre os entes governamentais em meio à situação de crescimento de infectados e mortos, contribuiu para incrementar os impactos da crise sobre a situação do emprego e da renda.

Em nossa perspectiva, tanto os indicadores de saúde quanto os relativos à situação econômica, apontam para uma profunda crise social no país. Na gestão da saúde, a orientação até o início da pandemia foi a de cortar gastos e de desmontar estruturas e programas do Ministério da Saúde. Mas mesmo após o início da pandemia, não houve organização de uma instância eficiente de coordenação da crise em um contexto federativo. Contrariamente, o governo apenas minimizava a sua gravidade e fazia pressão sobre governadores e prefeitos para encerrarem as ações de isolamento social. E na gestão da economia, após o governo ter aprovado medidas que legalizaram demissões e redução nos salários e nas jornadas de trabalho, o Planalto passou a oscilar entre a alternativa de fornecer auxílio aos milhões de desempregados ou manter o quadro de restrição de gastos, apesar da gravidade da situação. Contudo, a crise requisitava um governo coeso, com objetivos definidos e portador de sólidos mecanismos de planejamento e coordenação administrativa. Nas próximas seções, discutiremos a importância do estilo

---

publicado em 01 junho 2020, já indicava expectativa de queda do PIB de 2020 em torno de 6,5%.

de liderança presidencial e do modelo político-organizacional da presidência para o processo de governo, e descreveremos os fatos e processos que situam o perfil político-institucional do governo Bolsonaro como inadequado para a coordenação da crise.

Presidentes, Presidência e Estilo de Governo

Nos últimos anos, emergiu um amplo reconhecimento acerca do papel exercido pelos presidentes e da organização da presidência no processo de coordenação governamental. No contexto latino-americano, essa importância decorre do reconhecimento de que o processo de institucionalização da democracia e a modernização econômica sob condições sociais assimétricas requisitam governos integrados e eficientes. A globalização incrementou poderes fáticos em sociedades caracterizadas por concentração de renda e propriedade, e a tendência geral foi a de deslocamento do poder social e político em direção a grandes organizações empresariais, corporações, comunidades profissionais e burocracias estatais. No Brasil, muitos desses grupos e organizações se articularam a partir dos anos 1990 com o objetivo de reduzir o Estado, desregulamentar setores econômicos e disseminar modelos de gestão econômica[13].

Diante desse contexto de tendências centrífugas nas democracias atuais, a organização da presidência e o estilo de liderança presidencial se situam como fatores

13. A.C. Minella, Representação de Classe do Empresariado Financeiro na América Latina, *Revista de Sociologia Política*, n. 28, p. 31-56; C.H.V. Santana, Conjuntura Crítica, Legados Institucionais e Comunidades Epistêmicas, em R. Bochi (org.), *Variedades de Capitalismo, Política e Desenvolvimento na América Latina*, p. 121-163; C. Olivieri, Política, Burocracia e Redes Sociais, *Revista de Sociologia e Política*, n. 29; R. Grun, A Evolução Recente do Espaço Financeiro no Brasil e Alguns Reflexos na Cena Política, *Dados*, v. 47, n. 1, p. 5-47; C. Pio, Liberalização do Comércio, XIX *Encontro Anual da Anpocs*.

cruciais para o desempenho administrativo do Estado e a capacidade de coordenação política do governo. Nos EUA, a longa trajetória acadêmica sobre estilos presidenciais e presidência teve início com Richard Neustadt[14], o primeiro pesquisador a salientar o peso do estilo de liderança presidencial na dinâmica administrativa e sucesso político do governo. Posteriormente essas pesquisas assumiram uma face mais formalizada e surgiram tipologias de coordenação presidencial. Dentre elas, a estabelecida por Richard Tanner Johnson[15] incluía três tipos básicos de coordenação presidencial: no modelo *hierárquico*, os presidentes centralizam e controlam pessoalmente os processos decisórios, mas delegam autoridade limitada a assessores; no tipo *competitivo*, os presidentes distribuem tarefas similares e de forma simultânea a diferentes grupos de assessores e chefes de agências, com o objetivo de ampliar as fontes de informações e aumentar a certeza e a eficiência decisória; e no tipo *colegiado*, os presidentes coordenam comissões e colegiados e, por meio de assessores, estimulam a descentralização de decisões e a ampliação de informações e cursos alternativos de ação.

É óbvio que os contextos condicionam a escolha desses modelos, pois eles nem sempre estão disponíveis sob determinadas situações políticas e nem sempre uma opção por um modelo centralizado de coordenação é possível. A importância dessas condições foi ressaltada por Terry Moe[16], que trata a presidência como um espaço institucional mais amplo que o gabinete dos presidentes e inserida nos limites do arcabouço constitucional do país. Nessa perspectiva, o próprio estilo de liderança presidencial no exercício do mandato seria endógeno aos modelos institucionais vigentes, principalmente em democracias institucionalizadas.

14. Ver *Poder Presidencial e os Presidentes Modernos*.
15. Ver *Managing the White House*.
16. Ver Presidents, Institutions and Theory, em G.C. Edwards; J.H. Kessel; B.A. Rockman (orgs.), *Researching the Presidency*, p. 337-386.

Com os avanços dos estudos sobre a presidência institucional, surgiram trabalhos sobre estilo presidencial e presidência na América Latina, a maioria abordando o dilema estratégico básico dos presidentes: optar por modelos de coordenação mais orientados para a *centralização* político-administrativa na presidência, ou pela *politização* dos escalões mais altos do Executivo. Mas grande parte dos sistemas latino-americanos se baseia em multipartidarismo fragmentado, e se faz necessário também analisar a influência das coalizões partidárias nas alternativas assumidas pelos presidentes[17]. Essa última linha analítica foi testada por Magna Inácio[18] no Brasil, que procurou ressaltar o dilema presidencial entre presidir de forma centralizada ou coordenar no contexto do presidencialismo de coalizão, indicando como o tipo de coalizão vigente pode afetar as alternativas dos presidentes e a organização da presidência.

Alejandro Bonvecchi e Vicente Palermo[19] indicam que em situações de incerteza política e de crise com o Congresso, há uma maior propensão à centralização política na presidência. Esse é o caso das sucessivas crises do governo Bolsonaro e de sua estratégia de militarizar o governo, logo a partir da demissão de Gustavo Bebianno, ocorrida em fevereiro de 2019. Mesmo porque não se trata de um governo partidário e, até o momento, Bolsonaro tem se sentido livre para assumir estratégias personalistas de centralização no núcleo do governo.

Uma alternativa complementar à simples centralização na presidência, costuma ser a criação de novos ministérios

---

17. De acordo com M. Alessandro; A. Gilio, Cuando el Origen Importa, *Revista del CLAD Reforma y Democracia*, n. 48, p. 149-174; M. Alessandro, El Elefante en la Habitación, em M. Alessandro; A. Gilio (orgs.), *La Dinámica del Poder Ejecutivo en América*, p. 63-92; M.E. Coutinho, De Alfonsín a Kirchner, em M. Alessandro; A. Gilio (orgs.), op. cit., p. 185-209.

18. Ver Entre Presidir e Coordenar, *III Congresso Latino-americano de Ciência Política*.

19. En Torno a los Entornos, *Revista Argentina de Ciencia Política*, v. 4, p. 103-111.

ou o deslocamento de secretarias especiais e programas do Executivo. Essa alternativa indica que o processo de centralização político-administrativa na presidência não se apresenta como linear e nem sempre é um recurso a que todos os presidentes recorrem. Marcelo Carmelo e Maria Eugenia Coutinho[20], analisando o período de 1983 a 2014 na Argentina, constataram que estratégias de centralização são contingentes, e têm variado de acordo com o estilo de governo e os recursos de poder que os presidentes dispõem no âmbito do Executivo. Nessa mesma linha de argumentação, Magna Inácio e Mariana Lhanos[21] ressaltam que, sob governos de coalizão, os presidentes são tentados a assumirem uma estratégia de centralização na presidência, como forma de controlar o Executivo. Contudo, as autoras observam que essa alternativa pode apresentar altos custos políticos, diante das reações de grupos aliados excluídos do centro decisório. Por isso, muitos presidentes tendem a optar por uma centralização setorial seletiva, abarcando áreas de políticas ou, de forma alternativa, transferindo funções ministeriais, programas e agências estratégicas para ministérios que controlam. Ou seja, nem sempre a centralização se apresenta como uma estratégia viável para governos minoritários e em crise política[22].

No Brasil, os modelos de coordenação governamental têm oscilado de acordo com a conjuntura política e os diferentes estilos de liderança presidencial. Essa última variável é decisiva, tendo em vista que os presidentes brasileiros dispõem de fortes poderes legislativos e constitucionais, se apresentado como um dos mais fortes da América Latina[23]. Mas como as coalizões são amplas e fragmenta-

20. El Centro Presidencial Argentino (1983-2014), em J. Lanzaro (org.), *El Centro Presidencial*, p. 39-74.
21. Ver The Institutional Presidency from a Comparative Perspective, *Brazilian Political Science Review*, v. 9, n. 1, p. 39-64. Disponível em: <https://www.redalyc.org/>.
22. Ibidem.
23. Ver O. Amorim Neto, O Poder Executivo, em A.O. Cintra; L. Avelar (orgs.), *Sistema Político Brasileiro*.

das, tradicionalmente as estratégias de *centralização* e de *politização* são utilizadas como formas complementares, pois o uso de apenas um desses mecanismos tende a gerar crises políticas. O presidente Sarney (1985-1989) foi um exemplo de excessiva politização dos ministérios, e Dilma Rousseff (2011-2016), um caso de excessiva centralização. Na perspectiva de João Paulo M. Peixoto[24], Rousseff transformou a Casa Civil em uma espécie de secretaria-executiva da Administração Federal, sobrecarga que gerou instabilidade político-administrativa e erodiu as funções de um órgão tradicionalmente orientado para o processo de articulação política.

Ressaltamos que os amplos poderes orçamentários e administrativos dos presidentes brasileiros, associado ao tradicional personalismo dos mesmos, também se projetam sobre as estruturas do Executivo, incentivando o surgimento de padrões de governança interna e de práticas procedimentais nas redes burocráticas, fenômeno já tratado por Antônio Lassance[25]. Para este, as frequentes crises de governabilidade no Brasil também expressam crises de governança interna, que tendem a ocorrer em momentos de desequilíbrios e mudanças entre padrões de governança.

Os presidentes brasileiros que governaram após a redemocratização adotaram múltiplas alternativas político-administrativas. Porém, ressaltamos que num contexto de baixa institucionalização, como o do sistema político brasileiro, e sob um presidencialismo de coalizão fragmentado, as alternativas assumidas por presidentes personalistas e sem projetos estratégicos podem assumir formas político-organizacionais fragmentadas e ineficientes, arrastando o núcleo do governo para crises de governabilidade e de governança. Jânio Quadros e Fernando Collor são os exemplos mais extremados desse tipo

---

24. Presidencialismo no Brasil, em J.P.M. Peixoto (org.), *Presidencialismo no Brasil*, pp. 23-53. Disponível em: <http://www2.senado.leg.br/>.
25. Ver Governança Presidencial e Desenvolvimento, em J.P.M. Peixoto (org.), op. cit.

de governo, mas, em outro estudo, já indicamos que a trajetória política brasileira, a partir da Revolução de 1930, se caracteriza, de forma preponderante, pela presença de presidentes personalistas e centralizadores, histórico que abortou um sólido processo de institucionalização e de reforço administrativo da presidência institucional[26]. Esse é o exemplo do estilo do governo Bolsonaro, tema que abordaremos na parte seguinte, onde tentamos indicar que o modelo político-organizacional da presidência e a instabilidade do estilo de liderança presidencial são inadequados para uma coordenação eficiente da crise.

O Estilo do Governo Bolsonaro e a Organização da Presidência

O presidente Jair Bolsonaro tem presidido o Executivo de forma errática, instável e personalista, se configurando como um dos governos mais desorganizados da trajetória republicana brasileira. Sem base partidária, sem projeto político-administrativo definido de governo e tentando governar com um mínimo de contrapesos políticos e institucionais, em um ano e meio de mandato, Bolsonaro realizou dezoito mudanças nos postos dos titulares do primeiro escalão. Com o objetivo de centralizar o poder político-institucional na Presidência da República e gerar coesão no núcleo do governo, frente aos demais poderes e instituições, as mudanças no centro de governo têm sido recorrentes. Em 18 de fevereiro de 2019, Bolsonaro demitiu Gustavo Bebbianno da Secretaria Geral da Presidência da República, seu ex-coordenador de campanha, após intensos conflitos com seus filhos, e nomeou imediatamente o general Floriano Peixoto para o posto, que também é demitido uma semana depois e substituído por Jorge Oliveira, um militar reformado oriundo da polícia

---

26. Ver V.F. de Araújo, *Presidentes Fortes e Presidência Fraca*.

do Distrito Federal e amigo pessoal de Bolsonaro; em 8 de abril de 2019, demitiu Ricardo Vélez Rodrigues do Ministério da Educação, um intelectual conservador de origem colombiana, e nomeou Abraham Weintraub como novo ministro, oriundo das camadas administrativas secundárias do sistema financeiro e vinculado à denominada "ala ideológica" do governo; em 13 de junho de 2019, demitiu o general Santos Cruz da Secretaria de Governo, um militar com perfil técnico e que seria responsável por coordenar projetos estratégicos do governo, e nomeou o general Luiz Eduardo Ramos para o posto, seu amigo pessoal desde a Escola Preparatória de Cadetes de Campina durante os anos 1970, considerado o militar da ativa mais próximo de Bolsonaro; em 06 de fevereiro de 2020, demitiu Gustavo Canuto do Ministério do Desenvolvimento Regional, que vinha atuando de forma articulada ao "centrão" no Congresso, e nomeou Rogério Marinho para o posto, então secretário de Previdência e Trabalho do Ministério da Economia e vinculado aos setores mais liberais do mercado; em 12 de fevereiro de 2010, demitiu o deputado Onix Lorenzoni da Chefia da Casa Civil e o substitui pelo general Walter Braga Neto, antigo comandante da intervenção realizada na cidade do Rio de Janeiro; em 13 de fevereiro de 2020, demitiu o deputado Osmar Terra do Ministério da Cidadania e nomeou Onix Lorenzoni para o posto; em 16 de abril, Luiz Henrique Mandetta foi demitido do Ministério da Saúde, após vários conflitos em torno dos procedimentos de abertura da quarenta e do uso da cloroquina, e foi substituído por Nelson Teich, médico e consultor vinculado às redes de hospitais privados; em 24 de abril, o ex-juiz Sergio Moro foi induzido a pedir demissão do Ministério da Justiça e foi substituído pelo antigo Chefe da Advocacia Geral da União (AGU), André Mendonça; em 15 de maio, Nelson Teich foi demitido do Ministério da Saúde ao completar um mês no posto, e foi substituído de forma interina, mas por tempo indeterminado, pelo então secretário

Executivo do Ministério, o general Eduardo Pazuello; e no dia 11 de junho, Bolsonaro extinguiu a Secretaria Especial de Comunicação Social (Secom), vinculada à Secretaria de Governo da Presidência da República, e recriou o Ministério das Comunicações, nomeando como ministro o deputado Fábio Faria (PSD-RN), membro de um dos partidos que integram o denominado "centrão" e genro do empresário Silvio Santos. Pelo mesmo ato, Fabio Wajngarten, antigo titular da Secom e formalmente subordinado ao general Luiz Eduardo Ramos, foi nomeado secretário-Executivo do Ministério das Comunicações, o segundo na hierarquia do novo ministério.

As mudanças que ocorreram entre a posse e o início de junho de 2020 – marco da criação do Ministério das Comunicações – foram no sentido de reforçar o núcleo militar do governo no Palácio do Planalto e os membros mais próximos ao presidente, assim como os integrantes da assessoria pessoal do gabinete presidencial – a mal definida "ala ideológica", mais vinculada às atividades de mobilização política bolsonarista. O crescente reforço dos militares e dos denominados "ideológicos" desde a posse, tratados equivocadamente pela imprensa como portadores de objetivos contraditórios, revela que entre as oscilações de uma permanente crise política, todo o núcleo de governo assumiu uma inflexão mais à direita do espectro político, ao longo dos primeiros dezessete meses de mandato. Nesse tempo, o estilo de liderança presidencial tornou-se mais voluntarista, com um ativismo retórico orientado para incentivar uma ruptura institucional, e assumiu de forma mais explícita um estilo de combate a potenciais adversários e instituições, militarizando significativamente a estrutura dos ministérios e o Palácio do Planalto. Desde outubro de 2019 já eram mais de 2.500 militares ocupando postos de chefia ou de assessoria nas repartições do governo federal e em postos de estatais importantes. Em fevereiro de 2020, os militares eram titulares de oito entre 22 ministérios, e cinquenta deles ocupavam os dois primeiros escalões do governo. Mas principalmente Bolsonaro passou a centralizar, em suas mãos e no núcleo militar, decisões relativas à estratégia política de sobrevivência do governo. Essa tendência, que teve início em meados de junho de 2019, com a demissão do general Santos Cruz e a nomeação do general Luiz Eduardo Ramos para a Secretaria de Governo, assumiu cores mais nítidas com a nomeação do general Walter Braga Neto como ministro-chefe da Casa Civil em lugar de Onix Lorenzoni. Contudo, deve ser ressaltado que essas mudanças ocorreram sem que o presidente Bolsonaro modificasse o alto grau de delegação político-administrativa fornecida aos seus ministros, e nem reduzisse o quadro de feudalização do Executivo. Ele se manteve efetivamente ausente dos problemas administrativos do governo, sem se responsabilizar pelos inúmeros e graves problemas cotidianos do país, enquanto aprofundava seu estilo voluntarista e inconstante de liderança presidencial, criando conflitos artificiais com os demais poderes republicanos e ameaçando forças políticas de oposição.

Essas tendências desagregadoras já tinham se expressado inicialmente no perfil das transformações político-organizacionais e administrativas dos ministérios, no dia da posse do presidente[27]. A orientação foi a de reduzir o espaço institucional do já débil sistema de planejamento e extinguir setores de políticas com especificidades próprias. Pela via de fusões ou extinções, foram desmontados ministérios dedicados à gestão de

---

27. A Medida Provisória 870, de 1º de janeiro de 2019, data da posse de Jair Bolsonaro como presidente, reduziu de 29 para 22 o número de órgãos com *status* ministerial no governo federal, sendo dezesseis ministérios de linha e quatro vinculados diretamente à Presidência da República (Casa Civil, Secretaria de Governo, Secretaria-Geral e Gabinete de Segurança Institucional), além da Advocacia-Geral da União (AGU) e do Banco Central. Foram extintos os seguintes ministérios: Cidades; Desenvolvimento Social; Segurança Pública; Esportes; Fazenda; Indústria, Comércio Exterior e Serviços; Cultura; Integração Nacional; Planejamento, Desenvolvimento e Gestão; Trabalho.

políticas sociais, cultura, além das funções de planejamento e desenvolvimento urbano e regional. As fusões e absorções mais marcantes foram a absorção dos Ministérios do Planejamento e o da Indústria, Comércio Exterior e Serviços pelo novo Ministério da Economia, iniciativa semelhante à assumida pelo presidente Collor em 1990. A segunda foi a extinção do Ministério do Trabalho, que teve suas funções distribuídas entre três ministérios restantes: Economia, Cidadania e o da Justiça. Também foram atingidas as áreas de direitos humanos, proteção de minorias, transparência governamental, meio ambiente e mesmo a de infraestrutura. Os novos órgãos assumiram nomes genéricos e agregados, sem especificar grupos e questões sociais como objetos privilegiados de políticas. O Ministério de Direitos Humanos foi agregado sob a ampla nomenclatura de Ministério da Mulher, da Família e dos Direitos Humanos, e o Ministério da Transparência e Controladoria-Geral da União (CGU) foi reduzido a Controladoria-Geral da União. Na área ambiental, a MP 870 transferiu para o Ministério da Agricultura – gerido por representante do agronegócio e tradicionalmente um ministério sob controle de ruralistas – a função de gerenciar o Serviço Florestal Brasileiro, fiscalizar e monitorar a realização do cadastro ambiental rural e de identificar, delimitar e demarcar terras indígenas e quilombolas. E em que pese as pressões do Congresso para reverter a mudança na demarcação das terras indígenas e quilombolas, ela foi mantida no Ministério da Agricultura por ocasião da sanção da MP 870 sob a forma da Lei 13.844 de 18 de junho de 2019. A contrapartida para os partidos da base do governo foi o retorno do Conselho de Controle de Atividades Financeiras (Coaf) para o Ministério da Economia, que teve o objetivo de limitar o poder de Sergio Moro como titular do Ministério da Justiça.

Assim como no exemplo do estilo voluntarista de liderança do então presidente Collor (1990-1992), o excesso de fusões e extinções de ministérios, sem critérios técnicos definidos, teve o objetivo inicial de responder aos anseios do eleitorado, que havia elegido Bolsonaro com um discurso de combate à corrupção e de redução do tamanho do Estado. O amplo e irrefletido aceno ao mercado ocorreu, mesmo em áreas socialmente problemáticas e de alto custo político para relações externas do Brasil, como a transferência das funções de demarcação de terras indígenas e de quilombolas. O próprio Ministério do Meio Ambiente foi entregue a Ricardo Salles, que havia sido candidato a deputado federal em São Paulo, financiado por empresários vinculados ao agronegócio. A quase totalidade dos ministérios foi ocupada por nomes desconhecidos e desvinculados do sistema partidário, tendo como principal critério de nomeação a ideologia política e o potencial grau de lealdade pessoal do nomeado. Mas, como critérios de lealdade e ideologia são âncoras políticas ambíguas, o estilo personalista, instável e desorganizado de liderança presidencial logo provocou a sucessão de demissões, que teve início com o exemplo de Gustavo Bebbiano, em fevereiro de 2019. Com esse fato e as mudanças imediatas que se sucederam, o estilo de liderança presidencial e a natureza política e administrativa do governo se revelaram precocemente à nação, sinalizando para o sistema político e a sociedade que estabilidade institucional e previsibilidade política seriam coisas escassas no decorrer do mandato.

E aqui deve ser ressaltado algo importante para a avaliação dos impactos políticos derivados do estilo de liderança presidencial. Mudanças no primeiro escalão de governo costumam ser acompanhadas por intensas e recorrentes substituições nos segundo e terceiro escalões da alta burocracia do Executivo, justamente os níveis decisórios que efetivamente são responsáveis pelo processo de formulação e execução de políticas públicas e definem a qualidade e o ritmo da administração. Os exemplos das recorrentes mudanças nos segundo e terceiro escalões do Ministério da Educação e na área da Cultura ilustram isso.

As mudanças iniciais ocorridas na organização da presidência tiveram o principal objetivo de reduzir o desgaste político precoce do governo em um contexto de manutenção do desemprego e de fraca reação da economia. Mas com a configuração de um quadro de fraco crescimento econômico ao final de 2019 e o surgimento da pandemia no início de 2020, a principal orientação do presidente foi a de fortalecer o núcleo militar e o grupo de assessores e amigos integrantes da presidência, além de manter uma permanente mobilização dos círculos de apoiadores, vocalizando soluções de ruptura institucional. Tal estratégia assumiu formas mais radicais entre abril e maio de 2020, na medida em que a pandemia ganhava força e incrementava o desgaste do governo, o que conduziu o presidente a tentar estabelecer maior controle sobre a Polícia Federal e a Agência Brasileira de Inteligência.

À luz das questões explicitadas neste item, consideramos que o incongruente e oscilante estilo de liderança presidencial do presidente Bolsonaro e sua projeção político-administrativa, não assume nenhuma das formas consubstanciadas nas tipologias de coordenação mais conhecidas, algumas delas explicitadas na seção anterior. Até a presente data, o presidente tem se dedicado, principalmente, a atuar em uma permanente campanha política, por meio de eventos de mobilização de círculos de eleitores fiéis, onde frequentemente ameaça as instituições republicanas e vocaliza críticas erosivas a opositores políticos. Dessa forma, Bolsonaro assume uma postura centralizadora, autoritária e personalista nas relações políticas com a sociedade civil e grupos políticos oposicionistas, ao mesmo tempo que se ausenta das questões administrativas que tipificam o Executivo, e as funções de coordenação de políticas que um presidente deveria exercer. Porém, mesmo no âmbito da sua estratégia personalista e centralizadora na área política, o seu comportamento é errático e imprevisível.

Uma síntese analítica aproximada do seu estilo de liderança presidencial aponta para um estilo unilateral e centralizador, mas de uma forma personalista e sem uma hierarquização institucional interna clara, pois estabelece vínculos diretos com assessores pessoais de confiança e estimula uma competição interna entre assessores e ministros em decorrência do grau de delegação que atribui a estes. Trata-se de uma forma de centralização ancorada na figura do presidente, mas que não reforça a presidência institucional e mantém um alto grau de delegação aos subordinados, situando-se ausente das questões administrativas substantivas. Nesse sentido, o modelo de coordenação que poderia caracterizar o atual estilo presidencial, tendo em perspectiva as tipologias discutidas neste texto, seria o *centralizado competitivo*, sem hierarquias institucionais internas e definidas, ao mesmo tempo que mantém vínculos radicais diretos com ministros e assessores de confiança.

No entanto, ressaltamos que uma inflexão política ocorreu com a recriação do Ministério das Comunicações, em 10 de junho de 2020. O Ministério foi entregue ao PSD, partido com 36 deputados que tem como líder o ex-prefeito de São Paulo, Gilberto Kassab, e integra o bloco de partidos do denominado "centrão" no Congresso. Essa iniciativa indica que o governo Bolsonaro procurou se orientar para a eventual formação de um governo mais partidário e ancorado na dinâmica do sistema partidário e das bancadas no Congresso. Representantes de outros partidos integrantes do "centrão" já haviam sido indicados para postos nos escalões superiores dos ministérios, após a crise deflagrada com a demissão de Sergio Moro do Ministério da Justiça. Um dos indicados, integrante do Partido Liberal (PL), inclusive havia assumido a Diretoria de Ações Educacionais do milionário Fundo Nacional de Desenvolvimento da Educação do Ministério da Educação. Essa aliança com o "centrão" teve o objetivo de garantir apoio do Congresso em um eventual processo de *impeachment*. Caso essas mudanças se situem como tendências políticas mais sólidas, uma possível ancoragem do governo no sistema partidário com os compromissos políticos resultantes pode inibir as recorrentes oscilações do estilo de liderança presidencial de Bolsonaro.

O Estilo Presidencial e a Crise

Após dezoito meses de governo, é possível afirmar que Bolsonaro assumiu um estilo ativista e errático, influenciando o comportamento de parte do núcleo do governo, onde a política militante absorveu atividades administrativas em políticas que são cruciais para o bem-estar social da população. Mas a consolidação desse estilo de governo, em meio à pandemia, mostrou que as consequências sobre a saúde da população e a situação de emprego e renda foram graves.

Regra geral, os conflitos ocorridos no centro do governo Bolsonaro foram tratados pela imprensa de forma superficial e a partir de ideias que não contribuem para explicar a dinâmica interna do governo. Eles foram tratados, principalmente, como expressões de uma disputa entre os denominados grupos ideológicos, técnicos e militares. Contudo, essa forma de abordar o problema não fornece o devido significado ao estilo de liderança presidencial e ao comportamento errático e voluntarista do presidente, além de atribuir pouco peso político à efetiva ausência do Chefe do Executivo das questões administrativas cotidianas. Ausência demonstrada pela ampla e descontrolada delegação fornecida a praticamente todos os seus ministros, mesmo os publicamente tratados como incompetentes ou inimigos das próprias políticas que deveriam coordenar. Repetimos aqui que o presidente efetivamente não administra o país, mas sim delega.

Ausente da administração efetiva do Executivo, entretanto ativista de uma campanha política em favor de soluções autoritárias e contra potenciais adversários políticos, reais ou imaginários, o que tem caracterizado, de fato, o estilo presidencial e o centro decisório do governo é a ausência de um sistema de coordenação eficiente, o desmonte dos sistemas setoriais de planejamento e monitoramento de políticas, as constantes mudanças de ministros, a feudalização das estruturas governamentais e uma errática política de combate à pandemia.

Sob as condições político-institucionais brasileiras e sua tradição de presidentes personalistas, o estilo de liderança de Bolsonaro tende a se projetar sobre as condições administrativas da presidência e do centro mais amplo de governo. A força política dessa projeção, nas atuais condições do país, tende não só a modelar o perfil político-organizacional da presidência e de suas adjacências institucionais, como também pode imprimir nos escalões superiores do Executivo uma cultura procedimental, que pouco se vincula à moderna tradição do Estado racional legal. Resta saber quais serão as futuras condições sociais de sobrevivência do país após a pandemia e a crise econômica. Pois mesmo que o governo se encaminhe, futuramente, para um perfil de governo partidário em um contexto de resgate do presidencialismo de coalizão, nada garante que essa mudança resultaria em maior atenção às duras condições sociais de um país em crise.

Referências

Livros

ALESSANDO, Martín. El Elefante en la Habitación: El Estúdio de la Presidencia en la Argentina. In: ALESSANDRO, Martín; GILIO, Andrés (orgs.). *La Dinámica del Poder Ejecutivo en América.* Buenos Aires: INAP, 2013.

AMORIM NETO, Octávio. O Poder Executivo: Centro de Gravidade do Sistema Político Brasileiro. In: CINTRA, Antônio Octávio; AVELAR, Lúcia (orgs.). *Sistema Político Brasileiro: Uma Introdução.* Rio de Janeiro: Editora Unesp/Konrad Adenauer, 2007.

ARAÚJO, Valdemar F. de. *Presidentes Fortes e Presidência Fraca: A Expansão do Poder Executivo e a Organização da Presidência da República no Brasil (1930-1989).* Curitiba: Appris, 2016.

CARMELO, Marcelo; COUTINHO, Maria Eugenia. El Centro Presidencial Argentino (1983-2014); Complejidad, Centralización, Estilo de Gestión ¿O Qué?. In: LANZARO, Jorge (org.). *El Centro Presidencial: Presidencias y Centros de Gobierno en América Latina, Estados Unidos y Europa.* Madrid: Tecnos, 2018.

COUTINHO, Maria Eugenia. De Alfonsín a Kirchner: La Presidencia Institucional Como Herramienta Para la Autonomía Presidencial. In: ALESSANDRO, Martín; GILIO, Andrés (orgs.). *La Dinámica del Poder Ejecutivo en América: Estudios Comparados Sobre la Institución Presidencial.* Buenos Aires: INAP, 2013.

JOHNSON, Richard Tanner. *Managing the White House: An Intimate Study of the Presidency.* New York: Harper & Row, 1974.

LASSANCE, Antônio. Governança Presidencial e Desenvolvimento: O Poder dos Presidentes. In: PEIXOTO, João Paulo M. (org.). *Presidencialismo no Brasil: História, Organização, Funcionamento.* Disponível em: <http://www2.senado.leg.br/>. Acesso em: 31 maio 2020.

MOE, Terry. Presidents, Institutions and Theory. In: EDWARDS, George C.; KESSEL, John H.; ROCKMAN, Bert A. (orgs.). *Researching the Presidency: Vital Questions, New Approaches.* Pittsburg: University of Pittsburgh Press, 1993.

NEUSTADT, Richard E. *Poder Presidencial e os Presidentes Modernos: A Política de Liderança de Roosevelt a Reagan.* Brasília: Enap, 2008.

PEIXOTO, João Paulo M. Presidencialismo no Brasil: Dos Militares ao PT. In: PEIXOTO, João Paulo M. (org.). *Presidencialismo no Brasil: História, Organização e Funcionamento.* Brasília: Senado Federal. Disponível em: <http://www2.senado.leg.br/>. Acesso em: 31 maio 2020.

SANTANA, Carlos Henrique Vieira. Conjuntura Crítica, Legados Institucionais e Comunidades Epistêmicas. In: BOCHI, Renato (org.). *Variedades de Capitalismo, Política e Desenvolvimento na América Latina.* Belo Horizonte: UFMG, 2011.

Jornais e Revistas

ALESSANDRO, Martín; GILIO, Andrés. Cuando el Origen Importa: Los Presidentes y los Congresos en la Creación de Organismos Descentralizados (1983-2009). *Revista del CLAD Reforma y Democracia*, n. 48, Caracas, Universidad Central de Venezuela, 2010.

BONVECCHI, Alejandro; PALERMO, Vicente. En Torno a los Entornos: Presidentes Débiles y Partidos Parsimoniosos. *Revista Argentina de Ciencia Política*, v. 4, Universidad de Buenos Aires, 2002.

CONCEIÇÃO, Ana; MARTINS, Arícia. Dívida Bruta do Brasil Pode Chegar a 91% do PIB em 2020, Diz Goldman Sachs. *Valor Econômico*, 20 abr. 2020. Disponível em: <https://valor.globo.com/>. Acesso em: 31 maio 2020.

DA REDAÇÃO. Congresso Promulga Nesta Quinta-Feira PEC do Orçamento de Guerra. *Agência Senado*, 6 maio 2020. Disponível em: <https://www12.senado.leg.br/>. Acesso em: 31 maio 2020.

ELGIN, Ceyhun. *Covid-19 Economic Stimulus Index.* Disponível em: <http://www.ceyhunelgin.com/> Acesso em: 31 ago. 2020.

ELGIN, Ceyhun; BASBUG, Gokce; YALAMAN, Abdullah. Economic Policy Responses to a Pandemic: Developing the COVID-19 Economic Stimulus Index. *Covid Economics: Vetted and Real Time Papers*, n. 3, 2020. Disponível em: <http://web.boun.edu.tr/>. Acesso em: 31 maio 2020.

FT VISUAL & Data Journalism Team. Coronavirus Tracked: Has the Epidemic Peaked Near You? *Financial Times*. Disponível em: <https://ig.ft.com/>. Acesso em: 31 maio 2020.

GRUN, Roberto. A Evolução Recente do Espaço Financeiro no Brasil e Alguns Reflexos na Cena Política. *Dados: Revista de Ciências Sociais*, v. 47, n. 1, Rio de Janeiro, 2004.

INÁCIO, Magna; LLANOS, Mariana. The Institutional Presidency in Latin América: A Comparative Analysis. *Presidential Studies Quarterly*, v. 46, n. 3, set. 2016. Disponível em: <https://onlinelibrary.wiley.com/>. Acesso em: 31 maio 2020.

____. The Institutional Presidency from a Comparative Perspective: Argentina and Brazil Since the 1980s. *Brazilian Political Science Review*, v. 9, n. 1, 2016. Disponível em: <https://www.redalyc.org/>. Acesso em: 31 maio 2020.

MINELLA, Ary C. Representação de Classe do Empresariado Financeiro na América Latina: A Rede Transassociativa no Ano 2006. *Revista de Sociologia e Política*, Curitiba, n. 28, 2007.

OLIVIERI, Cecília. Política, Burocracia e Redes Sociais: As Nomeações Para o Alto Escalão do Banco Central no Brasil. *Revista de Sociologia e Política*, Curitiba, n. 29, nov. 2007.

STREECK, Wolfgang. As Crises do Capitalismo Democrático. *Novos Estudos*, n. 92, São Paulo, 2012.

TOMAZELLI, Indiana. Com Desaceleração da Inflação, Teto de Gastos Deve Crescer Menos em 2021. *Estadão*, 18 maio 2020. Disponível em: <https://economia.estadao.com.br/>. Acesso em: 31 maio 2020.

Sites

INTERNATIONAL Monetary Fund (IMF). *World Economic Outlook*, 2020. Disponível em: <http://www.oecd.org/>. Acesso em: 31 maio 2020.

ORGANIZATION For Economic Cooperation and Development (OECD): Evaluating the Initial Impact of COVID-19 Containment Measures on Economic Activity. *Report*, 2020. Disponível em: <http://www.oecd.org/>. Acesso em: 31 maio 2020.

____. Coronavirus: The World Economy at Risk. OECD *Interim Economic Assessment*, 2020. Disponível em: <https://www.oecd.org/>. Acesso em: 31 maio 2020.

Eventos

INÁCIO, Magna. Entre Presidir e Coordenar: Presidência e Gabinetes Multipartidários no Brasil. *III Congresso Latino-Americano de Ciência Política,* Campinas, 2006.

PIO, Carlos. Liberalização do Comércio: Padrões de Interação Entre Elites Burocráticas e Atores Sociais. *XIX Encontro Anual da Anpocs*, Caxambu, 1995.

A NOTÍCIA COMO ARMA POLÍTICA:
O PROTAGONISMO DO JORNAL NACIONAL DURANTE A PANDEMIA

Soleni Biscouto Fressato

Uma vez admitida, pelo Ministério da Saúde, a transmissão comunitária do novo coronavírus no Brasil, em meados de março, a maioria dos governadores e prefeitos consideraram, por bem, orientar o uso correto de máscaras e estimular a população a fazer o isolamento social, maneiras consideradas eficientes para "achatar" a curva de contaminação, o que evitaria a superlotação de leitos, enfermarias e UTIs, e provocaria uma queda sensível no número de óbitos. A partir de então, os brasileiros, tanto os que puderam como os que não puderam se isolar, acompanharam um verdadeiro conflito de orientações. De um lado, Jair Bolsonaro, em defesa do afastamento social vertical, ou seja, apenas para as pessoas de maior risco, fazia apologia à volta ao trabalho. De outro lado, a Rede Globo de Televisão[1], sobretudo por meio de seu principal telejornal, o *Jornal Nacional* (JN), contestava as argumentações do presidente e, afinada com a OMS, saiu em defesa do distanciamento social e do uso de máscara.

Logo em seu primeiro pronunciamento sobre a pandemia, em 24 de março[2], o presidente da República revelou-se mais preocupado com a economia do que efetivamente com a saúde da população, reforçando que era necessário, também, evitar a "destruição de empregos". Por fim, afirmou: "o efeito colateral das medidas de combate ao coronavírus não pode ser pior do que a própria doença", e assegurou que ele, como presidente, deveria fazer um "pacto pela preservação da vida e dos empregos". Já a Rede Globo, engajada no combate ao novo coronavírus, alterou a grade diária, levando ao ar uma programação baseada na informação[3]. Até mesmo a exibição das novelas, um dos carros-chefes da emissora, sofreu alteração. Na impossibilidade de continuar as gravações, a emissora revolveu "congelar" as novelas que estavam no ar e reprisou outras de grande sucesso. Em fins de abril, mesmo com o agravamento da pandemia, a emissora retomou alguns programas diários e semanais, mas adotando protocolos que reduziam os riscos de transmissão do vírus, como o uso de álcool em gel, de máscaras

---

1. Inaugurada em 1965, a Rede Globo possui cinco emissoras próprias (Globo Rio de Janeiro, Globo São Paulo, TV Globo Brasília, Globo Minas e Globo Nordeste) e 119 emissoras afiliadas. É uma televisão aberta dos negócios do Grupo Globo (ao lado do Canal Futura e de outros canais por assinatura), como passou a ser denominado desde 2014, antes conhecido como Organizações Globo.

2. Disponível em: <https://www.youtube.com/>.

3. A programação iniciava às 4h da manhã com o jornal *Hora Um*, às 6h seguia o jornalismo local, às 8h30 o *Bom Dia Brasil*, às 10h um programa voltado especificamente para o esclarecimento da doença, o *Combate ao Coronavírus* (que teve sua estreia no dia 17 de março), seguido, às 12h, novamente por um telejornal local e às 13h30 pelo *Jornal Hoje*. À noite, nova rodada de informações: 19h o telejornalismo local, 20h30 o *Jornal Nacional* e, encerrando a programação informativa, à meia-noite o *Jornal da Globo*.

e o distanciamento entre os apresentadores e demais profissionais envolvidos na produção. Investiu, também, em programas filmados na casa dos artistas e apresentadores, como *Conversa Com Bial* e *Diário de um Confinado*, série filmada no apartamento do casal Joana Jabace (diretora e roteirista) e Bruno Mazzeo (ator). Esse movimento não está desvinculado dos interesses políticos da emissora, da sua preocupação em manter-se bem posicionada no *ranking* nacional e mundial, e da necessidade de zelar pelo prestígio internacional de produzir um telejornalismo de qualidade. Mas também não está desvinculado do medo real que a pandemia gerou, alterando hábitos e costumes dos brasileiros, inclusive dos profissionais e trabalhadores da emissora. Com tal movimento, a Rede Globo legitimou ainda mais sua influência, não apenas nos rumos políticos do país, mas na vida privada das pessoas, assumindo para si o papel de cuidadora da população brasileira.

A Rede Globo e Sua Ação Político-Ideológica e Cultural: Reativando a Memória, Revivendo a História

Quando tudo isso passar, é a História com H maiúsculo que vai contar para as gerações futuras o que, de fato, aconteceu. A História vai registrar o trabalho valoroso de todos aqueles que fizeram de tudo para combater a pandemia, os profissionais de saúde em primeiro lugar. Mas a História vai registrar aqueles que se omitiram, os que foram negligentes, os que foram desrespeitosos. A História atribui glória e atribui desonra. E História fica para sempre.

Assim começou o *JN* do dia 20 de junho de 2020, quando William Bonner e Renata Vasconcelos divulgaram o marco trágico de 50 mil mortes no Brasil, pela Covid-19. Duas considerações precisam ser feitas sobre esse discurso dos âncoras: primeiro que, mais uma vez, mas sem citar o nome de Jair Bolsonaro, o *JN* frisou a omissão e a negligência do presidente, que se recusou, mesmo diante do número de vítimas e da superlotação de hospitais, a decretar medidas mais drásticas no combate à Covid-19; segundo, que a Rede Globo e o JN, em particular, são bem conscientes da grande influência que possuem na escrita da história. Influência que não pode ser subestimada e pouco estudada pelas ciências humanas e sociais.

Desde a sua fundação, em 1965, a Rede Globo de Televisão esteve afinada com os interesses das elites dominantes. Contudo, para atingir seu objetivo de se tornar a maior emissora de TV do Brasil[4], precisou produzir um discurso que chegasse até à classe média e, sobretudo, aos estratos mais inferiores da classe média e às classes populares, pois são elas que mais se formam e se informam frente à televisão[5]. Também são as classes médias e populares que, em momentos especiais ou nos instituídos, como as eleições, fazem a balança da história pender para este ou aquele lado. Durante a pandemia, foram as classes populares que tiveram as maiores dificuldades de praticar o isolamento social, tanto por residirem, em sua maioria, em casas pequenas, localizadas em ruas estreitas, como por não poderem parar de trabalhar, tendo ou não a opção de produzir em *home office*; também foram elas que estavam mais sujeitas aos discursos obscurantistas da maior parte das igrejas evangélicas (que insistiram em menosprezar a letalidade do vírus). Para atingir essas camadas sociais, o JN adaptou o seu discurso e divulgou táticas de sobrevivência e de combate, frente à Covid-19, criadas pelas próprias classes populares.

Foi nessa contradição (de um lado "agradando" as elites e de outro aproximando-se das classes populares e das camadas médias da população), que toda a programação da

---

[4]. Atualmente a emissora cobre quase a totalidade do território nacional, com um índice maior de 98%, e atingindo 99% da população. A produção jornalística ultrapassa as 62 mil horas anuais.

[5]. Em 2018, segundo Pesquisa Nacional de Amostra de Domicílios (Pnad), realizada anualmente pelo IBGE, 96,4% dos domicílios brasileiros tinham ao menos um televisor.

Rede Globo foi e é elaborada, inclusive a pauta do JN. Também foi no equilíbrio dessa contradição, que a Rede Globo se tornou a maior emissora do país e a segunda no mundo, e que o JN conseguiu ampla legitimidade e respeitabilidade junto ao conjunto dos brasileiros e em nível internacional.

O JN e Sua História

A primeira edição do JN, primeiro telejornal do Brasil transmitido em rede, foi ao ar no dia 1º de setembro de 1969. Desde então, várias mudanças técnicas e de cenário ocorreram, contudo, três alterações foram fundamentais para transformar o JN no telejornal mais visto e influente do país. Em 1996, Cid Moreira e Sergio Chapelin, depois de 27 anos na bancada, foram substituídos por William Bonner e Lilian Wite Fibe. Pela primeira vez o JN era apresentado por jornalistas de formação e não mais por locutores. Um parêntese precisa ser feito a respeito de Bonner. Ele não foi apenas o primeiro jornalista a tornar-se apresentador do telejornal, mas também, a partir de 1999, aglutinou a função de editor-chefe. Em toda a história do JN, ele foi, e continua sendo, o único a acumular essas três importantes funções (jornalista, apresentador e editor-chefe), o que lhe proporcionou um protagonismo singular, como será analisado adiante. A segunda mudança ocorreu em 2000, quando o estúdio do JN foi transferido para dentro da própria redação. Enquanto Bonner e Fátima Bernardes (substituta de Lilian Wite Fibe) transmitiam as notícias, o telespectador podia acompanhar, vendo imagens ao fundo, o trabalho da equipe jornalística na realização do telejornal. Em 2017, o estúdio de transmissão do JN, com Bonner e Renata Vasconcelos na bancada, foi modernizado e colocado no centro da redação, que foi ampliada e passou a reunir os jornalistas da Globo, da Globonews e do G1, o portal de notícias na internet, numa área total de 1.370m². Ao produzir essas duas significativas alterações, a de 2000 e a de 2017, a Rede Globo buscou mostrar que a notícia produzida é resultado de um verdadeiro exército de profissionais engajados com o bom jornalismo de qualidade. Todas essas mudanças e melhorias técnicas têm como objetivo fundamental dar maior credibilidade, veracidade e legitimidade aos fatos noticiados, oferecendo ao telespectador a pseudo-sensação de que está próximo da notícia e participando dos fatos no momento em que eles ocorrem.

Para o fundador da Rede Globo, Roberto Marinho, a notícia só teria credibilidade se fosse ao ar no JN. De acordo com entrevista[6] de Carlos Henrique Schroder, Marinho conhecia muito de jornalismo e da dinâmica da informação. O JN era o seu projeto pessoal, uma vez que, desde a fundação da emissora, ele investiu maciçamente em avanços técnicos e administrou pessoalmente a pauta durante décadas. Herdeiro do jornalista Irineu Marinho, fundador dos jornais *A Noite* e *O Globo*, Roberto criou um império no ramo da telecomunicação e pode ser considerado um dos homens mais influentes no século XX (segundo profissionais da área, analistas da comunicação e da política do Brasil e de outros países), participando ativamente de projetos culturais e dando apoio pessoal e midiático a políticos. Exemplo dessa influência política foi o apoio de Marinho e, por consequência, da Rede Globo, em meados de 1984, à campanha de Tancredo Neves para a presidência. Ou seja, o mesmo Tancredo Neves, cujo discurso na praça da Sé, em prol das Diretas Já, em janeiro do mesmo ano, havia sido ignorado pelo JN, recebia o apoio do fundador da maior emissora do país. Um fato com tal dimensão, revela o caráter astucioso de Roberto Marinho, de saber manobrar para aproveitar e manipular os acontecimentos, aumentando o prestígio e poder de influência de si mesmo, da família[7] (ou

---

6. Citada por I.B. Duarte Pereira, na monografia *Jornal Nacional: A Nova Cara do Telejornalismo da Globo*. Disponível em: <https://bdm.unb.br/>.

7. Os filhos de Roberto Marinho (João Roberto, José Roberto e Roberto Irineu) estão na lista dos vinte brasileiros mais ricos divulgada ▶

de quem passasse a corresponder a seus interesses, como foi o caso de Tancredo Neves) e da emissora. Mas essa não foi a única ocasião em que Marinho se envolveu com acontecimentos políticos do país. Na conjuntura de 1964, ele apoiou o golpe civil e militar e o regime ditatorial que decorreria, pelo menos até meados dos anos 1980, quando começou a perceber a força inarredável das amplas camadas da população lutando pelas Diretas Já. No segundo semestre de 1992, Marinho ainda apoiava o então presidente Fernando Collor, mesmo quando a campanha pelo *impeachment* já era uma demanda de grande parte da sociedade brasileira. Também apoiou as campanhas de Fernando Henrique Cardoso, em 1994 e em 1998. Graças ao seu contato, desde muito jovem, com o meio jornalístico, Marinho desenvolveu uma grande habilidade em veicular notícias aparentemente idôneas e neutras, mas essencialmente manipuladoras. Assim, além de ser um formador permanente da opinião pública, o JN foi um porta-voz do projeto pessoal de Roberto Marinho para o Brasil, projeto que muitas vezes conseguiu implementar, graças ao seu prestígio pessoal e poder midiático.

De acordo com as pesquisas de Eugenio Bucci[8] e Marcia Fontinatti[9], durante as Diretas Já (1983-1984), que reivindicava o fim da ditadura militar e a instauração de eleições diretas para a Presidência da República, a Rede Globo de Televisão assumiu uma atitude relutante aos acontecimentos, omitindo ou minimizando o movimento. O fato mais notável foi como o JN noticiou o principal evento, o comício que ocorreu na praça da Sé em janeiro de 1984, com vários cantores, artistas e políticos, exigindo o fim da ditadura e a convocação de eleições diretas para presidente. Minimizando a atuação popular e diluindo as reivindicações, o

▷ pela *Revista Forbes* em 2019, acumulando uma fortuna de US$ 7,5 bilhões. Número de Brasileiros em Lista de Bilionários da Forbes Sobe de 42 Para 58, *Uol*. Disponível em: <https://economia.uol.com.br/>.

8. Ver A História na Era de Sua Reprodutibilidade Técnica, em E. Bucci; M.R. Kehl, *Videologias*.

9. A Cobertura Jornalística da Campanha Pelas "Diretas já", *V Congresso Nacional de História da Mídia*. Disponível em: <http://www.ufrgs.br/>.

JN noticiou o evento como sendo mais um entre as quinhentas solenidades em torno dos 430 anos da cidade de São Paulo. Afinada com as alas mais conservadoras e com a classe patronal, assumindo uma posição mais elitista e desprezando os movimentos populares, a emissora não chegava a evitar o tema das eleições diretas, porém construía as notícias em torno de falas de representantes políticos de partidos situacionistas ou de oposição moderada, que defendiam candidatura única e eleições indiretas. A Rede Globo vivia, por assim dizer, a contradição e a hesitação do bloco histórico no poder, ao reconhecer que o regime ditatorial estava com os dias contados. Experimentou, assim, o receio de que o enorme movimento de massas, pelo qual passava o país, transbordasse os limites aceitáveis.

Em 2005, rememorando os eventos dos anos 1980, José Bonifácio de Oliveira Sobrinho, o Boni, concedeu uma entrevista ao jornalista Roberto D'Ávila, a propósito do comício da praça da Sé e do posicionamento da Rede Globo no movimento das Diretas Já. Na época, Boni era superintendente de Produção e Programação da Globo, responsável por todas as áreas da programação, inclusive o jornalismo, tratando diretamente com Roberto Marinho sobre o formato das edições do *JN*. Na entrevista, Boni confirmou as limitações impostas naquele momento e declarou que existia uma "censura dupla"[10], tanto do Estado ditatorial como do próprio fundador da emissora. Ou seja, a escolha de quais notícias e como elas iam ao ar não era uma decisão apenas do editor responsável do *JN*, mas uma questão debatida pela alta cúpula da emissora e definida pelo próprio Roberto Marinho, que impulsionava e exercia um verdadeiro centralismo autocrático.

No ano seguinte à consagração da Constituição que fundou a Nova República, a população brasileira se preparava ansiosamente para ir às urnas e escolher o presidente do país. Após uma acirrada disputa (tanto

---

10. De acordo com M. Fontinatti, op. cit.

no primeiro turno, realizado em 15 de novembro de 1989, como no segundo, realizado em 17 de dezembro de 1989, que incluiu debates televisivos), Fernando Collor de Mello, representante da oligarquia latifundiária no Brasil e principal acionista da TV Gazeta de Alagoas, afiliada da Rede Globo, foi eleito o primeiro presidente pelo voto direto para governar o país com o que se herdava do regime ditatorial. Ainda em 1989, um relatório do Dentel (Departamento Nacional de Telecomunicações) já revelava claramente o favoritismo da Rede Globo pelo então candidato Fernando Collor. No período entre 27 de novembro e 6 de dezembro, ele teve 78,55% mais tempo de divulgação no *JN* do que seu opositor, Luís Inácio Lula da Silva. No programa *Eleições 89*, transmitido em 3 de dezembro de 1989, Fernando Collor também foi favorecido, tendo sido contemplado com um tempo de mais de 22 minutos, enquanto Lula simplesmente não apareceu[11].

Se, em 1989, Lula foi boicotado, em 2002 ele soube se adaptar ao "jogo" imposto pelo *JN* nos debates e entrevistas pré-eleitorais, o que o levou à Presidência da República, no segundo turno, com mais de 60% dos votos válidos. De acordo com a análise de Luis Felipe Miguel[12], depois de optar por uma completa eliminação das campanhas eleitorais de 1994 e 1998 (promovendo um esvaziamento do debate público e uma negação da existência de alternativas e de mudanças, transformando a eleição de 1998 num simples processo de recondução do presidente ao seu cargo), em 2002, por razões de natureza jornalística, empresarial e política, a Rede Globo mudou seu comportamento dos períodos eleitorais precedentes e o *JN* "descobriu a política". Dedicando quase 25% do tempo total ao processo eleitoral (em 1998 a cobertura foi

---

11. Dados citados por Lúcia Avelar, As Eleições na Era da Televisão, *Revista de Administração de Empresas*, n. 32(4), p. 42-57. Disponível em: <https://www.scielo.br/>.
12. A Eleição Visível, *Dados*, v. 46, n. 2, p. 289-310. Disponível em: <http://www.scielo.br/>.

inferior a 5%), chegando a 60% na última quinzena, o *JN* criou uma nova categoria de reportagens, que destacavam sérios problemas enfrentados pela população, com o objetivo de incluí-los na agenda dos candidatos e extrair um compromisso para sua resolução. Tanto nas reportagens como nas entrevistas em estúdio ou ainda nos debates, a Globo, e mais especificamente o *JN*, se autoatribuiu a posição de "regente das eleições", responsável em apontar os problemas que deveriam ser resolvidos pelo futuro presidente. Nesse processo, William Bonner assumiu um papel decisivo: era ele quem mediava os debates e fazia cumprir as regras estritas determinadas pela produção e, sobretudo, como um juiz, garantia o "alto nível" dos debates, mas eliminava a verdadeira discussão política. Os candidatos, destaca Miguel, na tentativa de evitar uma contenda com a emissora, aceitaram as imposições e restrições impostas pelos organizadores dos debates. A Rede Globo conquistou, assim, a possibilidade de impor as regras do mais importante debate para eleições presidenciais no Brasil.

Nas eleições que levaram Lula a um segundo mandato, em 2006, assim como as que elegeram Dilma Rousseff, em 2010 e 2014, o *JN* procurou influenciar a opinião pública, os partidos políticos e seus candidatos. O telejornal também teve um papel da maior importância na destituição de Dilma, em 2016, e na projeção nacional e internacional adquirida pela Operação Lava-Jato e por Sergio Moro, revelando (como já tinha feito nos anos 1990) um alinhamento com o PSDB (Partido da Social Democracia Brasileira). Contudo, após as evidências incontornáveis, que vieram a público, do envolvimento de Aécio Neves em esquemas de corrupção, a Rede Globo retirou seu apoio ao então senador e ao seu partido. A partir daí, ela vem buscando algum político, dentro do espectro do PSDB, do MDB (Movimento Democrático Brasileiro) e do DEM (Democratas), que possa melhor representar suas aspirações.

Nas eleições presidenciais de 2018, novamente o jornalismo da Rede Globo pesou no processo histórico. Logo na primeira entrevista de Bolsonaro na bancada do *JN*, em 28 de agosto de 2018, a animosidade entre o então candidato à Presidência da República e os âncoras ficou evidente. Ainda durante a campanha eleitoral e logo após a eleição, a Rede Globo evitou um confronto direto, preferindo contornar ou esquivar-se da divulgação de alguns pronunciamentos. Contudo, mesmo não apoiando o candidato do PSL (Partido Social Liberal) de forma explícita, como havia feito com Tancredo Neves, Fernando Collor de Mello e Fernando Henrique Cardoso, a forma positiva como o *JN* noticiou as ações da Operação Lava Jato, mostrando o PT (Partido dos Trabalhadores) como "único partido corrompido", facilitou diretamente a eleição de Bolsonaro. Diante da ausência de opção política, ela apoiou a candidatura de Bolsonaro, ainda que de modo indireto, procurando não se comprometer aos olhos do grande público. Todavia, já nos primeiros momentos da nova presidência ficou claro a sua contrariedade.

Durante a pandemia do novo coronavírus, a exemplo do que já tinha feito em 1983-1984, o *JN* manipulou informações e distorceu fatos, não necessariamente os relativos à doença, mas aos políticos, adotando um protagonismo na construção de uma narrativa dominante, como ocorreu na edição de 22 de maio de 2020. Logo após uma notícia que elogiou a aliança entre o prefeito ACM Neto (Democratas-DEM) e o governador Rui Costa (PT) no combate ao novo coronavírus em Salvador (Bahia), Renata Vasconcelos (em tom de censura e de indignação, lembrando que naquelas últimas 24 horas mais de mil brasileiros tinham morrido, vítimas da Covid-19) afirmou que o ex-presidente Lula havia feito uma declaração "que causou espanto, ao dizer que ainda bem que a natureza criou um monstro chamado coronavírus". Contudo, o que Lula de fato disse foi: "ainda bem que a natureza, contra a vontade da humanidade, criou esse monstro chamado coronavírus, porque esse monstro está permitindo que os cegos comecem a enxergar que apenas o Estado é capaz de dar solução a determinadas crises"[13]. É claro o posicionamento de Lula em valorizar a necessidade do Estado, criticando o ultraliberalismo defendido por Jair Bolsonaro e colocado em prática por Paulo Guedes, ministro da Economia de seu governo. Ao isolar a primeira frase do restante da declaração, ou ainda, ao isolar apenas esse trecho do restante da entrevista, o *JN* distorceu o significado da fala de Lula, insinuando que o ex-presidente agradecia à natureza a criação de um vírus letal. Tal gesto ficou mais que evidente para o telespectador atento, mas impactou o grande público. O fato levou Lula a pedir desculpas pela frase, classificando de "infeliz" sua própria fala.

Outro momento dessa sequência de notícias é bem ilustrativo do comportamento do Grupo Globo e merece reflexão. Através do *JN*, ele organizou duas reportagens consecutivas sobre a atuação de políticos representantes do PT, uma de forma mais positiva e outra mais negativa, tática utilizada por seu jornalismo, televisivo e impresso, para atingir seu objetivo estratégico de idoneidade e confiabilidade junto ao público. Essa atitude dá continuidade a uma prática de ambiguidade e de um tradicional comportamento político oportunista. Na conjuntura atual, diante da construção de uma frente política ampla dos setores políticos da elite dominante do país, o Grupo produziu uma espécie de gesto de conciliação, mas de fato tratou-se de uma armadilha política, que ficou conhecida como "é preciso perdoar o PT"[14]. Claro que o cálculo político do Grupo Globo não visa exclusivamente o PT,

---

13. M. Muratori, Ainda Bem Que a Natureza Criou Esse Monstro Chamado Coronavírus, Diz Lula, *Correio Braziliense*. Disponível em: <https://www.correiobraziliense.com.br/>.

14. No dia 11 de junho, o jornal *O Globo*, pertencente ao Grupo Globo, publicou um artigo de Ascânio Seleme, que já foi diretor de redação do jornal, intitulado "É Hora de Perdoar o PT". Nele o colunista afirmou: "o ódio dirigido ao partido não faz mais sentido e precisa ser reconsiderado se o país quiser mesmo seguir o seu destino de nação soberana, democrática e tolerante". O artigo irritou petistas e simpatizantes e piorou a relação entre a Rede Globo e os bolsonaristas.

mas, sobretudo, seus eleitores. É preciso lembrar que mesmo com todo massacre midiático e toda a manipulação, o candidato do PT, Fernando Haddad, participou do segundo turno da última eleição presidencial. Nesse cálculo está presente, também, a possibilidade de a elite dominante necessitar contar com Lula e o PT como "bombeiros", em uma situação de fim de pandemia, que poderá levar a protestos populares diante da verdadeira tragédia nacional de mortos e desempregados.

Destacando alguns elementos, omitindo outros ou, ainda, invertendo a ordem dos acontecimentos, o *JN* sempre constrói a sua narrativa da história, influenciando e, muitas vezes, determinando o desenrolar dos fatos, de acordo com os interesses da Rede Globo, que não são apenas midiáticos ou econômicos, mas também, e talvez sobretudo, políticos. Nessa ação, não só como um agente da história, mas presunçosamente assumindo o lugar de um historiador, o *JN* pretende escrever uma versão da história pautada em seus interesses, que pode assumir o lugar da própria história. Diante desse fato, é da maior importância que os pesquisadores das ciências humanas e sociais tratem as notícias e imagens veiculadas pelo *JN* como documentos (termo caro para historiadores) a serem analisados, e seus discursos desconstruídos e comparados com outros documentos e com os processos da história real. Ao lançar um olhar inquisitivo e apurado, com o intuito de desvendar o que de fato aconteceu e não apenas o que afirma o *JN*, o pesquisador possui um compromisso ainda maior, não apenas com a história, enquanto ciência, mas com sua utilidade social. Será inevitável, assim, ao cientista social colocar as narrativas imagéticas e orais do *JN* na posição de produtoras de uma visão ideológica dos processos sociais, que visa a dominação e controle subjetivo das grandes massas. Somente uma análise crítica pode colocar essas narrativas em seu devido lugar, revelando todas as implicações de sua ação objetiva e subjetiva nos processos históricos passados e nos que se acham em curso.

O Novo Coronavírus
e o JN *Crítico ao Governo Bolsonaro*

Desde meados de março de 2020, o *JN* assumiu o protagonismo noticioso numa verdadeira cruzada em prol do isolamento social e do uso de máscaras, considerados elementos-chave para conter o avanço do novo coronavírus, posicionando-se claramente contra as prerrogativas que protegiam mais a economia do que a saúde, defendidas pelo presidente Jair Bolsonaro.

O embate entre o *JN* e o presidente foi praticamente diário e esteve presente em todas as edições do telejornal, considerando o período utilizado para análise (edições de 15 de março a 30 de junho)[15]. A cada pronunciamento, entrevista ou postagem em redes sociais feita pelo presidente, o *JN* rebatia em tom de reprovação, dando espaço às críticas de prefeitos, governadores, líderes de partido, juízes, advogados, profissionais de saúde e personalidades públicas. Pelo encadeamento de imagens, pelo tom alarmante empregado em várias reportagens e de censura às falas do presidente, percebe-se que, mais do que simplesmente noticiar os fatos e informar sobre os perigos e avanço do novo coronavírus no Brasil e no mundo, o *JN* aplicou-se em desmoralizar e desacreditar a postura de Jair Bolsonaro, colocando seu governo em xeque.

Em defesa do isolamento social, o telejornal abusou de imagens de ruas desertas de diversas cidades no mundo; de pessoas em casa, conversando com familiares e amigos por mensagens de vídeo pela internet; de agonia dos agentes da saúde, tentando salvar vidas em emergências superlotadas; enfim, imagens que estimulavam o isolamento social horizontal e revelavam o risco (mortal) de não fazê-lo. Divulgou, também, amplamente, a ação, muitas vezes eficiente, de governadores

---

15. Todas as edições do *JN* estão disponíveis on-line na plataforma Globoplay (disponível em: <https://globoplay.globo.com/>) e podem ser assistidas na íntegra, sem pagamento de assinatura.

e prefeitos no combate ao avanço da pandemia, o que revelou ainda mais o despreparo do governo federal. Em várias edições, o JN teve um comportamento pedagógico, explicando como e por que os materiais de insumo pessoais deveriam ser utilizados. Além das notícias diárias, o telejornal também criou quadros especiais voltados para a pandemia. O quadro "Recado Essencial" destacou a atuação de profissionais que continuavam trabalhando, mesmo correndo o risco de contrair o vírus, garantindo a continuidade de atividades essenciais e facilitando o isolamento de centenas de pessoas. O quadro "Solidariedade S.A." divulgou a ação de empresas, que doaram milhões de reais no combate à doença e na distribuição de cestas básicas de alimento, higiene e limpeza. Ao proceder assim, o JN destacou e impulsionou, sem dúvida, a ação solidária, mas também promoveu uma "espetacularização"[16] da solidariedade e da generosidade, numa espécie de *merchandising* no horário mais caro da televisão brasileira. Para além da ação imediata, visando a obtenção de recursos financeiros, com a finalidade de atenuar as dificuldades materiais dos setores mais carentes das grandes cidades brasileiras, observa-se a construção ideológica de uma das mais importantes manifestações comportamentais, que aflorou com a pandemia e que assumiu, na prática, o valor ético da solidariedade, particularmente nas comunidades mais pobres, inclusive nas favelas, em função da ausência efetiva do Estado. Já no quadro "Aqui Dentro", agentes de saúde descreviam a situação que enfrentavam nos hospitais e UTIs, não raro finalizando suas falas fazendo o apelo "fique em casa".

Em quase todas as edições, o JN mostrou imagens de repórteres, jornalistas e de pessoas nas ruas usando máscaras, contrastadas com imagens do presidente e de integrantes de seu governo, todos sem máscaras. Bolsonaro não fez nenhum tipo de distanciamento social, e só

---

16. Ver G. Debord, *A Sociedade do Espetáculo.*

passou a usar máscara a partir do início de maio, muito provavelmente devido à pressão da imprensa. Várias vezes o presidente passeou pelas ruas de Brasília provocando aglomerações, participou das manifestações a favor de seu governo, recebeu apoiadores no Palácio do Planalto, se aproximou deles, fez *selfies* de rosto colado e tocou nas pessoas, levou as mãos no rosto repetidas vezes. Propositalmente ou não, veiculando essas imagens tão díspares, mesmo que tenham surgido na tela de forma não sequenciada, o JN enfatizou o descaso e a despreocupação do presidente, tanto consigo mesmo e com sua família, amigos e apoiadores, como com toda a nação, no combate ao vírus. Enquanto em outros países presidentes e primeiros-ministros se esforçaram para dar exemplos positivos e eficientes no combate à pandemia, reforçando as comunicações praticamente diárias, estimulando medidas de distanciamento social, Bolsonaro fez poucos pronunciamentos. Aqueles do dia 24 e do dia 31 de março, assim como o de 8 de abril, são exemplos em que tratou especificamente da Covid-19, mesmo assim para minimizar seus efeitos e não reforçar nenhuma prática de combate à doença. Preocupado, em particular, com os efeitos que a crise econômica terá sobre seu governo, Bolsonaro usou a tática de jogar os empregos e as pequenas e médias empresas contra o que denominou de absurdo, exagero e superdimensionamento da pandemia por parte da grande mídia, sobretudo da Rede Globo.

A edição de 18 de março marcou o início da cruzada do JN, não apenas em valorização de práticas no enfrentamento ao novo coronavírus, mas, sobretudo, na desconstrução do governo Bolsonaro. Todavia, foi a edição de 29 de abril que assumiu o tom mais crítico ao que considerou de inabilidade, menosprezo e desrespeito do presidente em administrar a pandemia. A reportagem (que foi a de maior destaque e a mais longa da edição, durante cerca de treze minutos) iniciou com imagens de Bolsonaro na porta do Palácio do Planalto, sendo entrevistado por repórteres que o questionaram a respeito do número de mortes pelo novo coronavírus no Brasil; naquele dia, mais de cinco mil, ultrapassando o número de óbitos na China. A resposta do presidente, em tom visivelmente cínico e debochado, foi um "E daí? Lamento, quer que eu faça o quê? Sou Messias, mas não faço milagre…" Depois de perguntar se estava sendo gravado, minimizou sua resposta, mas, mesmo assim, frisou que o novo coronavírus agredia apenas as pessoas mais idosas: "Lamento a situação que nós atravessamos com o vírus. Nos solidarizamos com as famílias que perderam seus entes queridos, que a grande parte era de pessoas idosas." A reportagem foi iniciada por Renata Vasconcelos, mas, logo em seguida, William Bonner assumiu o protagonismo. Numa mistura de imagens e falas do presidente, a voz *off* de Bonner enfatizou o menosprezo de Bolsonaro, num tom de reprovação. O mesmo Bonner, que assumiu o papel de juiz e fiscal das eleições de 2002, em tempos de pandemia assumiu um papel de conselheiro e de protetor dos cidadãos brasileiros. O editor-chefe destacou todos os termos inadequados e expressões absurdas utilizadas por Bolsonaro desde o início da pandemia: de que ele não era "coveiro", por isso não estava interessado no número das mortes pela Covid-19; de que outras gripes mataram mais que "essa gripezinha"; de que haveria "exagero, histeria e superdimensionamento" da parte de governadores e prefeitos; além de ridicularizar quem temia se contaminar e adoecer. Numa entrevista, o presidente chegou a afirmar que o brasileiro "é um caso para estudo, porque toma banho em esgotos e em águas contaminadas e não pega nada". Todas essas declarações do presidente foram sempre consideradas, no mínimo, inadequadas e reveladoras do que o JN enfatizou como seu despreparo político, inabilidade, arrogância e falta de vínculo e preocupação com a população. A sucessão de imagens degradantes não tinha fim, e muita gente se perguntava se os assessores e conselheiros do presidente não conseguiriam outro comportamento do mais alto representante do Executivo no país.

Não apenas pela atitude do *JN*, mas de toda a mídia nacional e internacional, inclusive a alternativa, ficou difícil contestar o descaso e descompromisso do presidente, que ficaram notórios e passaram a se revelar nas pesquisas de satisfação. Isso a tal ponto que o Cedeplar (Centro de Desenvolvimento e Planejamento Regional), da Faculdade de Ciências Econômicas da Universidade Federal de Minas Gerais, analisou as mais de 180 medidas utilizadas pelo governo federal, entre 31 de dezembro e 15 de abril, no combate ao avanço da doença. O resultado desanimador foi divulgado na edição de 6 de maio do *JN*, e Bonner enfatizou em tom de censura e reprovação ao presidente. Segundo o resultado da pesquisa, houve falha do governo federal em todas as frentes para conter o contágio, tanto por não implementar, como por não endossar as medidas de distanciamento social, deixando essa decisão para estados e municípios. O governo federal também não investiu na capacidade de realização de testes, ficando abaixo da média de países vizinhos (que foi de 2,03%), inclusive dos mais pobres, e de países desenvolvidos (que chegou a 15,6%), atingindo menos de 0,5%. Por fim, reforçou Bonner, a pesquisa concluiu que a figura do presidente representou o maior exemplo de desobediência às orientações dadas pelo seu próprio Ministério da Saúde. Vale destacar que não foram poucas vezes que Bonner utilizou um tom mais pessoal e até mesmo "brincalhão", buscando proximidade e intimidade com o telespectador. Em algumas edições, ele se emocionou, revelando sua preocupação com o avanço da doença. Agindo dessa forma, Bonner buscou aproximar-se de seu público, com o objetivo de conseguir maior credibilidade à sua própria fala, influenciando o comportamento coletivo.

Um dos recursos usados pela Rede Globo, para destacar ainda mais o despreparo do governo Bolsonaro, foi elogiar ações positivas de governos de outros países. Foram destacadas as gestões de Jacinda Ardern, primeira-ministra da Nova Zelândia, e de Marcelo Rebelo de Sousa, presidente de Portugal. No programa *Fantástico* de 3 de maio, uma reportagem frisou que graças à liderança carismática e que inspira confiança de Jacinda, a Nova Zelândia, no curto prazo de cinco semanas de isolamento e apenas vinte mortes, conseguiu eliminar o contágio comunitário da Covid-19. Já em 20 de maio, o JN divulgou uma imagem do presidente português que circulou o mundo: ele foi fotografado numa fila de supermercado usando máscara de proteção e mantendo o distanciamento das demais pessoas. Em nenhuma dessas reportagens foi comparado diretamente os casos da Nova Zelândia e de Portugal com o do Brasil; nem precisava. O simples fato de mencionar que o sucesso no combate ao novo coronavírus está associado à implementação de medidas eficientes que promovam o isolamento social e a lideranças carismáticas, que respeitam as regras que sugerem para a população, remeteu o telespectador brasileiro às falas do presidente Bolsonaro, que insistiu em diminuir os efeitos da doença, em não considerar grave a situação nos hospitais e nem o aumento no número de mortes. Ficou claro que o presidente brasileiro se preocupou mais em acirrar a crise política em que seu governo imergiu desde sua posse do que enfrentar, de fato, a crise da pandemia no país.

Desde janeiro de 2019, o governo de Bolsonaro se caracteriza como um governo em crise política permanente, em que o próprio presidente assume uma iniciativa fundamental e deflagradora. A crise política aprofundou-se ainda mais durante a pandemia, sobretudo em abril de 2020, quando, no curto espaço de oito dias, Bolsonaro demitiu, no dia 16, o ministro da Saúde, Luiz Henrique Mandetta, e provocou o pedido de demissão do ministro da Justiça e Segurança Pública, Sergio Moro, no dia 24. No dia 15 de maio, mais acirramento da crise: Nelson Teich, que havia assumido o Ministério da Saúde em 17 de abril, pediu demissão, alegando divergências com o presidente nos protocolos de tratamento da Covid-19. O Ministério da Saúde passou a ser conduzido, interinamente, por um general sem formação médica, Eduardo Pazuello, que alterou os protocolos, conforme orientações do presidente, que também não tem formação médica. De fato, e infelizmente, mesmo tendo tido mais tempo que os países asiáticos e europeus para se preparar, o Ministério da Saúde brasileiro não possuía um verdadeiro projeto de ação no combate à doença. Agiu na retaguarda, numa clara postura reativa.

Nessa conjuntura, aberta pelo governo Bolsonaro diante da pandemia, a Rede Globo assumiu funções que deveriam ser do Estado, como no caso da organização do consórcio dos veículos de imprensa. Com a decisão do governo em restringir o acesso aos dados da Covid-19, o portal de notícias do Grupo Globo na internet, o *G1*, juntamente com *O Globo, Extra, O Estado de S. Paulo, Folha de S.Paulo* e UOL formaram uma parceria e se aliaram num trabalho colaborativo para a elaboração de dados estatísticos de acompanhamento do avanço da pandemia no Brasil, com base nas informações fornecidas pelas secretarias de saúde estaduais. Esses dados passaram a ser divulgados com detalhes no JN e na plataforma G1. Na ausência de uma atuação séria e real do Ministério da Saúde, a iniciativa e atuação da Rede Globo passou a ter uma importância real e de referência.

Em fins de maio, a crise política agravou-se ainda mais, com a divulgação do vídeo da reunião ministerial de 22 de abril. Além do descumprimento de todos os rituais que a ocasião exigia, pudemos assistir a uma sucessão de palavrões proferidos pelo presidente e por alguns ministros, a ameaças do ministro da Educação, Abraham Weintraub, em fechar o STF (chamando os juízes de "vagabundos"), o que levou à sua exoneração, a intenções do ministro do Meio Ambiente, Ricardo Salles, em passar "de baciada reformas infralegais de desburocratização", a palavras agressivas do ministro da Economia, Paulo Guedes, ofendendo pequenos e médios empresários e funcionários públicos. A construção narrativa do JN conseguiu mostrar, por imagens e falas, que os brasileiros estão governados pelo descaso, despreparo e desrespeito. Em meados de junho, com a prisão do ex-assessor de Flávio Bolsonaro, Fabrício Queiroz, a crise política cresceu, mas logo conseguiram articular pelo alto seu arrefecimento. Uma trégua, com o objetivo de amenizar a crise, foi procurada entre o governo e seus contendores do Supremo Tribunal Federal e do Congresso Nacional. Porém, o emaranhado de contradições e irregularidades, nas quais o presidente e seus filhos estão imersos, não possibilita uma paz duradoura. Diante da gravidade da situação, somente um acordo (tácito inicialmente, mas documentado *a posteriori*) pelo alto, realizado pelas instituições do Estado e pelos setores sociais de sustentação do governo, parece explicar sua sobrevivência, assim como a impossibilidade da população em geral se manifestar, por conta da pandemia.

Todos esses fatos, que revelam a crise e fragilidade do governo Bolsonaro, foram amplamente divulgados pelo JN, num tom de denúncia e reprovação. No caso específico da reunião ministerial de 22 de abril, curiosamente o JN preferiu enfatizar as falas do presidente da República e dos ministros da Educação e do Meio Ambiente, mas não teceu nenhum comentário sobre as ofensas proferidas por Paulo Guedes, poupando o ministro da Economia de uma retaliação popular. Evidentemente não foi um ato falho dos que elaboram o JN, mas foi, antes, uma escolha claramente política da direção da Globo, seguida fielmente pelo editor-chefe do telejornal.

Apesar de destacar o avanço da pandemia no Brasil e no mundo, tema que iniciou todas as edições no período analisado, o acirramento da crise política não foi burlado ou minimizado, diferentemente do que a Rede Globo vinha praticando depois de janeiro de 2019. Desde que assumiu o cargo, Jair Bolsonaro vem desprezando ou minimizando situações sérias e estimulando comportamentos racistas, contra os direitos humanos e inconstitucionais. Mas somente em meados de março de 2020, com o acirramento da pandemia no Brasil, foi que o JN, principal telejornal do país, resolveu assumir um posicionamento mais ofensivo, procurando revelar o despreparo do presidente. Não apenas o JN, mas os demais programas da emissora resolveram construir uma espécie de homilia sobre Jair Bolsonaro, enfatizando sua representação imagética, mostrando-o (e sem muito trabalho para tal) como ele mesmo se apresenta.

Essa posição da Rede Globo também está associada ao fato de Jair Bolsonaro ter se aproximado, ainda durante a campanha, da emissora de TV Record, pertencente ao bispo evangélico Edir Macedo (que incentivou o voto em Bolsonaro maciçamente nos cultos em sua rede de igrejas), e do Sistema Brasileiro de Televisão (SBT), de propriedade de Senor Abravanel, o Silvio Santos, segunda e terceira maiores emissoras do país, respectivamente. E, logo após assumir o cargo, o presidente reduziu a participação da Rede Globo na verba publicitária do governo e beneficiou suas concorrentes. Em início de junho, Bolsonaro estreitou ainda mais os laços com o SBT, nomeando o genro de Silvio Santos, Fábio Faria, deputado federal filiado ao PSD (Partido Social Democrático), para o cargo de ministro das Comunicações. Nesse jogo de forças, midiática e política, a Rede Globo, ao longo do ano de 2019, assumiu um tom mais "neutro" em suas reportagens, contornando as ações do governo federal que recebiam amplo apoio da Record e do SBT.

A Sutileza do JN:
Usar o Fato Para Contar a Sua Versão da História

Em 1983-1984, quando o movimento das Diretas Já ganhou as ruas e muitos adeptos, tornou-se impossível para o JN deixar de noticiar tal acontecimento, uma vez que outras emissoras menores davam amplo destaque. Permanecer calada ou ignorar as manifestações seria "perder o bonde da história" e a possibilidade de uma cobertura inédita, que somente a Rede Globo, já a maior emissora do país, poderia fazer. No início de 2020, a história se repetiu e a pandemia aprofundou o caráter político do *JN*. Se não assumisse um posicionamento crítico e não denunciasse as falas inadequadas do presidente, somente uma mídia alternativa o faria, levando o *JN* ao descrédito popular. A Rede Globo e o *JN* zelam pelo seu prestígio internacional, uma vez que seu telejornalismo já foi indicado várias vezes ao prêmio Emmy Internacional, o Oscar da televisão mundial na categoria notícia.

Diante de um presidente que minimizou os efeitos da Covid-19 e tratou com desrespeito o número de mortes, que preferiu ausentar-se da responsabilidade como líder de uma nação, o *JN* resolveu ocupar esse espaço e se autoatribuiu a missão, numa atitude didática e pedagógica voltada à grande maioria da população, de orientar e incentivar o isolamento social, convocando cada brasileiro para a ação individual (a de ficar em casa e a de usar máscara) em benefício do bem coletivo, revelando ampla capacidade de adaptação às conjunturas.

Esse posicionamento da Rede Globo foi, no mínimo, surpreendente. Afinada, desde a fundação, com os discursos da elite dominante e com os projetos da racionalidade neoliberal, é curioso que tenha optado por não veicular reportagens de estímulo e exaltação à abertura dos estabelecimentos comerciais. As reportagens e os discursos dos âncoras do *JN* revelam que a emissora preferiu assumir um posicionamento em defesa da vida (mais próxima dos protocolos da OMS e das orientações de vários infectologistas e epidemiologistas) e de estímulo aos atos solidários. Será que essa postura foi determinada exclusivamente pela rejeição a Bolsonaro, manifestada desde o início de sua gestão? É verdade que a emissora ajudou a elegê-lo por puro oportunismo, por não ter conseguido outra alternativa.

No entanto, essa é uma resposta parcial, que se completa pela maleabilidade política, característica peculiar que a emissora possui desde a sua fundação. Sem dúvida, a Rede Globo aprendeu com as Diretas Já, com o *impeachment* de Collor, com as eleições de Lula e Dilma e com as Jornadas de Junho de 2013. Ela aprendeu, ainda, com a destituição de Dilma e com a eleição presidencial de 2018. Aprendeu a sintonizar com comportamento das camadas baixas da população e com o fiel da balança política, que são os setores médios da sociedade, a denominada classe média, replicadora da ideologia dominante e que, em cada conjuntura, traz elementos novos em suas reivindicações, na ambição de torná-las como da maioria da população. A Rede Globo tem consciência de que não será apenas se apoiando nas classes média e alta que garantirá os índices de audiência para continuar sendo a maior emissora do país. A população que habita nas favelas quer ser ouvida, e os métodos de violência de velhos e novos governos federais, estaduais ou municipais, não lhe satisfazem. Não é por acaso o número expressivo de novelas que têm como cenário a vivência nas favelas, mesmo que a emissora insista em criar personagens que representem, na maioria das vezes, uma polícia boa e protetora, que luta contra a corrupção e o tráfico de drogas e que, ao invadir as favelas, apenas aprisiona os culpados e não assassina moradores inocentes. Raramente as novelas veicularam personagens policiais corruptos e envolvidos com o tráfico de drogas[17].

A Rede Globo tem uma enorme experiência acumulada e seus diretores sabem do lugar privilegiado que ela ocupa na política brasileira. À capacidade de comunicar-se, soma-se uma comunicação dominante e sem concorrentes

---

17. O exemplo de maior destaque de um policial honesto e comprometido com a segurança da população foi a personagem Geiza (Paolla Oliveira) da novela *A Força do Querer*. Já Belizário (Tuca Andrada), da novela *Amor de Mãe*, representou seu oposto: corrupto e comparsa de um empresário milionário, Álvaro (Irandhir Santos), dono de uma fábrica de plásticos que burla as normas ambientais para aumentar seus lucros.

à altura no cenário nacional, tornando a emissora no maior aparelho produtor de cimento ideológico para as classes dominantes. Detendo o principal fundamento da hegemonia política destas classes no país, a Globo não é apenas porta-voz das elites brasileiras e transnacionais, mas integra o concerto das frações que fazem parte do bloco dominante atual, mesmo que seja por fora do governo Bolsonaro. Pela experiência acumulada desde a sua fundação, aprendeu que não é possível governar sem o consentimento da grande massa da população, não tendo, portanto, o menor interesse em ver o país mergulhar numa escalada rumo ao caos absoluto. Eis por que o projeto político da Rede Globo é distinto daquele do atual governo federal, não só no que concerne à pandemia.

Muito mais do que um telejornal idôneo e imparcial, comprometido apenas com a divulgação de informações de qualidade para os cidadãos, como diz ser, o *JN* possui um projeto político para o país que coincide apenas parcialmente com as frações dominantes que se acham atualmente no governo. No caso específico dos acontecimentos vividos no início de 2020, a Rede Globo e seu principal telejornal optaram por utilizar o momento de incertezas e insegurança gerado pela pandemia para revelar as fragilidades de Bolsonaro em gerir o país e mesmo a sua incompetência para o cargo. Independente do que poderá ocorrer politicamente, durante ou após a pandemia, um fato é certo: a partir das reportagens sobre o novo coronavírus, a emissora pressionou para uma nova configuração das forças políticas no país. Capturando a atenção e o consentimento das grandes massas, ela procura impedir que a crise chegue a um transbordamento social que nem ela nem nenhuma das frações de classe no poder tem interesse.

Desde a posse, Bolsonaro vem recebendo inúmeras críticas da população, que se acirraram durante a pandemia. A cada pronunciamento do presidente, aquela parte da população que pôde respeitar o isolamento social demonstrou o seu descontentamento, organizando e promovendo panelaços de suas janelas e varandas, que se transformaram numa expressão de boicote ao governo e numa forma de luta popular. No domingo, 7 de junho, as manifestações se acirraram e, mesmo vivendo o auge da pandemia, milhares de pessoas saíram às ruas em várias capitais do país, protestando contra o (des)governo de Jair Bolsonaro e, inspiradas pelas passeatas em memória de George Floyd[18], contra o assassinato de João Pedro Mattos[19] e a morte do menino Otávio Miguel Santana da Silva[20]. O Brasil, assim, se inseria no movimento internacional Black Lives Matter (Vidas Negras Importam). Sem dúvida, muito mais do que a pretensa imparcialidade do JN, essas fortes expressões populares, como outras que ocorreram, também exerce e exercerá um papel de destaque nos rumos políticos do Brasil.

Referências

Livros

BUCCI, Eugênio. A História na Era de Sua Reprodutibilidade Técnica. In: BUCCI, Eugênio; KEHL, Maria Rita. *Videologias: Ensaios Sobre Televisão*. São Paulo: Boitempo, 2004 (Estado de sítio).
DEBORD, Guy [1967]. *A Sociedade do Espetáculo*. Rio de Janeiro: Contraponto, 1997.

---

18. George Floyd foi assassinado pelo policial Derek Chauvin, no dia 25 de maio de 2020, na cidade de Minneapolis (EUA). Chauvin ficou ajoelhado sobre o pescoço de Floyd por mais de oito minutos.
19. João Pedro Mattos, de quatorze anos, foi assassinado em sua própria casa no dia 18 de maio de 2020, durante uma ação das polícias Civil e Federal no Complexo do Salgueiro, Rio de Janeiro. Os policiais invadiram a casa atirando, mesmo sob os protestos de vizinhos que afirmavam só haver crianças e adolescentes na residência.
20. Devido à omissão e ao descaso de Sari Corte Real, que não cuidou devidamente de Otávio Miguel, filho de cinco anos de sua empregada, o menino caiu, no dia 2 de junho de 2020, do nono andar do edifício onde Sari morava.

Jornais e Revistas

AVELAR, Lúcia. As Eleições na Era da Televisão. *Revista de Administração de Empresas*, São Paulo, v. 32, n. 4, set.-out. 1992. Disponível em: <https://www.scielo.br/>. Acesso em: 19 abr. 2020.

MIGUEL, Luis Felipe. A Eleição Visível: A Rede Globo Descobre a Política em 2002. *Dados*, Rio de Janeiro, v. 46, n. 2, 2003. Disponível em: <http://www.scielo.br/>. Acesso em: 19 abr. 2020.

MURATORI, Matheus. Ainda Bem Que a Natureza Criou Esse Monstro Chamado Coronavírus, Diz Lula. *Correio Braziliense*, 20 maio 2020. Disponível em: <https://www.correiobraziliense.com.br/>. Acesso em: 25 maio 2020.

Monografia

DUARTE PEREIRA, Ingrid Borges. *Jornal Nacional: A Nova Cara do Telejornalismo da Globo*. Monografia apresentada ao Curso de Comunicação Social, Faculdade de Comunicação, Universidade de Brasília, 2015. Disponível em: <https://bdm.unb.br/>. Acesso em: 30 abr. 2020.

Site

NÚMERO DE Brasileiros em Lista de Bilionários da Forbes Sobe de 42 Para 58. *Uol*, 5 mar. 2019. Disponível em: <https://economia.uol.com.br/>. Acesso em: 7 maio 2020.

Evento

FONTINATTI, Marcia. A Cobertura Jornalística da Campanha Pelas "Diretas Já": O Fantasma Que Ainda Assombra a História da Rede Globo. *V Congresso Nacional de História da Mídia*, São Paulo, 2007. Disponível em: <http://www.ufrgs.br/>. Acesso em: 30 abr. 2020.

O DIREITO LABORAL EM TEMPOS DE PANDEMIA

Antônio de Sá Silva
Murilo Carvalho Sampaio Oliveira
Pedro Lino de Carvalho Júnior

Em um momento no qual a comunidade jurídica ainda se debruçava na compreensão do alcance da reforma trabalhista de 2017, eis que o mundo do trabalho é surpreendido pela pandemia do novo coronavírus, de efeitos catastróficos na atividade produtiva, a exigir a adoção, célere e abrangente, de políticas públicas para reduzir a falência generalizada de empresas e o desemprego em massa. Nesse contexto, após hesitações iniciais motivadas pelo impacto causado pela nova realidade sanitária, o Brasil, na esfera laboral, adotou um plexo normativo composto, especialmente pelas Medidas Provisórias n. 927/2020 e n. 936/2020, dentre outras normas legais, que introduziu um conjunto de mudanças transitórias na legislação vigente, pretendendo adaptá-la à nova realidade ditada pela pandemia da Covid-19, a exigir do intérprete e dos destinatários das normas uma melhor compreensão de sua amplitude.

Como aduzido em outro escrito de um dos autores[1], seria um truísmo reconhecer que, no mundo do direito, as mudanças normativas revestem-se de extremada importância. Assim sendo, louvando-se em Pierre Bourdieu, Lênio Streck foi preciso ao assinalar que os profissionais do Direito, quando surge uma nova lei, se "tornam órfãos científicos, esperando que o processo hermenêutico dogmático lhes aponte o (correto) caminho, dizendo para eles *o que é que a lei diz* (ou *quis dizer...*)"[2].

Nesse ensejo, em que novas prescrições jurídicas determinam outras diretrizes para o regramento de condutas, é preciso ter claro que nenhum processo interpretativo se realiza *ingenuamente,* no sentido de que ao intérprete caberia tão apenas descortinar o exato sentido da norma que se encontraria, por vezes, cativo em suas expressões linguísticas, tudo como acriticamente no séc. XIX pensaram os cultores da Escola da Exegese. Ao contrário, a hermenêutica jurídica, enquanto tal, é um percurso eminentemente *político*[3], a exigir de seu

---

1. P.L. de Carvalho Jr., A Nova Regulamentação das Gorjetas, *Revista do Tribunal Regional do Trabalho da 12a Região,* v. 20, n. 29, p. 216-217.
2. L. Streck, *Hermenêutica Jurídica e(m) Crise,* p. 75.
3. Este tema exige que se reflita acerca da natureza do ato interpretativo. O jurista, ao interpretar o direito, exerce um ato de poder, com todas as consequências dessa atitude. Como ensina Óscar Correas: "Pero lo que los juristas décimos, es, al mismo tiempo, una *actividad.* Esto es así por las propias características del objeto con el que tratamos. Mientras que al poder, en tiempos normales, le tienen sin cuidado los que los filósofos y politólogos dicen, le preocupa de manera especial lo que los juristas dicen, porque al decir hacemos – como ha sido puesto de manifiesto por los actos de habla". (Mas o que nós juristas dizemos, é, ao mesmo tempo, uma *atividade.* Isso se deve às próprias características do objeto com o qual tratamos. Embora o poder, em tempos normais, não se importe com o que os filósofos e cientistas políticos dizem, fica especialmente preocupado com o que os juristas dizem, ▶

protagonista uma constante vigilância epistemológica e uma saudável explicitação de seus referenciais teóricos e valorativos, até porque, ao contrário do que pensam muitos juristas, os textos legais são, antes de tudo, suportes formais de significados políticos, tendo em conta que todo o Direito é, em última análise, construído politicamente, como adverte Horácio Wanderley Rodrigues[4].

Em derredor do tema, calha invocar as reflexões de Agostinho Ramalho Marques Neto, com seus provocantes e incômodos reparos à doutrina tradicional da interpretação do Direito:

Pode-se contrapor, aqui, a objeção de que o significado da norma jurídica, por mais que o legislador se empenhe nesse sentido, jamais é unívoco, mas sim plurívoco e equívoco, de modo que a interpretação não reproduz ou descobre o "verdadeiro" sentido da lei, mas *cria* o sentido que mais convém a seu interesse teórico e político. Neste contexto, sentidos contraditórios podem, não obstante, ser verdadeiros. Em outras palavras, o significado na lei não é autônomo, mas heterônomo. Ele vem de fora e é atribuído pelo intérprete.[5]

Considerações de semelhante feitio são necessárias, uma vez que, na atual conjuntura, a atividade interpretativa, mesmo que não o pretenda explicitamente, está promovendo uma verdadeira *reescritura* dos textos normativos que vieram à luz neste período. Não sem razão, tão logo entraram em vigor, uma verdadeira avalanche de pronunciamentos inundou as redes sociais (*lives*, *webinars*, palestras etc.), todos empenhados em apontar o *verdadeiro* sentido das novas disposições, o que não significa considerar que a atividade interpretativa na esfera jurídica esteja promovendo um *vale tudo* hermenêutico, pois sempre limitada pelas pautas de análise hegemônicas

▷ porque, ao dizer, fazemos – como tem sido evidenciado pelos atos de fala.) El Neoliberalismo en el Imaginario Jurídico, em A.R. Marques Neto et al., *Direito e Neoliberalismo*, p. 10. (Grifos do autor.)
4. *Ensino Jurídico e Direito Alternativo*, p. 154.
5. A.R. Marques Neto et al., op. cit., p. 29.

em uma determinada comunidade profissional, mas, ao menos, dela se espera um saudável e democrático esclarecimento de seus pressupostos epistemológicos.

O objetivo do presente texto, a partir dessa perspectiva, é refletir acerca das mudanças promovidas e, especialmente, avaliar em que medida os instrumentos adotados estão em sintonia com as disposições constitucionais e normas internacionais, ratificadas pelo país, uma vez que, como haver-se-á de mostrar, algumas de suas diretrizes não apenas entraram em rota de colisão com esses regramentos, como também ficaram muito aquém do que legitimamente se poderia esperar do sistema tutelar do trabalho, além de embutirem riscos que não podem ser negligenciados.

O Impacto da Reforma Trabalhista nas Relações Laborais

O Direito do Trabalho é uma esfera disciplinadora dos vínculos jurídicos que se estabelecem entre trabalhadores e empresas e, como tal, estrutura-se como fator de legitimação do capitalismo, na medida em que opera como um dos instrumentos de regulação do mercado, permitindo a reprodução de sua lógica e dinâmica internas. Deveras, a base política e social do sistema econômico é a existência do trabalho assalariado, verdadeira instituição-chave. Além do mais, numa outra ponta, ele sempre cumpriu (e cumpre) um papel protetivo, buscando, pela via legal, reduzir a disparidade econômica que existe entre os proprietários dos meios de produção e a classe-que-vive-do-trabalho[6], no processo de repartição da riqueza criada. Com os novos ventos da reestruturação produtiva, entretanto, emergiu o discurso que atribui ao Direito do Trabalho o caráter de estorvo à remodelação

---

6. R. Antunes, *Adeus ao Trabalho?*, p. 23.

das empresas, ao impedir, com suas pretensas amarras, que estas obtenham uma inserção competitiva no mundo globalizado, obstruindo-as, ademais, de alcançarem maior lucratividade em seus negócios. Mesmo com todas as medidas de flexibilização das leis trabalhistas, já adotadas no Brasil ao longo das últimas décadas, a exemplo da possibilidade de compensação de jornadas, do trabalho em tempo parcial, da redução salarial mediante instrumentos coletivos e outras congêneres, constata-se, empiricamente, uma verdadeira tentativa de "fuga" dos seus domínios, como exemplificam a crescente expansão das falsas cooperativas de trabalho, a "transformação" de trabalhadores dependentes em "profissionais autônomos" (formalmente enquadrados como "pessoas jurídicas") e a avassaladora "uberização" dos vínculos, na esteira do que se denominou de quarta revolução industrial. Para agravar esse quadro, a ação sindical atravessa uma fase de refluxo. Ainda sob o abalo das mudanças ocorrentes, não conseguiu superar a verdadeira crise de identidade em que mergulhou no final do milênio passado.

Por outro lado, uma imensa gama de trabalhadores encontra-se desprotegida de tutela legal, pois lançados ao enfrentamento dos desafios do trabalho informal. Este abarca hoje cerca de 41% da população economicamente ativa brasileira, o que, em grande medida, também tem sido um elemento de esvaziamento e enfraquecimento da Consolidação das Leis do Trabalho – CLT, pois nela não encontram o amparo que, em muitos casos, necessitam.

Foi nesse cenário que, sem um maior debate com a sociedade civil e sem que fossem acolhidas as diversas propostas de alterações apresentadas à ocasião, entrou em vigor a Lei n. 13.467/17[7], que introduzindo profundas mudanças na legislação laboral, promoveu a mais ampla reforma trabalhista ocorrente no país após a era

---

[7]. Outros diplomas normativos de teor reformista também entraram em vigência no período.

Vargas. Ela colocou em xeque o papel protecionista do Direito e da Justiça do Trabalho, colidindo com o espírito garantista da Constituição de 1988, que albergou um generoso rol de direitos individuais e coletivos, ao assumir um manifesto compromisso com a justiça social. Se cumprida em seu intento, a reforma trabalhista transformará o juslaboralismo em uma versão suave do antigo Direito Civil, isso porque sua premissa central é a autonomia da vontade em negação à disparidade econômica entre o empregado e empregador.

No modelo de trabalho assalariado capitalista e independentemente da forma predominante da organização empresarial (fordismo, toyotismo e uberização), as relações de dependência entre Capital e Trabalho obstaculizam as possibilidades de uma real expressão da autonomia da vontade por parte do trabalhador. Justamente para atenuar esse desequilíbrio, embora mantendo-o num patamar mínimo civilizatório, o Direito do Trabalho foi construído na perspectiva protecionista, e a partir de um contrato padrão com conteúdo bem disciplinado em lei, e com poucos espaços de prevalência da vontade individual.

Com a justificativa de que a regulação se tornara um empecilho ao crescimento econômico, mais de uma centena de artigos da CLT foram modificados ou reescritos. Direitos foram eliminados, permitiram-se "flexibilizações" nunca antes admitidas, com a adoção de novos modelos de contratualidade desinvestidos de tutela normativa, além da ampla permissividade às práticas de terceirização. No Direito Coletivo, as organizações sindicais foram financeiramente enfraquecidas e autorizadas a negociar *in pejus*[8] em relação à lei, com o claro objetivo de, alquebradas e sem uma base de custeio, transformarem a negociação coletiva em um importante instrumento de desproteção dos trabalhadores.

---

8. No Direito, a expressão *in pejus* significa "para pior", ou seja, no particular, negociar para reduzir direitos.

No âmbito processual, as restrições de acesso e da própria atuação da Justiça do Trabalho, a imposição com caráter punitivo de custas e honorários, as medidas de burocratização e retardo processual confirmam esse projeto de esvaziamento do protecionismo estatal, pois a função processual de realizar o direito material não poderá se concretizar a contento. Da reiterada propaganda de "modernização" para as relações de trabalho, veiculada como uma das justificativas para o avanço reformista, o que se concretizou, em traços amplos, foram inovações favoráveis ao empregador.

A Legislação Trabalhista de Emergência Adotada Para Enfrentamento da Pandemia do Novo Coronavírus: As MPS 927 e 936

Sob a égide da CLT reformada e no bojo da crise sanitária global, entrou em vigor a Medida Provisória n. 927, de 22 de março de 2020, com disposições sobre as medidas trabalhistas que poderão ser adotadas pelos empregadores, para preservação do emprego e da renda, e para enfrentamento do estado de calamidade pública decorrente do novo coronavírus. Suas prescrições se aplicam, em regra, tão somente durante o estado de calamidade pública e, em síntese, contemplam um conjunto de medidas que podem ser adotadas pelas empresas, dentre elas: I. o teletrabalho; II. a antecipação de férias individuais; III. a concessão de férias coletivas; IV. o aproveitamento e a antecipação de feriados; V. o banco de horas; VI. a suspensão de exigências administrativas em segurança e saúde no trabalho; VII. o direcionamento do trabalhador para qualificação; e VIII. o diferimento do recolhimento do Fundo de Garantia do Tempo de Serviço – FGTS.

De uma forma geral, esses instrumentos já estavam previstos na CLT, mas houve uma mudança substancial nos requisitos exigíveis à sua implantação, especialmente no que se refere à deliberada escolha em se privilegiar o acordo individual de trabalho, "que terá preponderância sobre os demais instrumentos normativos, legais e negociais, respeitados os limites estabelecidos na Constituição" (art. 2º). Ainda assim, em alguns casos, facultou-se ao empregador alterar unilateralmente as previsões do contrato de trabalho, independentemente do consentimento do empregado.

Em linhas gerais, outorgou-se ao empregador a prerrogativa de adotar o teletrabalho, sem necessidade de acordo individual. O mesmo se afirme em relação às férias, que poderão ser concedidas por ato do empregador, ainda que o período aquisitivo a elas relativo não tenha transcorrido, exigindo-se acordo individual apenas quando se tratar de antecipação de períodos futuros. Ademais, durante o estado de calamidade pública, o empregador poderá, a seu critério, conceder férias coletivas, quando deverá notificar o conjunto de empregados afetados com antecedência de, no mínimo, quarenta e oito horas, não aplicáveis o limite máximo de períodos anuais e o limite mínimo de dias corridos previsto na CLT.

Além do diferimento no recolhimento dos depósitos fundiários e previsão de realização de cursos de qualificação (também aventada na MP 936/2020), contemplou-se a possibilidade de antecipação de feriados e dias religiosos e a de formação de banco de horas, com compensação da jornada, ao lado da suspensão temporária de exigências administrativas em segurança e saúde no trabalho, sustando-se a obrigatoriedade de realização dos exames médicos ocupacionais, clínicos e complementares, exceto dos exames demissionais, bem como a realização de treinamentos periódicos e eventuais dos atuais empregados, previstos em normas regulamentadoras de segurança e saúde no trabalho.

Nas suas disposições gerais, a referida medida provisória trouxe regramentos específicos para os estabelecimentos de saúde, cujos empregadores, não apenas poderão suspender as férias ou licenças não remuneradas dos profissionais da área de saúde ou daqueles que desempenhem funções essenciais, mediante comunicação formal da decisão ao trabalhador, bem como, mesmo para atividades insalubres, terão a prerrogativa de prorrogar a jornada e adotar escalas de horas suplementares entre a décima terceira e a vigésima quarta hora do intervalo interjornada, sem que haja penalidade administrativa.

Por fim, ainda no campo das disposições gerais, disciplinou que casos de contaminação pela Covid-19 não serão considerados ocupacionais, exceto mediante comprovação do nexo causal. Poucos dias depois, nova medida provisória entrou em vigor, a MP n. 936/2020, que instituiu o Programa Emergencial de Manutenção do Emprego e da Renda e dispôs sobre medidas trabalhistas complementares para enfrentamento do estado de calamidade pública. Esse ato normativo estruturou-se em três eixos principais: I. o pagamento de Benefício Emergencial de Preservação do Emprego e da Renda; II. a redução proporcional de jornada de trabalho e de salários; e III. a suspensão temporária do contrato de trabalho. Quanto ao pagamento de Benefício Emergencial de Preservação do Emprego e da Renda, este será pago com recursos da União, tanto nos casos de redução da jornada e salários – quando servirá de complemento – quanto na hipóteses de suspensão do contrato de trabalho, e terá como base de cálculo o valor do seguro-desemprego a que o empregado teria direito.

É fundamental consignar que a redução proporcional da jornada de trabalho e de salário dos trabalhadores pode ser pactuada por acordo individual escrito entre empregado e empregador, admitindo-se a negociação coletiva, que pode estabelecer percentuais de redução de jornada de trabalho e de salário diversos dos previstos na MP. Em contrapartida, reconheceu-se a garantia provisória no emprego (art. 10) ao empregado que receber o Benefício Emergencial em decorrência da redução da jornada de trabalho e de salário ou da suspensão temporária do contrato de trabalho, nas seguintes condições: I. durante o período acordado de redução da jornada de trabalho e de salário ou de suspensão temporária do contrato de trabalho; e II. após o restabelecimento da jornada de trabalho e de salário ou do encerramento da suspensão temporária do contrato de trabalho, por período equivalente ao acordado para a redução ou a suspensão.

Análise Crítica do Direito do Trabalho de Emergência

Os tempos são difíceis e por certo havia e continua existindo a necessidade de adoção de marcos regulatórios na esfera trabalhista para atenuar minimamente as nefastas consequências da crise sanitária. A questão não pode ser tratada com reducionismos e simplificações. Se os preceitos das medidas provisórias concebem instrumentos jurídicos que, isoladamente considerados e em alguma medida, podem ser (e são) adequados ao enfrentamento dos desafios postos, conquanto insuficientes e tímidos nos seus contornos, em uma análise diacrônica, eles se revelam preocupantes quando os enquadramos no panorama mais geral do processo de desconstrução do direito laboral e da própria jurisdição laboral, especialmente após a reforma trabalhista de 2017.

Muitas ponderações poderiam ser feitas a respeito, mas cabe dar realce a quatro considerações de ordem crítica que podem ser endereçadas ao conjunto das medidas adotadas: a. a estreiteza de seus propósitos, com a inaceitável limitação da abrangência de seus concernidos; b. a alarmante ênfase na autonomia individual, que nega a razão de ser da matriz jurídico-trabalhista; c. a negligente preocupação com a matéria de segurança e saúde do trabalho; d. a arriscada possibilidade da perenização das regras emergenciais, com o aproveitamento da situação pandêmica como laboratório para radicalização de medidas ainda mais precarizantes.

Em relação ao primeiro elemento da crítica, é importante realçar que as MPS 927 e 936 limitaram seu âmbito de aplicação aos trabalhadores regidos pela CLT, deixando à margem de proteção praticamente a metade da força de trabalho do país, hoje submetida ao trabalho informal, a exemplo de motoristas de plataformas digitais de trabalho, trabalhadores *freelancers*, diaristas etc. Por certo que, em muitos casos que formalmente se enquadram nesse regime jurídico, o que se tem é uma fraude ao sistema de emprego, mas, sem entrar nesse debate, quando se fala em "medidas trabalhistas", é mister que se compreenda que a expressão "relações de trabalho", em seu sentido amplo, se refere ao conjunto das relações jurídicas, que possuem como prestação essencial uma obrigação de fazer consubstanciada em labor humano, pois, conforme ensina Maurício Godinho Delgado, se reporta a "toda modalidade de contratação de trabalho humano modernamente admissível – a relação de emprego, de trabalho autônomo, de trabalho eventual, de trabalho avulso e de estágio, entre outras"[9].

Se para os trabalhadores que se encontram sob o manto de proteção legal – assegurados pela qualidade formal de empregados e assim sujeitos à aplicação do Direito do Trabalho ainda que flexibilizado – é difícil enfrentar as consequências da pandemia, para um outro conjunto de trabalhadores – aqueles que por diversas razões estão fora da classificação jurídica de empregados – a situação se torna muito mais difícil, a exemplo dos trabalhadores das plataformas digitais ou pequenos autônomos, em relação aos quais não se adotou qualquer política legislativa de auxílio financeiro, tendo em vista que, apesar de projeto de lei do Legislativo federal ter buscado assegurar esse amparo, houve veto presidencial que não o autorizou, sob justificativa de falta de fonte de custeio[10]. Com isso,

---

9. *Curso de Direito do Trabalho*, p. 285.
10. Bolsonaro Barra Motoristas de Aplicativo e Outras Categorias em Vetos à Ampliação do Auxílio Emergencial, UOL. Disponível em: <https://www1.folha.uol.com.br/>.

os trabalhadores de plataformas digitais de transporte de pessoas ou de entregas e outros situados na condição formal de autônomos deparam-se, nessa crise pandêmica, sem qualquer medida de proteção social diante dos riscos das atividades que desenvolvem. Só esse desamparo já contrasta com os fundamentos da ordem jurídica de dignidade e valor social do trabalho e os objetivos da República de "construir uma sociedade livre, justa e solidária", "erradicar a pobreza e a marginalização e reduzir as desigualdades sociais" e "promover o bem de todos"[11].

O olhar para as novas tecnologias e inovações nos modelos empresariais capta que, cada vez mais, as plataformas digitais de trabalho se apresentam como novo modelo de negócios e ascendem em diversos setores econômicos. Se, por um lado, trazem grande eficiência tecnológica e econômica, por outro lado provocam toda uma gama de disrupções nas formas de prestação dos serviços, agravando a dinâmica precarizante cada vez mais acelerada em décadas de políticas neoliberais. Particularmente no caso dos trabalhadores das plataformas sob demanda[12], os motoristas e entregadores são classificados por essas empresas como parceiros e, assim, autônomos. Há bastante controvérsia nessa qualificação de autonomia, tendo em vista que algumas dessas plataformas estabelecem métodos de direção, controle e apropriação do resultado econômico do trabalho alheio. Esse modelo desprotegido de trabalho – também denominado de economia do bico (*gig economy*) – é sintomático do retorno ao passado, quando trabalhadores tinham extensas jornadas, sem garantia de salários mínimos ou de períodos de descanso dignos, além de sofrer em todos os riscos sociais e previdenciários do exercício da atividade produtiva.

Justamente esses trabalhadores das plataformas, que continuam nas ruas em tempos de pandemia, ficam,

---

11. Constituição Federal de 1988.
12. V. de Stefano, The Rise of the "Just-in-Time Workforce", *International Labour Office (ILO)*, n. 71. Disponível em: <http://dx.doi.org/>.

então, tanto excluídos do Direito do Trabalho como do auxílio financeiro concedido aos demais autônomos e desempregados. Pela necessidade econômica, continuam indo às ruas, vendendo seus serviços nesse contexto de "guerra" contra a pandemia, assumindo todo o ônus da sua própria autonomia, especialmente o risco da não obtenção de renda e de contrair o vírus pandêmico, no entanto sem nunca ter gozado do bônus – e nem nos tempos anteriores de pujança e expansão das plataformas – dessa atividade na economia digital.

Sem regulação e diante das dúvidas, se o trabalho nessas plataformas seria controlado e dependente, sindicatos profissionais e o Ministério Público do Trabalho demandaram e continuam demandando na Justiça do Trabalho medidas urgentes de proteção sanitária e auxílio financeiro aos trabalhadores em plataformas como a Uber, Cabify e iFood. Nesses processos judiciais, apesar da diversidade nas fundamentações dos magistrados, de uma forma geral as decisões dos juízes trabalhistas garantiram proteção sanitária e auxílio financeiro ou salário, impondo-as às referidas empresas.

Deveras, liminar do Judiciário trabalhista de São Paulo concedida contra a Cabify (processo n. 1000531-71.2020.5.02.0007) estabeleceu o fornecimento de álcool em gel, lavatórios, máscaras, luvas, higienização dos veículos e o auxílio financeiro (um salário mínimo por mês para quem contraiu a Covid-19). Uma outra liminar do Judiciário cearense (processo n. 0000295-13.2020.5.07.0003) determinou pagamento de salário por tempo à disposição ou trabalhado ("remuneração mínima por hora efetivamente trabalhada ou à disposição", com base no salário mínimo) e para aqueles com Covid-19 ou suspeita, além de medidas sanitárias (entregas gratuitas de Equipamentos de Proteção Individual, tais como máscaras cirúrgicas e preparação alcoólica a 70%).

No entanto, a mais alta corte trabalhista, o Tribunal Superior do Trabalho – TST, suspendeu, em um processo de Minas Gerais (1000504-66.2020.5.00.0000), a imposição de adoção de medidas sanitárias pelo Uber em favor de seus motoristas, com base em questões processuais e na dificuldade de se encontrar alguns bens de proteção individual. Esse dissenso de julgamentos sobre situações assemelhadas revela que, até no campo judicial, há dificuldades para se assegurar a proteção aos trabalhadores de plataformas, ainda que eles sejam tidos como autônomos. Lamentavelmente, simples medidas sanitárias impostas por decisões de instâncias inferiores – como o fornecimento de álcool em gel – foram derrubadas pelo TST, apesar do risco da continuidade do trabalho na pandemia por esses motoristas ou entregadores em situações de grande exposição aos agentes patogênicos.

Quanto ao segundo elemento da crítica, a exagerada ênfase na autonomia individual do empregado esconde o propósito, deliberado ou não, de esvaziamento do direito do trabalho como ramo autônomo do direito, pois o faz retornar ao ventre do direito civil, de onde se apartou como um dos seus mais expressivos rebentos. Se for para regressar à mística do respeito à onipotência da vontade individual, o que justificaria a autonomia do direito laboral e a própria existência da Justiça do Trabalho se um juiz cível pode tranquilamente verificar se a vontade foi expressa de forma livre e autônoma?

Deveras, a MP 936/2020 dispôs acerca da redução proporcional da jornada de trabalho e de salário dos trabalhadores, admitindo possa ser pactuada por acordo individual escrito entre empregado e empregador. Tal previsão fere a Constituição de 1988 que prevê, como garantia, a irredutibilidade do salário, salvo o disposto em convenção ou acordo coletivo (art. 7º, IV). Ademais, os dispositivos violam também a Convenção n. 98 da OIT, de caráter supralegal, com patamar normativo superior ao das medidas provisórias, que vedam essa possibilidade.

A matéria chegou ao Supremo Tribunal Federal – STF e, em decisão provisória, o ministro Ricardo

Lewandowski concedeu liminar determinando a necessidade da intervenção sindical, mas seu provimento foi derrubado pelo órgão plenário[13], que manteve os termos literais da MP 936/2020, sendo que um dos argumentos invocados seria a dificuldade material dos entes sindicais em chancelar milhões de acordos de redução de jornadas e suspensão dos contratos de trabalho, fazendo tábula rasa exatamente das medidas flexibilizantes, que foram adotadas na última década para fragilizar o órgão sindical que, agora, é acusado de não ter estrutura para atender tais demandas, quando seu enfraquecimento se deu exatamente em razão de intencional propósito de esvaziá-lo a partir das medidas reformistas de recente data.

Em inspirada e contundente observação, Gustavo Filipe Barbosa Garcia afirmou que "apesar da terrível pandemia decorrente do novo coronavírus, que assola a humanidade, com graves impactos na saúde, na economia e na sociedade, as normas constitucionais não podem ser deixadas em quarentena, nem lançadas em segregação compulsória"[14].

Trata-se de alerta a ser considerado e que não se restringe à esfera trabalhista: o que garante que outros direitos e garantias constitucionais não serão postos em "quarentena" sob a justificativa da necessidade de enfrentamento do estado de calamidade pública e da emergência de saúde pública decorrentes do novo coronavírus? Ademais, tais pactuações não poderiam ser feitas de forma ampla, em convenções e acordos coletivos, sem atomizações desnecessárias? Como assevera Ricardo José Macedo Britto Pereira, a "deliberação individual sobre questões essencialmente coletivas dá margem à exploração de trabalhadores, à desigualdade de tratamento e a discriminações odiosas"[15].

---

13. ADI 6363.
14. Respeito à Constituição em Situações de Crise, *Revista Consultor Jurídico*. Disponível em: <https://www.conjur.com.br/>.
15. Retrocesso à Era Lochner da Suprema Corte Norte-Americana, *Jota*. Disponível em: <https://www.jota.info/>.

De referência ao terceiro ponto da crítica, qual seja o tratamento da matéria de segurança e saúde no trabalho – quiçá a mais importante para os trabalhadores –, verifica-se que as medidas provisórias revelaram injustificável despreocupação com suas diretrizes, haja vista que, quando disciplinou o tema, fê-lo para flexibilizar mais ainda as regras existentes, como a suspensão temporária de exigências administrativas em segurança e saúde no trabalho e a sustação da obrigatoriedade de realização dos exames médicos ocupacionais, clínicos e complementares.

Como ensina Sayonara Grillo, as previsões contempladas nas mencionadas MPS

> caminharam em direção oposta às adotadas em diversas experiências comparadas sobre o denominado Direito de Emergência Sanitário no âmbito da Covid-19, em especial as voltadas a reduzir os impactos negativos sobre a classe trabalhadora em geral (como renda mínima, garantia de emprego durante a pandemia etc.); a proteger o meio ambiente de trabalho (desinfecção, novos equipamentos de proteção individual de trabalho, como máscaras e álcool em gel etc.), minimizar os riscos dos profissionais que prosseguiram exercendo atividades laborativas em situação de risco de contaminação e compensar todos os setores profissionais e econômicos atingidos negativamente pelas políticas de distanciamento, necessárias e imperiosas para contenção da disseminação da Covid-19[16].

Algumas disposições da MP 927/2020 são tão draconianas nesse particular que o próprio STF acabou por suspender a eficácia de dois de seus dispositivos: o art. 29, que não considerava doença ocupacional os casos de contaminação de trabalhadores pelo novo coronavírus, bem como o art. 31, que limitava a atuação de auditores fiscais do trabalho à atividade de orientação. Por outro lado, diante da

---

16. Medidas Para Preservação do Emprego em Tempos de COVID-19, em A. Nemer Neto; C.J. Rocha; J. Rizk Filho (orgs.), *Direito do Trabalho e o Coronavírus*, p. 1.

omissão legislativa, que deveria estabelecer diretrizes básicas a respeito de medidas protetivas no âmbito da saúde dos obreiros (o que fez, por exemplo, na MP 945/2020, específica para o setor portuário), o que se tem visto é a atuação do Judiciário trabalhista para suprir essa lacuna, via concessão de provimentos judiciais que obrigam empresas e órgãos públicos a adotar as mínimas providências para tutela da saúde e segurança dos empregados.

Por fim, um risco que não pode ser desconsiderado: que as providências flexibilizantes venham a ser naturalizadas e se tornem permanentes, e que, em última instância, longe de realçar um suposto renascer do Direito do Trabalho e da Justiça do Trabalho (como se tem visto em algumas *esperançosas* manifestações na imprensa e nas redes sociais), possam representar seu canto do cisne, pois o que há de mais expressivo no Direito do Trabalho e que justifica sua existência é, exatamente, o princípio da proteção ao trabalhador. Se rompermos seu escudo de tutela, pouco resta a defender, pois teremos a consagração de um retrocesso social sem precedentes na história jurídico-institucional deste país[17].

O Futuro da Legislação do Trabalho

À guisa de conclusão, é difícil cogitar qual será o mundo do trabalho pós-pandemia: se as medidas de fragilização de direitos continuarão na sua marcha triunfante ou se o incontornável aumento da intervenção estatal na economia poderá redefinir os termos dessa relação, resguardando o patamar civilizatório mínimo pretendido pela normatividade juslaboral. O momento é de incertezas e de busca de alternativas. O grande dilema e risco na reconstrução das relações capital e trabalho em nosso

---

17. Este tópico mereceria maior desenvolvimento teórico. No entanto, pela sua amplitude e transversalidade doutrinária, não há como fazê-lo no momento.

país é que muitas das propostas apresentadas pretendem, em linhas gerais, transferir para os ombros do trabalhador o custo dos ajustes estruturais na economia globalizada, mesmo em momentos de crise pandêmica, como essa que atravessamos, como revelam as medidas provisórias editadas. Ao aplicá-las, espera-se que os operadores do direito o façam com olhos postos nos valores insculpidos na Constituição da República.

Referências

Livros

ANTUNES, Ricardo. *Adeus ao Trabalho? Ensaio Sobre as Metamorfoses e a Centralidade do Mundo do Trabalho*. São Paulo: Cortez/Unicamp, 1995.

DELGADO, Maurício Godinho. *Curso de Direito do Trabalho*. São Paulo: LTr, 2008.

FRENCH, John D. *Afogados em Leis: A CLT e a Cultura Política dos Trabalhadores Brasileiros*. São Paulo: Fundação Perseu Abramo, 2001.

GRILLO, Sayonara. Medidas Para Preservação do Emprego em Tempos de COVID-19: Notas Sobre o Isolamento da Negociação Coletiva e o Distanciamento da Ordem Constitucional Brasileira. In: NEMER NETO, Alberto; ROCHA, Cláudio Jannotti; RIZK FILHO, José (Orgs.). *Direito do Trabalho e o Coronavírus*. São Paulo: Lex Magister, 2020. (No prelo.)

MARQUES NETO, Agostinho Ramalho. Subsídios Para Pensar a Possibilidade de Articular Direito e Psicanálise. In: MARQUES NETO, Agostinho Ramalho et al. *Direito e Neoliberalismo: Elementos Para uma Leitura Interdisciplinar*. Curitiba: Edibej, 1996.

NEUMANN, Franz. *O Império do Direito*. São Paulo: Quartier Latin, 2013.

OLIVEIRA, Murilo Carvalho Sampaio. *Relação de Emprego, Dependência Econômica e Subordinação Jurídica: Revistando os Conceitos*. 2. ed. Curitiba: Juruá, 2019.

RODRIGUES, Horácio Wanderley. *Ensino Jurídico e Direito Alternativo*. São Paulo: Acadêmica, 1993.

STRECK, Lênio. *Hermenêutica Jurídica e(m) Crise*. Porto Alegre: Livraria do Advogado, 2000.

Revistas

CARVALHO JR., Pedro Lino de. A Nova Regulamentação das Gorjetas. *Revista do Tribunal Regional do Trabalho da 12ª Região*. Florianópolis (SC), 2017. v. 20, n. 29.

DE STEFANO, Valerio. The Rise of the "Just-in-Time Workforce": On-Demand Work, Crowdwork and Labour Protection in the "Gig-Economy". *International Labour Office (ILO): Conditions of Work and Employment Series*, n. 71, Geneva, 2016. Disponível em: <http://dx.doi.org/10.2139/ssrn.2682602>. Acesso em: 25 maio 2020.

GARCIA, Gustavo Filipe Barbosa. Respeito à Constituição em Situações de Crise: Redução Salarial em Decisão do STF. *Revista Consultor Jurídico*. Disponível em: <https://www.conjur.com.br/>. Acesso em: 25 maio 2020.

Sites

BOLSONARO Barra Motoristas de Aplicativo e Outras Categorias em Vetos à Ampliação do Auxílio Emergencial. *UOL*, 15 maio 2020. Disponível em: <https://www1.folha.uol.com.br/>. Acesso em: 20 maio 2020.

BRITTO PEREIRA, Ricardo José Macedo de. Retrocesso à Era Lochner da Suprema Corte Norte-Americana. *JOTA*, 27 abr. 2020. Disponível em: <https://www.jota.info/>. Acesso em: 25 maio 2020.

UMA "GENI" NA CRISE: ATUAÇÃO DO SUS NA PANDEMIA DA COVID-19

Bruno Cruz Souto

O Sistema Único de Saúde (SUS) do Brasil surgiu a partir dos esforços resultantes do processo de redemocratização do Brasil, após 21 anos de ditadura militar. A proposta do SUS trazia, em si, uma série de avanços para melhora na qualidade dos serviços de saúde pública, com o diferencial de ser um sistema universal e gratuito, em que a saúde seria tratada como um direito fundamental, integrando desde medidas de prevenção, em conformidade com os parâmetros da Reforma Sanitária, até a assistência e o tratamento das doenças de alta complexidade. Contudo, desde a sua implantação, o SUS representou uma espécie de "Geni"[1] das

---

1. "Geni e o Zepelim" é uma música de autoria de Chico Buarque de Holanda e fez parte do espetáculo musical *Ópera do Malandro*, do mesmo autor, lançado em 1978, e que foi baseado na *Ópera dos Mendigos*, ▶

políticas públicas, fazendo uma analogia à música "Geni e o Zepelim", de Chico Buarque, em que a personagem Geni era alvo de críticas e xingamentos por grande parte da cidade, mas sempre esteve do lado dos "errantes, retirantes, velhinhos sem saúde e viúvas sem porvir". Com a chegada do Zepelim, trazendo destruição, todos os habitantes foram ameaçados, mas justamente graças a Geni, a cidade foi salva da destruição. O SUS, desde a sua concepção, sempre teve como principal público consumidor as classes mais carentes da população, mas isso não significa que as classes mais abastadas não contem com os seus serviços, pois, na relação de ações e políticas públicas voltadas à saúde, que fazem parte do SUS, consta a prestação de serviços de vigilância sanitária, programas de vacinação e controle epidemiológico, fornecimento de medicamentos para doenças crônicas e doenças raras (seja de baixo ou de alto custo), atendimento ambulatorial de baixa complexidade (através de programas de saúde da família), assistência psicossocial para pacientes psiquiátricos, atendimento de urgência e a realização de transplantes.

Mesmo com a sua importância social, o SUS sempre foi alvo de críticas, pois estaria prestando um serviço caro e ineficiente e, em muitos casos, se revelaria fonte de corrupção. Os críticos alegam o tempo todo que, diante do alto custo para os entes governamentais, as alternativas seriam: o fim da sua gratuidade universal, redirecionamento das verbas de financiamento do SUS para contratação de serviços na rede privada de saúde suplementar e, até mesmo, a privatização completa do sistema.

Entretanto, o que se tem observado é que grande parte dos problemas do SUS e grande parte da propalada ineficiência são decorrentes do subfinanciamento e distribuição deficitária de unidades de saúde, sobretudo na assistência de média e alta complexidade, nas regiões mais distantes

▷ de 1728, de John Gay, e na *Ópera dos Três Vinténs*, de Bertolt Brecht e Kurt Weill. Essa música também fez parte do repertório do disco lançado pelo autor no ano de 1979, com o mesmo nome do espetáculo musical.

dos grandes centros, inclusive com carência de profissionais de saúde. Destaca-se ainda que, mesmo com todas as suas fragilidades, o SUS tem o papel de "bem concorrente" dos planos privados de saúde e, conforme os princípios da teoria econômica, tem uma função limitadora dos preços cobrados pelos serviços privados de saúde.

Nesse cenário de críticas e subfinaciamento, assim como o Zepelim da música, a pandemia da Covid-19 surgiu com seus efeitos nefastos, ameaçando dizimar a população das cidades, sem distinguir classe social ou faixa etária. O enfrentamento da calamidade instalada ficou justamente a cargo do SUS, passando de criticado a "tábua de salvação", de forma semelhante a Geni de Chico Buarque. Contudo, a pandemia da Covid-19 expôs os reflexos do subfinanciamento crônico do SUS, sobretudo as consequências da redução da participação da União no financiamento tripartite do Sistema. Dessa forma, este artigo faz um resgate da evolução da legislação de financiamento do SUS, um histórico de gastos por parte dos entes governamentais com saúde e uma análise da capacidade hospitalar, instalada através do índice de leitos de internação e de leitos de UTI. Metodologicamente, foram considerados como leitos de internação os leitos cirúrgicos, clínicos, obstétricos e pediátricos, excluídos os chamados leitos complementares. Já leitos de UTI são caracterizados como uma das modalidades específicas de leitos complementares de internação.

O SUS e a Luta Por Financiamento

A promulgação da Constituição Federal de 1988 – CF/1988, a chamada Constituição Cidadã, fruto dos esforços advindos do processo de redemocratização, após 21 anos de ditadura militar, trouxe para a esfera constitucional diversas políticas de proteção social e garantia de acesso universal e gratuito aos direitos fundamentais, como educação e saúde.

Além da garantia do acesso à saúde, a CF/1988 instituiu que as ações e serviços de saúde passariam a integrar um Sistema Único, com uma rede regionalizada e hierarquizada, organizado segundo três diretrizes: descentralização, com direção única em cada esfera de governo; atendimento integral, com prioridade para as atividades preventivas, sem prejuízo dos serviços assistenciais; e a participação da comunidade.

Entretanto, para que as políticas de acesso à saúde e o SUS alcançassem os objetivos propostos, foi necessário estabelecer mecanismos de financiamento e, principalmente, garantir que essas verbas fossem realmente aplicadas na promoção da saúde, de forma proporcional e equitativa em todas as esferas governamentais, respeitando o grau de complexidade e responsabilidade de cada ente governamental, seja em âmbito federal, estadual ou municipal. Para tanto, foi definido na CF/1988 que o financiamento do SUS seria feito a partir de verbas consignadas no orçamento da Seguridade Social da União, estados, Distrito Federal e municípios, além de outras fontes de receitas.

Embora a CF/1988 tenha estabelecido o acesso gratuito e universal à saúde como um direito fundamental, bem como o estabelecimento das suas fontes de financiamento, não constou, inicialmente, um artigo específico do texto constitucional que estabelecesse o percentual mínimo de aplicação das receitas tributárias em saúde. Diferente do que ocorreu com um outro direito fundamental, a Educação, que, desde o texto constitucional original, previa percentuais mínimos de aplicação das receitas tributárias da União, estados, municípios e do Distrito Federal. No Ato das Disposições Constitucionais Transitórias (ADCT) da CF/1988, constava a destinação à área da saúde de 30% do Orçamento da Seguridade Social, e essa regra valeria até a elaboração da Lei de Diretrizes Orçamentárias (LDO). A partir daí, os percentuais seriam definidos anualmente, seguindo o rito do ciclo orçamentário. Na prática, o respeito a essa regra não se consolidou; embora as primeiras LDO conterem a regra, a efetivação dos repasses sempre foi menor que o estabelecido[2].

Somente com a Emenda Constitucional 29 (EC-29), no ano 2000, é que foram estabelecidas as diretrizes para a instituição dos percentuais mínimos de aplicação das receitas de impostos da União, dos estados, do Distrito Federal e dos municípios, destinados à provisão de recursos em ações e serviços públicos de saúde. Segundo essa Emenda Constitucional, o cumprimento da regra de percentuais mínimos ocorreria de forma gradativa e crescente, com previsão de revisão dos índices após cinco anos. Para o ano 2000, ficou estabelecido que a União deveria aplicar o equivalente ao total de despesas empenhadas no exercício financeiro de 1999, acrescida do percentual de 5% e, para os anos de 2001 a 2004, seria aplicado o valor apurado no ano anterior, corrigido pela variação nominal do Produto Interno Bruto – PIB. Para os estados, municípios e o Distrito Federal, a regra seria de aplicação progressiva sobre percentual da receita líquida de impostos (composta pela receita de impostos sob sua responsabilidade, acrescida das transferências governamentais obrigatórias recebidas e deduzida das transferências enviadas para outros entes governamentais), tendo como piso o percentual de 7% no primeiro ano, alcançando o percentual de 12% para os estados e 15% para os municípios, no ano de 2004. Dentro desse prazo, deveria ser instituída uma Lei Complementar, regulamentando a aplicação da regra prevista na Emenda Constitucional para os exercícios financeiros a partir de 2005. Na hipótese de ausência da Lei Complementar, permaneceriam as regras vigentes a partir da EC-29.

---

2. F.S. Vieira; R.P. de Sá e Benevides, Os Impactos do Novo Regime Fiscal Para o Financiamento do Sistema Único de Saúde e Para a Efetivação do Direito à Saúde no Brasil, *Nota Técnica IPEA*, n. 28.

Apesar do caráter vinculado da EC-29, ou seja, de aplicabilidade obrigatória, o que se observou foi o descumprimento dessas regras nas três esferas governamentais. Diversos estados, municípios e até mesmo a União, reiteradas vezes não cumpriram o percentual mínimo. A principal justificativa para esse descumprimento era a falta de uma definição clara sobre quais as despesas poderiam ser enquadradas nas ações e serviços de saúde pública. Segundo Magali Campeli e Maria Cristina Calvo[3], no período entre o ano 2000 e 2004, os Tribunais de Contas, ao analisarem as contas de gestores das três esferas governamentais, constataram o descumprimento dos percentuais mínimos estabelecidos pela Emenda Constitucional 29, mas, mesmo assim, as contas foram aprovadas com restrição, sem que houvesse de fato punição contra os gestores públicos. As autoras destacam ainda que posicionamento semelhante foi observado por parte do Ministério Público, seja estadual ou federal; mesmo tendo como função precípua a fiscalização do cumprimento das leis, não foram identificadas representações judiciais abertas pelos Ministérios Públicos de Contas contra os gestores que descumpriram o estabelecido na EC-29.

Uma das "brechas" para o descumprimento da EC-29 era a ausência, na legislação, sobre quais despesas seriam enquadradas no rol de Ações e Serviços Públicos de Saúde (ASPS). A Resolução 322, do Conselho Nacional de Saúde, de 8 de maio de 2003, descrevia tais gastos. Contudo, tal dispositivo não tinha força legal. Somente com a Lei Complementar 141/2012, o rol de Ações e Serviços Públicos de Saúde foi referendado e passou a ter força de lei. Segundo essa Lei Complementar, as Ações e Serviços Públicos de Saúde englobam: vigilância em saúde, incluindo a epidemiológica e a sanitária; atenção integral e universal à saúde em todos os níveis de complexidade,

---

3. Ver O Cumprimento da Emenda Constitucional n. 29, *Cad. Saúde Pública*, v. 23, n. 7.

incluindo assistência terapêutica e recuperação de deficiências nutricionais; capacitação do pessoal de saúde do SUS; desenvolvimento científico e tecnológico e controle de qualidade promovidos por instituições do SUS; produção, aquisição e distribuição de insumos específicos dos serviços do SUS, tais como imunobiológicos, sangue e hemoderivados, medicamentos e equipamentos médico-odontológicos; saneamento básico de domicílios ou de pequenas comunidades, desde que seja aprovado pelo Conselho de Saúde do ente da Federação financiador da ação, e esteja de acordo com as diretrizes das demais determinações previstas por essa lei complementar; saneamento básico dos distritos sanitários, em especial os dos indígenas e de comunidades remanescentes de quilombos; manejo ambiental vinculado diretamente ao controle de vetores de doenças; investimento na rede física do SUS, incluindo a execução de obras de recuperação, reforma, ampliação e construção de estabelecimentos públicos de saúde; remuneração do pessoal ativo da área de saúde, incluindo os encargos sociais; ações de apoio administrativo realizadas pelas instituições públicas do SUS e imprescindíveis à execução das ações e serviços públicos de saúde; gestão do sistema público de saúde e operação de unidades prestadoras de serviços públicos de saúde.

Mesmo com os avanços trazidos pela EC-29 e a Lei Complementar 141/2012, as entidades representativas da área da saúde reivindicavam a ampliação do financiamento do SUS, e uma das propostas era que o percentual de 10% da receita bruta da União fosse destinado para o financiamento das Ações e Serviços Públicos de Saúde. No auge das discussões sobre o estabelecimento de um novo marco legal sobre o financiamento da saúde, foi promulgada a Emenda Constitucional 86 (EC-86), no ano de 2015, estabelecendo um novo cronograma progressivo para aplicação de percentuais mínimos de gastos com saúde. Entretanto, diferente do que reivindicava as entidades representativas da área de saúde pública, a EC-86 estabeleceu o cronograma progressivo com uma alteração – a base de aplicação para a União não seria a Receita Bruta e sim a Receita Líquida, que, por excluir da base de cálculo as transferências constitucionais obrigatórias para outros entes governamentais, por exemplo, tem um montante menor que o apurado com a Receita Bruta. Assim, foi estabelecido que o piso de gasto para a União seria implantado de forma gradativa e teria um prazo de cinco anos, com percentual inicial de 13,2% para o ano de 2016, alcançando 15% no ano de 2020. Essa Emenda Constitucional estabeleceu, ainda, que no cômputo dos gastos anuais poderiam ser considerados os valores referentes aos restos a pagar, até o limite de 0,6% do total. Isso, na prática, possibilitava que o total de despesas empenhadas no exercício financeiro corrente fossem menores que o limite mínimo estabelecido, já que pagamento de restos a pagar, *grosso modo*, refere-se a despesas contraídas em anos anteriores.

No ano 2016, após o *impeachment* da presidente Dilma Rousseff e a sua substituição pelo vice-presidente Michel Temer, foi aprovada a Emenda Constitucional 95 (EC-95), que estabeleceu o novo regime fiscal e congelou os gastos da União com despesas primárias totais (que corresponde ao montante da despesa total antes do pagamento dos juros da dívida), por um período de vinte anos. Dentre as medidas previstas na EC-95, no que se refere à saúde, uma das principais foi a revogação do cronograma estabelecido na EC-86. Segundo a EC-95, o único tipo de atualização nos limites de despesa seria o índice de inflação IPCA, calculado pelo IBGE – Instituto Brasileiro de Geografia e Estatística, nos doze meses, encerrado em junho, do exercício anterior a que se refere a lei orçamentária. Tal medida desconsidera o crescimento da população e o consequente aumento natural da demanda pelos serviços públicos. Conforme destaca Mariano:

> As regras do novo regime não permitem, assim, o crescimento das despesas totais e reais do governo acima da inflação, nem mesmo se a economia estiver bem, o que diferencia o caso brasileiro de outras experiências estrangeiras que adotaram o teto de

gastos públicos. Somente será possível aumentar os investimentos em uma área desde que sejam feitos cortes em outras [...].[4]

Todas essas medidas previstas no texto Constitucional original e as conquistas resultantes da pressão exercida pelas entidades representativas da Saúde Pública buscaram garantir a efetividade e a integralização das políticas de promoção da saúde. Contudo, a realidade é que o Sistema Único de Saúde sempre foi subfinanciado e, como consequência, nunca alcançou o nível de excelência pretendido pelos formuladores do sistema.

Dados da OPAS/OMS – Organização Mundial de Saúde, publicados no relatório *World Health Statistics 2018*, indicam que o Brasil, no ano de 2015, investiu o equivalente a US$ 334 por habitante no sistema público de saúde. Em comparação com outros países, que também possuem um sistema universal de saúde, o investimento brasileiro foi bem aquém ao observado nesses países. O Reino Unido, que possui um dos sistemas de saúde que serviram de modelo para a implantação do SUS no Brasil, investiu o equivalente a US$ 3.500 no ano de 2015. Essa tendência de superioridade de investimento per capita se repete em outros países, que adotam sistemas de saúde semelhantes ao brasileiro e ao britânico. Na França, o investimento foi equivalente a US$ 3.178, no Canadá, de US$ 3.315, na Espanha, de US$ 1.672, até mesmo a Argentina, com US$ 713, investiu mais que o dobro do valor brasileiro.

Ainda em 2018, o Banco Mundial divulgou um relatório sob o título *Notas de Políticas Públicas: Por um Ajuste Justo Com Crescimento Compartilhado*, onde consta um capítulo dedicado à análise do Sistema Único de Saúde Brasileiro, e umas das conclusões apresentadas é que o SUS é ineficiente e caro.

---

4. C.M. Mariano, Emenda Constitucional 95/2016 e o Teto dos Gastos Públicos: Brasil de Volta ao Estado de Exceção Econômico e ao Capitalismo do Desastre, *Revista de Investigações Constitucionais*, v. 4, n. 1, p. 259-281.

Em um cenário que, por um lado, indica um subfinanciamento e, por outro, atesta ineficiência e excesso de gasto, o SUS do Brasil, desde sua institucionalização, vem sofrendo críticas. Não por acaso, as alternativas apresentadas são o fim da sua universalidade e gratuidade ou a privatização completa do sistema, já que a iniciativa privada poderia prestar um serviço de melhor qualidade com menor custo.

Numa análise aos dados extraídos do Sistema de Informações Sobre Orçamento Públicos em Saúde (SIOPS), do Ministério da Saúde, é possível identificar que, embora a União ainda participe com a maior parcela dos gastos com Ações e Serviços Públicos de Saúde, esse percentual vem sendo reduzido a cada ano. No ano de 2012, a participação da União era pouco mais de 44,52% do total da despesa e, no ano de 2019, esse percentual passou para 41,36%.

Quando analisada a despesa por habitante, com valores atualizados até abril de 2019 (pelo Índice de Preços do Consumidor Amplo – IPCA, calculado pelo IBGE), é possível identificar que o gasto, por parte da União, é menor que o apurado no ano de 2012. Em contrapartida, os gastos dos Estados e Municípios têm aumentado, tanto em proporção em relação ao gasto total como em termos de gasto por habitante.

QUADRO 1: GASTO PÚBLICO ANUAL COM AÇÕES E SERVIÇOS PÚBLICOS DE SAÚDE (ASPS) – 2012-2019

DESPESA ANO	FEDERAL por habitante (R$)	partic. no tt %	ESTADUAL por habitante (R$)	partic. no tt %	MUNICIPAL por habitante (R$)	partic. no tt %	TOTAL nas 3 esferas (R$)	por habitante (R$)
2012	600,00	44,52	333,60	24,97	411,22	30,51	268.273.708.286	1.347,92
2013	533,48	42,73	355,84	26,06	426,29	31,22	274.145.845.044	1.365,61
2014	558,46	40,84	362,95	26,54	446,00	32,62	276.855.388.739	1.367,41
2015	587,11	43,20	342,57	25,21	429,25	31,59	277.456.307.834	1.358,93
2016	577,88	42,93	334,07	24,82	434,29	32,26	277.141.402.080	1.346,24
2017	602,02	43,27	349,66	25,13	439,75	31,60	288.770.064.063	1.391,43
2018	584,67	42,75	350,15	25,60	432,95	31,65	286.110.919.336	1.367,77
2019	587,99	41,36	360,85	25,38	472,89	33,26	299.697.007.851	1.421,73

Fonte: SIOPS/MS. Valores atualizados pelo IPCA/IBGE (abr. 2020); elaboração do autor

Os dados sobre a composição do gasto público com Ações e Serviços Públicos de Saúde (ASPS) demonstram uma tendência das políticas públicas voltadas para a saúde em direcionar os gastos para a chamada Atenção

Básica, que está a cargo dos municípios. Porém, nem todos os municípios possuem capacidade plena para a prestação de serviços da atenção básica. Então, nesses casos, são instituídos consórcios intermunicipais para atendimento à microrregião. Essa política de municipalização do atendimento, com a priorização da atenção básica, em princípio deveria favorecer a descentralização da rede de atendimento do SUS, com foco na assistência preventiva e sanitária da saúde. Contudo, nos municípios localizados nas regiões mais afastadas dos grandes centros, tal política sofre com dois problemas: a dificuldade de contratação de profissionais de saúde e a necessidade de deslocamentos constantes de pacientes para atendimento especializado fora do município. Esses problemas se refletem na distribuição desigual da oferta de serviços de saúde, tanto no âmbito estadual como em relação às grandes regiões do país.

Outro dado relevante é a participação das transferências de verbas da União para os estados. As unidades da federação, que possuem menos capacidade de arrecadação de impostos, terminam restringindo a sua capacidade de financiamento das políticas públicas ao volume de repasse de verbas da União, e isso se reflete no financiamento das Ações e Serviços Públicos de Saúde.

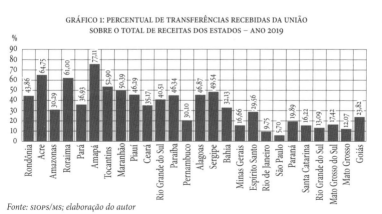

GRÁFICO 1: PERCENTUAL DE TRANSFERÊNCIAS RECEBIDAS DA UNIÃO SOBRE O TOTAL DE RECEITAS DOS ESTADOS – ANO 2019

Fonte: SIOPS/MS; elaboração do autor

Analisando as informações existentes no gráfico 1[5], é possível identificar que estados do Norte e do Nordeste do país têm um grau maior de dependência das verbas transferidas pela União. Em estados como Acre, Roraima, Amapá, Tocantins e Maranhão, o volume de receitas decorrentes de transferências da União é maior que a arrecadação própria. No caso dos estados do Amazonas e Pará, na região Norte, e os outros estados do Nordeste, à exceção do Maranhão, o percentual das receitas da União supera os 30% do total de receitas próprias. Em contrapartida, nos estados do Centro-Oeste, Sudeste e Sul do país, essa participação é inferior a 30%, e no caso de São Paulo, o estado mais rico da Federação, o percentual de participação das receitas da União sobre o total de receitas do estado foi de 5,7% no ano de 2019.

Influência da Distribuição de Gastos Sobre a Capacidade Física do SUS

A avaliação dos gastos com saúde e suas fontes de financiamento expõem uma vertente das questões envolvendo o SUS. Contudo, é fundamental avaliar o impacto desses gastos na disponibilidade de leitos de internação e leitos de UTI disponíveis no país. A partir de dados do Cadastro Nacional de Estabelecimentos de Saúde – CNES, foi possível demonstrar a variação dos índices de leitos de internação e leitos de UTI por habitantes, no período entre 2010 e 2019.

QUADRO 2: QUANTIDADE DE LEITOS DE INTERNAÇÃO PARA CUIDADOS CURTIVOS – BRASIL 2010-2019
Especialidades: cirurgia, clínica, obstetrícia, pediatria

REGIÃO	ANO leitos	2010 SUS	não SUS	total	2010 SUS	não SUS	total	2010 SUS	não SUS	total
Norte		1,47	0,38	1,85	1,33	0,41	1,74	1,28	0,34	1,62
Nordeste		1,65	0,33	1,98	1,52	0,41	1,74	1,28	0,34	1,62
Sudeste		1,19	0,70	1,89	1,06	0,66	1,72	0,98	0,65	1,63
Sul		1,64	0,69	2,33	1,53	0,67	2,19	1,43	0,64	2,07
Centro-Oeste		1,44	0,66	2,26	1,39	0,69	2,07	1,28	0,68	1,95
TOTAL		1,44	0,56	2,00	1,30	0,54	1,84	1,23	0,54	1,76

Fonte: CNES/MS/ Recursos Físicos; elaboração do autor.

5. O Distrito Federal foi excluído da análise, pois a administração distrital incorpora em suas receitas tributárias os impostos de competência estadual e municipal.

O índice de leitos de internação (cirúrgicos, clínicos, obstétricos, pediátricos) demonstra que o Brasil vem apresentando uma tendência de redução generalizada do número de leitos por habitantes. Vale destacar que os índices apurados sempre estiveram abaixo do preconizado pela Organização Mundial de Saúde, que é de três a cinco leitos para cada mil habitantes. Em todas as regiões do país, entre o ano de 2010 e 2019, houve redução desse índice, tanto de leitos do sus quanto de leitos não sus, que são disponibilizados para atendimento particular, ou através de plano de saúde privado. Cabe assinalar com ênfase que, no caso da região Sudeste, a cidade de São Paulo possui o maior índice do país em relação ao número de leitos hospitalares totais por mil habitantes, com 2,53 leitos, até dezembro de 2019[6]. Quando considerada toda a região Sudeste, o índice se aproxima ao observado na região Norte do país.

No caso dos leitos de uti, segundo metodologia adotada pelo Ministério da Saúde, por se enquadrarem como uma das categorias de leitos complementares de internação, não são contabilizados no mesmo grupo de leitos de internação. Em relação ao número de leitos de uti, o índice calculado é de leitos por cem mil habitantes, ou seja, divide-se o número de leitos existentes pelo número de habitantes e multiplica-se por cem mil. A oms recomenda que esse resultado deve variar de dez a trinta leitos por cem mil habitantes. Em dezembro de 2019, o Brasil contava com o índice total de leitos de uti de 21 leitos por cem mil habitantes, englobando leitos particulares e do sus. Quando calculado esse índice apenas com leitos de uti do sus, o valor cai para 13,6 leitos por cem mil habitantes. Em termos meramente numéricos, o Brasil estava numa posição relativamente confortável quando comparado aos limites recomendados pela oms. Porém,

---

6. Quantitativos apurados a partir de dados constantes no Cadastro Nacional de Estabelecimento de Saúde – cnes/ms.

o problema estava na má distribuição territorial desses leitos, concentrados, em sua maioria, nas capitais dos estados e nas regiões Sul e Sudeste do país. Para ilustrar tal situação, destaca-se a diferença entre o estado de São Paulo, com o índice de dezenove leitos de UTI por 100 mil habitantes, e o estado de Roraima, que contava com apenas quatro leitos de UTI por cem mil habitantes.

Impactos da Pandemia da Covid-19 Sobre o SUS

Os primeiros casos de contaminação com a Covid-19 surgiram na China no final do ano de 2019, e logo se espalhou pelo mundo, resultando em sobrecarga dos sistemas de saúde e mortes. Em 11 de março de 2020, a OMS decretou que a Covid-19 tinha se transformado em uma pandemia global.

Não demorou para que essa pandemia chegasse ao Brasil, país que, segundo dados da Agência Nacional de Saúde Suplementar, em dezembro de 2019, apenas cerca de 29% da população possuía plano de saúde privado. Como na música "Geni e o Zepelim", é possível constatar que o novo coronavírus surgiu de forma semelhante ao Zepelim, espalhando destruição por onde se instalava, em todo o mundo e no Brasil de forma assustadora. Nunca, antes do novo coronavírus, a importância de um Sistema Unificado de Saúde se mostrou tão necessário. O SUS, assim como a Geni da música, de criticado e taxado de ineficiente, virou a "tábua de salvação" para a assistência aos doentes acometidos pela Covid-19. E isso a tal ponto que o então ministro da saúde, Luiz Henrique Mandetta – que entrou em rota de colisão com o presidente Jair Bolsonaro, por discordar de sua posição na implantação do "isolamento vertical" – passou a vestir, demagogicamente, um colete com emblema do SUS, particularmente nas coletivas a jornais e mídias diversas. Tal atitude chamou a atenção dos desavisados, uma vez que Mandetta vem sendo, ao longo dos últimos anos, um dos responsáveis pela proliferação da Unimed, uma das principais operadoras de planos de saúde privados no Brasil. Uma demonstração flagrante do comportamento do capital privado em relação ao setor público da saúde pode ser deduzido da audiência de 17 de junho de 2019, na qual o presidente da Unimed do Brasil, Orestes Pullin, levou a Mandetta – ex-presidente da Unimed de Campo Grande – uma proposta: que a lei 9.656, reguladora dos planos e seguros de saúde no país, permitisse às empresas usarem metade do chamado "ativo garantidor" para "investir", sendo que esse "ativo garantidor" representa uma porcentagem bloqueada pela ANS a fim de proteger os clientes daquela empresa. Só a Unimed tem dezoito milhões de clientes e R$ 8 bilhões bloqueados. No total, a ANS tem R$ 50,9 bilhões reservados[7]. Já dentro da conjuntura dominada pela Covid-19, o histórico de subfinanciamento do SUS evidenciou logo seus danos, em um cenário com unidades hospitalares sucateadas, com índices de leitos de internação e de UTI abaixo do preconizado pela OMS, além da má distribuição de profissionais de saúde no território nacional, com forte concentração nas capitais dos grandes centros urbanos. E nessas condições, o SUS foi posto à prova, com o crescimento do número de casos da Covid-19.

Em países como Itália e Espanha, detentores de índices que atestavam melhor capacidade do sistema de saúde do que os índices apresentados pelo SUS, a pandemia deixou um rastro de colapso do sistema de saúde e número elevado de óbitos. No Brasil, mesmo com a injeção emergencial de recursos, visando a ampliação da capacidade de atendimento do SUS, com a construção de hospitais de campanha exclusivos para atendimento de vítimas da Covid-19, e até mesmo o recebimento de doações por

---

[7]. M. Mathias; R. Torres, Unimed, Amiga Íntima do Ministro Mandetta, *Outra Saúde, Outras Palavras*. Disponível em: <https://outraspalavras.net/>.

parte de empresas privadas e sociedade civil, as deficiências históricas do SUS foram potencializadas. E justamente os estados que contavam com maior dependência das transferências de verbas da União foram os primeiros a apresentar sinais de colapso do sistema público de saúde. Nos estados do Amazonas, Maranhão e Ceará, que até o ano de 2019 tinham mais de 30% de suas receitas decorrentes das transferências de recursos da União (no caso do Maranhão esse percentual chegou a 50,34%), a situação se tornou crítica. Esses estados enfrentaram uma situação de incapacidade ou capacidade prejudicada de promover investimentos em ações de mitigação dos impactos da pandemia, fato agravado pelo aumento generalizado dos preços praticados pelo mercado fornecedor de insumos para saúde e, até mesmo, a indisponibilidade de alguns insumos para aquisição tanto no mercado nacional como no mercado internacional.

Em quadro semelhante, mesmo com as medidas de isolamento social implantadas pelas autoridades estaduais e municipais, visando reduzir o ritmo de contaminação, a realidade traduziu-se em superlotação de hospitais e em número elevado de mortes, levando também à superlotação dos necrotérios e cemitérios desses estados. Uma situação *sui generis* foi a do estado do Rio de Janeiro. Mesmo com um percentual relativamente baixo, se comparado com outros estados, de dependência de recursos da União (que no ano de 2019 foi apenas 9,7% do total de suas receitas), com a chegada da pandemia, o estado enfrentou dificuldades para suportar o aumento de demanda por atendimento e internação. As possíveis explicações para tal situação, entre outros fatores, como a não adesão às medidas de isolamento social, podem ser obtidas também na verificação do número de hospitais administrados diretamente pelo governo federal no estado. Esses hospitais, além de sofrerem com a escassez de recursos comuns ao SUS, também enfrentam a escassez de profissionais de saúde, decorrente da falta de concursos públicos para contratação de servidores. Em abril de 2020, no auge da pandemia da Covid-19, os hospitais federais do Rio de Janeiro tinham cerca de 1800 leitos de internação ociosos, e a justificativa era a falta de servidores suficientes para colocar esses leitos em funcionamento.

Ainda que nenhum Sistema de Saúde esteja preparado para enfrentar uma circunstância de pandemia, a situação enfrentada pelos estados do Amazonas, Ceará, Maranhão e Rio de Janeiro é emblemática, e serve de alerta para as consequências de uma falta de política de investimento consistente na saúde. O Sistema Único de Saúde brasileiro tem deficiências, mas no momento de crise é a única alternativa para uma parcela significativa da população. Então, espera-se que quando a pandemia passar, o SUS não continue a ser a "Geni" do Brasil. Resta saber se a manutenção da política neoliberal, coerente com o estágio alcançado pela reprodução de capital no Brasil e no mundo, encontrará espaço para atender às reivindicações de políticas públicas e bem-estar social da maioria da população, que não tem como pagar saúde e educação privadas.

Referências

Livros

BANCO MUNDIAL; BIRD-AID; GRUPO BANCO MUNDIAL. Sistema Único de Saúde (SUS): Propostas Para Aumentar a Eficiência do Sistema Público de Saúde. *Notas Sobre Políticas Públicas: Por um Ajuste Justo Com Crescimento Compartilhado*, ago. 2018.

CONSELHO NACIONAL DE SECRETÁRIOS DE SAÚDE – CONASS. O Financiamento da Saúde. *Coleção Para Entender a Gestão do SUS/2011*, v. 2. Atualização, jun. 2015.

Revistas

CAMPELLI, Magali G.R.; CALVO, Maria Cristina M. O Cumprimento da Emenda Constitucional N. 29. *Cad. Saúde Pública*, Rio de Janeiro, v. 23, n. 7, jul. 2007.

FIGUEIREDO, Juliana; PRADO, Nilla Maria de; MEDINA, Maria Guadalupe; PAIM, Jairnilson S. Gastos Público e Privado Com Saúde no Brasil e Países Selecionados. *Saúde Debate,* Rio de Janeiro, v. 42, Número Especial 2, out. 2018.

MARIANO, Cynara M. Emenda Constitucional 95/2016 e o Teto dos Gastos Públicos: Brasil de Volta ao Estado de Exceção Econômico e ao Capitalismo do Desastre. *Revista de Investigações Constitucionais,* Curitiba, v. 4, n. 1, jan./abr. 2017.

MATHIAS, Maíra; TORRES, Raquel. Unimed, Amiga Íntima do Ministro Mandetta. *Outra Saúde, Outras Palavras,* 2 jul. 2019. Disponível em: <https://outraspalavras.net/>. Acesso em: 30 abr. 2020.

PIOLA, Sergio Francisco; FRANÇA, José Rivaldo de; NUNES, André. Os Efeitos da Emenda Constitucional 29 na Alocação Regional dos Gastos Públicos no Sistema Único de Saúde no Brasil. *Ciência & Saúde Coletiva,* v. 21, n. 2, 2016.

PIOLA, Sergio Francisco; BENEVIDES, Rodrigo Pucci de Sá e; VIEIRA, Fabiola. Consolidação do Gasto Com Ações e Serviços Públicos de Saúde: Trajetória e Percalços no Período de 2003 a 2017. *Texto Para Discussão IPEA,* Rio de Janeiro, n. 2439, dez. 2018.

VIEIRA, Fabiola; BENEVIDES, Rodrigo Rodrigo Pucci de Sá e. Os Impactos do Novo Regime Fiscal Para o Financiamento do Sistema Único de Saúde e Para a Efetivação do Direito à Saúde no Brasil. *Nota Técnica IPEA,* Brasília, n. 28, set. 2016.

Site

OPAS/OMS BRASIL. *Relatório World Health Statistics 2018.* Disponível em: <https://www.paho.org/>. Acesso em: 05 maio 2020.

PARTE III
UTOPIA X DISTOPIA:
UM FUTURO EM CONTRADIÇÃO

APÓS A COVID-19: DA CRISE SANITÁRIA À CRISE GLOBAL DO CAPITALISMO[1]

Denis Collin

A epidemia do novo coronavírus pôde adquirir o sentido de um desastre natural que mudou abruptamente o curso da história. O presidente francês, que não faz economia de expressões grandiosas e ridículas, anunciou que o dia de amanhã não será como antes e que teremos que nos reinventar: "o primeiro serei eu", concluiu. Na verdade, a epidemia em si está longe de ser um evento excepcional. A história humana foi toda marcada por epidemias muito mais trágicas, muito mais mortais do que esta: a chamada gripe de Hong Kong, em 1968 fez mais de um milhão de vítimas e ninguém se lembra mais dela. As gripes sazonais

---

1. Tradução de Jorge Nóvoa.

já mataram 650 mil pessoas[2]. No verão de 2003, a onda de calor, que não é uma epidemia, matou vinte mil pessoas na França e quase a mesma quantidade na Itália. No início de junho, a celeridade da contaminação pelo novo coronavírus já havia feito 400 mil mortes no mundo; ainda não atingindo o teto das gripes sazonais. O que chama mais a atenção é o considerável impacto psicológico e político da Covid-19, que é o resultado das decisões em cadeia do "governar pelo medo", tomadas pela maioria dos líderes, especialmente nas grandes potências capitalistas. A estratégia usada por alguns governos asiáticos, como a Coreia do Sul (testar, isolar, tratar, prevenir pelo uso de máscara), não foi seguida na Europa, nem na América. E, estranhamente, foi nos países ricos que a doença atingiu mais a população. Com tudo isso, deve-se tirar os ensinamentos mais gerais sobre o estado do mundo.

Nessa epidemia, pudemos verificar, mais uma vez, as análises de Naomi Klein em *The Shock Doctrine* (A Estratégia do Choque) (que tem como subtítulo *La Montée du capitalisme du désastre* [A Ascensão do Capitalismo de Desastres]). O capital usa desastres naturais como oportunidades privilegiadas para implementar planos que antes penava para alcançar. O confinamento e a onipotência do controle policial acostumam os cidadãos dos antigos países democráticos a viverem em um Estado que é exatamente um Estado totalitário. Porém, da crise que se aproxima, a epidemia é apenas a causa adventícia, e não a razão fundamental.

Todo mundo sabe disso, e os próprios economistas das correntes dominantes também anunciaram: o regime

---

2. De acordo com a OMS, a gripe sazonal, causada pelo vírus Influenza, continua sendo um dos maiores desafios de saúde pública do mundo, pois, a cada ano, estima-se que haja um bilhão de casos, dos quais de três a cinco milhões são casos graves, resultando em 290 mil a 650 mil mortes por doenças respiratórias. Para combater a propagação do vírus, a OMS recomenda a vacinação anual contra a gripe. De acordo com OPAS Brasil, OMS Lança Nova Estratégia Mundial Para Controle da Influenza. Disponível em: <https://www.paho.org/>. (N. da T.)

de crescimento dos últimos anos, baseado em *quantitative easing* (flexibilização quantitativa), esgotaria rapidamente seus efeitos. Os métodos usados para sair da crise anterior estavam preparando uma nova crise, mais séria que a de 2007-2008. O consenso foi amplo o suficiente para considerá-la inevitável. A crise em certos setores, como o automobilístico, já era particularmente ameaçadora, a ponto de os governos capitalistas, a pretexto de nebulosas considerações ecológicas, se prepararem para acelerar o desmantelamento dos antigos automóveis térmicos para substituí-los por veículos elétricos, supostamente menos poluente – o que é completamente falso quando se faz o balanço total de energia, mas esse não é o problema. Poderíamos pegar todos os setores da economia e ver os mesmos procedimentos sendo aplicados. A "crise sanitária" precipita a crise do modo de produção capitalista e, simultaneamente, possibilita, usando o vírus como pretexto, a implementação de políticas antissociais e antitrabalhadores que a busca da acumulação de capital exige. O vírus, portanto, não é um produto da mundialização, como dizem um pouco apressadamente as pessoas que gostam de linguagem catastrófica, uma vez que as epidemias, que se difundiram em larga escala, surgiram muito antes da globalização capitalista. Pode-se culpar o desmatamento que aproxima animais selvagens dos seres humanos, mas ainda é uma explicação um tanto sem sentido, já que a união entre animais e homens data pelo menos da era Neolítica, e contribuiu para a imunização de populações humanas. A verdade é mais simples: o capital mundializado está aproveitando a epidemia, pois teria usado qualquer outro pretexto para afirmar sua própria lógica – certos setores do capital já estão apostando no aquecimento global para fazer bons negócios.

O vírus é um revelador, no sentido em que falamos de revelador nas técnicas de fotografia. Mostra o que era apenas latente. Ele descreve os contornos reais do modo de produção capitalista na atualidade e revela as graves questões com as quais somos confrontados. Proponho sublinhar aqui três aspectos dessa realidade que me parecem essenciais.

Em primeiro lugar, é possível observar o quão fácil é transformar "sem golpe" um Estado aparentemente democrático em um Estado totalitário – totalitário no sentido de se tornar um Estado que possui um projeto de controle total da vida dos seres humanos, que não são de fato cidadãos, mas pobres animais assustados, governados pelo medo e pela superstição (para usar aqui a excelente fórmula de Spinoza[3]). As pessoas se confinaram em suas casas, como durante as epidemias de peste na Idade Média. O tráfego delas ficou controlado de perto. Na França, para colocar os pés fora de casa, era necessário apresentar um documento de justificação. Os prefeitos franceses e toda a hierarquia administrativa, de acordo com uma lógica bem conhecida dos regimes totalitários, retomaram as medidas decididas de cima e agravaram-nas, e o policial do baixo escalão sentiu-se autorizado a tiranizar impunemente os cidadãos, inventando leis e crimes inexistentes. A arbitrariedade reinou durante as semanas de confinamento e a população tinha medo de fazer as coisas mais elementares, os gestos mais naturais da vida. A tentativa – que pode não ter sucesso, mas funcionou bem em outros lugares – de estabelecer um sistema telefônico para vigilância mútua de todos os cidadãos, diz exatamente onde se chegou. A tentação é mesmo forte, especialmente para o governo francês, de prolongar a emergência sanitária, pois fornece armas contra os cidadãos. Permanecem as aparências de democracia, o espetáculo de democracia, mas a própria democracia é esvaziada de seu significado.

Nada disso é novo. Todos os chamados Estados ditos democráticos seguiram um caminho já adotado por governos autoritários, como o do AKP (Partido da Justiça

---

3. Ver D. Collin, *Libre comme Spinoza*.

e Desenvolvimento) e do novo sultão Erdogan: vigilância, repressão em massa, ataques incessantes às liberdades fundamentais. Na França, as leis do estado de emergência, decretadas após os atentados ao Grand Café Bataclan, em 13 de novembro de 2015, foram estendidas e finalmente formalizadas pelo governo de Macron-Philippe. A independência do judiciário, já bastante frágil, foi ainda mais reduzida e o poder executivo apoderou-se de todos os tipos de meios para interpelar arbitrariamente cidadãos, quando suspeita que desejam se manifestar contra a política do governo. A repressão ao movimento Coletes Amarelos[4] foi feroz, com o uso de armas letais contra os manifestantes, dentre os quais muitas dezenas deles foram seriamente desfigurados ou amputados. A polícia feriu mais manifestantes na repressão aos Coletes Amarelos do que nos setenta anos anteriores. As penas de prisão foram distribuídas sem escrúpulos pelos magistrados. Tudo isso ajudou a conter esse poderoso movimento popular, usando algo que deve ser chamado de terror. Esse cenário se repetiu com os movimentos contra a reforma previdenciária no final de 2019. Ao mesmo tempo, o controle

---

4. O movimento *Gillets Jaunes* (Coletes Amarelos) surgiu no outono de 2018 para protestar contra os novos impostos sobre combustíveis. Unia trabalhadores assalariados, autônomos e pequenos empresários, mas rapidamente se concentrou na demanda por um "referendo de iniciativa cidadã" (RIC). A princípio, alguns setores intelectuais o desprezaram, considerando-o um movimento "populista" e até mesmo "fascista". Foi o primeiro movimento revolucionário desde há muito tempo, tornando-se muito importante na zona rural da França. Chegou a ter uma espécie de assembleia nacional, a *Commercy*, que adotou declarações em tom revolucionário, às vezes lembrando a Comuna de Paris. Realizou mais de 72 atos, tendo parado no final de março de 2020, por causa do confinamento anti-Covid-19. Com o início do desconfinamento, o movimento dos Coletes Amarelos reapareceu em certas cidades, se juntando às manifestações dos médicos e enfermeiros diante dos hospitais ou contra a violência policial. Existe uma convergência de vários movimentos sociais ligando suas reivindicações específicas àquela de uma real democracia. Eles prognosticam a necessidade de auto-organização porque desconfiam dos antigos partidos e sindicatos, mas se associam às bases destes que se acham descontentes. (N. da T.)

da imprensa, nas mãos de um punhado de bilionários, aumentou ainda mais. As estações de rádio e TV estatais tornaram-se meros órgãos de propaganda, às vezes dignos da mídia dos países do "socialismo real" do passado. O mais surpreendente, aparentemente, é que tudo isso está acontecendo com um governo formado, em grande parte, por ex-membros do Partido Socialista (começando pelo próprio presidente), um governo que a imprensa francesa e estrangeira descreve como governo de centro-esquerda.

Às vezes ficamos um pouco desconcertados com esses desenvolvimentos, porque com frequência nos referimos ao "modelo" do fascismo nos anos entre as duas guerras. Não encontramos as gangues armadas dos *esquadristi* de Mussolini atacando escritórios sindicais, assassinando deputados socialistas, nem as camisas marrons de sicários nazistas, que faziam o terror reinar, muito antes do chanceler Hitler ser nomeado. A violência permanece relativamente contida e não é administrada por gangues de bandidos, mas diretamente pelas "forças da ordem", policiais e gendarmarias transformados em guarda pretoriana do regime. Há um lento sufocamento das liberdades democráticas e, em primeiro lugar, à liberdade de expressão e manifestação. Há também um gigantesco empreendimento de formatação de mentes, que se apoia na adesão entusiástica do "bloco de elite". Esse é o bloco das classes dominantes e das classes médias altas, que certas pesquisas de opinião mostram que constituem o eleitorado de direita, se nos referirmos aos valores republicanos clássicos (a liberdade para eles é a da empresa, a igualdade é um contra-valor). O que obscurece a percepção da realidade é o peso desproporcional adquirido por todos os tipos de grupos (da atualmente denominada esquerda identitária), que supostamente representam minorias oprimidas mais ou menos extravagantes (indigenistas, teóricos do gênero, veganos e defensores da libertação animal), que reivindicam em nome de sua "causa" a censura de tudo o que os desagrada. Estamos começando a remover exposições de pinturas denunciadas como hostis às mulheres, porque elas representam mulheres nuas. Peças de teatro são proibidas. Conferencistas são proibidos devido à pressão deste ou daquele grupo.

A verdadeira tirania que fazem reinar esses grupos nas universidades estadunidenses se espalhou amplamente. À censura de cima é acrescentada a censura de baixo, que tem origem nas demandas da classe média alta intelectual, "a pior classe social da história", nas palavras do falecido filósofo italiano Costanzo Preve[5]. A famosa "interseccionalidade das lutas", longe de federar a resistência ao poder estatal e ao poder capitalista, acaba sendo a sua auxiliar mais adaptada. Ao destruir toda decência comum, esses grupos concentram seu ódio nas pessoas comuns, acusadas de racismo, machismo, homofobia etc. Para essa suposta esquerda, o inimigo não é o capitalista, mas o trabalhador branco do sexo masculino. Outra corrente, e não menos importante, é a ampla disseminação da ideologia islâmica em todos os países europeus. Um islâmico se beneficia da incrível complacência de feministas e de grupos LGBTQIA+, mesmo quando seu islamismo ataca todas as formas de laicidade e de liberdade de expressão. O principal movimento islâmico, o da Irmandade Muçulmana, nem esconde seu desejo de subverter os países europeus agindo assim dentro deles, para impor a lei do islã. Esse islamismo não é a ideologia dos trabalhadores imigrantes, mas a dos muçulmanos totalmente integrados, muitas vezes ocupando posições gerenciais em finanças, em tecnologia da informação, na educação etc., e se apoiando em um lumpemproletariado das cidades, vivendo essencialmente do tráfico de drogas e de rapinagens. O fato de alguns grupos da extrema esquerda verem nesse movimento uma espécie de novo sujeito revolucionário não é de surpreender. Vimos até Jean-Luc Mélenchon, dirigente máximo do

---

5. Ver *Storia critica del marxismo*.

partido France Insoumise, desfilar em uma manifestação em que os organizadores cantaram pelo alto-falante "Allahou Akbar", que quer dizer "Allah é grande". O lugar para o antigo movimento operário secular e universalista parece, com tristeza, encolher.

Na atual situação da pandemia, poder-se-ia achar exagerado a utilização do termo "poder totalitário". É, não obstante, o mais adequado. Herbert Marcuse[6], em *O Homem Unidimensional*, mostrou claramente como a tecnociência da época do capitalismo após a Segunda Guerra Mundial permitia o estabelecimento de um verdadeiro controle totalitário dos indivíduos, sem recorrer a formas de violência extrema dos fascismos da década de 1930. Em uma série de estudos fascinantes, o historiador Johann Chapoutot[7] mostrou, de maneira muito convincente, os elos subterrâneos entre a administração neoliberal e o nazismo. Hannah Arendt[8] apontou, com razão, que o nazismo se opunha ao antigo Estado-nação, ou seja, ao Estado como uma instituição política. De muitas maneiras, os nazistas eram antiestatistas, recusando o peso das estruturas estatais que representavam, para eles, a inércia das coisas diante do desejo de movimento permanente. Daí esse tipo de fascínio mútuo entre os liberais e os nazistas. Henry Ford não escondeu suas simpatias pró-nazistas e Hitler admirava as leis raciais estadunidenses. Os métodos nazistas se inspiraram com frequência na publicidade estadunidense (Bernays[9], o sobrinho estadunidense de Freud, teorizou sobre isso), e foi um ex-nazista quem fundou a principal escola de administração alemã após a guerra. É verdade que a linguagem dos negócios e da administração

6. Ver D. Collin, *Comprendre Hebert Marcuse*.
7. Ver *Libres d'obéir*.
8. Ver *Le Système totalitaire*.
9. Ver E.W. Bernays, *Propaganda*. Edward Louis Bernays nasceu em Viena em 1891, seus pais emigraram para os EUA no ano seguinte. Ele é sobrinho do psicanalista Sigmund Freud, tanto por ser filho de Anna Freud, irmã de Sigmund, como de Ely Bernays, irmão de Martha, esposa do psicanialista.

mobiliza todos os recursos do darwinismo social e da guerra. Valorizamos os mais fortes, os "matadores", os indivíduos capazes de serem conquistadores. Entre nossas elites liberais, a rejeição exibida às "horas sombrias de nossa história" dificilmente oculta essa comunidade de mecanismos intelectuais e ideológicos. A extensão dos métodos de gestão das empresas ao Estado (a *startup nation*, tão cara ao presidente francês) é claramente uma expressão do totalitarismo, porque se existe realmente um lugar onde todas as formas de liberdade são perseguidas sem piedade, é na empresa. Existe até mesmo uma teoria da "gestão pelo terror", testada por empresas estadunidenses, mas também francesas, como a France Télécom[10].

Em segundo lugar, fomos capazes de "tocar com os dedos" a fragilidade do edifício construído pela globalização. A extensão indefinida das cadeias de produção fez explodir a impotência de alguns dos Estados mais ricos. Na França, não se encontrava nem respiradores, nem máscaras ou certos medicamentos, porque todas essas produções foram desterritorializadas. Ao mesmo tempo, certas produções orientadas para a exportação foram paralisadas – por exemplo, queijos AOC[11] destinados a clientes estrangeiros ricos. As indústrias automotivas pararam por falta de clientes, mas também por falta de

---

10. Provavelmente aí se encontra a explicação da onda de suicídios que ocorreram na France Telecon, tendo levado mais de um dos seus mais altos responsáveis a responder um processo que, não obstante, resultou em penas brandas e indenizações modestas, considerando o porte da empresa. Veja-se a carta aberta de um técnico qualificado de gestão de rede que, como todo funcionário, não era mais identificado pelo próprio nome e sim por um código de quatro letras e quatro cifras. O seu era DYDO 5403. Disponível em: <https://blogs.mediapart.fr/>. Veja-se também a entrevista de Christophe Dejours. Disponível em: <https://www.publico.pt/>. (N. da T.)

11. AOC (Selo de Origem Controlada) é uma etiqueta que permite identificar um produto, cujas etapas de fabricação são realizadas na mesma área geográfica e de acordo com o *know-how* reconhecido. É a combinação de um ambiente físico e biológico com uma comunidade humana tradicional que sustenta a especificidade de um produto AOC, com definição em uma especificação. (N. da T.)

componentes eletrônicos. A expansão do mercado global, motor do "crescimento", experimentou um claro bloqueio e parou por várias semanas.

Também conseguimos mensurar a extraordinária decomposição das elites dirigentes, não em alguma obscura "república das bananas", mas nas grandes potências mundiais. Bolsonaro e Trump são exemplos caricaturais e sempre nos perguntamos como personagens desse calibre podem ter chegado à cabeça de grandes nações. Mas, na França, as coisas não vão nada melhor. A administração mostrou total incompetência. A equipe de Macron nada mais é do que um exército derrotado. As mentiras de seu Estado não conseguem ocultar a incompetência e a corrupção profunda. A proposta de Trump, de injetar desinfetante nos pulmões, ou o discurso dos líderes franceses, sobre a suposta inutilidade das máscaras, são uma expressão gritante de um fenômeno mais profundo de apodrecimento das elites dominantes.

A enorme pirâmide burocrática e parasitária, sobre a qual se baseia o modo de produção capitalista "digitalizado" e "numerizado", mostrou, diante da crise do novo coronavírus, que não tinha nada de vital e que todo esse "trabalho" não tinha utilidade alguma. Os países confinados puderam continuar a viver porque os agricultores produziam, os distribuidores entregavam, os serviços de água e eletricidade eram prestados e porque os cuidadores cuidavam. As empresas de auditoria, os consultores e consulentes de todas as áreas, os administradores, os diretores, os gerentes assistentes e os subgerentes de "recursos humanos": ninguém mais consegue ver hoje sua real importância. Por outro lado, vimos, "na linha de frente", os caixas dos supermercados e os coletores de lixo. Todos os trabalhadores que os "grã-finos" desprezam mantiveram os países funcionando com seus braços, enquanto pessoas menos úteis (para ser gentil) ficavam em casa. Essa experiência "in vivo" certamente impressionou corações e mentes, e é por essa razão que os governos não perdem um minuto para tentar fazer com que ela seja esquecida. Os "importantes" retomam novamente seus discursos. Mas o desemprego está explodindo. Os planos de austeridade passaram a cair como tempestade: demissões, fechamentos, cortes de salários, degradação da regulamentação da jornada de trabalho. Um ministro anunciou que é preciso aceitar o corte nos salários para evitar demissões. Restringiram a utilização de materiais hospitalares e produziram outros planos, que estão emergindo da epidemia como se nada tivesse acontecido. Não obstante se tenha deplorado, no auge da epidemia, a falta de leitos hospitalares e as reestruturações drásticas dos serviços, as "reformas" elaboradas nos "laboratórios" da União Europeia estão voltando. Os economistas que organizaram o martírio do povo grego através do dreno terrível no sistema das aposentadorias, da saúde e dos salários foram promovidos pelo governo francês para definir as boas medidas para o plano de recuperação do país após a pandemia.

Trata-se, pois, de uma ofensiva geral de capital com a qual estamos lidando. Uma ofensiva que a classe trabalhadora enfrenta em uma situação de fraqueza: as organizações sindicais estão perdendo força, e suas burocracias cada vez mais integradas ao aparato estatal e ao que se pode denominar de um novo corporativismo, incluindo a CFDT (Confederação Francesa Democrática do Trabalho), é sua ponta de lança. Porém, a situação não é melhor em outros países europeus, principalmente na Itália e na Alemanha, para não falar dos EUA. Apesar das manifestações de cólera social e dos movimentos de protesto continuarem sendo importantes, na maioria das vezes são puramente defensivos.

Vive-se hoje, pois, uma situação eminentemente contraditória. De um lado, a falência patente do modo de produção capitalista coloca novamente a questão de uma saída socialista. De outro, a classe dominante parece à altura de fazer passar seus planos e infligir graves golpes aos povos. É um momento chave que exige pensamentos estratégicos. Para superar a máquina capitalista, é necessário encontrar uma maneira de reunir um grande bloco nacional, envolvendo não apenas a classe trabalhadora, mas também a imensa massa de trabalhadores "uberizados", aquela dos autoempreendedores, aquela de todos os trabalhadores independentes que se acham presos pela garganda pela ação de grandes grupos. O que é que pode unir todas essas camadas populares para torná-las uma força? Somente uma perspectiva que possa ser apreendida e possibilite a ação desse "povo de baixo". A perspectiva de desmundialização, avançada há alguns anos por certos setores da esquerda, está se tornando uma urgência. A classe capitalista é transnacional, os capitalistas não têm pátria! Contudo, os operários e os trabalhadores independentes se acham ancorados à sua nação. Eles não podem pegar o avião para exercer seus talentos em outro lugar. Eles também rejeitam esse nomadismo vangloriado por uma certa extrema esquerda, que milita pelo desenvolvimento de migrações e pelo desenraizamento dos trabalhadores. Aliás é o que advoga *Império*, esse péssimo livro de Toni Negri e Michael Hart. Se o exercício da democracia e da luta em nível nacional são muito difíceis, imagine as das pretendidas "lutas internacionais"? Só se pode lutar seriamente contra centros de poder real. O capital globalizado não tem nenhum centro de poder. Exerce sua hegemonia via governos nacionais. Aos internacionalistas de *boutique*, lembraremos Marx. Se a luta de classes é de conteúdo internacional, ela é nacional na sua forma. E uma luta sem forma é uma luta não travada efetivamente. É um simulacro, como acabaram sendo as grandes reuniões "altermundialistas" de cerca de vinte anos atrás, das quais ninguém se lembra porque eram inúteis, exceto para levantar tribunas para falastrões. É somente dentro da estrutura nacional, dentro da estrutura do Estado-nação, que as leis de proteção social para trabalhadores podem ser conquistadas.

Aqueles que querem "refundar" a Europa "democrática e social" são piadistas que repetem as mesmas fórmulas vazias há décadas, enquanto estão sendo criadas formas de governo transnacional, que permitem aos capitalistas escapar à pressão das classes trabalhadoras de cada país. Embora isso desagrade toda a esquerda que confunde mundialismo e internacionalismo, a reivindicação de ser mestre de sua própria casa se torna muitas vezes federativa. Ainda que a palavra "soberania" contenha muitas ambiguidades, já na Declaração de Direitos de 1789 está dito que "o princípio de toda soberania reside essencialmente na nação", e guarda todo o seu poder revolucionário. Muitas pessoas citam Antonio Gramsci o tempo todo, sem o terem lido. Lembremos que Gramsci defendeu (em seus *Cadernos do Cárcere*) um bloco de classes para efetivar uma regeneração nacional e moral. Deveríamos pensar no conteúdo concreto que poderia ser dado hoje às fórmulas gramscianas. Proclamações do tipo "eles são 1% e nós somos 99%" – que eram aquelas do movimento dos Indignados espanhóis ou do movimento Occupy Wall Street – desarmam o movimento social. O "1%" se baseia nos 10 ou nos 20% logo abaixo, e estes têm todos os meios de influência sobre os 70 ou 80% que não têm interesse na perpetuação do modo de produção capitalista. Como reunir uma maioria contra a dominação capitalista é a pergunta certa que não quer calar. Trata-se de forjar uma "vontade coletiva", o que Gramsci justamente chamou de hegemonia. E esse é precisamente o papel do "novo príncipe", a personificação dessa vontade coletiva, ou seja, de um partido político implantado na nação, ocupando as casamatas do poder. O discurso dominante – sem que a esquerda intelectual varra tudo com as costas das mãos – se compraz com análises, umas mais sutis que outras, construindo utopias, exatamente nas questões onde mais se precisa de um sólido realismo.

Além disso, se se levar a sério os desafios da crise ecológica e climática global, mas não apenas, uma retração no comércio mundial é inevitável. A partir daí, um "recolhimento nacional", tão difamado, prevalecerá pela força das circunstâncias. Como podemos economizar energia, quando as companhias aéreas estão apostando em um crescimento anual de 5% no tráfego? Como podemos economizar energia, quando cargueiros cada vez maiores transportam mercadorias por todo o mundo? Como economizar energia, quando a soja brasileira alimenta animais na França? Produzir e comprar localmente, conforme exigido por muitos movimentos de camponeses, de consumidores ou de ambientalistas, isso só tem um significado: sair do regime de mundialização e retornar às comunidades políticas, nas quais o cidadão pode realmente ser cidadão, isto é, participar do exercício do poder.

Não há um sentido histórico em querer que o mundo seja cada vez mais globalizado, nenhuma teleologia ou teologia do "progresso". A necessidade de preservar a diversidade de culturas e nações se tornará cada vez mais imperativa contra o rolo compressor do capital, que nos leva ao abismo.

Finalmente, em terceiro lugar, pode-se imaginar um plano completo para "o próximo mundo". É um joguinho que foi jogado por várias frações da ecologia política. Isso pode ser uma ocupação intelectual inocente e até divertida. Mas é perfeitamente inútil, se realmente nos importamos com o destino dos povos. Para imaginar o mundo de amanhã, é preciso, antes de mais nada, preservar o próprio mundo. Preservá-lo sim, contra a devastação do crescimento ilimitado da tecnologia, contra a pulverização dos narcisismos das pequenas diferenças, que ocupam a cena da mídia e a intelectual, e preservá-lo, ainda, contra o amplo desenvolvimento tentacular dos Estados apoiados nas novas tecnologias de tratamento da informação. Contudo, como fazer isso? Que escolhas devem ser feitas, uma vez que se sabe que, inevitavelmente, teremos de fazer escolhas dolorosas em todos os nossos desejos, entre aqueles que podem ser satisfeitos e aqueles que definitivamente devem ser renunciados? Se essas escolhas não forem feitas democraticamente, nunca serão aceitas. E se as restrições não forem iguais para todos, não há nenhuma chance de que sejam aceitas.

Não precisamos de "engenheiros sociais" que, como os saint-simonianos e os positivistas de ontem, saibam o que deve ser feito, melhor do que um povo "ignorante" e "ganancioso". Esse desprezo ao povo, tão comum entre as classes cultivadas, incluindo aqueles que reivindicam a tradição "marxista", da revolução ou de outras reivindicações da mesma "farinha", é um dos grandes obstáculos que devem ser removidos. A primeira exigência, a que concentra todas as outras, é a da democracia, ou seja, poder decidir em todos os níveis no que diz respeito a nós e poder controlar os governantes. Várias correntes revolucionárias (incluindo os trotskistas) defendiam a necessidade do poder dos conselhos de trabalhadores. Infelizmente, essas formas de organização, tão preciosas em tempos de atividade revolucionária das massas, murcham muito rapidamente, a partir do momento que o movimento diminui – e ele reflui sempre. Na ausência de conselhos de trabalhadores, a democracia parlamentar, empurrada ao seu limite, poderia muito bem ser uma excelente forma de transição para o socialismo, como imaginada por Marx e Engels na década de 1880. Todas as chamadas democracias existentes tornaram-se, de fato, oligarquias, e todo tipo de obstáculos torna possível impedir que o povo venha a pôr o nariz nos assuntos dos ricos. Os antigos partidos nada mais são do que máquinas eleitorais úteis para garantir uma pseudoalternância, que preserva a aparência da democracia. A caricatura da democracia que são os EUA tornou-se o modelo globalizado. Alemanha, França, Itália, Reino Unido, em todos esses países as palavras esquerda e direita perderam todo o sentido. É com muita dificuldade que os movimentos populares procuram assumir o controle de seu próprio destino. A revolta dos Coletes Amarelos franceses, com seu *slogan* "referendo de iniciativa cidadã", expressou essa vontade popular. Mas isso não é o suficiente. Pode-se imaginar um parlamento baseado na representação proporcional completa e, por outro lado, o voto sistemático de um certo número de leis "estruturantes" através do referendo popular.

Se há algo em comum na maioria dos países, é a devastadora extensão dos poderes executivos às custas da representação legislativa. O movimento popular argelino, quebrado, talvez temporariamente, pela Covid-19, visava o aparato burocrático militar, identificado com a classe dominante. Na Turquia, é Erdogan quem está na mira dos movimentos sociais. Em Hong Kong e no Líbano, também vimos a potência das reivindicações democráticas. Porque em todos os lugares se colocam as mesmas questões e, em todos os lugares, é a democracia, como um sistema que garante liberdade e igualdade, que permanece o cimento dos movimentos populares. Mesmo nos EUA, o movimento desencadeado pelo assassinato de George Floyd pelos policiais de Minneapolis se inclui tanto nesse protesto, que seria absurdo limitá-lo às questões "raciais", pois tais questões raciais estão intimamente ligadas à questão social e à resistência ao aparato policial-militar do Estado estadunidense, que é tão violento contra brancos pobres quanto contra negros pobres.

Por várias razões, tivemos oportunidade de analisar em outros lugares (ver *Compreender Marx* e *Le Cauchemar de Marx* [O Pesadelo de Marx]) que a perspectiva da extinção do Estado deve ser considerada uma utopia que nos enfraquece. Por outro lado, a soberania das nações através de uma república democrática pode dar uma perspectiva de conjunto, a partir da qual a cooperação entre nações livres e soberanas poderia ser considerada.

Referências

ARENDT, Hannah. *Le Système totalitaire*. Paris: Seuil, 1972.
BERNAYS, Edward W. *Propaganda*. New York: Liveright, 1933.
CHAPOUTOT, Johann. *Libres d'obéir: Le Management, du nazisme à aujourd'hui*. Paris: Gallimard, 2020.
COLLIN, Denis. *Compreender Marx*. Petrópolis: Vozes, 2008.
____. *Le Cauchemar de Marx: Le Capitalisme est-il une histoire sans fin?* Paris: Max Milo, 2009.
____. *Libre comme Spinoza: Une Introduction à la lecture de l'Éthique*. Paris: Max Milo, 2014.
____. *Comprendre Hebert Marcuse: Philosophie, théorie critique et libération humaine*. Paris: Max Milo, 2017.
GRAMSCI, Antonio. *Cadernos do Cárcere*. Rio de Janeiro: Civilização Brasileira, 2017.
KLEIN, Naomi. *The Shock Doctrine: The Rise of Disaster Capitalism*. Toronto: Knopf, 2007.
MARCUSE, Herbert. *L'Homme unidimensionnel*. Paris: Les Éditions de Minuit, 1968.
NEGRI, Antonio; HARDT, Michael. *Império*. Rio de Janeiro: Record, 2010.
PREVE, Constanzo. *Storia critica del marxismo: Dalla nascita di Karl Marx alla dissoluzione del comunismo storico novecentesco (1818-1991)*. Napoli: La Città del Sole, 2007.

OCASO DO CAPITALISMO: FIM DA CIVILIZAÇÃO HUMANA?

Eleutério F.S. Prado

> *O capitalismo [...] baseia-se na exploração ilimitada do trabalho humano, do saber coletivo e dos recursos físicos do planeta. Desempenhou sua função nos últimos quinhentos anos, possibilitou o enorme progresso da modernidade e o horror ao colonialismo e à desigualdade. Agora acabou. Só pode continuar acelerando a extinção do gênero humano ou pelo menos (na melhor das hipóteses) a extinção do que se conhece por civilização humana.*[1]

Sim, agora parece que acabou; mas quando o capitalismo começou a acabar? O filósofo italiano, que forneceu a

1. Ver F. Berardi, Covid-19 Chega Para Interromper a Cadeia do Capitalismo Financeiro, *Carta do Instituto Humanitas Unisinos*.

epígrafe deste texto, afirma que esse processo se iniciou quando o Clube de Roma publicou o relatório "Os Limites do Crescimento", em 1972. Desde então, o evolver desmedido desse sistema econômico e, com ele, a financeirização, o aumento populacional, a predação dos recursos naturais, a elevação dos níveis de poluição etc., não fez mais do que produzir uma aproximação progressiva do fim da civilização humana. Ora, essa afirmação enfática, isto é, o "agora acabou", devém de uma mensagem inequívoca trazida pela pandemia do novo coronavírus que se espraiou por todos os continentes, em 2020, e causou um grande volume de mortes.

Para pensar a possibilidade de evitar esse desenlace, é preciso entrar em vários campos do conhecimento, em particular no campo da Geopolítica. Aqui, entretanto, vai-se fazer uma incursão circunscrita ao território da Economia Política, com o intuito de tentar responder duas perguntas específicas: quais são as expectativas atuais de evolução do capitalismo? Como elas podem gerar, eventualmente, as condições para uma transformação social que deixe para trás a perspectiva do fim da civilização humana?

A inspiração para a nota que se segue vem de um trecho famoso do Livro III de *O Capital*, de Karl Marx:

Enquanto a taxa de valorização do capital total, a taxa de lucro, é o aguilhão da produção capitalista (assim como a valorização do capital é o seu único objetivo), sua queda torna mais lenta a formação de novos capitais independentes e, assim, aparece como ameaça para o desenvolvimento do processo de produção capitalista; tal queda promove a superprodução, a especulação, as crises e o capital supérfluo, além da população supérflua.[2]

É sabido que o padrão de acumulação global nas últimas décadas compôs-se pela conjunção de três formas de participação no comércio internacional: países deficitários que criavam demanda efetiva, países exportadores industriais que obtinham superávits e países exportadores de

2. *O Capital: Crítica da Economia Política*, livro III, p. 281-282.

produtos primários[3]. Nesse movimento, alguns países se industrializaram (em especial a China), outros se desindustrializaram (em particular, o Brasil); dentre os países centrais, alguns mantiveram a sua posição de países exportadores de produtos industriais (Alemanha e Japão), enquanto outros se tornaram importadores (EUA, Grã-Bretanha, Itália e França). Aqui se faz um esforço, com um foco restrito, para compreender esse padrão, examinando o andamento do processo de acumulação no centro do sistema, na China e no Brasil. Eis que se quer colocar este último, enquanto um país periférico, no coração de uma preocupação teórica, mas também aplicada.

Nessa perspectiva, examina-se, em primeiro lugar, o desenvolvimento contraditório do capitalismo no centro do sistema (assume-se que este é formado pelo G7: EUA, Japão, Alemanha, Reino Unido, França, Itália e Canadá). Ainda que muito complexo, esse desenvolvimento pode ser visualizado, sinteticamente, por meio de um gráfico que mostra a evolução da taxa de lucro[4] após o fim da Segunda Guerra Mundial.

Depois da depressão[5] dos anos 1930, que só foi plenamente resolvida pela destruição de capital, provida pela própria guerra na Europa e na Ásia Oriental, e pelo esforço de guerra dos EUA, o capitalismo retomou os seus melhores dias. Esse período, por isso mesmo, recebeu o nome de "idade de ouro". Tornou-se um momento de enorme prosperidade e otimismo econômico, que, entretanto, durou cerca de 25 anos. Nele, medrou a democracia liberal e, com ela, o "estado de bem-estar social". Sob a hegemonia incontestada e global do capital estadunidense,

---

3. Ver F. Rugitsky, O Interregno e a Pandemia, *Revista Rosa*, n. 1.

4. Os gráficos em sequência foram construídos com base nos dados da Penn World Table 9.1. A medida da taxa de lucro aqui empregada é dada pela variável taxa interna de retorno real (IRR), que consta na tabela original, produzida pela Universidade de Groningen, Holanda.

5. Acompanha-se aqui e em sequência, em grandes traços, a exposição de Michael Roberts nos capítulos iniciais de seu livro *The Long Depression* (A Longa Depressão).

as economias europeias se recuperaram da devastação produzida pelo conflito bélico.

A hegemonia do dólar, como forma do dinheiro, que passou a predominar no comércio entre as nações e que serve como reserva internacional, entretanto, foi conservada nos períodos subsequentes. De meados para o fim da década dos anos 1960, as taxas de lucro começaram a cair, pois o intenso processo de acumulação produzira uma elevação da composição orgânica do capital, ao mesmo tempo que consumira as grandes reservas de força de trabalho do pós-guerra. O capitalismo experimentou, então, uma crise de lucratividade clássica, já que a elevação moderada da taxa de exploração não se mostrara capaz de compensar a elevação da razão entre a massa de capital e o valor da produção mercantil. Ao invés de depressão, sobreveio estagflação, e esta foi causada pela forte elevação dos preços do petróleo e pelo laxismo na criação de crédito, especialmente nos EUA.

Por meio da destruição do capital industrial, isto é, do fechamento das fábricas mais ineficientes, e do desemprego da força de trabalho, a crise criou já, como era de se esperar, certas condições para uma retomada da acumulação. Mas ela veio apenas quando o keynesianismo, imperante desde o começo do pós-guerra, foi substituído pelo neoliberalismo, como forma de orientação da política social e econômica, nas empresas e na sociedade como um todo. Mediante repressão dos sindicatos, privatização das empresas estatais, deslocamento para o exterior das atividades de trabalho intensivas, cortes nos ganhos indiretos gerados pelo estado de bem-estar, redução dos impostos pagos pelas empresas, desregulação do setor financeiro, os Estados-nações do centro do sistema experimentaram um período de recuperação neoliberal, que durou cerca de quinze anos ou pouco mais.

O capitalismo comprou tempo, mas como a recuperação da taxa de lucro industrial foi moderada, a prosperidade não pode retornar aos níveis do pós-guerra. Com o forte deslocamento da produção industrial principalmente para a Ásia, com a reprimarização da América Latina, foi criado um sistema de produção baseado em cadeias internacionais de valorização do valor. Ademais, como esse processo de recuperação elevou os ganhos propiciados pelas formas fictícias do capital, ele foi acompanhado de financeirização do sistema econômico, agora completamente mundializado.

A partir de 1997, a superacumulação de capital, tendência imanente do capitalismo em geral, veio à tona mais uma vez e, assim, as taxas de lucro começaram a cair novamente. Passou a ocorrer, então, uma sucessão de eclosões de bolhas e de crises, como a dot.com do ano 2000, a dos mercados emergentes na mesma época, a grande crise disparada pelo colapso do mercado imobiliário nos EUA, em 2008, e a crise despertada pela pandemia do novo coronavírus, a partir de 2019. É de se lembrar que a grande crise do capitalismo no Japão ocorreu já no começo dos anos 1990.

Desse modo, no fim do milênio anterior e no início do novo milênio, o capitalismo entrou numa longa depressão marcada por uma queda persistente das taxas de lucro, em especial no centro do sistema (representado pelo G-7). Todo esse processo de declínio das perspectivas históricas do capitalismo, teve contrapartidas importantes, tanto no capitalismo emergente na Ásia quanto no capitalismo periférico na África e na América Latina.

A China, em particular, aproveitou a sua enorme reserva de força de trabalho para se engajar na globalização liderada pelos EUA. A partir de 1978, quando Deng Xiaoping se tornou o líder do Partido Comunista, ela se abre para as formas propriamente capitalistas de acumulação e para o investimento estrangeiro. O sistema centralizado se transformou gradativamente em misto, ou seja, manteve-se centralizado nas indústrias estratégicas, nas finanças, na construção civil, mas aceitou e promoveu a concorrência nas indústrias exportadoras de bens intermediários e finais.

Desde então, a China passa a experimentar altas taxas de crescimento, torna-se a segunda maior economia do mundo em PIB total, transformando-se na "fábrica do mundo" (ultrapassando, assim, o Japão e a Alemanha nessa condição). Novecentos milhões de chineses foram tirados da pobreza absoluta e alçados à condição de força de trabalho industrial. A taxa de lucro se elevou até 1995, mas desde então passou a cair, convergindo assim, pouco a pouco, aos padrões gerais da economia mundial. Eis que a intensidade da acumulação não poderia deixar de elevar a composição orgânica do capital, assim como puxar os salários reais para cima, principalmente nas grandes cidades. E essas duas tendências, como se sabe, reduzem a taxa de lucro.

Após a crise mundial de 2008, que provocou um aprofundamento da longa depressão no centro do sistema, a China, com o seu modelo de capitalismo autocrático, fortemente dirigido pelo Estado, continuou se expandindo. Agora ela deixava de ser o país da mão de obra barata e da superexploração do trabalho, extensiva e intensivamente, para se tornar uma sociedade urbanizada, que é capaz de dominar a produção nas áreas da alta tecnologia e que mantém a ambição de se tornar uma força importante no conjunto das nações. Nesse sentido, passa a fazer sombra para os EUA que se mantêm, ainda que em relativo declínio, como a potência hegemônica no planeta.

A China ultrapassa, assim, com uma velocidade espantosa, a fase da exploração da mais-valia absoluta para a fase da exploração da mais-valia relativa. Ainda que o setor privado não seja aí dominante, tal como ocorre nos países do centro do sistema, as leis da acumulação de capital não poderiam deixar de atuar em seu padrão de desenvolvimento capitalista; a tendência ao declínio da taxa de lucro conforme cresce a composição orgânica, assim como as suas consequências, não poderia deixar de se manifestar. Segundo Adalmir Marquetti, Luiz E. Ourique e Henrique Morrone, esse declínio persistente da taxa de lucro será acompanhado de uma desaceleração da acumulação de capital, assim como de crise econômica, que poderá eventualmente ter os seus efeitos minimizados pela atuação voluntariosa do Estado chinês, mas com consequente aumento da ineficiência na produção de valor[6].

---

6. A Classical-Marxian Growth Model of Catching Up and the Cases of China, Japan and India: 1980-2014, *Journal of Radical Political Economics*, p. 1-23.

Esse quadro, ainda que sumário, permite enxergar melhor o desempenho da economia capitalista no Brasil nas últimas décadas, a partir de 1950. É premissa deste escrito, que o capitalismo se constitui como um sistema mundial, composto por regiões e países com diferentes graus de desenvolvimento das forças produtivas e, em consequência, de capacidade de geração de riqueza material. Como esses territórios são espaços de valorização do valor, eles devem ser vistos de uma forma integrada, em sua articulação econômica e geopolítica.

Se o capitalismo, no Brasil, foi capaz de internalizar a dinâmica do processo de crescimento entre 1950 e 1980, a partir de 1990, após uma década de crise e transição, ele se integrou fortemente ao processo de globalização, tornando-se uma plataforma de acumulação para o capital internacional, em especial para o capital financeiro. Passou, então, por um processo de desindustrialização, no curso do qual viu acontecer a reprimarização de sua estrutura econômica: o país perdeu, assim, graus de liberdade que havia alcançado na condução possível do seu próprio processo de desenvolvimento.

Tomando por referência o gráfico anterior, que apresenta a taxa de lucro medida como taxa interna de retorno do capital, é bem patente que é necessário distinguir dois padrões de desenvolvimento da economia capitalista no Brasil[7]. O primeiro, que vai até 1980, é usualmente tomado como uma fase em que domina o desenvolvimentismo associado, caráter esse que se revela pela busca incessante da industrialização por meio da substituição de importações, mas incorporando, sempre que possível, o capital estrangeiro na constituição de sua malha produtiva. O segundo, que se consolida depois de um interregno inflacionário, configura-se como uma fase em que domina o neoliberalismo, abandona-se o esforço desenvolvimentista e se passa a adotar um padrão liberal e periférico de inserção na globalização.

Nesse segundo período, é bem claro que a taxa de lucro apresenta uma tendência persistente de queda, de tal modo que o crescimento econômico ocorre por meio de pequenas altas e baixas constantes, um arquétipo que foi classificado metaforicamente como "voo de galinha". Ele está marcado por uma especialização regressiva, isto é, por uma combinação deletéria de desindustrialização, reprimarização e financeirização. O Brasil, assim, não conseguiu o seu alçamento, com o qual sonhou nas décadas anteriores; ao contrário, permaneceu como nação periférica e subordinada, sem independência tecnológica e financeira. Eis que não pode andar mais sem o concurso de capitais externos, já que são necessários para internalizar tecnologias mais modernas e mesmo para fechar o seu balanço de contas correntes. O Brasil não tem qualquer liderança na produção de mercadorias tecnologicamente avançadas, ao contrário, ocupa um lugar secundário e medíocre na divisão internacional do trabalho. Desse modo, ele exporta sistematicamente excedentes para o exterior pela via troca desigual da remessa de lucros, juros e royalties.

7. E.F.S. Prado, Das Explicações Para a Quase Estagnação da Economia Capitalista no Brasil, *Revista de Economia Política*, v. 37, n. 3, p. 478-503.

Dentro da perspectiva acima desenvolvida, parece muito difícil imaginar que o capitalismo possa produzir um novo período de progresso social, em especial nos países periféricos. A tendência geral à redução da taxa de lucro – algo que se observa no G7, no Brasil e na China, assim como em outros países que aqui não foram considerados – não deverá ser revertida de um modo importante.

Ademais, o horizonte posto pela presente crise econômica está ainda muito tormentoso. O endividamento das empresas, dos governos e das famílias está se tornando cada vez mais insustentável. A carência dos sistemas de saúde, abalados agora pela pandemia do novo coronavírus, exigirá recursos extras para responder ao clamor social. Está em curso, ademais, um processo silencioso, mas persistente, da degradação das moedas, em particular do dólar: se no curto prazo se pode esperar uma deflação em face do choque de demanda e pressão das dívidas acumulada, no longo prazo se deve aguardar uma estagflação, já que haverá necessidade de monetizar os déficits fiscais. Nessa situação, ao invés de mais produção, as empresas com os lucros comprimidos, diante de uma elevação da demanda nominal, desejarão apenas aumentar mais e mais os preços das mercadorias vendidas. Enfim, um recuo da globalização, que agora muitos preveem, não se fará sem custos na ordem interna das nações e sem conflitos na ordem internacional.

Também não é possível esquecer a crise ambiental, que já assola de forma inclemente o planeta, em que prosperou até recentemente a civilização humana. Segundo Luiz Marques, o colapso socioambiental não é mais algo que está no horizonte, mas algo que acontece no dia a dia da vida humana na face da Terra. Ainda que não queiram enxergar, todos aqueles que promovem o capitalismo, assim como todos aqueles que o sofrem, terão de enfrentar cada vez mais, nos próximos anos e décadas, as anomalias climáticas, as ondas de calor extremo, as secas, os incêndios florestais, os furacões, as inundações marítimas, a migração e proliferação de pragas agrícolas, a difusão de epidemias, o declínio das populações de vertebrados e invertebrados, o aumento da fome global, a explosão de refugiados climáticos e as crises humanitárias[8]. A pandemia do novo coronavírus, portanto, não é um fato isolado, que será superado para que se possa voltar a uma suposta normalidade anteriormente vigente.

Desse modo, as condições internas e externas para o desenvolvimento do capitalismo em termos mundiais são altamente desfavoráveis – mas ainda mais nos países periféricos, como o Brasil. Daí decorre que se possa esperar o declínio ou mesmo o fim do neoliberalismo? Dada a grandeza dos problemas a serem enfrentados, é adequado pensar que será necessária e mesmo imperiosa uma readequação da intervenção estatal, visando restringir a atuação da dinâmica concorrencial dos mercados?[9]

Mas, afinal, o que é o neoliberalismo? Na conceituação bem aceita de Pierre Dardot e Christian Laval, trata-se de uma racionalidade que reconfigura a própria forma de ser e de existir das pessoas na sociedade contemporânea. Consiste, pois, de uma normatividade que se impõe a todos nos vários âmbitos da vida social, por constrangimento e convencimento, que determina a todos viverem num "universo de competição generalizada"[10]. Se essa definição é correta – e não se negará aqui que contém veracidade –, então, à primeira vista, a hipótese do final do último parágrafo parece fazer sentido.

De modo complementar, Philip Mirowski pensa o neoliberalismo como um pensamento político e não meramente como uma receita de política econômica. Porém, que não haja engano: eis que ele não veio a existir – assevera – após o fim da Segunda Guerra Mundial, assim como a crescer após a crise de lucratividade dos anos 1970, com

---

8. Ver L. Marques, *Capitalismo e Colapso Ambiental*.
9. F. Rugitsky, op. cit., p. 10-11.
10. P. Dardot; C. Laval, *A Nova Razão do Mundo*, p. 16.

a finalidade de defender o *laissez-faire* e o *minimum State*. Ao contrário, os ideólogos neoliberais privilegiam sempre "Estados fortes, que constroem o tipo de sociedade de mercado em que eles próprios acreditam"[11].

Mirowski tem razão, quando afirma que os neoliberais têm uma ontologia social que se baseia numa limitação da racionalidade do ser humano e, assim, de sua capacidade de moldar a sociedade de acordo com a sua vontade. O mercado é, para eles, uma ordem espontânea e não uma ordem construída. Se para o pensamento econômico neoclássico o mercado é um modo de alocar recursos escassos entre fins alternativos, para os neoliberais trata-se de um sistema de informação que evoluiu pouco a pouco, de modo oculto no correr dos tempos, sem que tivesse sido construído por alguém, mas que veio permitir um enorme avanço na complexidade da ordem social. Em consequência, o mercado é, para eles, o fundamento da "grande sociedade". Nessa perspectiva, esse suposto produto dos séculos requer o assentimento de todos que amam a liberdade, porque a sua eventual supressão leva necessariamente a uma combinação deletéria de ineficiência e totalitarismo[12].

Na verdade, se para o pensamento liberal clássico o sistema de mercado é uma ordem natural, para o pensamento neoliberal ele se apresenta como uma "ordem moral", à qual todos devem se submeter, porque se trata de algo que os homens ganharam do processo evolutivo das normas sociais, e que não podem suprimir nem melhorar sem enormes custos e dissabores[13]. Eis que as normas mais importantes da sociedade não surgiram por deliberação humana, mas por meio de um processo cego

11. P. Mirowsky, Como os Neoliberais Pretendem Aproveitar Essa Crise, *Jacobin Brasil*. Disponível em: <https://jacobin.com.br/>.
12. Para uma crítica dessa tese e que, ao mesmo tempo, argumenta em favor do planejamento democrático, ver E.F.S. Prado, Morozov: O Big Data e o Planejamento (Neo)Democrático, *Outras Palavras*.
13. Idem, (Neo)Liberalismo: Da Ordem Natural à Ordem Moral, *Outubro*, n. 18, p. 149-174.

de mutação, transmissão e seleção por meio da prática social descentralizada. Nesse sentido, ele dirá, por exemplo, com Hayek, que a justiça social – ainda que possa ter em si mesma certo mérito – é apenas uma miragem.

Ora, o que essas conceituações esquecem é de vincular o neoliberalismo ao próprio modo de produção capitalista e, assim, ao processo que lhe é inerente de subsunção do trabalho ao capital. O neoliberalismo consiste na segunda negação do liberalismo clássico que, para ser compreendido como tal, deve ser associado à subsunção real descrita por Marx nos *Grundrisse* e em *O Capital*. Ora, isso precisa ser mais bem explicado[14]. Aqui, porém, é apenas possível apresentar o argumento em grandes traços.

O liberalismo social (ou seja, a social-democracia) representa, no evolver histórico desse sistema de produção, em última análise, "uma consciência neutralizada da subsunção do trabalho ao capital, portanto, da essência oculta do capitalismo". Este último consiste, pois, na primeira negação dessa forma de pensamento e prática política. A segunda negação referida advém nesse curso de desenvolvimento quando a subsunção material da grande indústria passa a ser substituída pela subsunção intelectual do trabalho ao capital. O neoliberalismo, pois, nada mais é do que a expressão no plano da governança e da política dessa forma de subordinação. Em consequência, ele não será superado, mas aprofundado, no andamento da atual crise estrutural do capitalismo, denotada também como uma "longa depressão", ou seja, após a eclosão da grande crise de 2020.

Para finalizar, é preciso, agora, tentar responder a segunda pergunta formulada no início dessas reflexões, que versa sobre as condições da transformação social no ocaso do capitalismo. Ora, é bem evidente que esse sistema de produção baseado na mercadoria, no dinheiro

---

14. Idem, Pós-Grande Indústria e Neoliberalismo, *Revista de Economia Política*, v. 25, n. 1, p. 11-27.

e no capital perderá gradativamente a sua legitimidade, já que se mostrará incapaz de resolver os vultosos problemas e as enormes crises – no interior da grande crise estrutural ora em desenvolvimento – que ele próprio está engendrando e engendrará.

Se ainda é verdade que "o verdadeiro obstáculo à produção capitalista é o próprio capital", deixou de ser verdadeiro que ele possa superar positivamente os obstáculos que agora ele próprio põe e alimenta. É certo ainda que "a produção capitalista tende constantemente a superar esses limites que voltam a elevar diante dela esses mesmos limites, em escala ainda mais formidável"[15], porém, é de se esperar, agora, apenas uma grande e última tragédia, se os seres humanos não forem capazes de lutar pela instituição de comuns, ou seja, de formas de existência social que preservem a humanidade do colapso, tal como sugere enfaticamente o segundo grande livro de Dardot e Laval[16].

É, pois, preciso abandonar as propostas reformistas que continuam pressupondo a continuidade do capitalismo; é preciso adotar propostas que possam levar as sociedades, explicitamente, além dele. Levar essa consciência e prática políticas aos povos do planeta é uma necessidade que se impõe agora, não apenas por fidelidade aos trabalhadores do mundo, mas também por amor ao projeto de constituir verdadeiramente uma "humanidade".

Referências

Livros

DARDOT, Pierre; LAVAL, Christian. *A Nova Razão do Mundo: Ensaio Sobre a Sociedade Neoliberal*. São Paulo: Boitempo, 2016.
_____. *Comum: Ensaio Sobre a Revolução no Século XXI*. São Paulo: Boitempo, 2017.

15. K. Marx, op. cit., p. 289
16. Ver *Comum: Ensaio Sobre a Revolução no Século XXI*.

MARQUES, Luiz. *Capitalismo e Colapso Ambiental*. Campinas: Editora Unicamp, 2015.
MARX, Karl. *O Capital: Crítica da Economia Política*. Livro III. São Paulo: Boitempo, 2017.
ROBERTS, Michael. *The Long Depression: How It Happened, Why It Happened, and What Happens Next*. Chicago: Haymarket, 2016.

Revistas

BERARDI, Franco. Covid-19 Chega Para Interromper a Cadeia do Capitalismo Financeiro. *Carta do Instituto Humanitas Unisinos*, IHU, 21 maio 2020.
MARQUETTI, Adalmir; OURIQUE, Luiz E.; MORRONE, Henrique. A Classical-Marxian Growth Model of Catching Up and the Cases of China, Japan, and India: 1980-2014. *Journal of Radical Political Economics*, 2020.
MIROWSKY, Philip. Como os Neoliberais Pretendem Aproveitar Essa Crise. *Jacobin Brasil*, 21 maio 2020. Disponível em: <https://jacobin.com.br/>. Acesso em: 30 set. 2020.
PRADO, Eleutério F.S. Pós-Grande Indústria e Neoliberalismo. *Revista de Economia Política*, v. 25, n. 1, 2005.
____. (Neo)Liberalismo: Da Ordem Natural à Ordem Moral. *Outubro*, n. 18, 2009.
____. Das Explicações Para a Quase Estagnação da Economia Capitalista no Brasil. *Revista de Economia Política*, v. 37, n. 3, 2017.
____. Morozov: O Big Data e o Planejamento Democrático. *Outras Palavras*, 13 out. 2019.
RUGITSKY, Fernando. O Interregno e a Pandemia. *Revista Rosa*, n. 1, 2020.

METABOLISMO SOCIAL E PANDEMIAS: ALTERNATIVAS AO "VÍRUS" DO CRESCIMENTO AUTOFÁGICO

Daniel Lemos Jeziorny

No início de 2019, a Sociedade Brasileira de Economia Ecológica publicou um boletim com uma advertência assustadora: "o aquecimento global pode ganhar vida própria". Em razão da interferência humana, o desequilíbrio do Sistema Terra pode puxar o gatilho que inaugura um mecanismo sem volta. Causada por uma profunda desarticulação no funcionamento da biosfera, a ação conjunta de efeitos oriundos do aquecimento global tende a se retroalimentar.

Cerca de um ano depois, a humanidade é seriamente ameaçada por uma pandemia causada por um novo tipo de vírus, o Sars-cov-2, ou novo coronavírus. Ainda que não se tenha confirmação a respeito da origem desse inimigo letal, duas teses dividem as atenções. Por um lado, daqueles que têm fé de que se trata de um vírus criado em laboratório. Por outro, dos que entendem que o novo coronavírus é mais uma das tantas repercussões negativas da forma de apropriação predatória da natureza, que cria condições para que patógenos saltem de seu ambiente biofísico natural para ameaçar os seres humanos, tanto em espaços rurais como nas cidades. Em favor destes, pesam diversos estudos científicos, com resultados reunidos em relatórios publicados pelo Programa das Nações Unidas para o Meio Ambiente. Tais estudos indicam que a raiz de diversas doenças infecciosas está na degradação ambiental, portanto, de que ameaças sufocantes, como a que se enfrenta hoje, são consequências de um crescimento econômico ensandecido, que assume uma natureza autofágica, ao se alimentar predatoriamente de seu próprio substrato material.

De todo modo, a busca pela contenção da recente pandemia, que em praticamente todos os países intercorreu por intermédio de políticas de isolamento social, acaba por puxar o freio de emergência do sistema econômico. E um dos resultados da desaceleração forçada da economia mundial já pode ser observado em vários ecossistemas que compõem a biosfera (Sistema Terra). Isso ocorre pois menos indústrias em funcionamento e menor circulação de veículos resultam em menores emissões de dióxido de carbono (CO_2) e dióxido de nitrogênio (NO_2) na atmosfera, de tal forma que parece se refrear, de fato, alguns mecanismos centrais do aquecimento global, a partir do controle da escala e da velocidade de reprodução do sistema socioreprodutivo.

A rápida resposta dada pela natureza à desaceleração da economia mundial é surpreendente. Moradores do norte da Índia admiram-se ao rever a cordilheira do Himalaia, depois de três décadas escondida por uma cortina de poluição. Pumas foram vistos pelas ruas de Santiago, javalis, nas de Barcelona, e a população de Veneza encanta-se com a volta da cristalinidade das águas dos canais, que cortam sua belíssima cidade. Em isolamento, muitos humanos voltam a ouvir o canto dos pássaros, mesmo nas grandes e "outrora" ruidosas metrópoles. Cantos que talvez ressoem como um recado da Mãe Natureza àqueles filhos que há muito lhe têm tratado com espantoso desdém, ao passo que acreditam cegamente encontrar uma tecnologia milagrosa que venha lhes salvar da destruição que causam, mas que estranhamente se recusam a reconhecer como fruto de seu próprio modelo civilizacional. O recado parece mais claro do que nunca: enquanto a destruição criativa inova em doenças infecciosas calcada na superacumulação de capital, a resposta eficiente vem da desaceleração do sistema. Contudo, fica a questão: a desaceleração do capitalismo, ainda que brevemente possível, pode ser mantida *ad infinitum*? Com base no conceito de metabolismo social, este texto procura por pistas que indiquem o caminho de uma resposta, talvez não definitiva, mas realista.

Metabolismo Social e Pandemias

Cunhado inicialmente por Marx, e desenvolvido por diversos autores, o conceito de *metabolismo social* reflete os desdobramentos da relação sociedade/natureza, especialmente no que diz respeito aos fluxos de matéria e energia que se estabelecem entre a biosfera e a economia; dito de outra forma, trata-se da relação metabólica entre as condições naturais de produção e o sistema que as transforma, o sistema produtivo, aquele que deve responder pela reprodução material da sociedade.

Sem dúvida, para se compreender tanto aquilo que representa no plano ideal quanto o que indica enquanto necessidade, mas também possibilidade de transformação concreta, o conceito de metabolismo social – como qualquer outro – só é plenamente inteligível e corretamente instrumentalizável (portanto, eficaz) se não dissociado da construção teórica que lhe atribui sentido lógico. Nessa linha, vale observar, de início, pelo menos dois aspectos centrais importantes para limpar o terreno à reflexão que se pretende neste texto ligeiramente tangenciar – e não mais do que isso. Primeiro, que se a plena apreensão do significado do conceito de metabolismo social requer a sua interpretação nos marcos de uma concepção materialista, isso não parte de algum tipo de convicção pessoal, ou tentativa de encontrar um objeto à aplicação de pressupostos abstratamente formulados *a priori*. Pelo contrário, interpretar metabolismo social no quadro de uma abordagem metodológica materialista (e histórica) resulta, com efeito, do fato de se tratar de um instrumento analítico que visa colocar sob reflexão – *post festum* – manifestações concretas de uma realidade não menos concreta (a relação sociedade-natureza).

Isso conduz a outro aspecto não menos central. O fato de essa realidade concreta, embora totalidade indivisível, funcionar a partir dos movimentos próprios – porém articulados – de suas partes: a esfera produtiva da sociedade e a biosfera. Dois complexos indissociáveis, mas que podem apresentar ritmos mais ou menos consonantes ou dissonantes entre si. Cumpre observar-se, no entanto, que em certos estágios da complexificação do modo de vida, a dissonância entre as partes pode causar tamanha desarticulação, que acaba por atribuir ao desenvolvimento econômico um certo caráter autofágico, na medida em que lhe transforma num processo que se alimenta predatoriamente de seu próprio substrato material. Nesse caso, quanto maior a dissonância ou disjunção entre as partes, maior aquilo que Marx chamou de "falha metabólica" e, nesse sentido, também maior a "fome autodestrutiva" do sistema produtivo.

Além disso, vale atentar para o fato de que esse apetite por autodestruição é geralmente servido em dois pratos, ou melhor, manifesto em dois aspectos da relação metabólica da sociedade com a natureza. Em um deles, pode ser percebido sempre que a velocidade de consumo de matéria e energia, por parte do sistema produtivo, superar a velocidade de regeneração do sistema que lhe fornece tais elementos. Em outro, quando a escala de dejetos da produção ultrapassar a capacidade que os diferentes ecossistemas possuem de assimilá-los. Estas são, a rigor, as principais vias pelas quais um sistema ecológico pode rumar à desorganização de sua estrutura e, com isso, ter sua mecânica alterada e/ou comprometida em virtude de ações humanas[1].

É nesse quadro que se costuma falar em *metabolismo ecossistêmico*, ou seja, no funcionamento próprio de um determinado ecossistema, de cuja interação dos elementos que compõem sua estrutura resultam uma série de *funções ecossistêmicas*, tais como a ciclagem de nutrientes do solo, as regulações do clima e do ciclo da água, o sequestro de carbono da atmosfera, dentre outras tantas. Além disso, sempre que uma função ecossistêmica puder satisfazer direta ou indiretamente alguma necessidade humana, ela passa a ser considerada também um *serviço ecossistêmico*, a exemplo da formação do solo no caso das atividades agrícolas[2]. Vale observar, no entanto, que devido à ampla diversidade de necessidades humanas, que os serviços ecossistêmicos concorrem ao atendimento, nem todos são passíveis de classificação sob uma mesma categoria, mas geralmente a partir de um quarteto[3]: serviços de provisão (alimentos, água, madeira para combustível, fibras, recursos genéticos etc.); serviços de regulação (regulação climática, regulação de doenças, regulação e purificação de água, regulação de danos naturais, polinização); serviços de cultura (ecoturismo e recreação, espiritual e religioso, estético e inspiração, educacional, senso de localização e herança cultural); serviços de suporte (formação do solo, produção de oxigênio, ciclagem de nutrientes e produção primária).

1. H. Daily, Toward Some Operational Principles of Sustainable Development, *Ecological Economics*, v. 2, p. 1-6.
2. Ver idem, *Nature's Services*.
3. FAO, *Evaluación de los recursos forestales mundiales 2020*. Disponível em: <http://www.fao.org/>.

Quando examinada por essa lente, a recente pandemia do novo coronavírus se apresenta como sintomática de uma fissura no metabolismo social, suficientemente grande para incorrer num desequilíbrio ecológico, capaz de comprometer de modo decisivo o fornecimento de um dos serviços ecossistêmicos mais imprescindíveis, pois diretamente vinculado à vida: o de regulação de doenças. Contudo, ao se ajustar o foco em uma perspectiva menos pontual, percebe-se que essa falha metabólica não representa um caso isolado, um evento fortuito, mas sim o resultado de um processo de transformação ambiental em curso há bastante tempo.

De acordo com as Nações Unidas, o século passado foi um período de mudanças ecológicas sem precedentes, com dramáticas reduções na biodiversidade dos diferentes ecossistemas que compõem a biosfera. E a devastação crescente, ao passo que altera a estrutura da biosfera, traz consigo um conjunto cada vez maior de doenças infecciosas, cujos exemplos abundam nos últimos anos: Ebola, Gripe Aviária, a Síndrome Respiratória do Oriente Médio (Mers), o Vírus Nipah, a Febre do Vale Rift, a Síndrome Respiratória Aguda Grave (Sars), a Febre do Nilo Ocidental, o vírus Zika[4]. Com efeito, um olhar atento e criterioso pode revelar muitas coisas a respeito desse enredo um tanto quanto trágico. Uma delas, é que todas essas doenças infecciosas são, na verdade, sintomas de uma única e preocupante ferida aberta entre as partes que conformam o metabolismo social. Uma fissura que, a julgar pela recorrência dos sintomas, em vez de fechar-se, com o tempo se alarga: isso à medida que o sistema econômico funciona em ritmo dissonante do ritmo de regeneração ecossistêmica. Todavia, vale lembrar que somente aos mais desavisados de seus espectadores, isso se trata de uma surpresa. Afinal, diversos estudos – muitos deles compilados num relatório do Unep (2016) – já

---

4. Unep Frontiers, Emerging Issues of Environmental Concern, *United Nations Environment Programme*. Disponível em: <https://environmentlive.unep.org/>.

há algum tempo alertam que nunca houve tantas possibilidades aos patógenos de saírem de seu ambiente biofísico natural e alcançarem os seres humanos, promovendo uma série de doenças zoonóticas, tanto em espaços rurais, como nas cidades. Portanto, é preciso reconhecer, com urgência, que um preocupante resultado da devastação ambiental em curso tem sido uma insuficiência cada vez maior na capacidade de a biosfera fornecer serviços ecossistêmicos de regulação de doenças. Logo, à superação da trajetória de eclosão de diversas patologias que ameaçam a humanidade, urge reconhecer a fissura instalada no metabolismo social, visto que se manifesta num substancial, crescente e preocupante aumento mundial no número de doenças zoonóticas emergentes e surtos de zoonoses epidêmicas, bem como de zoonoses transmitidas por alimentos[5]. Nesse cenário, em que uma nova doença infecciosa entra em cena em média a cada quatro meses, uma das mais tenazes pontes epidemiológicas entre a vida selvagem e as infecções humanas mais recorrentes tem sido o gado (sim, o gado). Isso, pois, *grosso modo*, animais criados intensivamente carecem da diversidade genética que lhes fornece resiliência natural a determinadas viroses. Um exemplo, também bastante ilustrativo, é o caso dos patógenos da influenza – ou gripe – aviária, que primeiramente circulavam em aves selvagens, mas que com a degradação ecossistêmica passaram mais facilmente às aves domésticas e, destas, aos seres humanos[6].

---

5. As doenças zoonóticas emergentes são as que apareceram recentemente numa população ou que já existiam mas aumentam com rapidez em incidência ou faixa geográfica. A maioria destas não é altamente letal e não se espalha de maneira ampla. Porém, algumas têm enormes impactos, como: o vírus da imunodeficiência humana (HIV, Aids), influenza aviária (gripe aviária), encefalopatia espongiforme bovina (doença da vaca louca) e Ebola. Os surtos de zoonoses epidêmicas em geral ocorrem de forma intermitente. As zoonoses epidêmicas são com frequência desencadeadas por eventos como mudanças climáticas, inundações e outros eventos climáticos ou fome; exemplos são antraz, raiva, febre do Rift Valley e leishmaniose. Ver ibidem.
6. Ibidem.

Ainda de acordo com o relatório das Nações Unidas acima mencionado, o surgimento de doenças zoonóticas também é frequentemente associado a distúrbios ecológicos provenientes da intensificação de monoculturas agrícolas, que resultam em invasões e derrubada de florestas e outros habitats naturais; o que convida a refletir muito especialmente a respeito dos modelos de desenvolvimento econômico calcados na produção de *commodites* agrícolas, como a soja, mas também em *commodites* minerais, como o minério de ferro. Nessa linha, uma leitura lógica – daquilo que diversos estudos científicos indicam – é a de que existe uma perniciosa associação entre o que se tem chamado de *neoextrativismo*[7], a saber, modelos de crescimento econômico calcados na extração, produção e exportação de *commodities* agrícolas e/ou minerais, e o surgimento de doenças zoonóticas que colocam em risco não apenas a estrutura dos ecossistemas, mas também a própria vida humana. A rigor, a desestruturação de ecossistemas oferece oportunidades singulares para que patógenos migrem de animais selvagens para seres humanos, especialmente quando a biodiversidade é perdida, visto que se reduz, drasticamente, as barreiras naturais do sistema ecológico ao surgimento e disseminação de doenças, que infectam de forma muito séria os seres humanos.

Portanto, um metabolismo social minimamente "saudável" implicaria restringir tanto a escala quanto a velocidade de reprodução do sistema econômico, de forma a manter-se seu funcionamento dentro dos *fatores limitantes* colocados pela natureza, assegurando-se que o metabolismo ecossistêmico funcione sem sobressaltos que ameacem a humanidade. Tal problema nos remete ao ponto verdadeiramente crucial: a forma processual pela qual a interação intercorre, ou seja, a forma de organização do trabalho. Afinal, trata-se do processo pelo qual o "homem medeia, regula e controla o metabolismo que se

---

7. Ver E. Gudynas, *Derechos de la Naturaleza*.

produz entre ele e a natureza"[8]. Logo, é um processo que está tanto na raiz do sistema produtivo, isto é, da reprodução da sociedade, quanto do próprio ser humano, que só se torna de fato um indivíduo no interior da sociedade.

O "Vírus" do Crescimento Autofágico

Diante do exposto, fica patente que o metabolismo social é passível de ser interpretado a partir de duas relações: sociedade-natureza e indivíduo-natureza. Conquanto a relação indivíduo-natureza ocorra – em geral – por intermédio da sociedade, tratar deste par de relações requer, portanto, uma lente capaz de enquadrar as tendências de movimento de um modo (socioeconômico) de vida em coevolução com as leis de funcionamento da biosfera. O ponto central da análise reside, assim, na forma pela qual a sociedade em questão organiza e aplica a força de trabalho disponível, para transformar o ambiente natural em função de suas necessidades e desejos. Na sociedade de produção e circulação de mercadorias, ou melhor, no capitalismo, a mola mestra dessa capacidade social de transformar a natureza é a acumulação de capital, é ela que está no centro das coisas, o que significa que o processo pelo qual se obtém os meios de subsistência e de reprodução da sociedade não é pura e simplesmente um processo produtivo, mas é também um processo de valorização de capital, isto é, um processo de valorização de uma determinada quantidade de valor que é posta em circulação. Quando um investidor qualquer decide, por exemplo, comprar ou arrendar terras para cultivar soja, o seu objetivo último não é a colheita dos grãos, ou seja, o produto que tal empreendimento pode gerar; assim como não é o desenvolvimento do espaço rural que o ampara. O objetivo final do investidor é valorizar, mediante a venda da mercadoria soja, o capital investido em seu processo produtivo

---

8. Ver K. Marx, *O Capital: Crítica da Economia Política*, p. 255.

específico. Ao fim das contas, o mote do investimento é o lucro monetário: é essa a regra na base de praticamente tudo o que é produzido no sistema capitalista.

Depreende-se daí que, no capitalismo, o processo de reprodução social é regido por uma lógica expansiva. Ao final de cada novo ciclo produtivo, espera-se ter mais do que o que fora adiantado inicialmente. Vale observarmos que o próprio capital não é uma coisa (embora possa transmutar-se eventualmente em várias), mas sim valor em processo de valorização, isto é, um determinado montante de valor – em geral monetário – que é colocado em circulação para, ao final, retornar acrescido ao ponto de onde partiu[9]. Além disso, outro eixo fundamental, ao bom entendimento das implicâncias de nossa relação metabólica com a natureza, passa pela compreensão do duplo caráter do trabalho presente nas mercadorias, que consubstanciam essa mecânica. A rigor, todo trabalho é concreto e abstrato. Ele é concreto (e útil), pois é sempre atividade específica, orientada a fins específicos para produzir produtos específicos, que venham a atender específicas necessidades humanas. Porém, o trabalho também pode ser considerado de um ponto de vista abstrato, visto que é uma potência humana capaz de concretizar-se de variegadas formas (concretas e específicas). Pelo prisma da formação social, e, portanto, também de seu metabolismo com a natureza, essa potência é sempre uma força social capaz de transformar a natureza, a si própria e aos seres humanos ao longo do tempo; a depender das repercussões das formas pelas quais se concretiza. Nesse sentido, uma análise realista, capaz de formular questões concretas, verdadeiramente essenciais a respeito das repercussões ecológicas da ação humana sobre o funcionamento do *Sistema Terra*, implica colocar sob exame as diversas formas

9. No entanto, como o próprio valor é fruto de uma força de trabalho que é social, o capital também se resume a uma relação social, que no fundo é tanto de exploração de uma classe social por outra quanto da natureza.

pelas quais o trabalho abstrato da economia mundial se concretiza e, a partir daí, apreender melhor como os diferentes processos produtivos coevoluem com os ecossistemas que, em conjunto, conformam a biosfera.

Necessário observar, nesse cenário, que o avançar do processo de urbanização também impulsiona a separação do ser humano de sua relação metabólica mais direta e específica com a natureza. Em geral, do ponto de vista do trabalhador urbano e assalariado, a alienação que daí decorre é tanto da posse do produto final de sua jornada de trabalho quanto do controle do processo produtivo, no qual sua força de trabalho é consumida. Porém, antes de tudo, trata-se de uma alienação das condições naturais de reprodução humana. Dessa forma, é justo afirmar que à medida que o desenvolvimento do capital avança, e com este também a urbanização e a industrialização da sociedade capitalista, esta passa a se organizar cada vez mais em função da natureza abstrata do trabalho, isto é, com base em cálculos de tempos de exploração de uma força social de trabalho de maneira crescentemente desatrelada, ou independente, daquelas condições naturais que se encontram na base do metabolismo entre os seres humanos e a natureza. Acontece que essa fratura metabólica não apenas aparta os seres humanos das condições naturais de produção, mas também as condições naturais de produção de boa parte do processo de retorno de matéria orgânica, que concorre ao seu funcionamento natural. A perda de fertilidade do solo talvez desponte como a mais pronunciada das repercussões materiais desse processo; tanto que levou Marx a apontar a produção agrícola capitalista como um significativo entrave ao desenvolvimento do capitalismo[10]. A separação campo-cidade, que está na raiz da fratura metabólica, incorre em diversos aspectos negativos no que diz respeito ao metabolismo social: o que fazer com a montanha de lixo

---

10. Ibidem.

e dejetos produzidos nos centros urbanos e em espaços rurais é um dos mais significativos desses aspectos negativos. Veja-se o caso específico do plástico, por exemplo: as 336 milhões de toneladas geradas em 2016 são cerca de mil vezes maiores do que em 1950[11].

Isso remete a outro ponto fundamental à compreensão da dinâmica de nossa relação metabólica com a natureza: a aceleração. O sistema não é apenas expansível, ele também é acelerante[12]. Isso pois, na medida em que a acumulação de capital é a sua mola mestra, e ao passo que capitais, que giram mais rapidamente, tendem a se valorizar mais e/ou menos velozmente do que aqueles que não o fazem, a própria concorrência intercapitalista conduz uma corrida pela introdução de inovações que reduzam o tempo de giro dos capitais. No que toca à reprodução material do sistema, esse movimento se consubstancia em tecnologias capazes de produzir mercadorias em períodos produtivos cada vez mais curtos. No entanto, como geralmente essas mercadorias possuem menor valor, a manutenção de grandes massas de lucro requer volumes cada vez maiores de produção, comercialização e consumo. Dessa forma, as lógicas crescente e acelerante do sistema

---

11. A. Costa, Antropoceno: Um Ataque ao Delicado Ajuste do Sistema Terra, *Boletim* ECOECO, n. 38, p. 15-20.

12. A lógica expansiva e acelerante do sistema talvez se pronuncie mais em períodos de crise. No geral, as crises costumam ser resultado de desacelerações na taxa média de lucro até que a própria expansão seja interrompida – irrompendo numa crise. Outro ponto que merece ressalva, diz respeito à financeirização. Afinal, a própria busca por lucros financeiros é, em muitos casos, uma forma de contrarrestar tendências declinantes de taxas de lucro, além de uma forma de acelerar o tempo de rotação dos capitais. No entanto, daí a afirmar-se que o sistema esteja se desmaterializando há um longo caminho, basta ver que, de acordo com o Pnuma (Programa das Nações Unidas para o Meio Ambiente), o consumo de matéria e energia segue em expansão desde 1970, tanto que a quantidade de matérias-primas extraídas da Terra passou de 22 bilhões de toneladas, em 1970, para 70 bilhões de toneladas, em 2010. Ou seja, o fato de grande parte da valorização de capitais estar ancorada na esfera financeira, não significa que se consuma menos matéria e energia em termos absolutos.

tendem a se retroalimentar; quanto maior a escala, maior a necessidade de aceleração – e maiores as repercussões negativas sobre os ecossistemas. Note-se, por exemplo, o que tem ocorrido desde a década de 1950[13]. A aceleração das transformações socioeconômicas é praticamente estonteante, e, embora sob determinado prisma desponte encantador o mundo de possibilidades que a pletora material anuncia, no que toca à degradação do meio natural, esse mundo novo repleto de sofisticados aparelhos traz implicações, não raras vezes, preocupantes. A observação de algumas variáveis nos ajuda a entender a relação metabólica entre a humanidade e a natureza, especialmente no que toca à natureza acelerante do sistema produtivo. O século XX produziu uma explosão demográfica sem precedentes, mas que cresceu ainda mais aceleradamente a partir dos anos 1950. De três bilhões, chegamos a cerca de 7,6 bilhões de seres humanos atualmente, em sua maioria nos espaços urbanos, o que contribui ainda mais à fratura metabólica e implica numa utilização cada vez maior de fertilizantes. Em 1950, a utilização destes era menor do que 10 milhões de toneladas, mas saltou para 200 milhões de toneladas em 2000. O número de veículos automotores em circulação também explodiu nesse meio século, de aproximadamente 200 milhões em 1950, chegou-se a cerca de 1,5 bilhão em 2000. Nessa toada, exacerbam-se

---

13. Vale mencionar as repercussões que decorrem do apelo ao consumismo projetado no estilo de vida estadunidense ou *american way of life*. *Grosso modo*, um modelo de sociedade fortemente calcado no consumo em massa, sobretudo de bens duráveis, como automóveis e eletrodomésticos. Desde o final da Segunda Guerra Mundial, esse modelo de sociedade vem sendo defendido, por muitos, como a melhor e mais avançada forma de sociabilidade humana. No entanto, ao associar o bem-estar ao consumo material, mas também por estar fundamentado numa economia fóssil, tem sido um dos principais vetores da expansão de diversas tendências que provocam o aquecimento global, como as emissões de gases que provocam o efeito estufa. Além disso, vale mencionar que, nos EUA, o desequilíbrio ecológico (medida que avalia a pressão do consumo sobre os recursos naturais) tem estado acima da sua biocapacidade e bastante acima da média global, desde a década de 1960.

exponencialmente também as emissões de CO_2 e de NO_2, gases que provocam o efeito estufa[14].

Como era de se esperar – salvo em períodos de crises conjunturais –, essa lógica expansiva e acelerante do sistema capitalista continua em franca operação. Dentre as repercussões dessa mecânica, o desmatamento das florestas parece ser uma das mais preocupantes, pois está na raiz das doenças infecciosas que atingem seriamente a humanidade. Em recente relatório, a FAO[15] revela que, desde 1990, cerca de 420 milhões de hectares de floresta foram perdidos, em vista da conversão do solo para outras atividades[16]. Em termos líquidos, ou seja, descontando-se o reflorestamento de algumas áreas, a superfície florestal mundial decresceu, em média, 4,7 milhões de hectares por ano desde 2010, processo que pavimenta a via para que patógenos saiam de seus habitats naturais e ameacem os seres humanos, de tal forma que se reforça uma das teses centrais dos *ecossocialistas*[17]: a da existência de uma segunda contradição fundamental do capitalismo, instalada entre as forças produtivas e as condições naturais de produção. Ela abre uma nova frente ao devir histórico, uma rota relacionada à socialização e uso mais democrático do espaço geográfico. Para encaminhar a sociedade nessa direção, a da força transformadora dos "novos movimentos sociais", incentiva forças sociais aglutinadas em torno da luta por uma apropriação mais ecológica, justa, transparente e democrática das condições de produção[18].

---

14. De acordo com W. Steffen; W. Broadgate et al., The Trajectory of the Anthropocene, *The Anthropocene Review*. Disponível em: <https://doi.org/>.
15. FAO, op. cit.
16. O desmatamento na floresta Amazônica bateu seu recorde histórico para os três primeiros meses do ano 2020. Em relação ao mesmo período de 2019, o aumento foi de 171%, de acordo com o Imazon (Instituto do Homem e do Meio Ambiente da Amazônia). O que significa, por exemplo, que a área desmatada nos três primeiros meses de 2020 já supera a da cidade de São Paulo.
17. De acordo com J. O'Connor, Capitalism, Nature, Socialism, *Capitalism Nature Socialism*, v. 1, p. 11-38; e M. Löwy, *Ecossocialismo*.
18. Ibidem.

*Horizontes Emancipatórios
em Vista do Necessário Reenlace*

É cada vez mais inarredável uma ação capaz de aglutinar forças sociais e recursos à construção de um projeto de civilização orientado a reconciliar-se com o espaço – finito – que humaniza. Afinal, o reenlace da escala, mas sobretudo do ritmo de reprodução do sistema produtivo, com o ritmo de funcionamento da biosfera, não é apenas o caminho luminoso à saída do labirinto do aquecimento global, mas também o escudo contra patógenos que põem em risco a vida humana de maneira cada vez mais decisiva. A pandemia do novo coronavírus é mais um dos tantos sinais dados pelo planeta de que não há mais tempo a perder-se com subterfúgios. O enfrentamento de ameaças dessa natureza passa pelo reconhecimento de que o ser humano não é senhor da natureza, mas parte desta, de que a Terra não é mera fonte de recursos naturais, mas a casa comum de muitas formas de vida, das quais a própria vida humana depende. Urge, mais do que nunca, assumir que catástrofes ecológicas e pandemias não são meros acidentes ou obstáculos de percurso, que não há saída tecnológica possível à crise ecológica, a menos que se abandone o rumo que tomou a civilização humana, embalada por uma superacumulação de capital asfixiante, que se tornou um fim em si mesma e, assim, construiu o cenário sufocante que se experimenta hoje. Se a degradação ambiental compromete o fornecimento de serviços ecossistêmicos indispensáveis, como o de regulação de doenças, a prevenção contra futuras pandemias implica um corte na raiz do problema, ou seja, pôr termo ao "vírus" que tem consumido predatoriamente o substrato material e condição inalienável da vida. É possível que ainda haja tempo suficiente para se puxar o freio de emergência, antes que a fratura no metabolismo social se transforme num abismo a engolir a espécie humana. Há possibilidade de se conter a escala e a velocidade de reprodução material do sistema que "hospeda" e se nutre autofagicamente deste "vírus" do crescimento. A contenção administrada é possível, como medida paliativa e transitória, tal qual o atual refreamento da economia mundial tem mostrado. Contudo, estender essa marcha contida, *ad infinitum*, está mais para quimera do que para solução, pois contradiz a mola mestra do sistema: a acumulação de capital. É ela que está no centro da maneira pela qual se organiza a força social de trabalho, logo, é ela a mola mestra da relação metabólica da sociedade com a natureza. É precisamente nesse ponto que reside o problema.

O que de fato precisa ser discutido, desse modo, não são soluções técnicas, ferramentas que arredem obstáculos de um rumo supostamente inevitável, mas uma forma de se cambiar esse rumo, de se construir um modelo civilizacional assente em outra razão de mundo, em cuja vida esteja à frente da acumulação, não o contrário. Com efeito, é urgente o abandono de certas distorções da realidade, que não fazem muito mais do que mecanicamente construir cenários fantasiosos, através de sofisticadas e renovadas ferramentas teórico-metodológicas a oferecer mais do mesmo, ao passo que a humanidade marcha em direção ao abismo que cava com suas próprias mãos, enquanto espera pela chegada de uma milagrosa tecnologia que venha lhe salvar do salto mortal. É nesse sentido que John Bellamy Foster[19] critica a irrealidade e a irresponsabilidade de muitas das análises desenvolvidas no âmbito do Painel Intergovernamental para Mudanças Climáticas (IPCC), visto que os modelos que empregam na construção dos estudos possuem o crescimento econômico como pedra angular, logo, a acumulação de capital, tal qual santa no altar. Sistematicamente, tais análises rebaixam a escala das transformações sociais necessárias e apostam todas as fichas no mesmo mecanismo que conduziu à crise ecológica, ou seja, no mercado. Assim, ainda que possam acertar no diagnóstico, de que o crescimento econômico acelerado

---

19. Ver *La Ecología de Marx*.

deixou de ser garantia contra as inseguranças do futuro, para se tornar a própria fonte dessas inseguranças, tais análises se equivocam nas receitas prescritas, pois passam longe da raiz do problema. Infelizmente, isso pouco surpreende, pois, como o próprio Foster reconhece, a abordagem do IPCC é ditada, em grande medida, pela política econômica hegemônica, orientada pelas necessidades de acumulação de grandes corporações transnacionais que, como há muito alertou o geógrafo Milton Santos, se tornaram o centro frouxo de um mundo desigual, em cuja fábula da globalização da economia, esconde a triste face do imperialismo, que movimenta uma massa gigantesca de recursos para fabricar armas e guerras, mas onde se deixa morrer, tranquilamente, em nome da pilhagem das riquezas de povos que teimam em funcionar com outra lógica. Examinada a questão por esse ângulo, tampouco se pode deixar de lado que essa política, que tanto acelera a degradação ambiental quanto financia pesquisas que indiquem mudanças – desde que mantenha-se tudo como está –, é rigorosamente a mesma que tem acelerado, também, a degradação das condições de reprodução da força de trabalho a partir de reformas trabalhistas que aprofundam a precarização do trabalho em diversos países. Isso num mundo onde, mesmo antes da pandemia, o desemprego já era a dura realidade de cerca de 190 milhões de pessoas[20].

Porém, nesse cenário draconiano, escorchante, em que o 1% mais rico do mundo detém mais que o dobro da riqueza de 6,9 bilhões de pessoas[21], parece que a fome se une à vontade de viver, e projeta-se numa imensa força social, capaz de abrir o caminho da mudança possível no terreno das necessidades concretas. Sob a divisa de

20. OIT (Organização Internacional do Trabalho), *World Employment and Social Outlook: Trends 2020*. Disponível em: <https://www.ilo.org/>.
21. OXFAM (Organização Sem Fins Lucrativos), *Bilionários do Mundo Têm Mais Riqueza do Que 60% da População Mundial*. Disponível em: <https://www.oxfam.org.br/>.

"Mudança do Sistema, Não no Clima" e embalado pela ideia de "transição justa"[22], que deriva da conjunção das forças que lutam por justiça laboral com as que lutam por justiça ambiental, um contingente cada vez maior de pessoas se une para reclamar a superação do abismo, no qual se explora predatoriamente as energias vitais da humanidade: a natureza e a força de trabalho. Se é verdade que nos países do hemisfério norte as manifestações que empunham tal bandeira (ecossocialistas, mas também decrescentistas) crescem cada vez mais, não é menos verdade que é do sul global que se espera o principal impulso das transformações necessárias nesse sentido. Afinal, é onde se encontram os maiores níveis de degradação das condições materiais, tanto do ponto de vista das condições de trabalho quanto das condições ecológicas[23] (que estão entrelaçadas por – e pela – natureza), mas é também onde já despertaram propostas concretas, como o "Bem Viver" dos povos andinos e amazônicos, a "Democracia Ecológica Radical (eco-swaraj)" dos indianos, a "Economia Solidária" dos brasileiros ou o "Ubuntu" de povos da África do Sul. Dentre outros horizontes emancipatórios espalhados pelos cinco continentes, o que todas essas experiências comungam não é senão um rompimento com as bases culturais da ideia de desenvolvimento baseado no crescimento econômico. Trata-se de respostas dos marginalizados pelo crescimento, movimentos de resistência forjados no crisol da luta pela vida dentro – e não fora – do ventre da Mãe Terra[24].

É preciso reconhecer, contudo, que apesar de crucial, a resistência não é suficiente; para dar-lhe um horizonte amplo, é indispensável construir-se outra narrativa[25],

---

22. Idem, *Dia da Terra 2020*. Disponível em: <https://www.oxfam.org.br/>.
23. Ibidem.
24. Sobre o tema, consultar: F. Demaria et al, El Pluriverso, Horizontes Para una Transformación Civilizatoria, *Revista de Economía Crítica*, n. 29, p. 46-66.
25. Ibidem.

novas teorizações, novos conceitos, assentes num nível superior de problematização, pois só assim será possível apreender-se a realidade como ela é de fato. Trata-se de uma condição inarredável para se apreender a magnitude e o sentido das mudanças necessárias. E, nessa linha, é fundamental resgatar os esforços daqueles autores que se dedicam à construção de uma outra epistemologia, a exemplo dos que se aglutinam em torno da ecologia política latino-americana. Isso, sobretudo, porque uma análise da conjuntura regional e planetária (de um mundo em chamas), e de como ela repercute nos debates teórico-políticos, indica que o pensamento crítico latino-americano está em ebulição. Mais do que isso, em sua efervescência, o conhecimento dos povos involucrados nesse movimento, das comunidades em resistência e de tantos outros movimentos sociais, por assim dizer, "antissistêmicos", assumem a vanguarda do pensamento para a construção de rotas à transição para um modelo de civilização pós crescimento[26]. Nesse modelo, o crescimento econômico será emulação de bem-estar humano e dará lugar a outra subjetividade, outra forma de se interpretar a humanização da natureza e a própria natureza humana; será, portanto, outro modelo de civilização. Se, de fato, o caminho passa pela descolonização dos povos, ele só é possível pela descolonização do pensar, pelo abandono de ideias moribundas, de conceitos carcomidos e teorias que distorcem a realidade e receitam cada vez mais veneno – por meio de suave licor.

Enfrentar essa realidade implica ir contra uma estrutura gigantesca, extremamente tenaz, arquitetada através da ação de grupos econômicos, que não apenas financiam pesquisas voltadas unicamente aos seus interesses privados, mas que dispõem de poder econômico suficiente para se transformar num poder político de rapina, a sequestrar democracias representativas, através do financiamento de

---

26. Ver A. Escobar, Desde Abajo, Por la Izquierda, y Con la Tierra, em H. Alimonda et al., *Ecología Política Latinoamericana*.

campanhas milionárias. Grupos que operam de maneira associada, retroalimentando-se gananciosamente, em escorchante contraste ao aumento da desigualdade mundial. Só as reservas de petróleo, em posse das empresas de energia, representam alguns trilhões de dólares no mercado financeiro, ativos que não apenas remuneram investidores institucionais, que diversificam seus portfólios, comprando terras e títulos da dívida pública de países como o Brasil, mas que implicam também gastos militares não menos gigantescos, especialmente de países como os EUA, para proteção dessas reservas e, ao fim e ao cabo, de massas de lucro que precisam ser cada vez maiores, para garantir-se o bom funcionamento de um sistema expansível e contrário à natureza. Nesse momento sem precedentes, em que transformações verdadeiramente necessárias parecem cada vez mais uma questão de vida ou morte – pois tampouco é possível garantir-se que o futuro venha a ser melhor que o presente –, parece que pouco tempo resta diante da encruzilhada. Por um lado, talvez uma ação política aglutine a imensa energia social transformadora e encaminhe as mudanças reclamadas pelo pulsante movimento ecossocialista, para transformar as relações de produção, que são também relações ecológicas, colocando um ponto final ao sistema do crescimento autofágico. Por outro, é provável que a próxima pandemia seja ainda mais severa e pavimente um caminho de evolução planetária, sem a nobre companhia dos seres humanos. Afinal, é sempre bom recordar que a humanidade não vive sem a Terra, e que a recíproca não é verdadeira. Aos que ainda têm dúvidas do caminho a seguir, talvez ajudem as palavras do poeta Nei Duclós, quando disse que "estar a salvo, não é se salvar"[27].

---

27. Salvação, *Outubro, Blog de Nei Duclós*. Disponível em: <http://outubro.blogspot.com/>.

Referências

Livros

DAILY, Herman. *Nature's Services: Societal Dependence on Natural Ecosystem*. Washington, DC: Island Press, 1997.

ESCOBAR, Arturo. Desde Abajo, Por la Izquierda, y Con la Tierra: La Diferencia de Abya Yala/Afro/Latino/América. In: ALIMONDA, Héctor et al. *Ecología Política Latinoamericana: Pensamiento Crítico, Diferencia Latinoamericana y Rearticulación Epistémica*. Buenos Aires: CLACSO, 2017.

FAO. *Evaluación de los Recursos Forestales Mundiales 2020: Principales Resultados*, Roma, 2020. Disponível em: <http://www.fao.org/>. Acesso em: 20 abr. 2020.

FOSTER, John Bellamy. *La Ecología de Marx: Materialismo y Naturaleza*. Barcelona: Ediciones de Intervención Cultural/El Viejo Topo, 2004.

GUDYNAS, Eduardo. *Derechos de la Naturaleza: Ética Biocéntrica y Políticas*. Buenos Aires: Tinta Limón, 2015.

LÖWY, Michel. *Ecossocialismo: La Alternativa Radical a la Catástrofe Ecológica Capitalista*. Buenos Aires: El Colectivo/Herramienta, 2011.

MARX, Karl. *O Capital: Crítica da Economia Política*. São Paulo: Boitempo, 2013.

Revistas

COSTA, Alexandre. Antropoceno: Um Ataque ao Delicado Ajuste do Sistema Terra. *Boletim ECOECO*, n. 38, ed. Especial "Antropoceno: Desafios da 'Nova Era'", 2019.

DAILY, Herman. Toward Some Operational Principles of Sustainable Development. *Ecological Economics*, v. 2, 1990.

DEMARIA, Federico et al. El Pluriverso, Horizontes Para una Transformación Civilizatoria. *Revista de Economía Crítica*, n. 29, primeiro semestre 2020.

FOSTER, John Belamy. On Fire This Time. *Montly Review: An Independent Socialist Magazine*, v. 71, n. 6, nov. 2019.

O'CONNOR, James. Capitalism, Nature, Socialism: A Theoretical Introduction. *Capitalism Nature Socialism*, v. 1, 1988. Disponível em: <https://doi.org/>. Acesso em: 25 maio 2020.

STEFFEN, Will; BROADGATE, Wendy; DEUTSCH, Lisa; GAFFNEY, Owen; LUDWIG, Cornelia. The Trajectory of the Anthropocene: The Great Acceleration. *The Anthropocene Review*, jan. 2014. Disponível em: <https://doi.org/>. Acesso em: 25 maio 2020.

Sites

DUCLÓS, Nei. Salvação. *Outubro, Blog de Nei Duclós*, 7 jun. 2005. Disponível em: <http://outubro.blogspot.com/>. Acesso em: 25 abr. 2020.

OIT (Organização Internacional do Trabalho). *World Employment and Social Outlook: Trends 2020*, 20 jan. 2020. Disponível em: <https://www.ilo.org/>. Acesso em: 25 abr. 2020.

OXFAM (Organização Sem Fins Lucrativos). *Bilionários do Mundo Têm Mais Riqueza do Que 60% da População Mundial*, 19 jan. 2020. Disponível em: <https://www.oxfam.org.br/>. Acesso em: 25 abr. 2020.

_____. *Dia da Terra 2020: pandemia e mudança climática evidenciam as desigualdades*, 22 abr. 2020. Disponível em: <https://www.oxfam.org.br/>. Acesso em: 25 abr. 2020.

UNEP Frontiers. *Emerging Issues of Environmental Concern*. United Nations Environment Programme, Nairobi, 2016. Disponível em: <https://environmentlive.unep.org/>. Acesso em: 25 maio 2020.

PANDEMIA E ESTADO DE EMERGÊNCIA PERMANENTE

Danilo Chaves Nakamura

> *Que mais esperar, senão uma enorme mortandade, epidemias permanentes e um progressivo enfraquecimento físico da população?*[1]

A historiadora Michelle Perrot, em *L'Historie des chambres*, entrelaça suas pesquisas sobre o movimento operário, as prisões, a história da vida privada e das mulheres. De acordo com ela, muitos caminhos levam ao quarto: o repouso, o sono, o nascimento, o desejo, o amor, a meditação, a leitura, a escrita, deus, a reclusão imposta, a fuga, a doença, a morte etc. Hoje, a política de distanciamento

---

1. F. Engels, *A Situação da Classe Trabalhadora na Inglaterra*, p. 138.

social, recomendada ou imposta, para conter o avanço das contaminações pelo novo coronavírus, é mais um desses caminhos que nos fixam no espaço privado.

Enquanto as lutas sociais que estavam em curso permanecem represadas pela paralisação das atividades públicas, ou ainda, enquanto novas insurreições e revoltas não emergem devido às consequências da pandemia, é extremamente importante que um debate público sobre como a convergência de crises (climática, financeira, sanitária etc.) redefine o lugar da teoria crítica e da ação política. Diferente das crises econômicas anteriores, em que a volta à normalidade era anunciada a partir da ideia de retomada do crescimento, a crise atual indica que qualquer retomada de crescimento logo será atingida por novas crises: climática, sanitária e social[2].

Assim sendo, seguindo também outra pensadora, a húngara Agnes Heller, acreditamos que, nesse momento, mais do que a utopia – expectativa que projeta a mudança positiva da realidade –, a distopia pode ser uma boa forma de imaginação. A distopia obriga a "nos deparar com um futuro no qual as feiuras do presente são levadas às últimas consequências"[3]. Ou seja, como órfão da utopia, o objetivo maior deste texto é articular ideias para encadear questões urgentes, que há tempos estamos enfrentando, mas que, diante das múltiplas crises, necessitam ser pensadas numa perspectiva diferente da que estamos acostumados.

A Peste Como Início de um Processo Civilizador

Na introdução do clássico *Decameron*, Giovanni Boccaccio pintou um quadro assustador dos estragos da peste negra (peste bubônica) na sociedade medieval. Na cidade de

2. Ver L. Marques, Serão as Próximas Pandemias Gestadas na Amazônia? *EcoDebate*. Disponível em: <https://www.ecodebate.com.br/>.
3. A. Heller, Nós, os Órfãos da Utopia. *Revista IHU*. Disponível em: <http://www.ihu.unisinos.br/>.

Florença, a circulação de pessoas foi reduzida. A entrada de estrangeiros foi proibida. Irmãos abandonavam irmãos, tios abandonavam sobrinhos. A esposa desertava do marido. Os pais e as mães sentiam medo de visitar e ajudar seus filhos. As pessoas mais pobres sofriam com a miséria material. Trabalhadores morriam sem qualquer auxílio médico. Mortos transmitiam a notícia para seus vizinhos através do cheiro infecto da carne apodrecida. Eram tantos os mortos que, por escassez de caixões, os cadáveres eram colocados sobre simples tábuas. Por fim, os infelizes defuntos não eram honrados com lágrimas e cortejos, pois as mortes se tornaram banais[4].

Os números da peste negra, pandemia mais devastadora da história da humanidade, são incertos. De acordo com Colin McEvedy, a taxa de mortalidade variou entre 40% e 75% da população, de acordo com a região. Entre 1347 e 1351, estima-se que ocorreram aproximadamente 200 milhões de mortes[5]. De acordo com a escritora Silvia Federici, para além das mortes, a peste negra mudou profundamente a vida social e política na Europa. Hierarquias sociais foram viradas de "ponta cabeça", devido ao efeito nivelador da mortandade. Em certo momento, "as pessoas já não se preocupavam em trabalhar ou em acatar as regulações sexuais, e tentavam ao máximo se divertir, festejando o quanto podiam, sem pensar no futuro"[6]. Para a autora, a consequência mais importante foi a crise do trabalho, pois, com a população dizimada, os trabalhadores se tornaram escassos, "seu custo aumentou de forma crítica e a determinação das pessoas em romper os laços do domínio feudal foi fortalecida"[7].

Em épocas em que a terra era escassa, era possível controlar os camponeses por meio da ameaça de expulsão. Porém, uma vez que a

4. G. Boccaccio, *Decamerão*, p. 17-21.
5. *Atlas de História Medieval*, p. 94.
6. S. Federici, *Calibã e a Bruxa*, p. 96.
7. Ibidem.

população foi dizimada e havia abundância de terra, as ameaças dos senhores deixaram de ter um efeito significativo, pois os camponeses podiam mudar-se livremente e achar novas terras para cultivar. Assim, enquanto os cultivos estavam apodrecendo e o gado caminhava sem rumo pelos campos, os camponeses e artesãos repentinamente tomaram conta da situação. Um sintoma deste novo processo foi o aumento das greves de inquilinos, reforçadas pelas ameaças de êxodo em massa para outras terras ou para a cidade.[8]

Nos anos seguintes, centenas de revoltas ocorreram em diversas regiões rurais e em cidades italianas, inglesas, alemãs e francesas. Segundo Federici:

em nenhum desses casos os rebeldes se conformaram apenas em exigir algumas restrições do regime feudal, tampouco negociaram exclusivamente para obter melhores condições de vida. O objetivo era colocar fim ao poder dos senhores. Durante a Revolta Camponesa de 1381, os camponeses ingleses declararam que a velha lei devia ser abolida[9].

A ofensiva das classes dominantes europeias, diante do colapso da economia feudal, foi global. Durante três séculos, elas se aliaram em um esforço implacável de apropriação de novas fontes de riqueza e de conquista de novos trabalhadores sob seu comando. Ou seja, por um longo período, nobres e mercadores aliaram-se para: expropriar os camponeses europeus; controlar o comércio de escravos da África; sujeitar os povos indígenas e explorar o território da América; domesticar o trabalho das mulheres para reprodução da força de trabalho etc. Os poderes normatizadores e disciplinares dos Estados modernos foram produzidos nesse contexto social em que as guerras, as crises de fome e a disseminação de epidemias eram a regra. Em outras palavras, o sistema diplomático-militar, os dispositivos militares permanentes ou a polícia

---

8. Ibidem, p. 96-97.
9. Ibidem, p. 97. Sobre o mesmo assunto, ver também: P. Zylberman, Beyond Apocalyptical Epidemics, em B. Fantini (ed.), *Epidémies et sociétés, passé, présent et future*.

como arte de administrar a vida e o bem-estar da população, além de outras tecnologias do poder soberano, foram gestados nessa complexa realidade que os estudiosos chamaram de "transição do feudalismo para o capitalismo" ou "acumulação primitiva".

No que tange ao controle das doenças epidêmicas, já no século XVI, os regulamentos relativos às doenças buscavam resolver o problema pela exclusão (caso da lepra), pela quarentena (caso da peste) ou através de cálculos estatísticos, para saber o peso das mortes na população em geral (caso da varíola). Sendo assim, passou a ser prática dos Estados

> quadrilhar literalmente as regiões, as cidades no interior das quais existe a peste, com uma regulamentação indicando às pessoas quando podem sair, como, a que horas, o que devem fazer em casa, que tipo de alimentação devem ter, proibindo-lhes este ou aquele tipo de contato, obrigando-as a se apresentar a inspetores, a abrir a casa para os inspetores[10].

Mas, de forma resumida, podemos dizer que, embora a produção desses poderes possa ser entendida como emergências de formas de normatização, disciplinarização e controle das populações para a garantia da segurança, historicamente sabemos que "os flagelos apocalípticos – penúrias, escassez, fome, duras condições da vida de todos os dias, guerras e, sobretudo, o longo cortejo das doenças – só diminuíram na Europa no século XVIII"[11]. No século XIX, as políticas imperialistas dos Estados europeus e a expansão dos mercados seguiram gerando desastres, agora de magnitude planetária, ou seja, a expansão colonialista produziu, no Terceiro Mundo, "epidemias mortais de malária, peste bubônica, varíola, disenteria e cólera, que dizimaram milhões entre os já debilitados pela fome"[12]. E, como se sabe, as potências

---

10. M. Foucault, *Segurança, Território, População*, p. 14.
11. F. Braudel, *La Dynamique du capitalisme*, p. 16.
12. M. Davis, *Holocaustos Coloniais*, p. 17.

capitalistas, no contexto da concorrência das economias industrializadas, aproveitaram essas oportunidades para conquistar novos territórios, desapropriar comunidades e controlar novas fontes de matéria-prima e mão de obra.

Podemos assim afirmar que foi através desse longo processo de inclusão de todas as regiões do mundo – por meio da colonização e da espoliação – no circuito da acumulação, que o processo capitalista produziu o mundo atual e suas sucessivas crises. A inauguração da sociedade burguesa, destacava Karl Marx, fez tocar o primeiro alarme de emergência[13]:

> É inegável que a sociedade burguesa experimentou [hoje] pela primeira vez sua volta ao século XVI, um século XVI que, espero [no atual século XIX], soará seu *sino de morte*, tal como o primeiro inaugurou essa sociedade no mundo. A verdadeira tarefa da sociedade burguesa é a criação do mercado mundial, pelo menos em linhas gerais, e da produção baseada no mercado. Já que o mundo é redondo, me parece que a colonização da Califórnia e da Austrália e a abertura da China e do Japão parece ter completado esse processo.[14]

Nos períodos subsequentes, de acordo com as expectativas dos pensadores e militantes anticapitalistas, esperava-se o disparo de um segundo "alarme de emergência", mas dessa vez para frear o processo ininterrupto da espoliação de riquezas e de exploração do homem pelo homem. No entanto, para além da expansão territorial, o capitalismo seguiu seu automatismo de criação perpétua de seu "outro", ou seja, encontrou mecanismos para transformar bens públicos, recursos naturais, criações culturais e intelectuais, direitos sociais e trabalhistas, entre outras coisas, em mercadorias[15]. E, nesse processo ininterrupto de acumulação, a combinação de concentração

---

13. Ver também P. Arantes, *O Novo Tempo do Mundo*.
14. K. Marx, Letters: Marx to Engels, 8/10/1858, em K. Marx; F. Engels, *Collected Works*, v. 40, p. 347. (Grifo nosso.)
15. D. Harvey, *O Novo Imperialismo*, p. 125.

de capitais, grandes investimentos e ciências reduziu uma imensa massa de trabalhadores a indivíduos supérfluos. Excedentes, nos dias de hoje, até mesmo para pressionar o mercado de trabalho como exército industrial de reserva. O estado de emergência torna-se a regra do processo automatizado de valorização.

O alarme que se fez escutar com o surgimento do novo coronavírus, diferente dos alarmes que prometiam a "promoção" de um outro mundo possível, nos provoca a pensar que a catástrofe presente é, na verdade, um *continuum* infernal de opressão e exploração, que sempre pairou sobre nós.

A Fronteira Entre o Capital e os Vírus

A emergência de uma pandemia não deveria nos pegar de surpresa. Em 2005, o então diretor-geral da Organização Mundial da Saúde (OMS), Lee Jong-Wook, alertou que a gripe aviária, do vírus Influenza H5N1, poderia se tornar uma pandemia entre os seres humanos[16]. Em 2009, a OMS classificou a Influenza A (H1N1) com um nível de alerta seis, indicando uma pandemia. De acordo com a diretora-geral Margaret Chan: "se trata claramente de um vírus animal transmitido ao homem, e isso tem um potencial pandêmico, porque está infectando as pessoas"[17].

Em novembro de 2018, a OMS divulgou uma nota detalhada, informando que os seres humanos poderiam contrair os vírus das gripes suína e aviária, além de outros vírus de origem zoonótica. De acordo com o documento, o principal fator de risco de infecção humana com esses vírus parecia ser a exposição direta ou indireta a animais.

---

16. WHO Guidance on Public Health Measures in Countries Experiencing Their First Outbreaks of H5N1 Avian Influenza. *World Health Organization*. Disponível em: <https://www.who.int/>.
17. OMS Alerta Para Potencial Pandêmico de Gripe Suína, *Folha de S. Paulo*. Disponível em: <https://www1.folha.uol.com.br/>.

A pandemia seria causada pela convergência de dois fatores-chave: a emergência de um vírus capaz de transmissão humana sustentada e pouca ou nenhuma imunidade da população a esse vírus. Com o aumento da circulação de pessoas, devido ao comércio mundial e às viagens internacionais, uma epidemia localizada poderia rapidamente tornar-se uma pandemia, colocando os serviços de saúde sob pressão[18].

No mesmo ano em que Lee Jong Wook emitia um alerta aos países, Mike Davis escreveu um importante livro intitulado *The Monster at Our Door*. Nesse livro, o autor afirmava que a gripe aviária era uma doença endêmica em aves selvagens, mas que as aves domésticas, criadas em larga escala, poderiam servir como uma ponte para que o vírus alcançasse os seres humanos. O risco apontado pela OMS, em realidade, seria uma contradição estrutural da criação de animais organizada no modelo industrial. Para Davis, as principais mudanças globais que favoreceram a evolução de novos subtipos de gripe foram: a revolução da pecuária dos anos 1980-1990, a revolução industrial na China e a emergência das "super-cidades" do Terceiro Mundo[19].

Posteriormente, essa hipótese foi amplamente desenvolvida pelo biólogo evolucionista, Robert Wallace. No livro *Big Farms Make Big Flu*, ele explica que os novos vírus causadores de gripes em seres humanos são gestados na relação entre economia e epidemiologia. O salto de um agente patogênico de uma espécie para outra é condicionado por questões como proximidade e regularidade do contato, que engendram o ambiente em que a doença se modifica. De acordo com os estudos de Ilaria Capua e Dennis Alexander, citados por Wallace, não foram encontradas cepas de vírus altamente patogênicas nas populações de aves selvagens (fonte de quase todos os subtipos de Influenza). No entanto, esses vírus podem ser

---

18. Organização Mundial da Saúde, *Influenza (Avian and other zoonotic)*. Disponível em: <https://www.who.int/>.
19. M. Davis, *The Monster at Our Door*, p. 194.

transmitidos para seres humanos e tornam-se virulentos, principalmente depois que entram em contato com uma população de animais domesticados. O confinamento de milhares de animais facilita a transmissão e diminui a resposta imunológica[20].

Seguindo essa linha de raciocínio, assim como o Sars de 2002 e o Mers de 2012, o vírus Sars-cov-2 originou-se nas fronteiras da produção do capital. Ele, ao que tudo indica, apareceu nos mercados chineses de animais silvestres localizados em Wuhan, uma cidade altamente industrializada, e, com êxito, infectou seres humanos. "A partir daí, o surto se espalhou localmente e pulou em aviões e trens, espalhando-se por todo o mundo através de uma rede estruturada por conexões de viagem e descendo uma hierarquia de cidades maiores para cidades menores."[21]

Mas, então, poder-se-ia perguntar: no caso do novo coronavírus, mesmo sem uma conexão direta da agricultura e da pecuária na transmissão do vírus para seres humanos, podemos dizer que esse surto tem relação com os processos descritos acima?[22] Podemos dizer que sim, porque o desmatamento causado pelo agronegócio e pelo crescimento urbano são as maiores causas da destruição dos habitats naturais em que vivem os animais silvestres[23]. Enfim, essa destruição, somada ao aquecimento global, força os animais a migrarem para áreas cada vez mais próximas de animais domesticados e de seres humanos, facilitando o compartilhamento de patógenos. E, nesse sentido, muito além de um acidente sanitário isolado, a pandemia do novo coronavírus teve como precedente histórico a generalização das dinâmicas predatórias do capitalismo.

20. R. Wallace, *Big Farms Make Big Flu*, p. 54.
21. R. Wallace et al., COVID-19 and Circuits of Capital, *Monthly Review*.
22. Coletivo Chuang, *Contágio Social*, p. 45.
23. Ver, também, um importante artigo escrito por cientistas a convite do Intergovernmental Science-Policy Platform on Biodiversity and Ecosystem Services (IPBES). J. Settele et al., *COVID-19 Stimulus Measures Must Save Lives, Protect Livelihoods, and Safeguard Nature to Reduce the Risk of Future Pandemics*. Disponível em: <https://ipbes.net>.

Espaços de Circulação do Poder

Michel Foucault, nas aulas para os estudantes do Collège de France, lembrava que três fenômenos têm entre si um vínculo: a cidade, a escassez alimentar e a epidemia (a rua, o cereal e o contágio). Nas palavras dele,

> o problema da escassez alimentar e do cereal é um problema da cidade-mercado, o problema do contágio e das doenças epidêmicas, é o problema da cidade como foco de doenças. A cidade como mercado também é a cidade como lugar de revolta; a cidade, foco de doenças, é a cidade como lugar de miasmas e de morte[24].

A questão central nessa reflexão de Foucault é a ideia de circulação: deslocamentos de pessoas, trocas de mercadorias, distribuição de alimentos. O poder soberano da cidade é, entre outras coisas, aquele que enfrenta a seguinte questão: como as coisas e as pessoas devem circular ou não circular?

Diante de uma crise causada pela pandemia do novo coronavírus, o problema da circulação, destacado por Foucault, fica evidente. As pessoas precisam ficar em casa para diminuir o ritmo dos contágios. Os contágios precisam diminuir para não colapsar os sistemas de proteção social. Os trabalhadores em isolamento param de trabalhar. As empresas paradas não têm caixa para manter os pagamentos. A quebra da cadeia de suprimentos trava a produção de diversas mercadorias. Uma província é bloqueada. Cidades no mundo inteiro seguem o exemplo. Eventos culturais e esportivos são proibidos. Fronteiras terrestres e aéreas são fechadas. E as pessoas passam a ser monitoradas por tecnologias que informam ao governo se a pessoa está ou não cumprindo a quarentena. Policiais fiscalizam, multam e prendem indivíduos que circulam sem necessidade ou autorização. As pessoas de baixa renda, desempregadas,

---

24. M. Foucault, op. cit., p. 83.

sem-teto e refugiados passam a viver situações de exclusão ainda mais graves que nos períodos de "normalidade".

O filósofo coreano Byung-Chul Han, no livro *Sociedade do Cansaço*, afirma que, a partir da perspectiva patológica, a sociedade atual não seria definida nem como bacteriológica nem como viral, mas neuronal. Ou seja, diferente do período da Guerra Fria, época imunológica, que estabelecia uma divisão clara entre o dentro e o fora, o amigo e o inimigo ou entre o próprio e o estranho (e que se defendia afastando-se de tudo que é estranho), o período atual, da globalização, diferentemente, seria marcado pelo esgotamento, a exaustão e o sufocamento frente à demasia. Doenças neuronais como a depressão, transtorno de déficit de atenção com síndrome de hiperatividade ou Síndrome de Burnout "determinam a paisagem patológica do começo do século XXI. Não são infecções, mas enfartos, provocados não pela *negatividade* de algo imunologicamente diverso, mas pelo excesso de *positividade*"[25].

Parte dessa distinção de época segue válida, afinal, mesmo isolados, os indivíduos seguem se autoexplorando e maximizando seus trabalhos (nos *home offices*, nas aulas a distância, nos aplicativos de academias, nas consultas psiquiátricas por videoconferências etc.). Entregadores de aplicativos da economia "uberizada" seguem circulando (se arriscando) pela cidade para facilitar a vida dos que podem se proteger. Mas como falar no "fim da época imunológica" quando estamos abrindo mão da liberdade de circular, devido ao medo de contágio? Quando aceitamos, quase sem questionamentos, os apelos dos governantes: "parem, tanto quanto possível, os contatos sociais"? Não por acaso, Byung-Chul Han, após comparar a forma como os governos europeus e asiáticos controlavam suas populações, com o surgimento do novo coronavírus, revisou suas afirmações de dez anos atrás resumidas no parágrafo anterior. Agora, para o filósofo coreano, voltamos a

---

25. B.-C. Han, *Sociedade do Cansaço*, p. 20.

erguer limites imunológicos e fechar fronteiras. Nas palavras dele: "O inimigo voltou. Já não guerreamos contra nós mesmos. E sim contra o inimigo invisível que vem de fora. O pânico desmedido causado pelo vírus é uma reação imunitária social, e até global, ao novo inimigo."[26]

Para reforçar esse cenário social em que o "outro" volta a ser um potencial "inimigo", presidentes de diversos países passaram a utilizar um vocabulário bélico. No dia 17 de março, ao decretar o confinamento da população francesa, Emmanuel Macron disse: "nós estamos em guerra", em uma luta "contra um inimigo invisível", e isso exige uma "mobilização nacional". Donald Trump, além de exigir um esforço de guerra para a população, identificou o novo coronavírus, o inimigo, como o "vírus chinês"[27]. Essa acusação, de que o novo coronavírus é uma criação de laboratórios chineses, remonta ao temor de um ataque bioterrorista, um receio que abateu as autoridades estadunidenses desde o fim da Guerra Fria. Patrick Zylberman, em *Tempêtes microbiennes*, afirma que desde o desaparecimento do inimigo soviético, os EUA se preparam para ameaças que podem ser manipuladas por países que não têm acesso a tecnologias militares de ponta, ou seja, um ataque capaz de espalhar varíola ou anthrax[28]. A pergunta que fica é: se a luta contra o terrorismo desencadeada depois do 11 de Setembro foi capaz de liberar ações militares, construção de espaços de indeterminação jurídica, como a prisão de Guantánamo, e políticas xenófobas contra imigrantes, o que o medo permanente diante de um "inimigo invisível" poderá desencadear?

Seria necessário acrescentar, todavia, que, analisada em sua complexidade, a restrição temporária da circulação,

---

26. Idem, O Coronavírus de Hoje e o Mundo de Amanhã, *El País*. Disponível em: <https://brasil.elpais.com/>.
27. J.P. Charleaux, Guerra, Guerrilha ou Resiliência. *Nexo*. Disponível em: <https://www.nexojornal.com.br/>.
28. Ver resenha de F. Keck, Scénarios de catastrophes sanitaires, *la vie des idées*. Disponível em: <https://laviedesidees.fr/>.

através de mecanismos de controle e de dispositivos securitários, não pode ser reduzida a um debate sobre a "confiança" que os indivíduos depositam nas "democracias liberais" ou nas "autocracias" para controlar a crise em seus países, como quer Francis Fukuyama: "O determinante crucial no desempenho não será o tipo de regime, mas a capacidade do Estado e, acima de tudo, a confiança no governo."[29] Muito além de um debate sobre a confiança nos líderes políticos, o mais difícil, diante dessas engrenagens de exceção, é conseguir explicar o que levou os cidadãos a abrirem mão – numa velocidade espantosa – de direitos que levaram séculos para serem conquistados (o direito à liberdade de reunião, o direito à educação, o direito à liberdade de circulação, à liberdade de ensino e de investigação, à liberdade de exercer uma profissão etc.)[30]. Uma percepção de necessidade por parte dos cidadãos? Ou o estado de exceção já seria uma forma de vida?

Em Meio ao Dilúvio

Karl Marx, em seu exílio, costumava passar horas na British Library fichando suas leituras da revista *The Economist*. Depois da derrota das revoluções de 1848, ele sabia que novas crises econômicas irromperiam. A revista era uma importante fonte de informação. A crise estourou em 1857 e rapidamente se espalhou pelo mundo. Em carta a Friedrich Engels, Marx escreveu: "De acordo com artigo da revista *The Economist*, nos últimos meses de 1853, em todo ano de 1854, no outono de 1855 e nas mudanças abruptas de 1856, a Europa sempre esteve à beira de uma crise."[31] Assim sendo, Marx procurou adiantar ao máximo

---

29. The Thing That Determines a Country's Resistence to the Coronavirus, *The Atlantic*, 30 mar. 2020.
30. R. Schlott. Um jeden Preis?, *Süddeutsche Zeitung*.
31. Karl Marx, Letters: Marx to Engels, 8/10/1858, em K. Marx; F. Engels, op. cit., p. 217.

seus estudos, nas palavras dele: "estou trabalhando como um louco, noite adentro, para reunir meus estudos de economia para que eu possa ao menos compreender claramente os contornos antes do *déluge*[32]".

Diferente de Marx, não tivemos a possibilidade de antecipar os contornos de uma das maiores crises econômicas que o capitalismo irá enfrentar. Quem leu o número especial da revista *The Economist*, no final de 2019, "The Word in 2020", não encontrou nenhuma menção ao novo coronavírus e à possibilidade de uma crise. Nos três primeiros números de janeiro de 2020, não há nenhuma menção à doença. Apenas na edição de 25 de janeiro, o vírus foi mencionado. O que aparecia como mera possibilidade até então, apareceu, na edição de 27 de fevereiro, como certeza, "The Vírus Is Coming". A partir dessa data, todas as capas da revista têm como tema o novo coronavírus e seus impactos na economia global: as vantagens da China por ter saído na frente para enfrentar a crise, a desglobalização das economias, o crescimento da dívida pública, o aumento da pobreza nos países em desenvolvimento etc.

Em meio ao dilúvio, as projeções indicam que viveremos uma grande crise econômica e, consequentemente, com graves repercussões na reprodução social dos indivíduos. A Organização Internacional do Trabalho (OIT) alertou que a pandemia pode acabar com 25 milhões de empregos. A Organização Mundial do Comércio (OMC) projeta que o Produto Interno Bruto (PIB) global deve cair 6%, caso as medidas de isolamento social mantenham-se por um período limitado, e que o comércio mundial pode ter uma queda de 30%. Diante disso, a economia de guerra dos Estados Nacionais transformou-se num consenso mundial, ou seja, o *establishment* político percebeu que sem a intervenção estatal, a crise teria dimensões catastróficas. É certo que uma pandemia constituiria um desafio para qualquer sociedade, mas por detrás desse consenso

---

32. Ibidem.

entre os gestores, que globalmente já injetou mais de 7,2 trilhões de dólares na economia, expõe-se as fraturas de uma sociedade extremamente desigual e, constantemente, enfraquecida pela crescente transformação dos serviços sociais em mercados cativos, que visam a lucratividade e não o bem-estar. Assim sendo, para esboçarmos uma crítica dessa economia de guerra, é preciso levar em consideração um processo de desmonte dos serviços públicos conquistados pelos trabalhadores na rodada de acumulação anterior.

Depois da crise econômica de 2008, se destacarmos a relação entre economia e sistemas de saúde, podemos perceber como os cortes de gasto e as medidas gerenciais aceleraram o desmonte de serviços públicos pelo mundo. Na Espanha, país bastante atingido pela crise, foi imposto um corte de sete bilhões de euros ao Sistema Nacional de Salud (SNS). O Estado, por sua vez, abriu mão de atingir a universalidade, pois excluiu os imigrantes ilegais da cobertura. No Reino Unido, o Health and Social Care Act de 2012, estabeleceu cortes de 20 bilhões de libras no National Health Service (NHS), a terceirização do setor administrativo projetava cortar 45% dos gastos[33]. O Servizio Sanitario Nazionale (SSN), da Itália, ampliou a participação dos cidadãos no financiamento do serviço, por meio do Ticket Sanitario, resultando em problemas de redistribuição e na piora dos serviços[34]. Em países como o Brasil, a situação é mais dramática, pois os recentes cortes de programas de atendimento direto à população expressam a tendência de subfinanciamento do Sistema Único de Saúde (SUS). Hoje, menos de 50% da fração do PIB (8%) destinado a saúde vai para o custeio do sistema público, próximo dos EUA, que destina

---

33. L. Giovanella; K. Stegmüller, Crise Financeira Europeia e Sistemas de Saúde: Universalidade Ameaçada?, *Caderno de Saúde Pública*, p. 13-16.
34. A.M.C. Oliveira; S.G. Dallari, Reflexões Sobre o Sistema Único de Saúde e o Servizio Sanitario Nazionale, *Saúde Soc.*

apenas 47% do valor reservado para saúde no sistema público, pois a opção foi a de privilegiar o sistema privado. Nesse sentido, a necessidade de construção de hospitais de campanha, a compra emergencial de equipamentos de proteção individual e de respiradores, ou ainda, a alta taxa de letalidade do vírus, demonstram a irracionalidade dessas reformas consideradas, até então, urgentes e inegociáveis.

Nesse sentido, não parece leviano afirmarmos que o "*welfare* emergencial" da atual crise é a resposta oferecida pela oligarquia capitalista, após anos de desmonte do "*welfare* social" construído pela classe trabalhadora[35]. *The Economist* expressa essa falta de alternativa, quando afirma: "os governos do mundo rico cometerão um grande erro se sucumbirem a preocupações prematuras e excessivas com os orçamentos. [...] a retirada do apoio de emergência seria autodestrutiva"[36]. Mais adiante, diz a revista: "os governos devem preparar-se para o negócio sombrio de equilibrar os orçamentos no final da década"[37]. Em outras palavras, é óbvio que a criatividade desse keynesianismo de ocasião não vai longe: "primeiro sair da crise" aumentando os gastos, depois "aplicar o freio"[38], devido ao descontrole da gestão fiscal.

Para concluirmos, interligando as questões trabalhadas ao longo deste artigo, o momento antediluviano não existe mais; todos aqueles que resistem ao estado de emergência permanente, por seu lado, precisarão ficar atentos à relação entre as suas desgraças e as novidades da desejada volta à normalidade. E, mais do que nunca, precisarão ter clareza de que a atual convergência de crises – climática, econômica e sanitária – exige algo muito além do que um programa mínimo de reivindicações;

---

35. S. Beaud; M. Pialoux, Rebeliões Urbanas e Desestruturação das Classes Populares, *Tempo Social*, v. 18, p. 44.
36. Government Finances After the Disease, the Debt, *The Economist*.
37. Ibidem.
38. V. Letizia, *A Grande Crise Rastejante*, p. 32.

essa situação supõe que repensemos o sentido da atividade humana e de nosso lugar na natureza[39].

Referências

Livros

ARANTES, Paulo. *O Novo Tempo do Mundo: E Outros Estudos Sobre a Era da Emergência.* São Paulo: Boitempo, 2014.
BOCCACCIO, Giovanni. *Decamerão.* Rio de Janeiro: Ediouro, 1990.
BRAUDEL, Fernand. *La Dynamique du capitalisme.* Paris: Flammarion, 1985.
CHUANG, Coletivo. *Contágio Social: Coronavírus e Luta de Classes Microbiológica na China.* São Paulo: Veneta, 2020.
DAVIS, Mike. *Holocaustos Coloniais: Clima, Fome e Imperialismo na Formação do Terceiro Mundo.* Rio de Janeiro: Record, 2002.
____. *The Monster at Our Door: The Global Threat of Avian Flu.* New York/London: The New Press, 2005.
ENGELS, Friedrich. *A Situação da Classe Trabalhadora na Inglaterra.* São Paulo: Boitempo, 2008.
FEDERICI, Silvia. *Calibã e a Bruxa: Mulheres, Corpo e Acumulação Primitiva.* São Paulo: Elefante, 2017.
FOUCAULT, Michel. *Segurança, Território, População: Curso Dado no Collège de France (1977-1978).* São Paulo: Martins Fontes, 2008.
HAN, Byung-Chul. *Sociedade do Cansaço.* Petrópolis: Vozes, 2017.
HARVEY, Harvey. *O Novo Imperialismo.* São Paulo: Loyola, 2004.
LETIZIA, Vito. *A Grande Crise Rastejante.* São Paulo: Caros Amigos, 2012.
MARX, Karl; ENGELS Friedrich. *Collected Works.* V. 40. London: Lawrence & Wishart, 1983.
MCEVEDY, Colin. *Atlas de História Medieval.* São Paulo: Companhia das Letras, 2007.
PERROT, Michelle. *L'Historie des chambres.* Paris: Édition du Seuil, 2009.
WALLACE, Robert. *Big Farms Make Big Flu: Dispatches on Infectious Disease, Agribusiness, and the Nature of Science.* Nova York: Monthly Review Press, 2016.
ZYLBERMAN, Patrick. Beyond Apocalyptical Epidemics: Out of Paradox. In: FANTINI, Bernardino (ed.). *Epidémies et sociétés, passé, présent et future.* Pisa: Edizioni ETS, 2017.

Revistas

BEAUD, Stéphane; PIALOUX, Michel. Rebeliões Urbanas e Desestruturação das Classes Populares. *Tempo Social*, v. 18, jun. 2006.

---

39. Ver L. Marques, op. cit.

FUKUYAMA, Francis. The Thing That Determines a Country's Resistence to the Coronavirus. *The Atlantic*, 30 mar. 2020.

GIOVANELLA, Lígia; STEGMÜLLER, Klaus. Crise Financeira Europeia e Sistemas de Saúde: Universalidade Ameaçada? Tendências das Reformas de Saúde na Alemanha, Reino Unido e Espanha. *Caderno de Saúde Pública*, Rio de Janeiro, nov. 2014.

GOVERNMENT Finances After the Disease, the Debt. *The Economist*, 23 apr. 2020.

OLIVEIRA, Ana Maria C.; DALLARI, Sueli G. Reflexões Sobre o Sistema Único de Saúde e o Servizio Sanitario Nazionale: A Reforma da Reforma – A Adoção do Ticket Sanitário. *Saúde soc.*, out. 2016.

SCHLOTT, René. Um jeden Preis? *Süddeutsche Zeitung*, 17 mar. 2020.

WALLACE, Robert et al. COVID-19 and Circuits of Capital. *Monthly Review*, apr. 2020.

Sites

CHARLEAUX, João Paulo. Guerra, Guerrilha ou Resiliência. *Nexo*, 27 mar. 2020. Disponível em: <https://www.nexojornal.com.br/>. Acesso em: 2 jun. 2020.

DA REDAÇÃO. OMS Alerta Para "Potencial Pandêmico" de Gripe Suína. *Folha de S.Paulo*, 29 abr. 2009. Disponível em: <https://www1.folha.uol.com.br/>. Acesso em: 2 jun. 2020.

HAN, Byung-Chul. O Coronavírus de Hoje e o Mundo de Amanhã. *El País*, 22 mar. 2020. Disponível em: <https://brasil.elpais.com/>. Acesso em: 2 jun. 2020.

HELLER, Agnes. Nós, os Órfãos da Utopia. *Revista IHU*, 27 maio 2016. Disponível em: <http://www.ihu.unisinos.br/>. Acesso em: 2 jun. 2020.

INFLUENZA (Avian and Other Zoonotic). *World Health Organization*, 13 nov. 2018. Disponível em: <https://www.who.int/>. Acesso em: 2 jun. 2020.

KECK, Frédéric. Scénarios de Catastrophes Sanitaires. *la vie des idées*, 27 sept. 2013. Disponível em: <https://laviedesidees.fr/>. Acesso em: 2 jun. 2020.

MARQUES, Luiz. Serão as Próximas Pandemias Gestadas na Amazônia? *EcoDebate*, 14 maio 2020. Disponível em: <https://www.ecodebate.com.br/>. Acesso em: 2 jun. 2020.

SETTELE, Josef. et al., COVID-19 Stimulus Measures Must Save Lives, Protect Livelihoods, and Safeguard Nature to Reduce the Risk of Future Pandemics. *IPBES*, 27 apr. 2020. Disponível em: <https://ipbes.net/>. Acesso em: 2 jun. 2020.

WHO Guidance on Public Health Measures in Countries Experiencing Their First Outbreaks of H5N1 Avian Influenza. *World Health Organization*, oct. 2005. Disponível em: <https://www.who.int/>. Acesso em: 2 jun. 2020.

FIOS DE SOLIDARIEDADE ENTRE O POVO COMUM: EMERGÊNCIA DE AÇÕES A PARTIR DA PANDEMIA (A EXPERIÊNCIA DE SALVADOR-BA)

Liliane Sant'Ana Oliveira

Diante da mais recente tragédia provocada pela pandemia do novo coronavírus, que acelerou e colocou em xeque uma realidade social, econômica e política já esfacelada pela lógica neoliberal, movimentos de solidariedade se espraiam para ajudar os mais vulneráveis. Como indica Leonardo Boff, "a pandemia aponta os limites da sociedade de consumo, a violência sobre a Terra Mãe, mas, também, nos faz descobrir qual é a nossa mais profunda e verdadeira natureza humana"[1]. É nessa perspectiva que vamos

---

1. Coronavírus É Ultimato Para Mudarmos a Relação Com a Terra, *Brasil de Fato*.

nos deter sobre algumas iniciativas que despertam a responsabilidade com o cuidar de si e do outro. Pontos de luzes, vagalumes que inspiram nossa reflexão.

O que tem chamado a atenção nas ações voluntárias nesse momento é a solidariedade entre iguais. Pessoas das próprias comunidades, como nos bairros mais pobres de Tancredo Neves, Pernambués, Beirú, Fazenda Coutos, e tantos outros da cidade de Salvador partilham o pouco que têm com outras pessoas que têm menos ainda. Como explicar fenômenos de solidariedade como esses? Talvez uma das respostas esteja no fato de que essas comunidades são invisíveis para os poderes públicos, levando-as a pautar sua organização em ações coletivas, com o objetivo de obter melhorias para a população local. Nas favelas, mas também nos bairros pobres, a prática da "feijoada" ou do "feijão" nos finais de semana faz parte da cultura, marcada pela entreajuda na construção dos barracos e de casas. Grupos de pessoas solidárias se organizam em mutirões para promover com rapidez a construção das habitações, ao mesmo tempo que se divertem e partilham uma grande refeição, em geral um almoço. Tais práticas remontam ao processo da abolição da escravidão, quando uma massa importante de trabalhadores pretos, mulatos e mestiços passou a ocupar espaços e terrenos baldios, em geral em morros ou em terrenos acidentados, esquecida pelo Estado que promoveu a lei da abolição, mas não se responsabilizou na prática por essas populações.

Com o isolamento social provocado pela pandemia, as ações de solidariedade, que já existiam, foram se fortalecendo, e outras novas surgiram, nas mais diversas formas e organizações. Desde grupos de pessoas que se uniram para doar alimentos, para arrecadar recursos financeiros (com o objetivo de ajudar pessoas próximas que perderam renda por trabalhar na informalidade), até a promoção da partilha de produtos de limpeza, higiene, assim como confecção e doação de máscaras. Essas ações estão acontecendo em vários bairros da periferia da capital baiana, a exemplo dos bairros de Plataforma, Caminho de Areia, Tubarão, Vila Canária, Pernambués, Santa Cruz, Tancredo Neves, entre outros. Em todo o país, práticas semelhantes acontecem em um número crescente, como resultado do aprendizado empírico diante do desinvestimento do Estado em políticas públicas gerais, seguindo as orientações neoliberais dos gerentes e administradores políticos.

Organizações não governamentais, associações comunitárias, cooperativas e outras instituições representativas dos mais variados segmentos da sociedade civil, dentre outras iniciativas engajadas nas mais variadas formas de movimentos fraternos, estão se organizando e ajudando os mais carentes e vulneráveis nesse momento de tanta instabilidade e incertezas. E estão, também, criando alternativas de geração de renda. Esse é o caso da Central de Cooperativas e Empreendimentos Solidários – Unisol Brasil, que está mobilizando ações solidárias em vários estados do Brasil, assim como a Unisol Bahia, que tem desenvolvido várias ações de cunho solidário, como estratégia de enfrentamento à crise econômica, acentuada ainda mais com a pandemia. Uma ação importante da Unisol Brasil[2] foi a solicitação, através de ofício ao Conselho Nacional de Direitos Humanos – CNDH, do acionamento das Defensorias Públicas Estaduais e dos Ministérios Públicos para fazer valer a Lei n. 13.987, aprovada no dia 7 de abril de 2020. A Lei autoriza, em caráter excepcional, durante o período de suspensão das aulas, em razão de situação de emergência ou calamidade pública, a distribuição de gêneros alimentícios adquiridos com recursos do Programa Nacional de Alimentação Escolar – Pnae, aos pais ou responsáveis dos estudantes das escolas públicas de educação básica. Essa ação da Unisol teve por objetivo garantir que as Defensorias e os Ministérios Públicos pressionem governos municipais e estaduais a fornecerem alimentação escolar a todos os alunos matriculados na rede pública de ensino. Esse caso é

---

2. Disponível em: <http://portal.unisolbrasil.org.br/>.

um exemplo de como as organizações civis implementam pressões para colocar em movimento o aparato jurídico, que ainda subsiste na Constituição, e aparelhos legais subsidiários, como leis de proteção e direitos humanos. Uma parte do aparelho jurídico (as Defensorias e os Ministérios Públicos) é acionada pelo desespero populacional, conquanto limitados pela lógica geral do Estado mínimo, que visa reproduzir os interesses do grande capital financeiro no estágio da dominação das oligarquias financeiras internacionais. Essa parte do Estado se move como uma caixa amortecedora das contradições do funcionamento do Estado geral e da sociedade, mas, para as populações carentes, os resultados nem sempre são desprezíveis.

Além dessa iniciativa, existem outras, a exemplo de algumas cooperativas e associações de costureiras, distribuídas em vários bairros da periferia de Salvador, como a Associação Linda Flor do Lobato, Grupo União Solidária, Pingo de Ouro, Arte em Mãos, Arte Mimos, Associação Rendeiras Rendavan, Cutuart, Meninas Criativas, Fazendo com as Mãos, Grupo ACD, Rede Arsol, entre outros grupos que se organizaram a fim de produzir e comercializar máscaras ao Governo do Estado e para a Prefeitura Municipal de Salvador. É possível observar, nesse caso, que o Estado se apropria da própria força de trabalho das populações carentes para realizar aquilo que os impostos, que todo cidadão paga de inúmeras formas aos organismos de arrecadação, deveriam garantir. No mesmo sentido, atravessadores privados superfaturam as vendas de material hospitalar ao Governo do Estado do Amazonas e em várias regiões do país. Dessa maneira, o povo termina trabalhando para si próprio, na ilusão de uma solidariedade não comercial. Em alguns casos, ele é capturado por outra ilusão: de que terá lucro. Desgraçadamente, esses setores também são capturados, não raro, pelo fetichismo do lucro, quando na realidade conseguem apenas condições um pouco melhores para a reprodução de suas próprias forças de trabalho.

As ações promovidas por grupos de pessoas que resolveram se unir pela solidariedade, estão dando mais visibilidade ao trabalho coletivo organizado pela sociedade civil. Revelam também a importância da contribuição do terceiro setor, que assume, por vezes, o papel do Estado na execução de políticas e ações sociais. Nos bairros mais carentes, onde as políticas públicas não chegam, ou até mesmo quando o Estado não assume responsabilidades frente às demandas e urgências com políticas mais eficientes para a população pauperizada, essas ações se mostram não como alternativas, mas a única possibilidade de enfrentamento da crise. Tais organizações têm mostrado a força e a importância da atuação da sociedade civil organizada, sempre presente nos momentos de crise. Como é o exemplo da já mencionada Unisol Bahia, uma central de cooperativas e empreendimentos solidários, e da Cooperativa Coopertane, formada por mulheres afrodescendentes das comunidades de Beirú e Tancredo Neves, que produz cadernos, agendas e outros materiais feitos de papel reciclado.

A mídia local também tem cumprido seu papel social, contribuindo para aumentar ainda mais a rede de solidariedade. A Rede Bahia, uma das maiores emissoras de televisão local, afiliada da Rede Globo de Televisão, a maior emissora do país, criou a campanha Uma Rede Por Todos[3], com o intuito de unir solidariedade, colaboração e informação na luta contra o novo coronavírus. O objetivo da ação, de acordo com a emissora, "foi conectar quem quer ajudar com aqueles que mais precisam". A campanha começou contribuindo com projetos na península de Itapagipe e tem chegado a vários outros bairros de Salvador, através de mobilizações feitas por pessoas físicas ou instituições, como é o caso do Projeto Ação + Amor, no bairro de Valéria, Associação Beleza Cidadã, no bairro de Plataforma, Projeto Ronda de Maria, na Região Metropolitana de Salvador, Associação de Pais e Amigos Vinte de Novembro,

---

3. Disponível em: <https://redeglobo.globo.com/>.

no bairro de Paripe, Projeto JAM, em Lauro de Freitas, entre outros bairros. A campanha se estende também para outras cidades do interior da Bahia, como é o caso da Organização da Guarda Municipal e Lar São Vicente de Paulo, ambas instituições da cidade de Juazeiro. Elas estão arrecadando alimentos não perecíveis, material de higiene pessoal e limpeza para doar aos mais necessitados.

Nesse sentido, é importante esclarecer que existe uma preocupação real da grande mídia em relação às consequências que pode provocar a ação do novo coronavírus. Tal preocupação pode estar sendo motivada por, pelo menos, duas possibilidades: 1. a possível devastação do conjunto ou de setores importantes da força produtiva, com graus variados de qualificação, ou seja, há uma preocupação com a própria sobrevivência e continuidade do modo de produção e funcionamento da formação social; 2. o medo, o pânico mesmo, de que setores médios e altos da sociedade sejam atingidos pela contaminação acelerada e avassaladora das populações dos extratos mais baixos da sociedade. Ou seja, um enorme aparelho ideológico se apropria de um sentimento natural de defesa e sobrevivência desses setores e induz um processo que não é de todo desinteressado ou inocente. Diremos mesmo o contrário. Claro, esse cálculo não necessariamente faz parte da psicologia e da *mise en scène* de repórteres e apresentadores dos jornais televisivos e de outros programas. É possível mesmo perceber a adesão sincera de alguns deles.

A pandemia do novo coronavírus está trazendo muitas lições para o Estado, para os indivíduos, e, consequentemente, para a sociedade de maneira geral. A primeira delas, a nosso ver, é tornar explícita a ausência de resposta do Estado frente às questões sociais da população que sofre com enormes desigualdades e carência de bens e serviços públicos. A segunda é a força da solidariedade que emerge diante da crise, sentimento que melhor expressa o respeito pela dignidade humana. A terceira, e não menos importante, é a consciência da importância da atuação das organizações da sociedade civil, que têm empreendido muitos esforços com a finalidade de minimizar os impactos sociais e econômicos provocados pela pandemia, principalmente em um país como o Brasil, onde há tanta desigualdade, má distribuição de renda e falta de políticas públicas eficazes para a população de baixa renda. Essas organizações sempre foram de fundamental importância na discussão, articulação e implementação das políticas públicas. Na atual conjuntura pandêmica, essas instituições têm conseguindo implementar ações onde o Estado, por vezes, não chega de forma tão ágil e eficaz. Mas a contradição é tal que em regiões onde o Estado também não chega, como nos morros governados pelo tráfico de drogas, os traficantes têm imposto regras de convivência, inclusive exigindo respeito às medidas de isolamento e ao toque de recolher. Esse é um fenômeno mais visível nos morros do Rio de Janeiro, mas possivelmente também existente nas mais diversas favelas brasileiras.

Como bem colocou Boaventura de Souza Santos

as pandemias mostram de maneira cruel como o capitalismo neoliberal incapacitou o Estado para responder às emergências. As respostas que os Estados estão a dar à crise variam de Estado para Estado, mas nenhum pode disfarçar a sua incapacidade, a sua falta de previsibilidade em relação a emergências que têm vindo a ser anunciadas como de ocorrência próxima e muito provável[4].

Ações solidárias e de cooperação têm se espalhado por praticamente todos os bairros da periferia de Salvador. Essas experiências têm possibilitado, aos mais vulneráveis, um pouco de proteção e cuidado, em um momento em que as dificuldades sociais e econômicas só aumentam a cada dia. Da mesma forma, têm garantido alimentação para as famílias que passam por sérias dificuldades econômicas nesse período de pandemia.

O movimento A Favela Venceu! O Coronavírus Perdeu foi criado para dar apoio aos moradores das favelas,

---

4. *A Cruel Pedagogia do Vírus*, p. 28.

auxiliando as famílias a encontrarem formas de suportar o isolamento social e, consequentemente, diminuir o contágio comunitário. A meta desse movimento é dar suporte a quatrocentas famílias, por meio da doação de alimentos, em oito bairros da periferia de Salvador, por um período de três meses. Lidar com o isolamento não tem sido tarefa fácil para essas famílias. Muitas delas residem em imóveis com estrutura de poucos metros quadrados, de dois ou três cômodos, onde habitam três, quatro, às vezes mais pessoas. Obedecer ao isolamento, nessas condições, é quase impossível. Mas essa tem sido a realidade de muitas famílias, que enfrentam mais essa adversidade e encontram meios para permanecer em isolamento.

Cada movimento ou instituição tem organizado ações de solidariedade a um ou vários segmentos e a diversos públicos, conforme seu foco de atuação. A ONG Filhos do Mundo lançou uma campanha de arrecadação solidária em parceria com a TV Kirimurê, direcionando suas ações solidárias aos artesãos impossibilitados de comercializar seus produtos durante o período de isolamento. A organização doa alimentos não perecíveis, materiais de limpeza, produtos de higiene, fraldas, máscaras e álcool em gel.

Os artesãos, uma grande maioria de trabalhadores autônomos e informais, têm sido, assim como tantos outros vulneráveis, um dos mais atingidos economicamente com as medidas de isolamento no combate ao novo coronavírus. O isolamento provocou uma queda drástica nas vendas, alguns nem mesmo conseguem comercializar seus produtos, uma vez que o único espaço de venda era as ruas ou praças, fechadas temporariamente.

Já a Central Única das Favelas da Bahia, em parceria com instituições, como o Espaço Cultural Alagados, do bairro do Uruguai, Mil Vidas para a Missão e Projeto Social Casa do Povo, ambos do bairro de Sussuarana, também está realizando doações de alimentos não perecíveis, material de higiene e limpeza, kits de emergência e recebendo doações em dinheiro. Essas doações são destinadas à compra de alimentos, materiais de limpeza e higiene, beneficiando uma quantidade maior de famílias. Antes da recomendação do isolamento social, o acesso à alimentação era um pouco mais fácil, pois as famílias contavam com a merenda escolar para seus filhos. O isolamento e a permanência prolongada em casa aumentam o consumo de alimentos. Ou seja, o isolamento agravou ainda mais uma situação familiar já precarizada pela limitação ou até mesmo insuficiência de estoque de alimentos.

A Caravana do Bem, juntamente com o Atelier Waleska Marinho e o Instituto Ori são instituições que também se uniram para levar alimentos, kit de higiene e máscaras de tecido até a Ilha de Itaparica, assim como para fazer doações a pessoas em situação de rua em Salvador, que chega a aproximadamente 20 mil indivíduos[5], população das mais impactadas pelas medidas de combate ao novo coronavírus. Antes ela contava, para prover seu sustento e subsistência, quase que exclusivamente com a ajuda dos que circulavam diariamente pelas ruas. Com a diminuição de circulação dos transeuntes, as doações e ajuda financeira, consequentemente, também diminuíram. Além do desafio enfrentado para prover sua manutenção, esse público não dispõe de condições para cumprir as medidas de isolamento recomendadas pela OMS e pelo Ministério da Saúde. Seu acesso às condições mínimas de higiene é inexistente e tão pouco dispõe de um lugar para morar, tornando-se a população mais exposta ao novo coronavírus.

A campanha #periferiaseliguenoCOVID-19[6] arrecada e distribui kits de higiene e boletins informativos no bairro de Canabrava, além de mobilizar uma arrecadação em

---

5. Disponível em: <https://www.mpba.mp.br/noticia/36275>.
6. Todas as informações sobre a campanha #periferiaseligueno COVID-19, assim como informações sobre o breve histórico do bairro e seu perfil populacional, foram extraídas do *site*: <https://benfeitoria.com/>.

dinheiro pela internet. Com o valor arrecadado, a campanha pretende distribuir cerca de quinhentos kits de higiene aos moradores do bairro, bem como sensibilizar e orientar, por meio de boletins informativos, virtuais e impressos, mais de três mil pessoas. Conjuntamente com as lideranças da comunidade, contataram as famílias e montaram um ponto de distribuição dos kits de higiene e dos boletins informativos. As doações são realizadas seguindo as normas do Ministério da Saúde e da OMS, e contam com cinco pessoas para atuar na distribuição; 25 pessoas são atendidas por dia, duas vezes por semana. Essa ação foi idealizada por Telma Souza, atriz, negra, arte educadora, historiadora, que atualmente faz parte da associação religiosa Ilê Axé Omo Omin Tundê. Nascida e criada na comunidade de Canabrava, a atriz sempre conviveu com situações de vulnerabilidade e de risco social, buscando a arte como ponto de partida para mobilizar e discutir as questões sociais na comunidade. Atualmente, busca transformações concretas baseadas na arte educação. De acordo com informações extraídas pelo site da campanha, o bairro de Canabrava tem uma população com mais de treze mil habitantes, segundo dados de 2018. O bairro já foi sede de um lixão e parte da população vivia como catadora de lixo. Essa situação dificultou o acesso básico à saúde e às políticas públicas e sociais. O principal desafio da comunidade, atualmente, tem sido mobilizar e sensibilizar os moradores a ficarem em casa, garantir a difusão de informações sobre o novo coronavírus e sobre sua prevenção. Com todas essas ações, a campanha tem conseguido amenizar as dificuldades de acesso à alimentação e a outros itens de primeira necessidade para as famílias do bairro, graças à rede de solidariedade mobilizada por meio da campanha e do engajamento das lideranças comunitárias, que tiveram papel fundamental nessa articulação.

A rede de solidariedade, que se formou em prol dos mais vulneráveis a partir da pandemia do novo coronavírus, foi algo que impactou sobremaneira a vida daqueles que dependem dessa ajuda, assim como a vida daqueles que aderiram a essa corrente, despertando o sentimento de solidariedade, ajuda mútua e cuidado com o próximo. Imersos nesse mundo capitalista, onde as necessidades materiais falam mais alto, o cuidado e a preocupação com as outras pessoas não têm sido uma prioridade para muitos. A dinâmica do modo de produção capitalista, pela sua própria natureza, cria um processo de desigualdade e exclusão social. Em períodos de crise estrutural, como a que vivemos agora, essa desigualdade se acirra e atinge violentamente a classe trabalhadora, tornando-a mais vulnerável. Em busca de sustentar o processo de acumulação, o capital, na era dos serviços digitais, cria uma massa superexplorada de trabalhadores informais desempregados. Para enfrentar esse desamparo e crescente precariedade social, surgem as redes de solidariedade. Nos bairros, nas comunidades rurais, essas redes solidárias sempre estiveram presentes, a questão é que elas só estão ganhando mais visibilidade agora, quando a pandemia põe em xeque o próprio sistema capitalista.

O neoliberalismo, muito além de uma ideologia, é um modo de ver e atuar no mundo, que impôs a todas as esferas da sociedade a lógica da concorrência, como se cada sujeito fosse uma empresa. A pandemia, entretanto, impõe uma ação deliberada do Estado. Atualmente, para alguns governantes, como é o caso dos EUA e do Brasil, a preocupação primeira é salvar a economia, e a vida humana não tem sido colocada como prioridade em suas pautas. Para salvar o capital estão dispostos a tudo, até mesmo a abrir mão de garantir os direitos dos indivíduos. De acordo com Juergen Habermas:

Os políticos devem resistir à "tentação utilitarista" de pesar os danos econômicos ou sociais, por um lado, e as mortes evitáveis, pelo outro. Temos que aceitar o risco de sobrecarregar os sistemas de saúde e, portanto, aumentar a taxa de mortalidade para reiniciar mais cedo a economia e, assim, reduzir a miséria social causada pela crise econômica? Nesse ponto, a recomendação específica do Conselho de Ética alemão permaneceu fatalmente ambígua. Os direitos fundamentais proíbem os órgãos estatais de tomar qualquer decisão que aceite a possibilidade de morte dos indivíduos.[7]

Era, em tese, o que deveria acontecer no Brasil; colocar acima da economia o direito à vida. Contudo, existe uma preocupação maior dos governantes brasileiros em salvar a economia, colocando o capital acima de vidas humanas, sem levar em consideração que o Estado tem por dever resguardar a vida humana, e esse direito é protegido por lei. Conforme Andityas Soares de Moura Costa Matos:

> O que há de mais forte no novo coronavírus em termos de incrementação de democracias radicais, que é o que nos interessa, é a percepção aguda do caráter histórico, falível e revolucionável das instituições sociais, econômicas, jurídicas, políticas etc. É muito importante também o *éthos* comunitário que pode surgir da pandemia, levando as pessoas a compreenderem o óbvio: nós vivemos em um ambiente, não somos mônadas individuais, e o que acontece a uma pessoa repercute, positiva ou negativamente, nas outras. A lógica hiperindividualista do capitalismo é insustentável.[8]

Diante do cenário que a população está vivendo, é urgente e necessário pensar alternativas e saídas coletivas. Sabe-se que os problemas sociais não começaram com o novo coronavírus, eles já estavam aí há muito tempo, porém, com a pandemia, esses problemas se intensificaram. Talvez a resposta para a saída dessa crise esteja exatamente no fortalecimento e na ampliação das plataformas locais, contudo, para isso será necessário reestruturá-las, preparando-as para atuar em um cenário com novas perspectivas, diferenciando sua lógica de atuação da lógica convencional.

---

7. A Solidariedade É a Única Cura, *Revista IHU*, n. 546. Disponível em: <http://www.ihu.unisinos.br/>.
8. A Agudização das Condições de Existência e a Busca de Mundos Diferentes, *Revista IHU*, n. 546. Disponível em: <http://www.ihu.unisinos.br/>.

Momentos de crise, como dessa pandemia, podem favorecer a reflexão sobre as bases das nossas relações, a forma como a sociedade se organiza para produzir e consumir que expressa, por sua vez, a forma como nos relacionamos com a natureza. A pandemia nos leva a pensar que a Terra é para todos os seres, e proteger o direito à Mãe Terra é um imperativo à saúde. Abre-se, assim, uma grande oportunidade de encontrarmos sentidos para a nossa existência planetária. Quem sabe, a partir do isolamento, quando um outro tempo nos é imposto, não seja a oportunidade de refletirmos sobre a possibilidade de outras formas de organização, de cooperação. Organizações que valorizem os diversos saberes das populações envolvidas. Organizações que nos façam pensar criativamente o futuro.

Referências

Livro

SANTOS, Boaventura de Sousa. *A Cruel Pedagogia do Vírus*. São Paulo: Almedina, 2020.

Revistas

BOFF, Leonardo. Coronavírus É Ultimato Para Mudarmos a Relação Com a Terra. *Brasil de Fato*, 28 de abril, 2020.
HABERMAS, Juergen. A Solidariedade É a Única Cura. *Revista IHU*, n. 546, 13 abr. 2020. Disponível em: <http://www.ihu.unisinos.br/>. Acesso em: 17 maio 2020.
MATOS, Andityas Soares de Moura Costa. A Agudização das Condições de Existência e a Busca de Mundos Diferentes. *Revista IHU*, n. 546, 13 abr. 2020. Disponível em: <http://www.ihu.unisinos.br/>. Acesso em: 17 maio 2020.

Sites

CENTRAL *de Cooperativas e Empreendimentos Solidários – Unisol Brasil*. Disponível em: <http://portal.unisolbrasil.org.br/>. Acesso em: 28 abr. 2020.

COOPERATIVA de Trabalho União Popular dos Trabalhadores de Tancredo Neves – Coopertane. Disponível em: <https://cirandas.net/>. Acesso em: 25 abr. 2020.

A FAVELA Venceu! O Coronavírus Perdeu. Disponível em: <https://www.kickante.com.br/>. Acesso em: 29 abr. 2020.

Ministério Público da Bahia. Disponível em: <https://www.mpba.mp.br/>. Acesso em: 4 maio 2020.

PERIFERIA Se Ligue no Covid-19. Disponível em: <https://benfeitoria.com/>. Acesso em: 29 abr. 2020.

UMA *Rede Por Todos*. Disponível em: <https://redeglobo.globo.com/>. Acesso em: 26 abr. 2020.

HABITAR OU DOMINAR: AS LIÇÕES DE UMA TRAGÉDIA[1]

Christian Laval

A pandemia do novo coronavírus gerou desesperança e esperança, em proporções variáveis dependendo do país e dos indivíduos. Às vezes, nos surpreendíamos sonhando que depois nada mais seria o mesmo, que o curso da história seria mudado. Mas agora, poucos meses após o início da epidemia, uma coisa é certa: não há garantia de que o futuro será necessariamente melhor do que o presente e o passado. Claro, temos razão em dizer que o imaginário neoliberal da concorrência individual e de empresa de si mesmo mostrou-se particularmente inadequado à lógica viral, que repousa sobre os mecanismos sociais mais elementares e, especialmente, no que concerne às ligações

---

1. Tradução de Soleni Biscouto Fressato e revisão de Jorge Nóvoa.

que os humanos mantêm uns com os outros. Além disso, alguns governantes foram forçados, mesmo que com relutância, a reconhecer que apenas a solidariedade social, na ausência de medicamentos e vacinas, poderia impedir a propagação da doença e evitar mortes. Mas hoje podemos ver claramente que esse momento solidarista da política governamental foi excepcional, e correspondeu apenas a uma emergência num momento de surpresa e espanto. O ordinário retomou o curso do cotidiano: é ainda, mais uma vez, o neoliberalismo que se impõe, seja na concorrência pelas vacinas, nas medidas tributárias que favorecem as empresas ou nas várias formas de reforço da coerção policial e judiciária sobre a população. O cenário é até demasiado conhecido: a crise da saúde leva a uma crise econômica e social, que oferece a oportunidade aos governantes de tomarem medidas mais coercitivas, em termos de liberdades individuais e coletivas, e regressivas em termos de direito do trabalho. O que aconteceu após a crise financeira mundial de 2008 parece estar acontecendo do lado dos governantes: a crise é um pretexto e uma alavanca para acentuar o domínio capitalista sobre a sociedade por meio das políticas neoliberais. Mas uma sociedade não se resume à política governamental. A questão é saber se essa crise pandêmica receberá de parte da população, ou de uma grande parte dela, um outro tipo de resposta, capaz de questionar a dominação capitalista no longo prazo. Estamos apostando que há, pelo menos, uma chance de que isso aconteça. Se, por um lado, o solidarismo ganhou uma legitimidade social que já não detinha há muito tempo, por outro lado, a perspectiva ecológica é agora amplamente compartilhada entre a população e abre a possibilidade de uma mudança radical de paradigma, em que a habitabilidade do mundo prevaleceria sobre o domínio e a exploração da natureza.

A Dependência Mútua dos Humanos

A crise de representação política é geral, marcando o fim de um ciclo histórico em que a soberania de Estado se fundava na nação e na cidadania. Em toda parte, ela está minada, tanto pela lógica da mundialização financeira e produtiva como pelas aspirações populares de maior autonomia democrática. Essa crise política universal, que é também a da "forma Estado", gera, por um lado, "monstros" governamentais que hibridizam neoliberalismo e fascismo e, por outro lado, movimentos de opinião e de formas de atividade, que aspiram reinventar os modos de organização da sociedade. Foi nesse contexto, muito polarizado entre a violência do Estado e a democracia radical, que a pandemia surgiu. E foi nessa ocasião que redescobrimos uma grande "verdade" sociológica: uma sociedade é, antes de tudo, uma solidariedade entre os seus membros. A sociologia de Émile Durkheim desempenhou, nesse sentido, um papel de fundamento científico, uma vez que foi ela que fez do conceito de solidariedade o princípio mesmo da vida social[2]. Por solidariedade, os teóricos solidaristas do final do século XIX, como Léon Bourgeois (1851-1925), visavam um significado mais amplo: eles entendiam, ao mesmo tempo, a interdependência objetiva dos indivíduos entre si, desde o nascimento até a morte, a dívida moral que cada um tem para com os outros e a forma política que a sociedade deveria assumir, uma vez alcançada a consciência dos laços de reciprocidade que unem os indivíduos entre eles. Contra os neodarwinismos, que reinaram em muitos círculos intelectuais no final do século XIX, os solidaristas intuíram que a vida de cada ser humano não era uma luta contra todos os outros pela sobrevivência, mas uma longa cadeia "de relações de dependência recíproca, que o liga aos seus semelhantes, à raça de onde provém, aos

---

2. Ver *De la division du travail social*.

demais seres vivos, ao meio terrestre e cósmico"[3]. Léon Bourgeois escreveu nesse sentido: "Assim os homens são, entre si, colocados e retidos em laços de dependência recíproca, como o são todos os seres e todos os corpos, em todos os pontos do espaço e do tempo. A lei da solidariedade é universal."[4] Essa lei concerne todos os aspectos da vida, do trabalho, dos sentimentos, das opiniões. A dimensão da saúde não é ignorada, pelo contrário, ela constitui mesmo uma grande preocupação de época. Léon Bourgeois acrescentou: "[o homem] vive, e sua saúde está constantemente ameaçada pelas doenças de outros homens, cujas vidas, por sua vez, estão ameaçadas pelas doenças que ele próprio vai contrair"[5]. É o que os teóricos da saúde pública, ao mesmo tempo, irão desenvolver. A saúde é um assunto coletivo e é, portanto, uma verdadeira política baseada na categoria de solidariedade que pode melhor aperfeiçoar o estado de saúde de uma sociedade. O argumento de Henri Monod (1843-1911), diretor de Assistência e Higiene públicas, em obra publicada em 1904, é particularmente claro:

A saúde pública é, talvez, a área onde o fato social de nossa dependência mútua, de solidariedade humana, se manifesta mais claramente. A cada momento, cada um de nós, sem suspeitar, influencia a saúde, a vida de seres humanos que não conhece, que nunca conhecerá; seres que nunca conheceremos, ou que há muito desapareceram, influenciam constantemente nossa saúde, a saúde daqueles que amamos e as condições essenciais para nossa felicidade.[6]

E essa dependência mútua pela nossa saúde se estende a todo o universo, como mostram as epidemias: "Não é muito dizer que essa preocupação é um dever do cidadão,

---

3. L. Bourgeois, *Solidarité: L'Idée de solidarité et ses conséquences sociales*, p.64.
4. Ibidem, p. 65.
5. Ibidem.
6. H. Monod, *La Santé publique Législation sanitaire de la France*, p. 1.

porque a solidariedade em saúde não conhece fronteiras."[7] Na década de 1930, o especialista em doenças infecciosas, Charles Nicolle (1866-1936), chegou a dizer: "As doenças infecciosas são uma lição de solidariedade entre os homens."[8] Ele especificou:

> O conhecimento das doenças infecciosas ensina os homens que eles são irmãos e solidários. Somos irmãos porque o mesmo perigo nos ameaça, solidários porque o contágio vem com mais frequência de nossos semelhantes. Também somos, desse ponto de vista, quaisquer que sejam os nossos sentimentos em relação a eles, solidários com os animais, especialmente os animais domésticos. Os animais muitas vezes carregam os germes de nossas infecções e, por outro lado, as perdas causadas por doenças no gado afetam fortemente a economia humana. Não seria uma razão suficiente, realista, egoísta, para que os homens olhem com preocupação para os seres ao seu redor, uma razão maior para que acabem com as próprias discórdias e se unam fraternalmente contra o inimigo comum.[9]

A Nova Legitimidade Solidarista

Não voltaremos à longa história das instituições de saúde pública, desde aquela época e em escala mundial. Retenhamos um fato importante: um certo número de autores, do final do século XIX, se puseram na contracorrente do nacionalismo que já dominava os espíritos, fazendo da saúde um problema imediatamente global. E foram eles que estiveram na origem dos organismos de luta contra as epidemias e, em seguida, da Organização Mundial da Saúde. No entanto, é isso que estamos redescobrindo hoje com a pandemia da Covid-19. Claro, estamos descobrindo de uma forma muito paradoxal, e mesmo negativa, uma vez que os Estados se dividem,

---

7. Ibidem.
8. *Destin des maladies infectieuses*, p.21-22.
9. Ibidem.

se criticam, têm uma dificuldade muito grande em coordenar suas respostas à crise sanitária e até mesmo se empenham em uma concorrência feroz e acirrada entre si na compra de equipamentos médicos ou na produção de uma vacina. Mas, além do ressurgimento desse nacionalismo médico e vacinal, se constata a redescoberta de nossa ampla interdependência em escala global. Isso não diz respeito apenas à saúde de outros lugares. O aquecimento global, como em outra área, os riscos financeiros mundiais, são outros fatores que estão dando origem a uma nova aspiração cosmopolita. Deve-se questionar se isso não irá gerar a contradição manifesta entre uma realidade mundial de riscos climáticos, sanitários ou financeiros, e respostas estritamente nacionais, inspiradas no pior nacionalismo. Difícil dizer, mas se pode admitir a hipótese de que as políticas governamentais terão que se apoiar cada vez mais no que pode ser chamado de "legitimação solidarista" das políticas, na medida em que um número cada vez maior de pessoas pode se tornar mais sensível à dependência mútua das populações, além das fronteiras nacionais dos Estados.

Contudo, essa consciência solidarista reveladora de que formamos um mundo comum esbarra em duas lógicas dominantes e aparentemente contrárias de nosso tempo: a da concorrência mundial e aquela da comunidade nacional exclusiva, que pretende encarnar sozinha o Estado. A concorrência neoliberal fragmenta as sociedades por dentro e as coloca umas contra as outras no exterior. Nenhum "mundo comum" pode existir onde a competição mais brutal pela apropriação e acumulação de riqueza é estabelecida como a lei do mundo. Essa lógica de concorrência generalizada é incapaz de enfrentar o desafio dos grandes problemas que se colocam à humanidade, assim como é incapaz de resolver as divisões entre as classes, entre as nações, entre as religiões. O neoliberalismo aparece como um princípio de fissuração mais que de unificação. Mas também gera reações que não são compreendidas pelos dirigentes políticos e pelos observadores midiáticos com relação aos efeitos de fissuração impulsionados pela concorrência. Essas reações nacionalistas, identitárias, estatistas e xenófobas, que atingem setores inteiros da população, visam restaurar uma comunidade arcaica de semelhantes que têm a mesma crença, a mesma nacionalidade, a mesma língua, as mesmas origens. Essa regressão identitária em torno de um Estado forte e autoritário, cada vez mais exacerbado por governos manipuladores, pretende lutar contra a dissolução dos laços sociais, quando na realidade só agrava a luta das populações umas contra as outras. Podia-se duvidar, até a deflagração da crise sanitária, de uma possível parada desses dois processos complementares, o neoliberal e o autoritário, que se alimentam um do outro e se combinam cada vez mais. Porém, a tragédia global que vivemos talvez dê uma nova chance para essa tomada de consciência solidarista, que mostra um "mundo comum" para além das fronteiras nacionais.

A Crise da Dominação

No entanto, talvez haja outra consequência da crise pandêmica, menos visível, mais dificilmente discernível, que demonstra não somente a urgência de repensar as ligações entre os humanos, mas também de reinterrogar as ligações entre eles e seus ambientes, ou, mais precisamente, a relação entre os humanos e as condições naturais de sua existência. A questão colocada pela pandemia, ao mesmo tempo que aquela do aquecimento climático, é a relação que temos com a Terra, que dizemos ser *nossa*. Que relação temos com nossa Terra? E até que ponto somos autorizados a dizer que ela é nossa? Parece que o vírus só se espalhou entre os seres humanos depois de haver cruzado a "barreira das espécies", e que esse cruzamento só foi possível pelos efeitos da atividade produtiva sobre o meio ambiente (desmatamento, urbanização, danos à biodiversidade etc.). A relação da crise da saúde com a crise do clima, cujas consequências mais graves ainda estão por vir, é facilmente identificada: em todo caso, é o sistema econômico desenfreado que está levando à destruição da vida em nossa Terra. Talvez, de modo mais fundamental, seja a concepção de dominação e de apropriação de territórios e recursos que pode e deve ser questionada, se quisermos tirar as lições da pandemia e prevenir outros desastres.

Sem dúvida, estamos nos referindo à relação ocidental moderna com a Terra ou com os territórios, que se caracteriza pela mesma obsessão: aquela de captura, conservação e exploração. Carl Schmitt, num texto de 1953, fazia derivar o termo *Nomos* do verbo grego *Nemo*, tomar[10]. A tomada seria o primeiro e principal ato da relação dos humanos com seu ambiente. Pouco importa a validade da etimologia, o considerável é que ela se refere ao mito ocidental típico, segundo o qual nós não temos outra relação possível com a natureza além da apropriação e exploração. Essa relação seria o fundamento da dominação que exercemos sobre a Terra, como aquela que é exercida também sobre os homens. Isso porque possuir um território, grande ou pequeno, é também dominar aqueles que nele estão e que devem viver nele. *Dominium* e *Imperium* são categorias com destinos historicamente vinculados. Os ocidentais forjaram instrumentos de dominação dos humanos sobre os humanos, assim como dos humanos sobre os não humanos. Exploração econômica, subordinação social, desprezo cultural, racismo, guerra, repressão: esse é o nosso mundo. A esperança do século XIX era mitigar o domínio dos homens pelos homens, aumentando o domínio dos homens sobre a natureza. A exploração da natureza redobrou a dominação dos homens. O fracasso do capitalismo industrial

---

10. Prendre, partager, paître, *La Guerre civile mondiale*, p. 51-64.

é total, mas ele persiste, disseminando pelo planeta, de formas diferenciadas, a destruição metódica das condições de vida. A dominação caracteriza, igualmente é claro, o controle do conhecimento e da técnica sobre a natureza, como a célebre frase de René Descartes nos convida a pensar ("nos tornarmos como senhores e possuidores da natureza"[11]), mas também as relações do Estado sobre o território e do proprietário particular sobre sua propriedade. A separação entre natureza e cultura, que a antropologia contemporânea identifica como um traço singular do Ocidente[12], repousa hoje em uma relação de dominação exclusiva codificada tanto no direito público quanto no direito privado. O mito ocidental da dominação por meio de suas figuras públicas e privadas, o Estado e o proprietário principalmente, é desafiado na atualidade por processos que escapam à "apropriação" à qual se referiu Schmitt. Nem o aquecimento climático, nem a destruição da biodiversidade, nem os fenômenos de pandemia podem ser combatidos pela reafirmação do domínio estatal e privado sobre a Terra. Ao contrário, eles questionam essa relação dominadora e clamam por uma posição completamente diferente em relação ao mundo.

Habitação Como Alternativa à Dominação

Não bastará "defender a natureza" e "proteger o meio ambiente" para poupar a Terra das terríveis consequências ocultas da exploração excessiva de seus recursos. Devemos inverter a lógica de dominação estatal e proprietária e implementar o que Pierre Dardot e eu chamamos de "princípio do comum"[13]. Esse princípio não deve ser entendido somente como um princípio de organização dos humanos entre si, em bases genuinamente democráticas, mas

---

11. *Discours de la méthode*, Œuvres, p. 168.
12. Ver P. Descola, *Par-delà nature et culture*.
13. P. Dardot; C. Laval, *Commun*, p. 533.

também como um princípio da relação dos humanos com os não humanos, com base no respeito e no cuidado. E essa relação só pode integrar a dimensão da interdependência de uns e outros. A solidariedade é uma forma de coexistência, mais ainda, uma forma de habitar o mundo com os outros. Não se trata, portanto, de erigir a natureza ou a Terra como uma nova deusa, mas de afirmar jurídica e politicamente a responsabilidade eminente dos humanos, no que diz respeito às condições de vida dos humanos e não humanos na Terra, substituindo a problemática da dominação da natureza por aquela de habitar o mundo. Por conseguinte, a questão antropológica hoje não é mais de saber "como dominar" mais eficazmente, mais intensamente a natureza, porém de saber "como habitar o mundo". A habitação não é entendida apenas como ocupação de um espaço geográfico, como lugar e papel de cada pessoa na natureza. É necessário, em vez disso, concebê-la como um processo de habitar em um mundo que é "natural" e "cultural". Em suma, a questão antropológica de saber "como habitar o mundo", deve ser respondida relacionando-a com a habitação de um espaço, bem como junto à habitação em uma dada cultura. Hannah Arendt sublinhou essa oposição entre dominação e cultura entre os romanos: a palavra "cultura", explica ela, "indica uma atitude de terna preocupação e está em total contraste com todos os esforços para subjugar a natureza à dominação do homem"[14]. O verbo *colere*, do latim, não distingue os sentidos de habitar, de cultivar, de manter, de proteger, de venerar. O latim oferece, assim, num só verbo, todos esses significados, que proliferaram nas subsequentes línguas latinas, por meio da forma latina derivada, *cultum*. Entretanto, essas línguas de origem latina, infelizmente, dividiram as atividades materiais, intelectuais e religiosas. A língua latina nos deu um presente extraordinário ao não opor o material e o espiritual, a produção e a proteção, o uso e a inteligência, a manutenção e o

---

14. La Crise de l'éducation, *La Crise de la culture*, p. 271.

respeito. A ecologia, em sentido pleno, deve ser, assim, uma política geral e uma arte de habitar a natureza e a cultura. Montaigne falou da "cultura da alma", traduzindo Cícero, o inventor da metáfora *cultura animi*. Práticas alternativas de camponeses, cooperativas de consumidores, associações de cidadãos, zonas autônomas, experiências de todos os tipos: as novas artes de habitar a Terra e a cidade e as novas artes de habitar a cultura já estão se fundindo em muitos lugares. O que está em gestação por meio de práticas e movimentos sociais e culturais é a *grande ecologia*, que assumiria todos os aspectos da habitação do mundo. Félix Guattari deu uma ideia dessa ecologia: uma vez que todas as dimensões da vida estão ameaçadas pelo capitalismo globalizado, é necessário articular várias ecologias, a do ambiente natural, a das relações sociais e aquelas das subjetividades. Ele a denominou de "ecosofia", definida como "a sabedoria de habitar"[15]. Essa sabedoria ecológica da habitação só pode ser baseada num princípio de preservação e cuidado, que permita pensar o conjunto de todas as atividades e todas as dimensões da vida. O princípio do comum é o princípio ecológico por excelência, visto que se baseia na ideia de uma obrigação de cada um quanto às condições de habitabilidade do mundo. Mas qual é a relação entre essa grande ecologia do comum e a pandemia atual?

A Sociedade Mundial do Comum

Percebemos, através da atual crise sanitária, o que a humanidade mais precisa: uma organização social e política em que a saúde, mas também a educação e a cultura sejam bens comuns preciosos e sem preço, no cuidado e à disposição de todos. Essa perspectiva é a do comum[16]. É comum o que uma decisão coletiva efetivamente torna

---

15. Ver F. Guattari, *Les Trois écologies*.
16. P. Dardot; C. Laval, op. cit., p. 533.

comum. Tornar comum é fazer com que um recurso, um serviço ou um espaço seja acessível a uma comunidade, em função do reconhecimento de um direito humano e do respeito aos não humanos. Uma vacina deve ser considerada um "bem comum mundial", em função do vínculo que é politicamente estabelecido entre ela e um direito fundamental à saúde de todo ser humano.

Por transposição, pode-se imaginar como poderia ser uma sociedade mundial desse tipo e o tipo de instituições que seriam necessárias para determinar e fazer respeitar as normas mundiais imperativas em saúde, assim como em outros assuntos, especialmente aqueles relacionados ao ambiente. E a primeira forma é a obrigação social que cada um deve respeitar, para fazer de tudo com a finalidade de proteger os outros de doenças ou danos ambientais. O mundo só será habitável se uma nova organização política mundial e um novo cosmopolitismo, no sentido de uma política mundial, forem capazes de impor a todos, democraticamente, o respeito pelas condições de habitação de um mesmo mundo no qual todas as partes e todas as dimensões são interdependentes.

A pandemia demonstra a necessidade de uma Organização Mundial da Saúde dotada de autoridade inquestionável e eminente em seu domínio. Os fenômenos ligados à desregulamentação do clima em breve mostrarão a necessidade urgente de uma Organização Mundial do Clima. Sempre serão os setores de saúde, do clima e muitos outros que deverão se organizar politicamente como bens comuns mundiais.

Poderão dizer que dessa forma se estará invadindo e interferindo nas soberanias dos Estados. Mas o princípio de soberania é uma criação histórica, que não atende mais às necessidades do mundo de hoje. E onde foi parar essa "responsabilidade de proteger as populações" dos Estados, decidida por unanimidade pela Assembleia Geral das Nações Unidas em 2005? Deixando a cada Estado a sua implementação e sem possíveis sanções – uma vez que nenhum Estado pretende ser julgado pela comunidade internacional –, essa decisão da 60ª Sessão Especial da Cúpula da ONU, que aliás diz respeito apenas aos genocídios e crimes contra a humanidade, permanece inoperante. Entre uma organização internacional fundada em Estados zelosos de sua dominação exclusiva e uma organização mundial do comum fundada na cooperação, será preciso decidir. E não temos um século para esperar.

Referências

ARENDT, Hannah. La Crise de l'éducation. *La Crise de la culture*. Paris: Gallimard, 1972.
BOURGEOIS, Léon [1896]. *Solidarité: L'Idée de solidarité et ses conséquences sociales*. Lormond: Le Bord de l'Eau, 2008.
DARDOT, Pierre; LAVAL, Christian. *Commun: Essai sur la révolution au XXIe siècle*. Paris: La Découverte, 2013.
DESCARTES, René. *Discours de la méthode* [1637]. Œuvres. Paris: La Pléiade, NRF, 1978.
DESCOLA, Philippe. *Par-delà nature et culture*. Paris: Gallimard, 2015. (Folio.)
DURKHEIM, Émile. *De la division du travail social*. Paris: PUF, 2013.
GUATTARI, Félix. *Les Trois écologies*. Paris: Galilée, 1989.
MONOD, Henri. *La Santé publique Législation sanitaire de la France*. Paris: Librairie Hachette, 1904.
NICOLLE, Charles. *Destin des maladies infectieuses*. Paris: PUF, 1939.
SCHMITT, Carl. Prendre, partager, paître: La Question de l'ordre économique et social à partir du nomos. *La Guerre civile mondiale*. Paris: Pris Éditions Ère, 2007.

SOBRE OS AUTORES

ANTÔNIO DE SÁ SILVA
  Advogado. Doutor em Ciências Jurídico-Filosóficas pela Faculdade de Direito da Universidade de Coimbra, Portugal e professor de Filosofia, Teoria, Ética e Hermenêutica Jurídica da Faculdade de Direito da Universidade Federal da Bahia.

BRUNO CRUZ SOUTO
  Economista. Graduado pela Universidade Federal da Bahia, com especialização profissional em Gestão Contábil pela mesma universidade.

CARLOS ALBERTO RÍOS GORDILLO
  Historiador. Doutor pela Universidade Autônoma Metropolitana, Unidade Iztapalapa (México). Professor, na mesma universidade, no Departamento de Sociologia da unidade de Azcapotzalco.

CLAUDIO KATZ
  Economista. Pesquisador do Conselho Nacional de Investigações Científicas e Técnicas (Conicte), professor da Universidade de Buenos Aires e membro do Intercâmbio Eletrônico de Documentos (EDI). Página pessoal disponível em: <www.lahaine.org/katz>.

CHRISTIAN LAVAL

    Sociólogo. Doutor pela Universidade Paris Nanterre e professor pela mesma instituição. Pesquisador do Gena (Grupo de Estudos sobre o Neoliberalismo e Alternativas).

DANIEL LEMOS JEZIORNY

    Economista. Doutor pela Universidade Federal de Uberlândia, professor da Faculdade de Economia da Universidade Federal da Bahia e membro do Grupo de Trabalho Ecología(s) Política(s) Desde el Sur/ Abya-Yala do Conselho Latino-americano de Ciências Sociais.

DANILO CHAVES NAKAMURA

    Historiador. Mestre pela Faculdade de Filosofia, Letras e Ciências Humanas da Universidade de São Paulo e professor da rede municipal de ensino de São Paulo e da Arco Escola-Cooperativa.

DENIS COLLIN

    Filósofo. Doutor pela Universidade Paris Nanterre, professor associado à Universidade de Rouen, fundador e professor da Universidade Popular d'Evreux, animador do site La Sociale (https://la-sociale.online).

DOMINGO MARRERO URBÍN

    Historiador e geógrafo. Professor de ensino secundário desde 1992. Página pessoal disponível em: <https://hispre.wordpress.com>.

ELEUTÉRIO F.S. PRADO

    Economista. Doutor pela Universidade de São Paulo e professor titular e sênior do Departamento de Economia da Universidade de São Paulo. Página pessoal disponível em: <https://eleuterioprado.blog>.

FRANÇOIS CHESNAIS

    Economista. Professor de Economia Internacional e emérito na Universidade Paris Nord, foi também professor na Universidade Paris Nanterre e expert da OCDE (Organização Para a Cooperação e Desenvolvimento Econômico).

GITA K. GUINSBURG

    Física, educadora e tradutora, é publisher da editora Perspectiva

HUMBERTO MIRANDA DO NASCIMENTO

    Economista. Doutor pela Universidade Estadual de Campinas e professor do Instituto de Economia da Universidade Estadual de Campinas.

JORGE NÓVOA

Historiador e cientista social. Doutor em Ciências Sociais pela Universidade Paris Denis Diderot. Professor titular aposentado da Universidade Federal da Bahia, professor convidado da Universidade Paris Sorbonne e editor da Revista *O Olho da História*. Disponível em: <http://oolhodahistoria.ufba.br/>.

LILIANE SANT'ANA OLIVEIRA

Assistente Social. Mestre em Ciências Sociais pela Universidade Federal da Bahia. Orientadora de curso semipresencial e de projeto de pesquisa pela Faculdade Latino-Americana de Ciências Sociais (Sede Acadêmica, Brasil).

MARC FERRO

Historiador integrante da terceira geração da Escola dos Annales. Foi professor e diretor de pesquisa da École des Hautes Études en Sciences Sociales e editor da Revista *Les Annales* (Économies, Sociétés, Civilisations). Entre 1989 e 2001, realizou e apresentou o programa televisivo, sobre o século XX, *Histoire Parallèle*, no Canal Arte.

MATEUS DE AZEVEDO ARAUJO

Economista. Mestrando do Programa de Pós-Graduação em Economia da Universidade Federal Fluminense.

MURILO CARVALHO SAMPAIO OLIVEIRA

Juiz do Trabalho - TRT 5a Região – Bahia. Doutor em Direito pela Universidade Federal do Paraná e professor de Direito e Processo do Trabalho da Faculdade de Direito da Universidade Federal da Bahia.

PAULO BALANCO

Economista. Doutor pela Universidade Estadual de Campinas e professor da Faculdade de Economia da Universidade Federal da Bahia.

PATRICK VASSORT

Sociólogo. Doutor pela Universidade Paris Nanterre. Professor da Universidade de Caen e editor da revista *Illusio*.

PEDRO LINO DE CARVALHO JÚNIOR

Procurador do Trabalho - PRT 5a Região – Bahia. Doutor em Filosofia pela Universidade Federal da Bahia e professor de Direito Civil da Faculdade de Direito da Universidade Federal da Bahia.

PIERRE DARDOT
> Filósofo. Pesquisador da Universidade Paris Nanterre e do Gena (Grupo de Estudos sobre o Neoliberalismo e Alternativas).

RICARDO GARRIDO
> Historiador. Diretor pedagógico e coordenador geral do Departamento de Ciências Humanas do Colégio Gregor Mendel.

ROSA MARIA MARQUES
> Economista. Doutora pela Fundação Getúlio Vargas. Professora titular de economia da Pontifícia Universidade Católica de São Paulo e ex-presidente da Sociedade Brasileira de Economia Política (SEP).

SOLENI BISCOUTO FRESSATO
> Historiadora e socióloga. Doutora em Ciências Sociais pela Universidade Federal da Bahia e editora de Cinema e Cultura da Revista *O Olho da História*. Disponível em: <http://oolhodahistoria.ufba.br/>.

VALDEMAR F. DE ARAÚJO FILHO
> Cientista Político. Doutor pelo Instituto Universitário de Pesquisas do Rio de Janeiro e pós-doutor pela Universidade de Salamanca. Professor do Departamento de Ciência Política da Universidade Federal da Bahia.

Este livro foi impresso na cidade de São Bernardo do Campo,
nas oficinas da Paym Gráfica e Editora,
para a Editora Perspectiva.